生命哲學
Life Philosophies

商务印书馆（上海）有限公司
The Commercial Press (Shanghai) Co. Ltd.　出品

· 四川大学生命哲学丛书 ·

衣画云霞

道教服饰与符号

周 睿 著

图书在版编目（CIP）数据

衣画云霞：道教服饰与符号 / 周睿著 . —北京：商务印书馆，2024（2025.8重印）
（四川大学生命哲学丛书）
ISBN 978－7－100－22517－5

Ⅰ.①衣…　Ⅱ.①周…　Ⅲ.①道教—服饰文化—研究　Ⅳ.①B958

中国国家版本馆 CIP 数据核字（2023）第211789号

权利保留，侵权必究。

衣画云霞：道教服饰与符号
周　睿　著

商 务 印 书 馆 出 版
（北京王府井大街36号　邮政编码 100710）
商 务 印 书 馆 发 行
山 东 临 沂 新 华 印 刷 物 流
集 团 有 限 责 任 公 司 印 刷
ISBN　978－7－100－22517－5

2024年6月第1版　　　开本 710×1000　1/16
2025年8月第2次印刷　印张 23¾
定价：198.00元

　　周睿，1971年生，重庆人。博士就读于四川大学道教与宗教文化研究所，宗教学专业，获哲学博士学位。参与"百年道学精华集成"项目的研究工作，完成学位论文《道教服饰的符号象征研究》；其后在四川大学历史文化学院从事博士后研究，完成研究报告《中国道教服饰研究》。主要研究方向为道教服饰、符号与传播、数字艺术。

总　序

"四川大学生命哲学丛书"就要出版了。这里涉及几个关键词，作为"总序"，首先得对此有所说明。

首先是"生命哲学"。顾名思义，"生命哲学"就是以生命为研究对象而展开的哲学思考及其理论体系。照许多人的说法，英国的查尔斯·罗伯特·达尔文（Charles Robert Darwin）的生物进化论以及赫伯特·斯宾塞（Herbert Spencer）的生命进化学说，德国的阿图尔·叔本华（Arthur Schopenhauer）的生存意志论，弗里德里希·威廉·尼采（Friedrich Wilhelm Nietzsche）的权力意志论，法国的让-马利·居约（Jean-Marie Guyau）的生命道德学说为西方生命哲学的形成做了孕育准备；而德国的威廉·狄尔泰（Wilhelm Dilthey）真正把"生命"作为哲学概念，开创了生命哲学学派的先河。随着时间的推移，生命哲学作为一种思潮在西方许多国家传播开来。法国的亨利·柏格森（Henri Bergson）著《论意识的即时性》《创造进化论》，诠释生命的冲动，主张唯有直觉才能够体验和把握生命的存在；德国的乔治·齐美尔（Georg Simmel）著《生命观》等书，断言世界的本原是"生命"，作为"活力"而非实体的生命是一种不可遏止的永恒冲动；德国的马丁·海德格尔（Martin Heidegger）、汉斯-格奥尔格·伽达默尔（Hans-Georg Gadamer）以及卡尔·雅斯贝尔斯（Karl Jaspers）相继开拓，造就了西方生命哲学的伸展气象。

鉴于上述情形，学者们研究生命哲学，对于西方的思想资源予以特别关注，由此形成一定的学术走向，这是可以理解的。20世纪初以来，在西学东渐的背景下，我国一批文化精英进行文明互鉴，对国外生命哲学流派成果给予借镜发挥，产生了一定的推进作用。

如果我们放开眼界就会发现，中华传统文化中也蕴含着相当丰富的生命哲学思想资源。在上古神话里，"大生命"意识就已经有了萌芽。例如《绎史》卷一记载的盘古神话说："首生盘古，垂死化身。气成风云，声为雷霆，左眼为日，右眼为月，四肢五体为四极五岳，血液为江河，筋脉为地理，肌肉为田土，发髭为星辰，皮毛为草木，齿骨为金石，精髓为珠玉，汗流为雨泽。身之诸虫，因风之所感，化为黎氓。"这段记载涉及日月星辰、风雨雷电、地理山川，让我们感受到了天地宇宙的宏大存在，而这一切都是盘古身躯各器官所化成。盘古虽然"垂死"了，但其生命的能量却在天地之间传递着。从这个角度看，天地宇宙就是盘古生命的延续，其中寄托着一种永恒的生命精神。

古代神话中的"大生命"观念，到了《周易》则以一种相对抽象的概念体系来表达。该书有两句话尤其体现了"大生命"精神，一是《系辞上》的"生生之谓易"，另一是《系辞下》的"天地之大德曰生"。《周易》所言"天地"，涵盖很广。从某种意义上看，天地差不多就代表了整个宇宙。其所谓"生"就是生生不息，万物层出不穷。万物有生命，化生万物的天地当然也就有生命了。《周易》的"大生命"意识在道家典籍中得到了贯彻与发挥。老子《道德经》的核心概念是"道"，他把"道"称作"天地母"，也就是天地万物的母亲。显然，这也是把"道"拟人化、生命化；更彻底一点讲，在老子心目中，"道"就是生命的源头。《道德经》第十六章说："夫物芸芸，各复归其根。"老子告诉世人：万物虽然纷纭变化，但最后还是要回归到根本。这种回归，就叫作"静"；达到了"静"，就是回复生命的自然本性。唯有回复到生命的自然本性，才能体悟到宇宙生命的永恒法则。

我们再读一读儒家的经典，依然会感受到一种关注生命与热爱生命的精神。《论语·阳货》记载，孔子有言："四时行焉，万物生焉。"所谓"四时"即春夏秋冬，"行焉"表示一年四季的周而复始。就在这种时间流程中，万物化生无穷。从日月交替、寒暑往来、四时轮转的自然规律及个人体悟生命的过程中，儒家形成了"仁民爱物"的生命伦理思想。《礼记·礼运》云："人者，天地之心也。"把"人"看作天地之"心"，这一方面体现了人类生命在儒家文化中占有特别重要的地位，另一方面又反映了儒家将整个宇宙人化的特质。

稽考古文献，我们不难看出：中华优秀传统文化的"大生命"意识并非仅仅体现在上古神话，易学与儒、道思想中，人们熟知的"大传统"与"小传统"等各个思想文化领域，包括传统中医学、佛教以及各少数民族文化体系实际上都包含这方面的丰富内容。如果展开来深入探索，必定可以获得宝贵的精神滋养。

一个值得特别注意的文化发展趋势是，在东西方精神碰撞中，具有中国时代特质的生命哲学思想火花终于迸发出来，它的标志就是1898年3月廖平（1852—1932年）等人在成都建立的"蜀学会"。该学会核心学人皆出于1874年四川总督吴棠（1813—1876年）与四川学政张之洞（1837—1909年）所筹划创建的四川省城尊经书院，故能于特定时空继承传统，倡导维新。置身近代"蜀学"所处新旧观念交争的文化环境，汇聚在中西文化交错的致思线索上，廖平得以重构天人相通的哲学整体论，在自然哲学层面寻求生命的超越。与廖平同出于尊经书院的谢无量（1884—1964年），作为《中国哲学史》著述第一人，在方法论上彰显了中西比较的视野。当整个经学话语在中国哲学进程中逐渐淡出之后，这一问题的生命关切经张颐（1887—1969年）、周太玄（1895—1968年）、贺麟（1902—1992年）、唐君毅（1909—1978年）等蜀中哲人通过黑格尔哲学的现代学术解读而释放出新的生命精神能量。张颐著《黑格尔与宗教》，周太玄著《人的研究》，贺麟著《文化与人生》，唐君毅著《生命存在与心灵境界》，其学说都有突破存在论与伦理学论域旧限的特征，在自然、生命与价值论题上既注重超越性阐发，又坚持实在性概念的先行理解。

经历两代学人的探索，在其后因"抗战"而造就的全国知名学者齐聚西南讲学的氛围中，四川大学生命哲学学派形成了初步轮廓：汇通中西经典，在比较哲学视野下，博于文献，兼摄同时代富于活力的学术精华，而约之以生命为研究核心的问题意识，积极介入时代学术的焦点论战，试图建设一种基于理性精神的广泛超越实在论，以此为化解时代弊病而提供了针砭与回归的依止。

风云变幻，大浪淘沙。经过战乱考验与洗礼之后，社会终于逐渐回落到相对平静状态。在这种背景下，读书学习、研究问题，重新成为生活常态。于是，巴蜀大地有一大批学人活跃起来，他们分布于人文社会科学与自然科学的诸多领域，并且取得了可观成就。其中，蒙文通（1894—1968年）著《经学抉原》《儒学五论》《道书辑校十种》等数十部论著；杨明照（1909—2003年）著《文心雕龙校注拾遗》《抱朴子外篇校笺》等；卿希泰（1927—2017年）著《中国道教思想史纲》，主编《中国道教通史》等。三先生堪称"生命哲学"文化土壤的培护者与守望者，以三先生为代表的四川大学文史哲先驱学人在生前尽管没有亮出"生命哲学"旗号，但他们的默默耕耘却为后来"生命哲学"之建构而奠定了实在的文化基础。

进入21世纪以来，在老一代学者的影响下，四川大学文史哲部分领域新一代学科带头人一方面继承了文献整理与专题研究相结合的传统，另一方面积极进行边缘学科开拓。通过文明互鉴，努力寻找贯通古今中西学科的交叉点——生命哲学。2020年上半年，四川大学出台学派培育方案，"中国生命哲学学派"建设是重点支持项目之一。在各级党政领导与职能部门支持下，四川大学成立了"生命哲学与大健康智慧研究中心"。与此同时，在哲学一级学科框架下设置"生命哲学"博士授权点。经过积极筹备，生命哲学在四川大学招生简章中作为哲学门一级学科下的一个二级学科于2021年开始招收博士研究生。

2022年初，四川大学以中华文化研究院为支撑，以生命哲学与大健康智慧研究中心作为学术平台，组织学术力量申请国家社会科学基金重大项目——"创造性转化与创新性发展视野下的中华生命智慧研究"课题获准立项。未来将以项目开展为契机，编纂系列丛书，主要选题有：中华文化原型的生命智慧及其转化创新综论、中国少数民族的生命智慧及其当代应用、儒家生命哲学研究、佛教生命哲学研究、道家生命哲学研究、中医生命哲学考论、古希腊医学的自然哲学视野、生命哲学概论、艺文滋养与当代社会生命教育、道教服饰与符号等。

历史的发展表明，任何一种学派的出现并非自封的，而是自然形成的。四川大学有意识地推进中国生命哲学学派建设，但这并不意味着该项学术工作已经达到了相当组织化的程度。不过，提出一个目标，至少有了努力方向，可以通过实际行动来佐证老子《道德经》所言"势成之"的旨归。在多元哲学传统的理论博弈与融通过程中，四川大学所支持的生命哲学学派建设，既不同于欧洲大陆19世纪末 20 世纪初盛行的同名哲学流派的思想旨趣，也不同于 20 世纪中叶以后受实证主义影响的生物学哲学。在理性原则上，将突破传统观念论中那种单纯从意识领域出发对"生命"进行的考察，而是把研究带到更宽广的生命理解起点上，主张将生物学医学哲学的论题推扩到生命政治学、生态社会学、文明交互观察等更广泛的生命表达领域与实践过程中。

四川大学对生命哲学学派建设的支持，将以经典探索为基础，以生命智慧阐释为发展，以精神升华为境界，怀抱关切大健康问题的初心，以自身的传统提出对科学精神、技术变革、人类命运共同体与良序社会的关切，实现与生物学、医学、社会学等多学科交叉的研究新局面。俗话说：众人添柴火焰高。相信在全国学术同行的鼎力支持下，四川大学在中国生命哲学学派建设工作过程中，可以得到多方面的启迪，获得长足进步。

詹石窗

谨识于四川大学生命哲学与大健康智慧研究中心

公元 2023 年 3 月 18 日

目 录

引 言 / 1
  一、道教服饰的基本类型 / 4
  二、道教服饰的使用规戒 / 8
  三、道教服饰的象征思想 / 12

第一章 首 服 / 17
  第一节 巾 裹 / 18
  第二节 冠 簪 / 45

第二章 身 衣 / 79
  第一节 衣裳式法服 / 80
  第二节 深衣式法服 / 110
  第三节 帔氅式法服 / 144
  第四节 神仙的天衣 / 172

第三章 足 衣 / 193
  第一节 鞋 袜 / 194
  第二节 履 舄 / 201

第四章 纹 样 / 209
  第一节 动物图像 / 213

一、龙腾纹样 / 213
　　二、凤舞纹样 / 225
　　三、鹤翔纹样 / 236
　第二节　自然图像 / 245
　　一、日月纹样 / 246
　　二、星斗纹样 / 252
　　三、山川纹样 / 266
　第三节　教义图像 / 276
　　一、郁罗萧台 / 276
　　二、太极八卦 / 286
　　三、三清纹样 / 298

第五章　服　色 / 307
　第一节　天玄地黄 / 312
　第二节　东方青木 / 320
　第三节　紫气东来 / 330

结　语 / 343

参考文献 / 347
后　记 / 357

图片目录

图 1-1-1　戴巾的高逸　　　　　　　　　　／ 19
图 1-1-2　戴"绡头"的说唱俑　　　　　　　／ 22
图 1-1-3　裹各式巾子的道童　　　　　　　　／ 23
图 1-1-4　唐代幞头　　　　　　　　　　　　／ 25
图 1-1-5　明代幅巾　　　　　　　　　　　　／ 26
图 1-1-6　明代唐巾　　　　　　　　　　　　／ 26
图 1-1-7　民国时期庄子巾／冲和巾　　　　　／ 27
图 1-1-8　当代庄子巾　　　　　　　　　　　／ 28
图 1-1-9　纯阳巾　　　　　　　　　　　　　／ 29
图 1-1-10　戴纯阳巾的吕洞宾　　　　　　　／ 29
图 1-1-11　吕祖巾／洞宾巾　　　　　　　　／ 30
图 1-1-12　浩然巾　　　　　　　　　　　　／ 31
图 1-1-13　戴浩然巾的丘祖　　　　　　　　／ 32
图 1-1-14　两种样式的逍遥巾　　　　　　　／ 33
图 1-1-15　民国时期一字巾　　　　　　　　／ 34
图 1-1-16　当代一字巾　　　　　　　　　　／ 34
图 1-1-17　雷巾　　　　　　　　　　　　　／ 35
图 1-1-18　明代网巾　　　　　　　　　　　／ 36
图 1-1-19　当代网巾　　　　　　　　　　　／ 37
图 1-1-20　结巾　　　　　　　　　　　　　／ 38
图 1-1-21　笠　　　　　　　　　　　　　　／ 39

9

图 1-1-22	纶巾	/ 41
图 1-1-23	民国时期混元巾	/ 43
图 1-1-24	民国时期九梁巾	/ 44
图 1-1-25	当代太阳巾	/ 45
图 1-2-1	束发冠	/ 46
图 1-2-2	道冠	/ 47
图 1-2-3	进贤冠	/ 48
图 1-2-4	缁布冠	/ 49
图 1-2-5	普惠钟离仙君（上）、靖盱仙真君（下）所戴二仪冠	/ 51
图 1-2-6	远游冠	/ 52
图 1-2-7	委貌冠	/ 53
图 1-2-8	戴平巾帻的陶俑	/ 54
图 1-2-9	戴平冠的铜人	/ 54
图 1-2-10	洞玄法师所戴芙蓉冠	/ 55
图 1-2-11	不同冠蕊的当代莲花冠	/ 56
图 1-2-12	两种常用的当代莲花冠	/ 57
图 1-2-13	张镒图制委貌冠	/ 57
图 1-2-14	戴委貌冠的东晋人物	/ 58
图 1-2-15	仙真所戴莲花冠	/ 59
图 1-2-16	戴莲花冠的天尊	/ 60
图 1-2-17	戴莲花冠的道君	/ 60
图 1-2-18	戴莲花冠的宫人	/ 61
图 1-2-19	宋代莲花冠	/ 62
图 1-2-20	明代芙蓉冠	/ 63
图 1-2-21	明代莲花冠	/ 63
图 1-2-22	戴莲花冠的元始天尊	/ 64
图 1-2-23	清代莲花冠	/ 64

图 1-2-24	戴元始冠的洞真法师、大洞法师、三洞讲法师	/ 65
图 1-2-25	宋代青玉冠	/ 66
图 1-2-26	挽云髻的宫女	/ 67
图 1-2-27	水陆画中的飞云凤炁冠	/ 68
图 1-2-28	上清大洞女冠戴飞云凤炁冠	/ 68
图 1-2-29	五岳冠	/ 71
图 1-2-30	戴冠的道童	/ 73
图 1-2-31	通天冠	/ 74
图 1-2-32	偃月冠	/ 75
图 1-2-33	子午簪	/ 76
图 1-2-34	卯酉簪	/ 76
图 1-2-35	佛教"五佛冠"	/ 77
图 1-2-36	道教"五老冠"	/ 77
图 2-1-1	着袴褶的陶俑	/ 87
图 2-1-2	全真七子像	/ 101
图 2-1-3	玄元十子图	/ 102
图 2-1-4	通天冠服	/ 103
图 2-1-5	通天冠服穿着示意图	/ 104
图 2-1-6	着襦和裙的道士	/ 107
图 2-1-7	当代全真戒衣示意图	/ 108
图 2-2-1	深衣制汉服图	/ 117
图 2-2-2	长衫示意图	/ 118
图 2-2-3	海青（得罗）示意图	/ 119
图 2-2-4	着圆领朝服的唐朝官员	/ 120
图 2-2-5	道衣	/ 129
图 2-2-6	着道衣的道士	/ 129
图 2-2-7	明代法会图	/ 130

图 2-2-8	明代道袍	/ 131
图 2-2-9	当代道袍	/ 132
图 2-2-10	道服裁剪图	/ 133
图 2-2-11	明代道袍	/ 134
图 2-2-12	明代道袍实物	/ 135
图 2-2-13	当代法服	/ 136
图 2-2-14	着绛衣的道士	/ 138
图 2-2-15	着绛衣的清代道官	/ 139
图 2-2-16	着道袍的清代道士	/ 140
图 2-2-17	后领饰"观音"法服	/ 141
图 2-2-18	着道袍（左）和法衣（右）的民国道士	/ 142
图 2-2-19	当代法服	/ 142
图 2-2-20	着衲衣的道士	/ 143
图 2-3-1	羽人	/ 145
图 2-3-2	羽冠神人	/ 145
图 2-3-3	东汉铜羽人	/ 149
图 2-3-4	白缎地鹤氅	/ 152
图 2-3-5	《洞玄灵宝三洞奉道科戒营始》中不同品秩的法服规制图	/ 154
图 2-3-6	绛衣	/ 168
图 2-3-7	降衣	/ 169
图 2-4-1	西汉铜羽人	/ 176
图 2-4-2	穿襈髾袿襹大衣、头戴华结的仕女	/ 187
图 2-4-3	虎纹锦、豹纹绵	/ 188
图 2-4-4	蓝地斑文锦	/ 188
图 3-1-1	屦	/ 194
图 3-1-2	麻鞋	/ 195
图 3-1-3	草履	/ 196

图 3-1-4	丝履	/	197
图 3-1-5	明代靸鞋	/	197
图 3-1-6	圆口鞋	/	198
图 3-1-7	十方鞋	/	198
图 3-1-8	云袜	/	199
图 3-1-9	行縢示意图	/	200
图 3-1-10	道士的双梁鞋	/	200
图 3-1-11	和尚的单梁鞋	/	200
图 3-2-1	舄	/	201
图 3-2-2	朱（赤）舄	/	202
图 3-2-3	着舄道士	/	203
图 3-2-4	云履	/	204
图 3-2-5	着朱舄、履的明代法师	/	205
图 3-2-6	当代云履	/	206
图 3-2-7	禹步图	/	207
图 3-2-8	黑缎高靿厚底靴	/	207
图 3-2-9	当代道靴	/	208
图 4-1-1	十二章纹	/	210
图 4-1-2	红缎地五龙法服	/	214
图 4-1-3	龙形堆塑	/	215
图 4-1-4	龙形器物	/	215
图 4-1-5	绢地龙纹绣	/	216
图 4-1-6	龙、虎、鹿型蚌塑	/	219
图 4-1-7	龙蹻蚌塑	/	220
图 4-1-8	飞仙图	/	221
图 4-1-9	乘龙飞升	/	222
图 4-1-10	天界的龙	/	223

图 4-1-11	绿缎地九龙法服	/ 224
图 4-1-12	前身饰龙纹的法服	/ 225
图 4-1-13	陶罐上的凤鸟纹	/ 229
图 4-1-14	凤形玉饰	/ 230
图 4-1-15	凤鸟刺绣印痕	/ 231
图 4-1-16	吹笙引凤	/ 232
图 4-1-17	前后身多处饰"凤"的法服	/ 233
图 4-1-18	法服上的凤纹	/ 234
图 4-1-19	戴胜的西王母	/ 235
图 4-1-20	瑞鹤图	/ 239
图 4-1-21	月白缎地鹤氅	/ 241
图 4-1-22	白缎地鹤氅	/ 243
图 4-2-1	法服中日月纹样	/ 246
图 4-2-2	法服后身的"三台星君"纹样	/ 253
图 4-2-3	三台星在太微垣中的位置	/ 254
图 4-2-4	《修真图》中的三台星	/ 256
图 4-2-5	后身饰星宿的鹤氅	/ 257
图 4-2-6	法服后身的星宿纹样	/ 260
图 4-2-7	法服上的神仙世界	/ 261
图 4-2-8	法服后身的"北斗七星"纹样	/ 265
图 4-2-9	二十八宿罡	/ 266
图 4-2-10	法服后身的"五岳真形"纹样	/ 270
图 4-2-11	洒线绣"海水江牙"纹样	/ 271
图 4-2-12	织绣"海水江牙"纹样	/ 271
图 4-2-13	青城山月牙湖	/ 272
图 4-2-14	都江堰	/ 272
图 4-2-15	法服中的海水江牙纹饰	/ 275

图 4-2-16	法服中水族纹饰边	/ 275
图 4-3-1	法服前、后身的"郁罗萧台"纹饰	/ 277
图 4-3-2	体象阴阳升降图	/ 283
图 4-3-3	内经图	/ 284
图 4-3-4	饰五层"郁罗萧台"的鹤氅	/ 285
图 4-3-5	前身饰"太极"的鹤氅	/ 288
图 4-3-6	莫比斯环示意图	/ 291
图 4-3-7	五行八卦示意图	/ 292
图 4-3-8	前、后身饰"八卦"的法服	/ 293
图 4-3-9	法服后身的"太极""八卦"纹饰	/ 294
图 4-3-10	清人黄宗羲、朱彝尊所见"无极图"	/ 295
图 4-3-11	底边饰八卦的鹤氅	/ 297
图 4-3-12	以"三清天"象征"三清"的法服	/ 299
图 4-3-13	明代水陆画中的"三清"	/ 302
图 4-3-14	法服后身的"三清"纹饰	/ 303
图 4-3-15	法服后身的"三清"讳字纹饰	/ 304
图 4-3-16	红地缂丝"八仙"鹤氅	/ 306
图 5-1-1	玄色首服	/ 314
图 5-1-2	皂色法服	/ 315
图 5-1-3	着拓黄朝服的唐太宗	/ 318
图 5-1-4	黄缎地法服	/ 319
图 5-1-5	着黄色戒衣的道士	/ 320
图 5-2-1	孟赛尔色相环	/ 321
图 5-2-2	道士常服	/ 325
图 5-2-3	青缎地法服	/ 328
图 5-3-1	染"汉紫"的秦兵马俑	/ 336
图 5-3-2	紫缎地法服	/ 341

引　言

中国向称"礼仪之邦",讲"礼"重"仪"对中华民族的凝聚和古代社会的规范起着重要作用。在中国古代社会,"礼"和"仪"所形成的结构性要素,构成中国制度史的"文化基因"[1],渗透到社会生活的方方面面,成为华夏文明任凭王朝兴衰、政权更迭,数千年传承不断的内在原因。

东汉许慎《说文》对"礼"字的释义为:"履也,所以事神致福也,从示、从豊,豊亦声。"[2] 即指践行约定的事情呈奉给神灵,以求得到神灵的庇佑和赐福;"礼"从"示","示"意指神,由此也可看出"礼"字与古代神灵祭祀有关。从敬神引申为敬意,进而转化为敬人,"礼"逐渐成为维持社会运转的典章制度、行为规则和意识观念、道德规范,从而具备了"定亲疏,决嫌疑,别同异,明是非"[3]的功能性特征。《说文》对"仪"字的释义是:"度也。"注曰:"度,法制也。"[4] 从本义上看,"礼"和"仪"二者原本无甚关联,但"仪"后来由法度、准则引申为轨仪、仪式[5],成为"礼"的外化表达,依据"礼"所规定的内容,形成一套系统而完备的仪式程序。因此,"礼"是"仪"的内在本质,"仪"是"礼"的外在现象,内在的"礼"只有通过外在的"仪"才能表现出来,达成规范社会和个人的作用。

"仪"这套系统程序,包括社会生活的诸多方面,小到行走坐卧、穿衣戴帽、

1　阎步克:《服周之冕——〈周礼〉六冕礼制的兴衰变异》,北京:中华书局,2009年11月第1版,第14页。
2　(汉)许慎撰,(清)段玉裁注:《说文解字注》,上海:上海古籍出版社,1988年2月第2版,第2页。
3　(清)阮元校刻:《十三经注疏》嘉庆刊本,北京:中华书局,2009年10月第1版,第3册第2663页。
4　《说文解字注》,第375页。
5　据《国语·周语下》:"帅象禹之功,度之于轨仪。"韦昭注:"轨,道也;仪,法也。"

饮食茶酒，大到社会等级、官场尊卑、权力荣辱，无所不包。人们从出生到成年、从成家到立业、从祭祀到服丧，都纳入礼仪的规范要求。其中，服饰制度作为礼仪制度的重要组成部分，服饰本身也就顺理成章地具备了"仪"的外在形式特征，根据"礼"所制定的规则，在家国同构的政治模式下，实践着社会生活的规范，强化从家到国的合理性。

华夏服饰系统中衣、裳、冠、冕、鞋、履的基本形制，被认为源自黄帝，据《世本·作篇》的记载：黄帝使"伯余作衣裳，胡曹作衣，胡曹作冕，於则作扉履"[1]。不仅如此，服饰所具备礼制的外化功能，也可以追溯到黄帝时期，《周易·系辞下》云："黄帝、尧、舜垂衣裳而天下治，盖取诸乾坤。"[2]韩伯康注曰："垂衣裳以辨贵贱，乾尊坤卑之义也。"[3]孔颖达《正义》详解："垂衣裳者，以前衣皮，其制短小，今衣丝麻布帛所作衣裳，其制长大，故云垂衣裳也。取诸乾坤者，衣裳辨贵贱，乾坤则上下殊体，故云取诸乾坤也。"[4]由此可见，"衣"和"裳"早在黄帝时就具备了"辨贵贱"的礼制功能，人们以服饰区分身份，以此定尊卑之序。

不过，黄帝时期的文明发端，多存于神话传说，真正形成制度规范，信史可考则源于周。西周"制礼作乐"，以"礼"和"乐"确定秩序，稳定社会，安定人心，奠定了华夏民族礼仪制度的基调。服饰作为礼制的外化形象，形成严格的制度，自此，穿衣戴冠就不只是单纯的蔽体保暖，而必须合乎身份地位的礼制要求。孔子提出"见人不可以不饰"，将服饰所体现的礼制功能上升到事关"为人之道"的崇高地位，认为"不饰无貌，无貌不敬，不敬无礼，无礼不立"[5]。汉儒董仲舒则进一步强调这种等级和秩序的不可逾越："凡衣裳之生也，为盖形暖身也，然而染五采、饰文章者，非以为益肌肤血气之情也，将以贵贵尊贤，而明别上下之伦……若去其度制，使人人从其欲，快其意，以逐无穷，是大乱人伦而靡斯财用

---

1 （汉）宋衷注，（清）秦嘉谟等辑：《世本八种》，北京：中华书局，2008年8月第1版，"茆泮林辑本"第112页。
2 《十三经注疏》，第1册第180页。
3 《十三经注疏》，第1册第180页。
4 《十三经注疏》，第1册第180页。
5 （清）王聘珍撰，王文锦点校：《大戴礼记解诂》，北京：中华书局，1983年3月第1版，第134页。

也……上下之伦不别,其势不能相治,故苦乱也。"[1]穿戴什么样式颜色的服饰不仅是人伦大事,还关系到"为邦之道",关乎社会稳定和政权长久。"也许没有一个国度,其服饰等级达到了中国那种繁密程度,蕴藏了那么多的政治奥妙。"[2]

因此,在中国古代社会能够通过服饰的差异来分辨人们的社会地位、身份类别、职业特点等。作为礼仪制度的重要组成部分,服饰制度也处处体现着伦理规范和等级秩序,维持着政治统治的合理性与合法性,也蕴含着王朝更迭的奥秘和社会变迁的印迹。

道教作为中国本土宗教,吸收了先秦道、儒、墨各家思想以及秦汉之际的神仙信仰、谶纬学说和方技巫术,在东汉末年正式创立。在这个过程中,道教依据传统服饰制度,结合宗教特点,形成独特的服饰系统,并作为道教威仪的一部分,逐渐完备而成定规,历代传承。

道教服饰符号象征问题的提出,是基于对道教这个古老的中国传统宗教在现代语境下的社会传播认识的思考。从传播学的角度来看,人类传播行为都受到一定社会环境的影响和制约。道教在历史上的传播,有多种表征,神仙信仰、名山仙境、内外炼养、斋醮科仪等等,道教服饰是其中不可缺少的组成部分。在数千年的道教活动中,道教服饰所起的作用极其重要。

道教服饰系统的产生和规制化,是在世俗礼制影响下逐渐形成的,是一个历史变迁的过程。在这个过程中,道教服饰作为道教文化的载体,与各个历史时期世俗社会以及政治生活的服饰文化有着密切的关联。道教服饰所起的作用是标识性的,因此,它也就必须与世俗服饰进行区别,而这一区别最重要的,在于它本身是在神圣空间中使用,道教服饰就具备了宗教的神圣性,一旦从事法事活动,特定服饰的出场就意味着它是神圣领域中人神沟通所必需的中介。从道教的发展过程,我们能看出道教服饰的形成与道教的传播是有共生性的,道教越受官方和信众追奉,服饰的制作和使用就会越加精细复杂,而这种考究不仅代表道教本身

---

[1] (清)苏舆撰,钟哲点校:《春秋繁露义证》,北京:中华书局,1992年12月第1版,第232页。
[2] 阎步克:《服周之冕——〈周礼〉六冕礼制的兴衰变异》,第6页。

的成熟和发展的需要,更重要的是体现了道教信仰与世俗的区别。也就可以说,每个朝代道教服饰的变迁不仅与当时的服饰文化和社会生活相关,而且从更深层次彰显出道教的教理教义及其信仰主旨。

道教服饰系统具备道教文化的内涵特征,与道教在当时的社会参与是一致的,对道教文化的社会传播起着不可替代的作用。道教的社会传播,以包括服饰系统在内的诸多象征符号为内在依据,也是道教与世俗社会双向互动的结果,它们使道教在其传播过程中面目清晰,成为有别于世俗社会和其他宗教的外部特征。反过来说,道教以道士形象和法事活动为载体的庞大视觉和行为系统,其存在的目的就是传播道教教义,普及道教信仰。

一、道教服饰的基本类型

道士服饰,古无定制。其发展脉络与道教本身的形成一样,经历了长时间的演变和规范,自东汉创教至南北朝,刘宋道士陆修静(406—477)根据古代冕服之制,结合宗教需要,定立制度。

道教重视道统传承,制度一旦形成,就会一直遵循,服饰制度亦然。因此,道教为弟子们穿戴簪、冠、巾、衣、裳、履制定的规章制度,作为道教科律的组成部分,代代因袭,虽有增修,但基本形制并无太大变化,其宗教功能日趋完善,并留下了大量文献记载。

道士与世俗人等明显的外形差异,便在于着装的不同。道士须"禀我法教,衣我法服,持奉经诫,开导众生"[1]。穿着法服是道士必需的身份认同,以此作为区别世俗的形象标识。

法服有广义、狭义之分。广义的法服,是在礼制社会中区别不同等级的服饰统称。这个意义上的法服,源自古代祭祀礼服。祭祀,国之大事,有一套完整的礼仪制度,包括所备服饰亦有严格规制,因此,孟子郑重其事地说:"衣服不备,

---

[1] 《太上洞玄灵宝出家因缘经》,《道藏》,北京:文物出版社,上海:上海书店出版社,天津:天津古籍出版社,1988年3月第1版,第6册第139页。

不敢以祭。"[1] 雅乐正声，服周之冕，也是孔子理想的治国之道。在当时，源自上三代的礼制规范被认为是国家和社会得以维系的内在要求，故《礼记·祭统》开宗明义："治人之道，莫急于礼。礼有五经，莫重于祭。"[2] 与祭祀相关的服饰规范，便成为礼制的一部分。三代以降，沿成定规，续有增修，大致无差。《孝经·卿大夫章》曰："非先王之法服不敢服。"唐玄宗御注："服者身之表也，先王制五服，各有等差。"[3] 依据的便是《尚书大传》所载"天子服五，诸侯服四，次国服三，大夫服二，士服一"的服制要求。《尚书·皋陶谟》云："天命有德，五服五章哉。"[4] 则是将天命与服仪视为一体，不同等次的服制代表不一样的上天意旨，也配合不同身份的人等。从《道书援神契》所言"古者祭祀法服，有中单蔽膝佩裳之属，今法服乃其流也"[5] 中亦可看出道士法服的来源依据。而且，道士着法服则"诸天敬仰，群魔束形"[6]。这与祭祀法服秉承上天意志同出一辙。因此，六朝道经《洞真太上太霄琅书·法服诀第八》称："法服者，法则玄数，服之行道，道主生成，济度一切，物我俱通，故名法服。"[7] 道教甚至将法服上溯黄帝时期，称其是来自上天的赐予："黄帝见天人，冠金芙蓉冠，有俯仰于上，衣金星斗云霞之法服，执玉圭而前曰：帝劳心天下，为生民主，可谓德矣。帝始体其像，以制法服，为道家祀天之服。"[8]

狭义的法服，专指道士在法事中所穿着之服饰。从服饰类型上来划分，有法服、常服、以及神衣。法服为道士斋醮法会和诵经礼忏等行道做法时所着，相当于道士的"礼服"；常服为日常修行和闲居生活时所着，相当于便装；神衣，为神仙之衣，《三洞法服科戒文》谓其"上圣"之服。

---

1 《十三经注疏》，第 5 册第 5895 页。
2 《十三经注疏》，第 3 册第 3478 页。
3 《十三经注疏》，第 5 册第 5538 页。
4 《十三经注疏》，第 1 册第 292 页。
5 《道藏》，第 32 册第 144 页。
6 《道藏》，第 18 册第 229 页。
7 《道藏》，第 33 册第 661 页。
8 《天皇至道太清玉册》，《道藏》，第 36 册第 413 页。

道士着法服有特定场合要求，比如斋醮法会。斋醮是"道教设坛祭祷的一种仪式。即供斋醮神，借以求福免灾。斋不设坛，唯敬礼神明；建醮则设坛。道教称'醮坛'，俗称'打醮''做道场'。其法为清心洁身，筑坛设供，书表章以祝祷神灵"[1]。由此可见，道士穿着法服与祭祀等仪式性场合紧密相关，是为职业规定之礼服，其依据也是源自三代的礼制精神，包括不同品秩道士须着不同样式、颜色和纹饰的法服，以此彰示职司箓位。

当代道教服饰中，属法服的主要有法衣、戒衣、花衣等。法衣有两种形制，氅衣和绛衣，都是斋醮坛场或宗教典仪中方丈、高功、经师等职司所穿戴的，通裁不留腰缝，以金丝银线及彩色丝线满绣。职司的分别，是通过衣服颜色或所绣图案来显示，如方丈多用紫色。二者区别在于，氅衣不缝袖，制如披氅，展开呈四方形，象地之四角，垂及脚踝甚至拖地；而绛衣是大袖，袖长随身，直领对襟，长及腿腕。戒衣袖宽二尺四寸，袖长随身，传戒专用，常为黄色。花衣又称班衣，是做日常功课时，持诵经典的高功、经师所穿着的服装，上面亦有各种刺绣的图案，但较绣饰繁复的法衣显得简素，其特别之处在于袍服上饰有方格条线；也有红色或黄色素净无纹饰者，衣襟与领、袖等缘以其他颜色间配。举行大型斋醮科仪时，众经师常用此衣，称为"经衣"。

除此之外，道士又有常服，即日常所穿着的服饰。常服的来源，应是古人的燕居之服，因此不像法服有那么严格的规制要求，相对比较随意。明代道经《天皇至道太清玉册·冠服制度章》记载了一些道士常服的种类：有雪天御寒的"雪巾""鹿裘"，隔挡雨雪的"雨笠""野笠"，蔽风沙日色的"云笠"，山中燕居所戴的"雷巾""网巾"，灌花种药用的"半臂"，贴身穿着的"抱肚""汗衫""短衫"，以及山中飞步的"行滕"等。这类服饰以实用为主，适于日常穿着。

当代道教服饰中，属于常服的主要有褂和袍两类。褂通常为单衣，分大褂、中褂、小褂。大褂袖宽一尺四寸，长及腿腕，交领右衽，右襟开气，饰有衿带；小褂则多为对襟、直领、半身；中褂长及膝。小褂、中褂皆小袖。袍即道袍，又

---

[1] 钟肇鹏：《道教小辞典》，上海：上海辞书出版社，2001年12月第1版，第224页。

称"得（duǒ）罗"，袖宽常见的有一尺八寸、二尺四寸，袖长随身，交领右衽，右襟开气，内带衬摆。道袍一般长及腿腕，为方便行动，常腰系大带。常服多用青色，以象东方之气；未受戒者所着大褂和道袍应为黄色，镶沿黑边。

冠巾大体与清代相同，主要是莲花冠、偃月冠、五老冠、混元巾、庄子巾、九梁巾等。道士一般着白布袜、青布鞋或十方鞋。

2009年中国道教协会为使道场肃整、庄严道相、端正道风，颁布了《关于道教教职人员着装事项的意见》，对道教全真、正一两派教职人员在道教教务等活动中统一着装，提出具体要求：

> 日常着装的基本要求：道教教职人员在参加宗教活动、教务活动、涉外活动和重要会议时，必须依照相关要求和标准着道巾、长褂或中褂、白袜、布鞋；全真、正一道士原则戴混元巾与庄子巾，其中全真派道士满发的戴混元巾，正一派道士等不分住观与散居，戴庄子巾；在道教着装的颜色方面，混元巾、庄子巾等道巾颜色为黑色；长褂、中褂颜色为黑色、青色或蓝色，不用其它颜色；所着靴履可为青色或玄色。大领短褂或直领对襟短褂道装按照地域或季节可以分为黑色、青色、蓝色和白色，不用杂色，不能采用立领的服饰，道巾（庄子巾可用玉石为帽正），道服不能镶嵌其它颜色。
>
> 在教务等活动中的着装要求：道教大型宗教活动中，高功经师着法衣、经衣，同时着相应道冠、白袜、布鞋和高功鞋（云履），执朝简等；道教教职人员出席社会上各种大型会议及参加宗教界大型活动、涉外活动时，应戴道巾，着长褂（中褂），穿白袜、布鞋；道教教职人员在道教宫观开放接待和日常宗教活动中，不分派别，都应着道巾、长（中）褂、白袜、布鞋；在道教协会工作的教职人员，日常工作中可以不戴道巾、不着白袜和长褂（中褂），但必须穿布鞋，着短道装，即斜襟（大领）小褂或对襟（直领）小褂。[1]

---

[1] 中国道教协会文件，编号道字2009第38号。

道教服饰中，除凡间道士，还有神仙专属的神衣。道教早期经典《太平经》便有"神衣"之说，卷一百二《神人自序出书图服色诀》设问："诚问着图者，画神衣云何哉？"答曰："皆象天法，无随俗事也。"并称："衣者，随五行色。"[1] 唐代道士张万福（生卒年不详）所撰《三洞法服科戒文》称仙真上圣之服，凡列九等，分别为大罗法王元始天尊，玉清法王无形天尊，上清法王无名天尊，太清法王太一天尊，四梵天中化主无相天尊，无色天中仙真圣服及诸天帝，色界天中仙真圣品及诸天帝，欲界天中仙真圣品，以及山上灵宫、五岳名山洞宫诸神仙，灵官真官、守土职司，各阶神仙服制不同，并称"暂假衣服，随机设教，逐境分仪，神用自然，变化不测"[2]。意指神仙本无形质，随应变化，借衣服而化身，是为接引下凡和彰显神仙威仪。五代道士杜光庭（850—933）在《墉城集仙录》中描述了一个亮丽炫张的女仙世界，同样等级有序："得仙者亦有九品，第一上仙号九天真王，第二次仙号三天真皇，第三号太上真人，第四号飞天真人，第五号灵仙，第六号真人，第七号灵人，第八号飞仙，第九号仙人，此九仙之品第也，各有差降，不可超越。"[3] 各阶女仙亦有不同着装，色彩斑斓，衣冠华带。神仙所着还有"天衣"之称，《太平广记》卷六十八引前蜀牛峤《灵怪录》所载，太原人郭翰遇织女，见其衣无缝，问之，织女谓翰"天衣本非针线为也"[4]。后"天衣无缝"遂成习语，比喻事物浑然天成，泯然无迹。

本书的考察，依据服装学的分类方式，按首服、身衣、足衣三大类，以道士法衣和常服为主要研究对象，兼涉神仙天衣，并对法服所涉及的纹样、服色做系统论述。

二、道教服饰的使用规戒

道教服饰是道士区别于世俗人等的外在特征，因此为了体现服饰的神圣感，

1　王明：《太平经合校》，北京：中华书局，1960年2月第1版，第460页。
2　《道藏》，第18册第228—229页。
3　《道藏》，第18册第185页。
4　（宋）李昉：《太平广记》，北京：中华书局，1961年9月第1版，第2册第421页。

使道士珍视自己的身份，道教不仅制定了弟子入道时授受冠服的仪式，还对其使用、存放等做出严格要求。

道士入道，须举行仪式授以道服，北宋道经《太上出家传度仪》记载了比较完整的披戴出家仪式。据本经所载，仪式由保举师引导完成，弟子依次礼拜三清、度师，以及皇帝、先祖，拜辞父母和亲友，然后进行授衣仪式[1]，由保举师为弟子除去世俗服饰并更换道服。最先换履，度师告之："足蹑双履，永离六尘。"希愿弟子离尘出世一心奉道，并谓履之义涵在于，"愿汝一心奉道，履践灵坛，凡所行游，不步凶恶之地，常登法会，径陟仙阶"[2]。然后系裙，度师告之："裙者群也，以群统为意，群于道友，统以清净。"并谓弟子：裙又谓之裳，"在上为衣，在下为裳，以表守谦下为常行之法则，能如是者，灾害不生，诸圣佑护"。之后着云袖，度师告之："轻剪黄云，裁成法服，上以衬霜罗之帔，下以统飞霄之裙，为中道之衣，不可须臾离体。"[3]再次披道服，度师告之："道服者，乃天尊老君之法服也，真圣护持，人天赞仰，既沾于体，当自钦崇，可以灭三世之愆，尤可以令九先之超度。"并告诫弟子："行住坐卧，常须护持，不可置之以秽器，不得杂之以俗衣。苟不如是，当招恶报。"最后顶簪冠。度师持冠于手中，赞云：冠是"一身之上，最处崇高，总括众发，斗星灿烂，岳势巍峨，像列真之朝元"。同样要求弟子："宜其晨夕护持，勿令尘埃染污。如自轻慢，则天曹夺算。念兹在兹，则神仙可冀。"度师与弟子戴冠后，赞曰："焕俱七星冠，翩翩降自天。授之有科戒，宿命应神仙。愿今一顶戴，永保大椿年。"[4]易服之后，度师再授弟子以"简"并告之戒律。整个过程以度师训戒入道弟子的形式，再三强化道服的神圣性，视其为人神沟通的中介和神灵庇佑的凭信。对道服必须妥善珍重，着道服之人才能得到天尊老君等诸天神灵的护持。

因此，自南北朝陆修静定立道服规制之后，各个时期都有对道服的使用、保

---

[1] 卿希泰：《中国道教·第四卷》，上海：东方出版中心，1994年1月第1版，第93页。
[2] 《道藏》，第32册第163页。
[3] 《道藏》，第32册第163页。
[4] 《道藏》，第32册第163页。

管、放置等制定细致规定，以维护其威仪庄严。道教服饰制度也就在这一代一代的增修中积累完善。

南北朝道经《洞玄灵宝道学科仪》要求道士："当知身得入道，内除俗念，外息俗缘，内守法门，外修法服。"[1] 因此，专制《敬法服品》一节，提出礼敬法服的诸多规定："凡是道学，当知入道，上衣、中衣、下衣，皆当尊敬，不得漏慢。出家之人，若道士，若女冠，上衣褐帔，最当尊重。"究其原因在于，"天尊圣人，皆同此服"[2]。道士冠带法服能够与神灵通感，才具有神灵所赐的法力，因此世人才对道士尊敬，道士不同于世俗人等，就在于法服所具的神灵护佑。因此，对法服的收、藏、置等皆有条例："一者，未著之前，函箱盛之，安高净处；二者，既著之后，坐起常须护净；三者，暂解之时，勿与俗衣同处；四者，虽同学同契之人，亦不许交换；五者，不得乞借俗人非法服用，直至破敝，皆须护净焚弃。"[3] 尊敬法服亦得五种实因尊重：一者"不屈形拜于外众男女"；二者"感彼外众男女屈形礼拜"；三者"所在游行衣食自至，得彼供养"；四者"内修外屈，通感明灵"；五者"外众男女、王公天子，闻见欢喜，不生恶心"。[4] 如果轻慢法服，比如不穿着时随意丢置在僻恶之处，穿着之前不整理衣衫使其狼藉，穿着法服随便倚坐在污秽地方，法服脱下与俗衣混杂一处，随意借给非同学道法的世俗人等，这些行为都会招致灾祸，不仅获罪上天，神灵不降，托庇无门，世俗人等也会轻贱而无敬畏之心。因此，入道之人，"裙褐冠筒，鞋履衬袖"，必须齐整，"务在洁净，勿要鲜华"，而且"若佩带真文三衣，服卧止息，不得露头，须著巾帽，不得露形，须著衣服也"。[5]

唐代道经《要修科仪戒律钞》辑有《衣服钞》一节，亦引《千真科》称："道众威仪，事在严整，衣服清洁，轨行可观，则生世善心，诸天称叹。若形仪幔黩，

---

1 《道藏》，第 24 册第 767 页。
2 《道藏》，第 24 册第 768 页。
3 《道藏》，第 24 册第 768 页。
4 《道藏》，第 24 册第 768 页。
5 《道藏》，第 24 册第 768 页。

不喜众心,不堪就请,毁辱道法,即是道宝有亏,断大慈种。若为众仪轨,人所钦慕,即是道宝光显,法门有寄。"同样对道服的神学意义做了强化,礼敬法服犹如恭敬神灵,因为法服意味着神灵的护佑:"褐是日月之象,帔为气数之衣。""有此法服威章,给玉童玉女各十二人,典卫侍真。"因此,要求入道之人穿戴法服必须心存敬畏,不得轻慢,"超出尘累,依庇法城,晨夕勤修,离邪归正,以洁法服,乃可朝真,秽黩亵裳,如何谒圣"。轻慢法服的行为,诸如"净衣秽慢""法服借人""坐地而染尘泥""藉床而当毡席"等,必当使神灵不再护卫,而"令道俗以惊嗟"。[1]

对于法服的穿、脱、置、存,唐代道经《三洞法服科戒文》托名张天师定立了四十六条之多的科戒,有七种情况要求道士必须冠带法服:"登坛入静,礼愿启请,悔过求恩";"逼近经戒,讲说念诵,看读敷扬";"持奉斋戒,受人礼拜,饮食供养";"礼拜师尊长德,及受弟子礼拜";"出入所居,人间游行,见诸凡人";"祝禁符劾,章奏表启";"觐见国主、父母,及诸世民"。有四种情况当脱去法服:"寝息休暇""沐浴浣濯""大小便曲""泥雨浊秽"。但另外五种情况则不能脱去法服:"供养给使师尊、父母";"检校修造,一切功德";"检校营造,斋供花果";"检校种植";"非枷狱病苦,勿脱法服"。有八种情况不能触犯法服:"手足不净""器物不净""床席不净""车舆不净""裸露身形""鸟兽虫鱼""口气臭秽""非同学弟子"。此外还要求:"始欲出家"和"欲受经戒"都须先备齐法服;"诣师请经道戒箓"和"诣师请福,解免厄苦"也须备上法服。法服的制作,必须依据特定的规制进行,"不得以非义物作"[2],也不得用五彩颜色和锦绣绮的名贵质料制作。法服作成之后,当"烧香启告,礼拜三宝,先献三宝,及诸仙真圣,然后取着"。法服不得"假借他人""随宜抛掷""安卧床上""坐卧其上""以脚踏洗及槌拍"等轻慢之。法服及余物损坏之后必须以火焚净,"不得充非用,并凡人著"。以及法服"须勤洗濯,烧香清净,箱箧藏举,勿使污秽,常置净室"。凡法服"近经像

---

[1] 《道藏》,第6册第960页。
[2] 《道藏》,第18册第230页。

者，不得着人间，及不净处"。而且法服不宜过多而造成浪费，超过三具，余者便施予他人。既不得"穿着法服，游五种家"，也不得"擅脱法服，潜游人间"。[1] 坐起卧息，都必须依照科戒要求。

唐宋时期，道教服饰亦随世俗服制，凭服色区分等级，不同品次的法服、配饰以及法器皆不相同，不可混用。并依据神仙信仰和官服品级，以紫服为贵，皇家也以"赐紫"表彰高道大德。

明代对道教的管理非常严格，法事和朝仪有不同服饰。道士常服为青色，法服和朝衣用"赤"，朝真披"鹤氅"，此制沿用至今。

清代全真龙门派律师王常月所撰《初真戒》亦定四十六条关于戒衣的戒律，内容与《三洞法服科戒文》基本一致。

三、道教服饰的象征思想

道教服饰因其代表人神沟通的神圣性和规定性，而具备承载道教信仰和传播道教文化的符号性特征。符号是人类认识事物的媒介，依靠"符号"的作用，人类才能够进行信息的传递和相互的交往。符号学理论认为，人的思维由对事物表象的认识开始，将事物的表象记录到大脑中，形成特定概念，而后，由大脑将这些概念进行归纳、整理和储存，使外部世界在大脑中形成各自对应的映像，映像归纳整理之后成为代码。符号就是这样的代码，符号系统也就是代码组合系统。有学者认为"古物并无实用价值，不过是一个'象征符号群'，构成了传递精神、心灵和信仰的'暂存的物质基础'，古冕的样式只是'表现符号'"[2]。

作为具有特定意义的标记，符号指代一定含义的意象，在认知系统中具有约定俗成的特点，或者具有共同认同的规定性。符号是伴随着人类社会而发展的，从原始的刻画记号，到图腾图案，再到象征纹样，记录着古代社会和远古人类不断进步的发展足迹。

---

[1] 《道藏》，第 18 册第 231 页。
[2] 阎步克：《服周之冕——〈周礼〉六冕礼制的兴衰变异》，第 18 页。

引 言

在西方，20世纪初期萌生了以符号作为研究对象的"符号学"，并在20世纪60年代以后取得重大发展，如今世界各地的研究已经成果斐然，开创了现代语言学研究的新局面。将其塑造成影响巨大的独立学科的瑞士语言学家索绪尔（F. de Saussure，1857—1913）被认为奠定了符号学的基础，他提出"语言是基于符号及意义的一门科学"，就是通常我们所说的"符号学"，他认为"符号是语言（或，在某一时间点上的某种语言）的基础单位，语言是符号的集合，个体的发言是语言的外在表现"[1]。索绪尔将符号分为"能指"和"所指"这样不可分割但又互不从属的两个部分：能指（signifier），即"语言的一套表述语音的书写记号"[2]，相当于中国传统哲学概念的"名"——事物的名词或概念；所指（signified），即"作为符号含义的概念或观念"[3]，类似于中国传统哲学概念的"实"——事物的实际内容。另一位法国符号学家罗兰·巴特（Roland Barthes，1915—1980）持同样观点，他认为与"符号"具有同义功能的"记号"，"是由一个能指和一个所指组成的。能指面构成表达面，所指面则构成内容面"[4]。在能指和所指的关系上，索绪尔认为，语词符号是"任意性"的，除了拟声法构词，语词的能指和它的所指之间没有固定的天然联系，符号的"能指和所指的联系是任意的"[5]。也就是说，符号与其所表达的内容之间的关系，并不是固定不变的。因为这种不确定性，造成在符号和象征内涵理解上的困难：

> 符号与内容意义之间的距离给人类的思想交流带来了困难，但我们却无法超过符号对思想观念进行直接的把握。因为迄今为止，任何一个思想体系或理论体系都是通过符号的组合系统来运载和传递的。[6]

---

1 ［瑞士］索绪尔著，高名凯译：《普通语言学教程》，北京：商务印书馆，1980年11月第1版，第101页。
2 ［瑞士］索绪尔著，高名凯译：《普通语言学教程》，第101页。
3 ［瑞士］索绪尔著，高名凯译：《普通语言学教程》，第101页。
4 ［法］罗兰·巴尔特著，李幼蒸译：《符号学原理》，北京：中国人民大学出版社，2008年1月第1版，第40页。
5 ［瑞士］索绪尔著，高名凯译：《普通语言学教程》，第101页。
6 詹石窗：《易学与道教符号揭秘》，北京：中国书店出版社，2001年2月第1版，第5页。

与符号相伴产生的是"象征"。象征是一种表现手法，是"能指"到"所指"的桥梁。《现代汉语词典》释义为"是用具体的事物表现某种特殊的意义"[1]，也就是说，在人际交往中，人们常常把真正的思想或感情隐藏起来，而通过另一特定的客观形象事物来寓意这种主观抽象的思想感情；因此，象征同样具有群体认知的特点，是在一定人群范围内约定俗成、大家都能心领神会的交流方式。三国魏人王弼释"象征"为"触类可为其象，合意可为其征"[2]，意指"象"是某类事物的表面形态，"征"是其共同的精神内涵，这类事物因为"意"相合，而具有同样的特征，与符号学所说的"能指"和"所指"大体对应，二者是相互依存关系。

与西方符号学异曲同工的是，在中国传统文化中，"象征"是非常普遍的表达艺术，如盛名已久的《诗经》，其中随处可见的"比""兴"手法的运用，就是以彼物比此物，言他物引咏叹，通过象征比喻而托物起兴，表达言外之意。

而被视为"群经之首、大道之源"的《周易》，毫不夸张地说，就是一部包罗万象的象征艺术大典，用高度抽象的六十四卦符号来阐释人类社会中纷繁复杂的变化，用一阴一阳、阴阳互动的意象来感天应人，穷究天地万物的运行规律。《周易》难解，很大程度上在其象征表达的"符号与内容意义之间的距离"[3]，孔子也感叹"书不尽言，言不尽意"，不过又自圆其说："圣人立象以尽意。"[4]虽然言不尽意，但圣人是可以通过"立象"补其言之不足而"尽意"。那么，什么是"象"呢？《周易·系辞上》曰："圣人有以见天下之赜，而拟诸其形容，象其物宜，是故谓之象。"[5]这个"象"就是我们所理解的"表意之象"，按照孔颖达的解释，是指圣人才能发现的"天下深赜之至理"，因为这个"理"极为抽象，不易理解，因此才用一个形象的"象"来进行表达。实际上在《周易》中，"象"是非常重要

---

[1] 中国社会科学院语言研究所词典编辑室：《现代汉语词典》，北京：商务印书馆，1996年7月第3版，第1378页。

[2] （三国魏）王弼撰，楼宇烈校释：《周易注（附周易略例）》，北京：中华书局，2011年6月第1版，第421页。

[3] 詹石窗：《易学与道教符号揭秘》，第5页。

[4] 《十三经注疏》，第1册第170页。

[5] 《十三经注疏》，第1册第163页。

的内容，包括解释卦象的六十四条"大象"和解释爻象的三百八十六条"小象"，合为"象传"，以天地自然万物之"象"来阐释社会伦理道德的人事。《周易》通过"象"把"言"和"意"联系起来，而东汉人王充在《论衡》中有篇比较特殊的文章《乱龙》[1]，也是从"象"出发，将"名"和"意"联系起来，提出"立意于象""示意取名"[2]，对董仲舒的"天人感应"学说进行推衍，得出同类事物及其假象可以相互招致和感应的结论。并且认为"神灵示人以象，不以实"[3]。所以人们常常能够在梦中才得以领悟所见到的事物之真实情况，因为"神灵以象见实"[4]。故，对于供奉祭祀的泥胎偶像，就不能认为是假的、无用的，它们能够感知天意，交通人情，因此能够实现人们所祈祷的愿望。

　　因为符号运用和象征表达具有"任意性"的特点，就像庄子从齐同天下万物的角度所讲的"天地一指也，万物一马也"[5]，指那个动物是"马"，它也就是"马"了，如果当时不称它为"马"而是名其为别的什么东西，应该也是可以的。比如把以"道"为最高信仰，以修道和弘道为职业的宗教专业人士称为"道士"，也就那么称呼两千多年了。但这种"任意性"又不是完全无依据，就如索绪尔所指出的那样，"象征的特点是，它永远不是完全无根据的，也不是空洞的；它在能指和所指之间有一点自然的联系的根基"[6]。就像"道士"是指信"道"、修"道"和弘"道"的人士，"道"是这类宗教职业者的根据，因此他们才被称为"道士"而不是"儒生"，当然，如果当时"道"不是被称为"道"，而是称为别的什么名词，那也有可能他们就不叫"道士"了。因为这种既"任意"但又不完全随心所欲的特点，用象征思维和表达方式来处理人和物、人和人、人和社会的各种关系，必须要这个群体都能够领会，这就要求这个群体在语言、风俗、信仰、伦理等各个

1　因与王充其他文章无神论的观点差异较大，《乱龙》虽然没有承认天有意志，但从感性经验甚至传说出发，推论"天人感应"的真实存在；因此有学者质疑此篇是否为王充所作，或全为原作。
2　黄晖：《论衡校释》，北京：中华书局，1990年2月第1版，第699页。
3　黄晖：《论衡校释》，第704页。
4　黄晖：《论衡校释》，第705页。
5　（明）郭庆藩撰，王孝鱼点校：《庄子集释》，北京：中华书局，2004年1月第2版，第66页。
6　［瑞士］索绪尔著，商名凯译：《普通语言学教程》，第107页。

方面有共同的文化基因，否则就无法在同一语境下交流。

据此可以理解为什么道教思想的解读存在诸多困难。因为作为一种表达的精神层面的现象，"其主要原因在于中国传统思维往往通过符号象征来表达思想理念，而道教在这个问题上尤其突出"[1]。借用符号学理论，在道教文化中，其所指——高度概括和抽象的教理教义，隐藏在能指——神仙信仰、内外丹法、科仪符咒，当然还包括服饰威仪等的表象下。

道教符号不仅具有自身的完整性，而且有其内在结构和组码原则；道教符号系统包含着许多子系统，其间存在着互相转换的关系。[2]

道教符号系统的这种特性，来自产生它们的中国传统文化基础：

道教符号体系是建立在中国传统文化基础上的，不论是道教的语言符号还是道教的非语言符号都是在中国固有文化传统的辐射下形成的。[3]

因此，我们可以从中国传统文化的角度，来解密道教服饰中诸多象征符号的深层内涵。道教的诸多符号组合系统，其存在的目的就是传播道教教义，普及道教信仰。道教服饰系统也就是这样一组具备道教文化特征的代码系统，在各个细节上都体现了其宗教信仰和追求。本书旨在考察道教服饰中细节元素的象征思想，及其与道教信仰的关系，故暂时忽略其历史发展脉络，不对其分期特点做详细论述，仅从道教服饰的形制、纹饰、服色三方面做分类研究。

1　詹石窗：《道教符号刍议》，载《厦门大学学报（哲学社会科学版）》，2000年第2期。
2　詹石窗：《道教符号刍议》，载《厦门大学学报（哲学社会科学版）》，2000年第2期。
3　詹石窗：《道教符号刍议》，载《厦门大学学报（哲学社会科学版）》，2000年第2期。

第一章　首　服

首服，亦称"元服""头衣"，包括冠、冕、巾、帽等，因加之于首，故名。

在中国古代，服饰不仅有等差之别，而且有上下之序。《史记·儒林列传》中记有一则故事，清河王刘乘的太傅辕固生与黄生，在汉景帝刘启（前157—前141年在位）殿前争议汤武伐桀纣之举，黄生认为汤武虽圣，但为臣下，不当诛君而代立，云："冠虽敝，必加于首；履虽新，必关于足。何者，上下之分也。"[1] 以冠履之序不应颠倒为由，来说明君臣尊卑不可倒行逆施。同为汉初重臣的贾谊在其《新书·阶级》里，亦称："履虽鲜，弗以加枕；冠虽敝，弗以苴履。"[2] 并且，之前的《韩非子》、稍晚的《淮南子》和《说苑》，以及再后的《梁书》《南齐书》《唐律疏议》《太平御览》等材料中，所持观念同出一辙[3]，皆言上下尊卑是为体统人伦，不可本末倒置。在这种伦理观念中，首服种类虽不及身衣丰富，但在服饰系统中却十分重要。

---

[1] （汉）司马迁撰，（宋）裴骃集解，（唐）司马贞索引，（唐）张守节正义：《史记》，北京：中华书局，1982年11月第2版，第10册第3123页。

[2] （汉）贾谊撰，阎振益、钟夏校注：《新书校注》，北京：中华书局，2000年7月第1版，第80页。

[3] "冠虽敝必加于首，履虽新必关于足"类似之语，见于多处史籍：《韩非子·外储说左下·说三》中，赵简子谓左右曰："夫冠虽贱，头必戴之；屦虽贵，足必履之。"又费仲曰："冠虽穿敝，必戴于头；履虽五采，必践之于地。"刘向《说苑·奉使》记载，晋楚宛丘之会，宋使者曰："冠虽敝，宜加其上；履虽新，宜居其下。"又《说苑·谈丛》："冠虽故，必加于首；履虽新，必关于足。"《淮南子·道应训》又有崇侯虎说："冠虽敝，必加于头。"《梁书·王志传》中，王志叹曰："冠虽敝，可加足乎？"《南齐书·张敬儿传》中记载沈攸之遗太祖书曰："但冠虽敝，不可承足。"马总《意林》："冠虽敝，加于首；屦（履）虽新，履于地。"《唐律疏议》卷第十三《户婚》："履虽鲜，弗以加枕；冠虽敝，弗以苴履。"王元亮《释文》引古人云："履虽新，不可加之于首；冠虽敝，不可践之于足。"《太平御览》卷六百九十七引《六韬逸文》："冠虽敝，礼加于首；履虽新，法以践地。"又卷六百八十四引作："冠虽敝，礼加之于首；履虽新，法践之于地。"

同世俗礼服一样，道教服饰中，首服的地位也不言而喻。北宋贾善翔（1086—？）在《太上出家传度仪》中，记载了道士入道仪式的换装过程，其顺序是由下往上依次更换道服：脱下俗衣后，先踏履、次系裙（裳），然后着云袖、披道服，最后顶簪冠，并称"巾者洁也，敛束洁净，通神明也"[1]。认为巾不仅用来笼络头发使容貌洁净，还能交通神灵；并称冠为"一身之上，最处崇高"[2]，认为"花为果始，用冠一形，举之于首，圆通无碍"[3]。时至今日，全真道士初入道观为"道童"，更换冠巾、拜师之后，方可成为正式道士，"冠巾"是出家正式成为道人的仪式，并有"冠巾科仪"，云："凡出家者，度师必亲为诵经礼忏。如自悟大乘，本访科事，不妨延友代诵经礼忏。先令罪过消除，方可穿戴太上巾袍。"[4] 冠巾礼又称"小受戒"，成礼后才有自己的度师，故也以"冠巾"指代出家道士。

　　道士之服分常服和法衣，道巾多与常服搭配，用于日常生活等普通场合；冠簪多与法衣搭配，用于斋醮科仪等法事场合。

第一节　巾　裹

　　巾，即裹头的布帕，属于庶民服饰，产生于劳动生产中，后来也作为区别士、庶的一种标志。《释名·释首饰》曰："巾，谨也。二十成人，士冠，庶人巾。"[5]《玉篇·巾部》亦云："巾，佩巾也，本以拭物，后人着之于头。"[6] 如此看来，早期庶人所用之"巾"是一物两用，又兼擦汗之巾。其颜色以青、黑为主，故秦代称庶民为"黔首"，汉代称仆隶为"苍头"，皆以所戴头巾的颜色而指代。

---

[1]《道藏》，第33册第664页。
[2]《道藏》，第32册第163页。
[3]《道藏》，第18册第229页。
[4] 任宗权：《道教科仪概览》，北京：宗教文化出版社，2012年3月第2版，第183页。
[5]（东汉）刘熙撰，（清）毕沅疏证，王先谦补：《释名疏证补》，北京：中华书局，2008年6月第1版，第158页。
[6]（南朝梁）顾野王：《大广益会玉篇》，北京：中华书局，1987年7月第1版，第126页。

第一章 首　服

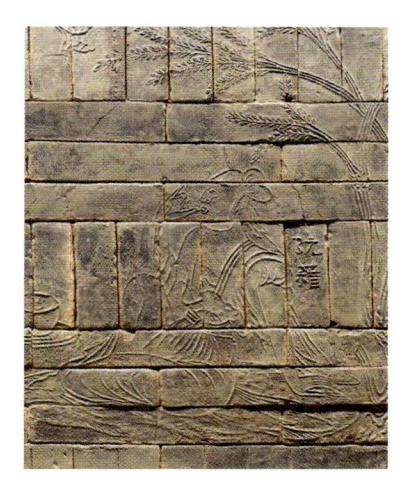

图1-1-1　戴巾的高逸

（南朝）砖画《竹林七贤与荣启期》（局部），南京西善桥出土，现藏南京博物院

据史籍记载，西汉后期元帝刘奭因额发丰厚用幅巾包头，王莽则因头秃而裹巾遮蔽，于是戴头巾才被上层社会采用。到了东汉，"巾"则是贵贱皆用，以致魏晋时颇为流行，王公士族以幅巾束发不戴冠为雅，并以此为不尊朝仪、不受朝服的蔑视礼教之举，如图1-1-1壁画中的竹林高逸皆以头巾系首。据《晋书·舆服志》的记载，这类头巾为葛丝所制，横过包覆头发以收拢之，尊卑皆用："巾，以葛为之，形如帢而横著之，古尊卑共服也。"[1]

仙凡同好，彼时神仙也流行扎头巾。南朝陶弘景（456—536）在其所著《真诰》中记载了几种神仙巾裹样式："西王母首戴玉胜，又女真未及笄者则三环角结，或飞云编结，余发垂两肩至腰中也。龙冠、金精巾、虎巾、青巾、虎文巾、金巾，此天真冠巾之名，不详其制。"[2] 其中，虎文巾、虎巾揣测是西王母部族虎豹崇拜习俗在服饰上的表达，青巾、金巾应是指颜色，如《登真隐诀》中提到的情况一样："太玄上丹霞，玉女戴紫巾，又戴紫华芙蓉巾，及金精巾、飞巾、虎文

---

1 （唐）房玄龄等撰：《晋书》，北京：中华书局，1974年11月第1版，第3册第771页。
2 （宋）李昉：《太平御览》，北京：中华书局，1960年2月第1版，第3册第3007页。

19

巾、金巾。"[1] 此中所言芙蓉巾，同时期上清道经《洞真太上太霄琅书》有段记载明其形制："花叶之盛，莫过芙蓉。道贵其义，又象其叶焉。高下大小，取适随人，少发安带，不用垂缨，总而言之，名芙蓉巾也。"[2] 指其为拟象芙蓉之巾裹，叶瓣重叠，无缨，大小可依头围调节。

道教创立初期，主要活动在民间，流行于社会下层民众中，道徒大多不重仪范，长髯长发不修边幅，其服饰在晋以前并无定规，更不具有身份贵贱、地位高低的标识意义。

爆发于东汉灵帝中平元年（184）的太平道起义，就是以道徒头裹黄巾而得名"黄巾起义"。《后汉书·五行五》云："张角兄弟起兵冀州，自号黄天。"[3] 刘昭注引杨泉《物理论》曰：

黄巾被服纯黄，不将尺兵，肩长衣，翔行舒步，所至郡县无不从，是曰天大黄也。[4]

由此可见，黄巾裹头、服色纯黄、肩披长衣，是当时道教徒有别于世俗人的明显标志。晋人干宝所著《搜神记》"赤厄三七"条亦云：

至于灵帝中平元年，而张角起，置三十六万，徒众数十万，皆是黄巾，故天下号曰"黄巾贼"。至今道服，由此而兴。[5]

依照汉代规制，普通百姓只能穿着本色麻布衣，不允许服彩色或杂色衣，直到西汉末年汉成帝（前33—前7年在位）时，才被允许服用青绿色。庶民服

---

1 《太平御览》，第3册第3008页。
2 《道藏》，第33册第663页。
3 （南朝宋）范晔撰，（唐）李贤等注：《后汉书》，北京：中华书局，1965年5月第1版，第12册第3346页。
4 《后汉书》，第12册第3346页。
5 （晋）干宝撰，马银琴、周广荣译注：《搜神记》，北京：中华书局，2009年10月第1版，第127页。

黄本与汉制不合，太平道的信众，大多是来自社会下层的平民，因此以穿黄衣、裹黄巾来与世俗服饰相区别，更重要的是，太平道自许"黄天"，豪言"苍天已死，黄天当立"，其教徒穿戴黄色表达了替天行道、代天而立的改朝换代的强烈意味。

并且，相传黄帝常着黄衣，道教推崇黄老，在早期冠巾衣饰皆用黄色，不仅相别于世俗服制，更用以体现其宗教思想。在服色问题上，太平道与五斗米道应是一致。在《广弘明集·服法非老第九》中，北朝佛教徒在攻击道教科律不依时，就认为道徒着黄衣应始于张鲁、张角等人，并且反复指出：

> 鲁既得汉中……于汉为逆贼。戴黄巾服黄布褐……黄巾布衣出自张鲁……张制鬼服黄布则齐……乃法张鲁黄巾之服。[1]

从这些记载可以看出，五斗米道和太平道相同，都是穿戴黄巾之服的。汉末，太平道受黄巾起义所累，教团组织遭受严重破坏，从此传授不明；五斗米道在曹操征张鲁后北迁，其内部也开始分化。据《华阳国志·大同志》的记载，至西晋时，犍为郡人陈瑞，于咸宁三年（277）在蜀中传道，已不再穿着黄巾衣褐：

> 转奢靡，作朱衣、素带、朱帻、进贤冠。[2]

朱帻，即朱红色的帻巾。帻，《释名·释首饰》曰："帻，迹也，下齐眉迹然也。"[3] 帻的形制是下端齐眉，包裹头上。《后汉书·舆服下》云："古者有冠无帻，其戴也，加首有颊，所以安物。……武吏常赤帻，成其威也。"刘昭注引蔡邕

---

[1] （南朝梁）僧佑、（唐）道宣：《弘明集·广弘明集》，上海：上海古籍出版社，1991年8月第1版，第252页。

[2] （晋）常璩著，任乃强校注：《华阳国志校补图注》，上海：上海古籍出版社，1987年7月第1版，第439页。

[3] 《释名疏证补》，第158页。

图1-1-2 戴"绡头"的说唱俑
（东汉）击鼓说唱陶俑，（左）成都天回镇出土，现藏中国国家博物馆；
（右）成都郫县出土，现藏四川博物院

《独断》曰："古者卑贱执事不冠者之所服也。"[1] 董仲舒《春秋繁露·止雨》记载止雨需"开阳而闭阴，阖水而开火"，求法者，"衣赤衣赤帻"[2]，称其为不戴冠者之服。由此可见，帻是类似于"巾"的一种头饰，作用是戴在"冠"下面覆盖发髻，令四周头发整齐向上以便收拢乱发，使头发不致蒙面。

这个时期的道士服饰虽有一定仪轨，但还保留了不少之前的习惯着装。因此，文献中还记载了其他一些道士头巾形制，比如绛绡头。

《后汉书·向栩传》云："（向栩）恒读《老子》，状如学道。又似狂生，好被发，著绛绡头。"[3] 在《三国志·吴书一·孙破虏讨逆传》中，裴松之注引《江表传》

---

1 《后汉书》，第12册第3670、3671页。
2 （清）苏舆撰，钟哲点校：《春秋繁露义证》，第438页。
3 《后汉书》，第9册第2693页。

孙策在解释杀琅玡道士于吉时提及："昔南阳张津为交州刺史，舍前圣典训，废汉家法律，尝着绛帕头，鼓琴烧香，读邪俗道书，云以助化，卒为南夷所杀。"[1] 由此，可以看出绛绡头在当时为好道人士的标志性服饰。

绡头，又称幧头、幓头、帕头等，即绛红色束发巾。《释名·释首饰》称："绡头，绡钞也。钞发使上从也。"其形制是"其从后横陌而前也"[2]。《仪礼·士丧礼》"众主人免于房"节中郑注也对其形制有所描述：

自项中而前，交额上，却绕紒（髻）也。[3]

如图 1-1-2 所示，左边陶俑就是用一幅布从脑后往前绕到前额，在额前相交再绕结于发髻上；右边陶俑则在头顶束扎为髻。

这种巾裹式样从魏晋一直延续至蒙元时期。如图 1-1-3 所示，案前站立的小道童，头上作"双丫髻"，是元代的"绾角儿"式。沈从文先生指出，这种巾裹式样魏晋时多出现在成年人头上，在《竹林七贤图》《北齐校书图》中皆可得见；北朝

图1-1-3　裹各式巾子的道童
（元）壁画《道观醮乐图》（局部），现藏山西芮城永乐宫

1　（晋）陈寿撰，（南朝宋）裴松之注：《三国志》，北京：中华书局，1982 年 7 月第 2 版，第 5 册第 1110 页。
2　《释名疏证补》，第 160 页。
3　《十三经注疏》，第 3 册第 2461 页。

宫廷内侍小黄门头上也多采用；唐时未成年舞女亦较多用于饰首，而在这幅取自元代永乐宫纯阳殿的壁画中，"吹笛一个头上所见还是魏晋以来高士头上幅的式样"[1]。

除了绡头，"幅巾"也是从汉魏一直延续下来，并盛行于宋明的高士道人巾裹样式。幅巾，通常以缣帛制作，故又称为"缣巾"；缣帛是布帛的统称。幅巾是将布幅裁成方形，长、宽与布幅相等，也就是今天50厘米左右的幅宽[2]，取其一幅布饰首之义，故名。使用时包裹发髻，绾结系于脑后或前额，无须再加冠。其制出于汉，汉初本为贱者之服，东汉以后贵贱皆用。其名最早见于《后汉书·郑玄传》："玄不受朝服，而以幅巾见。"[3]《三国志·魏书·武帝纪》记载曹操逝后"敛以时服，无藏金玉珍宝"，裴松之引《傅子》注曰："汉末王公多委王服，以幅巾为雅。"[4]《三才图会》以此为据，亦引傅玄语释幅巾，谓之："古庶人服巾，士则冠矣。……幅巾古贱者之服也，汉末始为士人之服。"[5]厌弃冠冕公服、以幅巾束首的这种风气，在魏晋时颇流行，士人喜其轻便，高逸谓其雅致，故多用之，其制大兴。至南北朝时其制方改。

唐人封演所著《封氏闻见记》卷五记载了幅巾的形制演变："近古用幅巾，周武帝裁出脚，（朝）后幞发，故俗谓之幞头。"[6]北周武帝改其制，将四角加长，用纱罗软巾包裹头发，故初时称为"帕头"。隋唐沿袭此风，改称"幞头"，在彼时广为流行，并衍生出平式、软脚、硬脚、直脚、展脚、结式等多种形制变化，如图1-1-4所示。

至五代时，形制改为硬翅，与帽无别，多用于官吏，士人遂又恢复幅巾裹首之习风。宋时尤甚。苏轼所作七律《赠王子直秀才》尾联云："幅巾我欲相随去，海上何人识故侯。"陆游七律诗《初秋山中作》首联云："万里西风吹幅巾，即今真个是闲人。"可见在宋代，幅巾在儒生、士人中使用相当普遍，以致成为身份指代。元时沿袭之。

1　沈从文：《中国古代服饰研究》，北京：商务印书馆，2011年12月第1版，第597页。
2　《汉书·食货志》记载，汉代织布多用腰机，布帛的标准规格为"宽二尺二寸为幅，长四丈为匹"，汉时一尺为23厘米，幅宽合50.6厘米；后海南推广固定台机，布幅宽度约70厘米。
3　《后汉书》，第11册第3346页。
4　《三国志》，第1册第54页。
5　（明）王圻、（明）王思义：《三才图会》，上海：上海古籍出版社，1988年6月第1版，第1502页。
6　（唐）封演撰，赵贞信校注：《封氏闻见记校注》，北京：中华书局，2005年11月第1版，第45页。

第一章　首　服

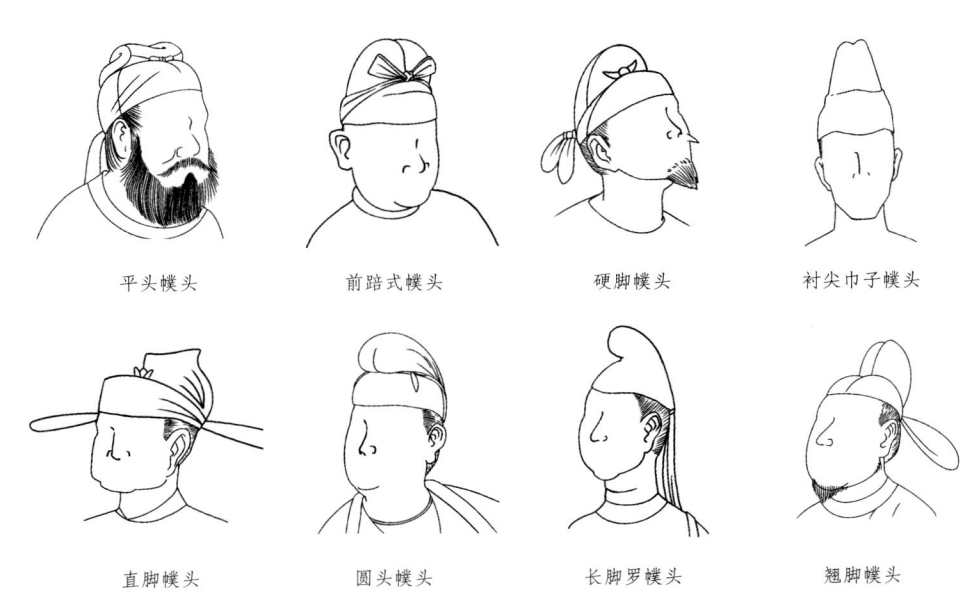

| 平头幞头 | 前踣式幞头 | 硬脚幞头 | 衬尖巾子幞头 |

| 直脚幞头 | 圆头幞头 | 长脚罗幞头 | 翘脚幞头 |

图1-1-4　唐代幞头
吴延军绘

明代幅巾亦广为流行，并与"深衣"构成固定搭配：头戴幅巾，身着深衣，腰系大带或丝绦，为当时儒生的标准形象。不过明代的幅巾形制有所变化，相传为朱熹所改，称为朱子幅巾（搭配朱子深衣），其制颇类浩然巾，形如风帽，头顶稍尖，以一对系带裹于头部，下端带有披幅垂于脑后，遮盖肩颈（图1-1-5）。入清之后，剃发令行，世俗不用，其制渐失。但据清中叶的全真道龙门派第十一代宗师闵一得（1749—1836）称：幅巾是道士天冷时所用。[1]由此可见，幅巾形制依赖玄门在清代仍得延存。

不过据文物专家孙机先生考证："幞头并不是直接继承幅巾而来。而对幞头来说，幅巾仅仅起着先驱的作用，并不是它的原型。"[2]孙机先生对今人所推测的"帕头后代音转为幞头"也颇有疑虑，认为将二者联系起来的证据亦不确定。[3]

1　《藏外道书》，成都：巴蜀书社，1994年12月第1版，第10册第598页。
2　孙机：《中国古舆服论丛（增订本）》，上海：上海古籍出版社，2013年11月第1版，第201页。
3　孙机：《中国古舆服论丛（增订本）》，第216页。

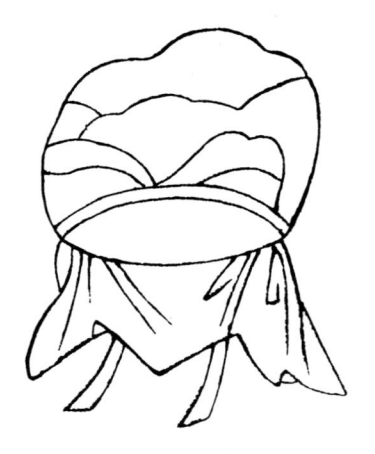

图1-1-5 明代幅巾
《三才图会》，第1502页

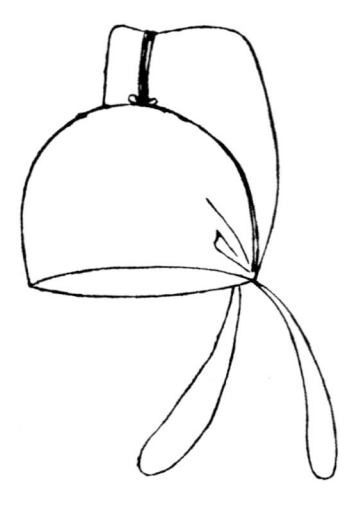

图1-1-6 明代唐巾
《三才图会》，第1503页

实际上，与幞头有直接渊源的，是另一巾裹样式：唐巾。《三才图会》描述其制"类古代毋追，尝见唐人画像帝王多冠此则，固非士大夫服也，今率为士人服矣"[1]。《元史·舆服一》记载其制为："制如幞头，而撅其角，两角上曲作云头。"[2] 皆指其形制与唐代"幞头"类似，就是以乌纱制成的头巾，宋代沈括的《梦溪笔谈》称唐时幞头为四脚，二者反系头上，二者在脑后垂下，内衬藤篾以支撑，向左右呈八字分张。元代稍改其形，去其藤骨，作成软角，故又名"软翅纱巾"。闵一得称唐巾"唯唐朝吕纯阳祖师之派裔可戴"[3]。实际上，宋、元、明时，不仅修道人戴唐巾，因其式样俊雅飘逸，在儒生中也非常流行，《元史·舆服一》称："执事儒服，软角唐巾，白襕插领，黄鞓角带，皂靴。"[4] 在当时，唐巾是一种比较常用的便服，尊卑均可用，甚至宫廷亦服之，《宣和遗事》中有段记载可以为证："徽宗闻言大喜，即时易了衣服，将龙衣卸却，把一领皂褙穿着，上面着一领紫道服，系一条红丝吕公绦，头戴唐巾，脚下一双乌靴。"[5] 而且不仅男子，宫廷女眷也有使用，宋徽宗《宫词》中便记载了这一事实："女儿妆束效男儿，峭窄罗衫称玉肌。尽是珍

---

1 《三才图会》，第1503页。
2 （明）宋濂：《元史》，北京：中华书局，1976年4月第1版，第1708页。
3 《藏外道书》，第10册第598页。
4 （明）宋濂：《元史》，第1708页。
5 王云五主编，黎烈文标点：《大宋宣和遗事》，上海：商务印书馆，1937年3月初版，第35页。

图1-1-7　民国时期庄子巾/冲和巾

［德］赫达·莫里逊（Hedda Hammer Morrison）摄，选自《华山1935》，哈佛燕京图书馆（Harvard-Yenching Library）收藏

珠匀络缝，唐巾簇带万花枝。"[1] 明代时，唐巾以黑色漆纱制之，硬胎、无角，左右各嵌巾环一枚，多为玉质，亦称"唐帽"（图 1-1-6）。可能到清代，才为吕祖一脉之专属，其制方得以通过道士保留下来。

与唐巾形制相近的，还有"冲和巾"。冲和巾，即庄子巾，又称"南华巾"，不知是否为庄子所制或常用，大概取"冲气以为和"之义，象征如老、庄之道淡泊平和、无所拘束、超凡脱俗。如图 1-1-7 所示，其制略类儒巾，外形前低后高，顶部形成斜面，侧面视之呈三角形，状如屋顶，下部略方，前后双折出展筒；巾前正面镶有"帽正"，亦名"帽准"，常为玉质，白玉较多，一则正帽，二则象征品性端肃；巾后垂软带一对。老年道士多戴庄子巾。

上海城隍庙吉宏忠道长在《道教法服与坛场威仪》中详细讲授了戴巾礼仪：道巾分为内外两部分，外者为"巾面"，内者为"巾堂"。戴巾时先用双手的大拇

1　（宋）赵佶：《宫词》（绿君亭本）之三十五。

图1-1-8　当代庄子巾
吴延军摄

指和食指撑开巾堂,整个扣在头上,将"帽准"正对鼻尖,然后右手食指和中指分别压住"帽准"两侧,左手在巾后轻拉一下,露出一部分前额。戴巾不可以遮住额头,更不能压住眉毛。巾的功能是"笼发",长发都应盘好塞进巾堂里,不应披散着裸露在外。在道观里披头散发或者戴巾依旧散发是一种失礼的行为。

《三才图会》还记载有一名为"纯阳巾"、亦可称为"乐天巾"的首服(图1-1-9、图1-1-10),为明代道士、隐者所戴。称其形制为:

颇类汉唐之巾,顶有寸帛,襞积如竹简,垂之于后,巾上有盘云纹样。[1]

释其名称为:"曰纯阳者以仙名,而乐天则以人名也。"[2]指其形制为:巾顶部为斜坡状,缀有一幅布帛在前,有的饰有盘云纹,有的折成襞积(褶裥)的九道"梁",巾后有一对垂带,两侧各缀一枚巾环。

---

[1]《三才图会》,第1504页。
[2]《三才图会》,第1504页。

相传吕洞宾成仙之前，曾戴一种头巾，顶角稍方，上覆一帛，折叠成裥，前折较后两旁少窄三四分，因此也称为"吕祖巾"或"洞宾巾"。如图1-1-11所示，山西芮城永乐宫纯阳殿神龛背面的元代壁画《钟吕传道图》中，吕洞宾便头戴此巾。

唐时还有一种巾裹样式也是因人得名：浩然巾。这是一种男子冬天所戴之暖帽，相传唐代诗人孟浩然常戴之御寒，故名。孟浩然头戴浩然巾，在风雪中骑驴过灞桥踏雪寻梅，传为一代文人佳话（图1-1-12）。

其制在《镜花缘》第二十五回里亦可见。唐敖在"两面国"见到该国男子都戴浩然巾，风度翩翩："他们个个头带浩然巾，都把脑后遮住，只露一张正脸。"[1]由此可见，浩然巾形如风帽，有长大披幅垂下护住侧脸及肩背，以保护头颈及肩背不受风寒。浩然巾一般用布缎制作，也有夹层中絮棉，或用皮制者；颜色多为紫、黑、深蓝、深青等素净颜色。浩然巾在元代应该非常流行，今藏北京白云观的《邱真人本像》（图1-1-13）中，丘真人戴的便是浩然巾。

此外，唐时还有一种为女道士专用

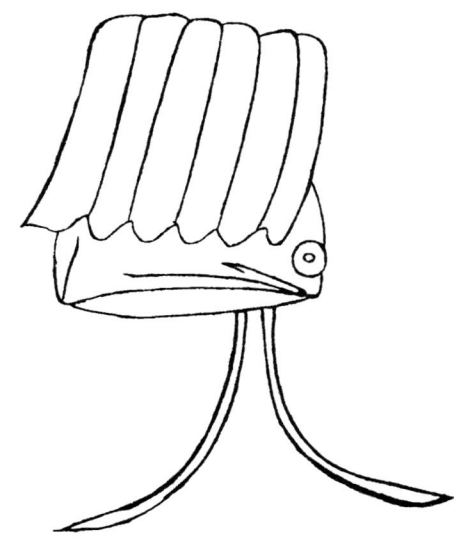

图1-1-9　纯阳巾
《三才图会》，第1504页

图1-1-10　戴纯阳巾的吕洞宾
（清）吴友如：《古今人物百图》

---

[1] （清）李汝珍：《镜花缘》，上海：上海古籍出版社，1991年10月第1版，第114页。

衣画云霞：道教服饰与符号

图1-1-11　吕祖巾／洞宾巾
（元）壁画《钟吕传道图》（局部），现藏山西芮城永乐宫

的巾裹样式：莲花巾。其制为底部装饰成莲花花瓣的样式，推测是脱胎于魏晋时的莲花冠，精简形制而便于日常穿戴。唐人李白在诗中提到其为苏浙一带女道士所戴头巾[1]，明人田艺蘅亦持此说[2]，概此莲花巾至明仍存其制，亦为女道士所用。

至宋，世俗社会疏淡雅致的审美取向也影响到玄门巾裹样式。彼时几款颇有代表性的巾裹也一直延续，至今仍存于道士服饰中。

逍遥巾，所见材料里记载有两种称为"逍遥巾"的首服（图1-1-14），二者相同之处在于，巾后都缀有两根长长的剑头飘带。不同者在于头巾主体部分：一种即"飘飘巾"，帽顶前后均为斜坡，各缀一片大小相等的布帛，正面一片饰以云头图案；另一种是纱罗头巾，以一块或方或圆的布帛包裹于发髻之上，类似于小包巾，系上飘带垂于脑后，亦称"荷叶巾"。这一种在宋时非常流行，宋人米芾在《画史》中对逍遥巾有这样的记载："覆如是，其后方有丝绢，作掠子，掠起发，顶帽出入……又其后方见用紫罗为无顶头巾，谓之额子，犹不敢习庶人头巾。其后举人始以紫纱罗为长顶头巾，垂至背，以别庶人黔首，今则士人皆戴庶人花顶

---

[1] （唐）李白：《江上送女道士褚三清游南岳》，"吴江女道士，头戴莲花巾"。
[2] （明）田艺蘅：《留青日札》卷二十二，"莲花巾，吴江女道士（戴）"。

30

图1-1-12　浩然巾

壁画《孟浩然踏雪寻梅》，北京颐和园谐趣园游廊第三间西侧内

头巾，稍作幅巾，逍遥巾。"[1]指其制原为庶人所用，称为花顶头巾，后士庶皆用，甚至妇女也有戴之，致其在当时非常流行。

现在世俗社会多数是短发，尤其男子。而道士必须蓄发留须，一是作为入道的标志；二是为了顺应自然规律；三是为了表示尽孝之意，胡须鬓发为父母所授，不得轻易毁损；四是为了养生保健，蓄留长发，必须经常梳理，经常梳头有助于大脑血液循环，大脑为人身之主，大脑健康，人就少病。或因出家时日尚浅，发短未能挽起发髻，或因夏天暑热需要散凉，道士多戴此巾。头戴道遥巾，巾带飘摇，模拟仙姿，如神仙一般自在，举动间道骨仙风，姿态潇洒，故深得年轻道士所喜。但有些年长道士则认为戴此巾有失庄重，欲废止之。

紫阳巾，传说其制源于宋儒朱熹。朱子居所辟读书室，名曰"紫阳书堂"，并在此居住了四五十年，后人遂据此称读书人所戴的一种飘曳的头巾为"紫阳巾"。明人王世贞在《觚不觚录》中讽刺一目不识丁富家儿，谓："辄戴紫阳巾，衣忠静衣，挟行卷诗题尺牍，俱称于鳞伯玉，而究之尚未识面。"[2]可见至明时，头戴紫阳

1　（宋）米芾：《画史》，《钦定四库全书·子部》，第813—820页。
2　王云五主编：《凤洲杂编及其他二种》，上海：商务印书馆，1937年6月初版，第9页。

图1-1-13　戴浩然巾的丘祖

（明）《邱真人本像》（局部），现藏北京白云观

巾仍为读书人的标志。入清，因其飘逸不拘，为修道之人所喜。

一字巾，形制非常简单，就是以一根丝织幅带束发，因形似"一"字而得名（图1-1-15）。相传此制起于宋时抗金名将韩世忠，宋人徐梦莘《三朝北盟会编》称，韩世忠、张俊、岳飞三大帅遭秦桧谗言，皆罢枢密解兵柄，世忠"乃制一字巾，入都堂则裹之，出则以亲兵自卫"[1]。宋人洪迈《夷坚志·韩郡王荐士》亦载："韩郡王既解枢柄，逍遥家居，常顶一字巾，跨骏骡，周游湖山之间。"[2]世忠此举，意在释帝、相之疑忌，盖因一字巾为山野之人或者志在山水之人所用。一字巾端头有木扣或玉扣，上面一般刻有太极八卦图形（图1-1-16），故又称"太极巾"；此扣合上为"混元圈"，散开则为"一"，寓"道生一、一生二、二生三、三生万物"之义。此巾常用于山居道士束发，以防山野树枝钩挂头发，因此也叫作"逍遥一字巾"。

明代道教的世俗化，在服饰尤其是首服中也有所体现，除了各式"巾"，比较常用的还有"帽"。此时出现了不少与前朝样式不同的巾、帽。与巾收束头发

图1-1-14　两种样式的逍遥巾
（上）（明）曾鲸：《顾梦游像》（局部），现藏南京市博物馆；（下）逍遥巾示意图，吴延军绘

1　（宋）徐梦莘：《三朝北盟会编》，上海：上海古籍出版社，2008年6月第2版，第723页。
2　（宋）洪迈撰，何卓点校：《夷坚志》，北京：中华书局，1981年10月第1版，第9页。

衣画云霞：道教服饰与符号

图1-1-15　民国时期一字巾
[德]赫达·莫里逊摄，选自《华山1935》，
哈佛燕京图书馆收藏

图1-1-16　当代一字巾
自有藏品，吴延军摄

的功能有所不同，帽还具有保暖御寒的功能，但两者都不具备标志身份地位的作用，《隋书·礼仪志》甚至说："帽，古野人之服也。"[1]足见其鄙。巾和帽的差异，如明人李时珍《本草纲目·服器部》"头巾"条所云："古以尺布裹头为巾，后世以纱、罗、布、葛缝合。方者曰'巾'，圆者曰'帽'，加以漆制曰'冠'。"[2]由此可见，帽和巾的区别在于是否"缝合"，缝合为"帽"，不缝为"巾"。

道教服饰的这种变化，一定程度上影响了明代世俗社会的巾裹制度，加之元代遗留之制，因此有明一代所出的巾、帽样式，较之前代更加丰富，在官方史书、文人笔记和小说等材料中，记载的巾、帽种类达三四十种。

明太祖第十七子宁王朱权（1378—1448）在其所著《天皇至道太清玉册》卷六"冠服制度章"条，记载有数量不少、形制各异的巾、帽。

雷巾，又称为"九阳巾"或"九阳雷巾"，是一种道士日常所戴的软帽。宁王指其为"山中道士燕居之巾，野人冠服之属"。雷巾在当时使用较为普遍，"山野

---

[1]（唐）魏征、（唐）令狐德棻：《隋书》，北京：中华书局，1973年8月第1版，第1册第266页。
[2]（明）李时珍：《本草纲目》，哈尔滨：北方文艺出版社，2007年9月第1版，第856页。

34

修道之士，不论贵贱，皆戴之，今之护薄之士欲为自尊，以为有直事者戴之"。有此制是因为"古无网巾，戴之以笼乱发，各则护寒以裹其首"。但因其属非正式服饰，"岂宜入朝堂见帝王，而为礼哉？"并称元人吴澄坚赋有雷巾诗曰："山野猥惽可护寒，岂宜裹却谒时官，时浇世态非纯俗，反奔玄门正一冠。"[1]

根据《三才图会·衣服一卷》"雷巾"图式（图1-1-17），其形制为："其制颇类儒巾，惟脑后缀片帛，更有软带二，此黄冠服也。"[2]

网巾，在明代是非常普遍的一种首服。通常以黑色丝线、马鬃甚至落发编织而成，亦有用绢布制作者。[3]状若渔网，网口以细条布帛缘边，称为"边子"；边子两旁缀有金属或玉质所制网巾圈，交贯绳带，绳带收束于顶，便可约发（图1-1-18）。[4]至天启中，出现了一种顶部无带的网巾，即削去网带，只束下网，使用时如渔网覆首，于额部系扎收紧，得名"懒散巾"或"懒收网"。[5]

明初，网巾并无贵贱之分，网巾圈也多用铜、锡等普通金属，洪武六年（1373）的制度为："庶人巾环不得用金玉、玛瑙、珊瑚、琥珀，未入流品者亦同。"[6]但明中后期，权贵富户不安于简朴生活，遂打破洪武旧制，网巾本身材质简

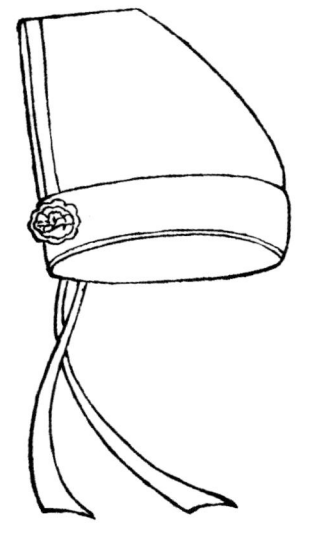

图1-1-17 雷巾
《三才图会》，第1505页

---

1 《道藏》，第36册第413页。

2 《三才图会》，第1505页。

3 明人谢肇淛《五杂组·物部四》有记载："网巾以马鬃或线为之，功虽省，而巾冠不可无矣。北地苦寒，亦有以绢布为网巾者，然无屋终不可见人。"《金瓶梅》第十二回有记载西门庆骗金莲头发去讨好李桂姐，假说制作网巾用。《醒世姻缘传》第九十八回有记载穷秀才之母，织卖头发网巾。

4 清人王逋《蚓庵琐语》记载："网巾捕作，式如渔网；网口用帛做成边子，边子两幅稍后处用金、玉、铜、锡做成网巾圈；再在边子两侧各系小绳，交贯于两圈内，顶束于发髻。边子与眉相齐，其上有总绳收束拴紧头发，故名'一统山河'，又称'一统天和'。"

5 清人采蘅子《虫鸣漫录》卷二记载："明末时，人皆不愿戴网巾，或束发加帽，或裹网巾而不系带，谓之懒散巾。"

6 （清）张廷玉：《明史》，北京：中华书局，1974年4月第1版，第4册第1101页。

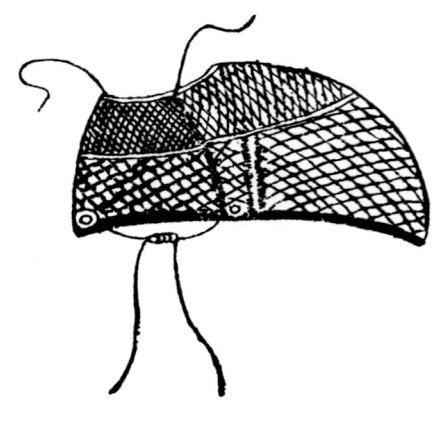

图 1-1-18 明代网巾
《三才图会》，第 1502 页

单做不出文章来，但网巾圈却成为相互攀比的对象，故出现由金、银、玉等贵重质料所制的圈环。

网巾选料不拘，故使用非常广泛。一般在室内可单独使用，在外则须戴上帽或冠，否则被认为是失礼；此制与古代士庶在冠内加"帻"约束头发作用一致。不过普通百姓为求方便，也不拘此礼。沈从文先生在《中国古代服饰研究》中对网巾有所论述：

（网巾）在明代有施于巾帽下的，也有单独使用，比四方巾和六合帽制作都较简便，对于劳动人民在工作中穿戴较为便利。当时指为定式，主要应当还是对多数工农而言。此外则对于着朝服、官服戴纱帽笼巾下面先加网巾，可起约发作用。至于戴四方巾、六合帽的一般老百姓，网巾的应用，实可有可无。讲究的用它，马虎点即不用。因为求工作便利，特别是农民，椎髻结发实省事。[1]

网巾之制，为明代特有。宁王谓网巾出于道士所用，前所未见，"古未有之，自我朝洪武开创始制有也。圈用大环，不同于俗"[2]。据《明史·舆服二》的记载，网巾确始于洪武朝："洪武二十四年，帝微行至神乐观，见有结网巾者。翼日，命取网巾，颁示十三布政使司，人无贵贱，皆裹网巾，于是天子亦常服网巾。"[3]明人敖英所著《绿雪亭杂言》、郎瑛所著《七修类稿》、王圻和王思义所著《三才图会》[4]皆记载了此制始于太祖，并谓是得道士启发所制：太祖初得天下，一日微行，

---

1 沈从文：《中国古代服饰研究》，第 654 页。
2 《道藏》，第 36 册第 413 页。
3 （清）张廷玉：《明史》，第 4 册第 1067 页。
4 《三才图会》，第 1502 页。

夕至神乐观，见一道士于灯下结网巾，问其何物，答曰"网巾"。并解释此物用以裹头，可使万发俱齐；太祖感于言，喜甚，召该道士，命为道官，旨意令其将此网巾推行天下；后士庶贵贱皆裹之，朱元璋本人亦常戴网巾。

因此，网巾是明初所建冠服制度中最具朝代特征的巾服之一，其制虽小寓意却深。据明人王圻、王思义父子合著的《三才图会》所载，明人是

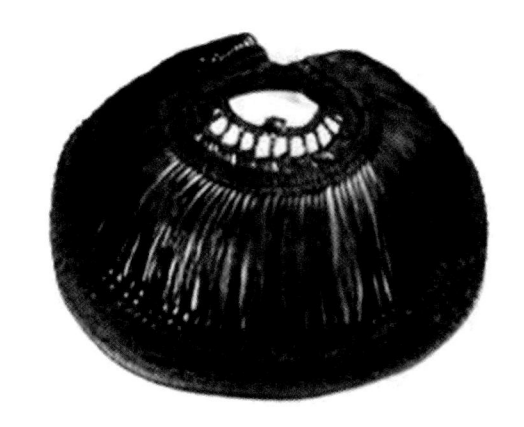

图1-1-19　当代网巾
自有藏品，吴延军摄

将网巾的形制与汉族收复河山、重建王权的现实结合起来："古无是制，国朝初定天下，改易胡风，乃以丝结网以束其发，名曰网巾。识者有'法束中原，四方平定'之语。"[1] 盖因网巾边子齐眉，以绳收束约制头发，因而引申出"尽收鬃（中）发（华）"的意蕴，赋予"一统天下""一统山河"和"一统天和"等象征寓意。故明亡后，其制废。当代道士主要是正一派，有部分未蓄发者，遂以网巾代替头发，用以簪冠（图1-1-19）。

《天皇至道太清玉册》还记载有一款"结巾"，宁王谓此款为"余始制也"，为其独创之道服，制度不同于俗，非王者不敢擅用：

以玄色为之。冬夏各有二样，不拘纱帛，自成一家。[2]

其实此制并非宁王所创，宋人俞琰《席上腐谈》溯其源，称："周武帝所制，不过如今之结巾，就垂两角；初无带，唐人添四带，以两角垂前，两角垂后；宋又横两角，以铁线张之，庶免朝见之时偶语。"[3] 指其源于"幞头"，《三才图会》所

1　《三才图会》，第1502页。
2　《道藏》，第36册第414页。
3　王云五主编：《席上腐谈及其他一种》，上海：商务印书馆，1936年6月初版，第5页。

37

描述形制也与此一致（图1-1-20）：

> 以尺帛裹头，又缀片帛于后，其末下垂，俗又谓之"扎巾"，"结巾"制颇相类。[1]

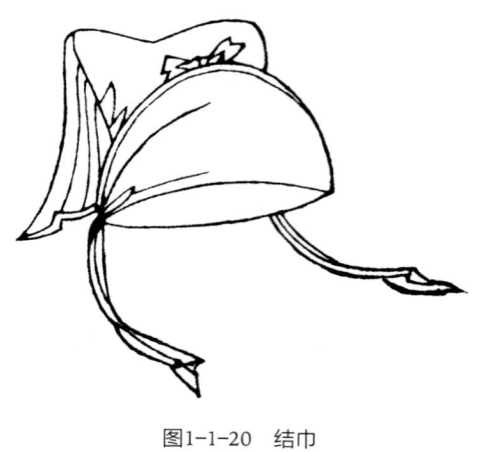

图1-1-20 结巾
《三才图会》，第1504页

宁王所制者，还有一些比较奢侈，非普通道士所用者。如"雪巾"，其制为"以玄色纻丝为之，以天鹅皮为里"，作用是"凡雪天严寒，皆用之以护脑"[2]。纻丝是一种缎质丝织品；先秦时期的裘服均为皮里毛外，但至明代，且为裹头之物。不过天鹅皮为里似乎不太合理，估计应为天鹅绒，即取飞禽胁腹之细绒，或者皮毛一体，有很好的保暖御寒功能。

明代首服，除各式"巾"，比较常用的还有"帽"。在明代，虽然禁止胡服衣冠，但蒙元服饰习用已久，因此无法完全禁绝。尤其在非正式场合，非传统汉制的帽和笠的使用也很普遍，《天皇至道太清玉册》中描述了道士常采用的帽式：

> 帽之制，任用拖巾缦饰，即同世用藤竹轻罗，细纱装之，亦可。漆帽，如云笠样，布台黑漆，不用幕。[3]

依此描述，有两种形制与之接近。一是类似明时士庶常用之"大帽"。大帽有帽筒，之下有一圈帽檐，帽檐下系带；大帽材质多样，缠棕、马尾、漆纱、丝罗皆可。此制不知其源，原为庶民所戴，自魏武帝始，贵贱通用。元时的大帽，顶上饰帽顶，系带穿帽珠，皆用名贵质料，据《万历野获编》的记载："王公贵人皆

---

1 《三才图会》，第1504页。
2 《道藏》，第36册第414页。
3 《道藏》，第36册第413页。

戴大帽,视其顶之花样为等威。"¹ 洪武六年制:"庶人帽,不得用顶,帽珠止许水晶、香木。"² 通常用于遮挡烈日和灰尘。二是形近"遮阳帽"。明制遮阳帽,竹篾为骨,纱罗为表,形式斗笠,这与宁王的描述更为相似。《明史》载:洪武二十四年,为区别士子和吏胥的巾服,太祖亲定"生员襕衫,用玉色布绢为之,宽袖皂缘,皂绦软巾垂带。贡举入监者,不变所服。洪武末,许戴遮阳帽,后遂私戴之"³。也就是说,在明时科贡入监生得恩例方可戴之。

此外,道士居山修行、寻真访仙时,还常使用"笠"以遮风挡雨。笠,《急就篇》注曰"小而无把,首戴以行,谓之笠"⁴,并指其用竹箬、棕皮、草葛甚至毛毡等材料编织而成,为避雨、遮日之物,形制大多为圆形、有檐(图1-1-21)。《天皇至道太清玉册》记载了几种笠的样式,功用与此所载一致:雨笠,"识竹箬及桦皮为之,以御雨露日光;最轻省,世以藤竹蓼根作之,亦甚轻妙,而嫌其太华也;其大而置肩谓之蓑,此尤为修道全真云水之用也";云笠,"顶六方,上小檐阔,用皂绢或纱幕,其上以避风纱日色,寻真问师云游用之";野笠,"以竹为台,用小懈叶盐水煮过,砌之于上,以隔雨雪,山居可用"。⁵

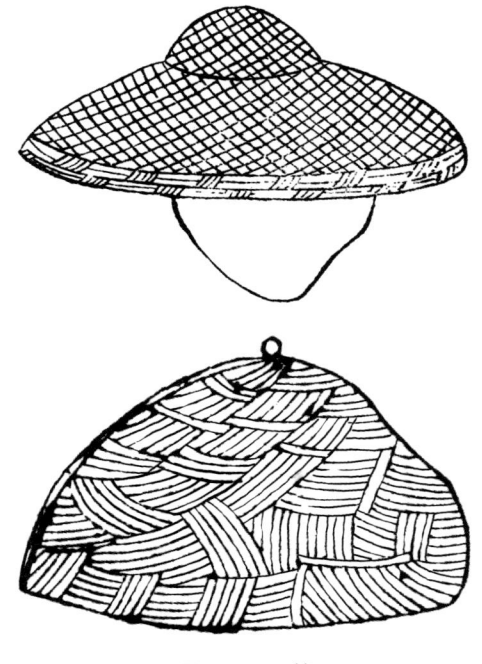

图1-1-21 笠
《三才图会》,第1501、1504页

---

1 《明代笔记小说大观》,上海:上海古籍出版社,2005年4月第1版,第2595页。
2 《道藏》,第36册第413页。
3 (清)张廷玉:《明史》,第6册第1654页。
4 (汉)史游撰,(唐)颜师古注,(南宋)王应麟补注,(清)钱保塘补音:《急就篇》,上海:商务印书馆,1936年12月初版,第164页。
5 《道藏》,第36册第413页。

至清代中叶，闵一得在《清规玄妙全真参访集》中记载了清代全真派的服饰，总结前代历朝常用巾裹样式，凡列九巾，据此民间亦有"道有九巾，僧有八帽"的说法：

  全真所戴之巾有九式：一曰唐巾，二曰冲和，三曰浩然，四曰逍遥，五曰紫阳，六曰一字，七曰纶巾，八曰三教，九曰九阳。[1]

唐巾、冲和巾、逍遥巾、紫阳巾、一字巾，皆袭自前代。浩然巾亦从唐至明都颇为流行，常为文人逸士所用，直至清末，仍然十分流行。《醒世姻缘传》第四回有记："晃大舍……随把网巾摘下，换了浩然巾，穿了狐白皮袄，出去接待。"[2]《儒林外史》第二十回有段记载可看出清代此制亦有使用："只见外面又走进一个人来，头戴浩然巾，身穿酱色绸直裰，脚下粉底皂靴。"[3]可以推测，在清代剃发易服，因浩然巾一则非明代所特有的网巾、方巾、六合帽那么具有时代和民族特性，二则形制简单不太影响所戴人的外形特征，更重要的是非常实用，能够较大面积抵御寒冷，以保护剃发后裸露的头皮，免受风侵，故为清代士庶男女以及释、道的常用首服。晚清光绪年间，上海地区甚至还出现过改良了的红色"风兜"，以锦缎或呢绒为料并加锦缘，戴在小帽之上。闵一得称道士所戴的浩然巾为玄（黑）色布缎所制。

并且，闵一得称这些首服的使用"各从其宜"，具体说来："老者戴冲和，少者戴逍遥，或冷时用幅巾，雪夜用浩然，平常用紫阳、一字。"并指出："巾皆用元色布缎所置。盖元为天，头圆象天；天一生水，水色属元，元机于道，以元色顶于首，尊道也。"[4]元色即玄（黑）色，因避康熙帝尊讳而异字。闵氏谓这些道巾皆天人合一，象天法地，道士戴玄色头巾，有敬天尊道之意；时至今日，除了苏

---

1 《藏外道书》，第 10 册第 598 页。
2 （清）西周生：《醒世姻缘传》，济南：齐鲁书社，1980 年 12 月第 1 版，第 39 页。
3 （清）吴敬梓：《儒林外史》，北京：人民文学出版社，1958 年 11 月第 1 版，第 210 页。
4 《藏外道书》，第 10 册第 598 页。

州诰斗时所带的"靠山巾"采用青色，其余道巾几乎都是黑色。

以上道巾为普通修道者日常所戴，闵一得称"上等有道之士"另有专属："曾受初真戒者，方可戴纶巾、偃月冠；中极戒者，三教巾、三台冠；天仙戒者，冲虚巾、五岳冠。"[1]

初真戒、中极戒、天仙戒，即三堂大戒，亦称"三坛大戒"，是全真道授受传承之根本戒律；由于受戒道士须经百日戒期，因而又称为"百日圆满三坛大戒"。[2]

图1-1-22 纶巾
《三才图会》，第1503页

纶巾，以粗丝或葛布制作的头巾。东汉以后非常流行，以白色为贵，取其高洁之义，素为士人所喜。《晋书·谢万传》记载谢万的装束，便是"万著白纶巾，鹤氅裘，履版而前"[3]。最有知名度的当属三国时诸葛亮，羽扇飘飘，纶巾萧萧；故又称为"诸葛巾"，《三才图会》有"诸葛巾"条云："诸葛武侯尝服纶巾，执羽扇，指挥军事，正此巾也，因其人而名之。"[4]（图1-1-22）宫廷妇女亦施用，多染成彩色。隋唐以后，幞头盛行，戴者渐少；宋以后恢复其制，多用于道士、儒生；至明亦然。

不过，明人杨慎（1488—1559）对此提出了质疑，认为"纶"字应为"䌷"，是后人误用。杨慎在其所著《丹铅杂录》中专置"䌷巾"条，云："纶巾，实为经纶之'纶'，而世人纶巾多音'关'。按《说文》中有'䌷'字，释义为'纠青丝绶也'。后人误用'纶'，乃假借而迷其音尔。凡白纶巾，用'䌷'字乃是。"[5]他指

---

1 《藏外道书》，第10册第598页。
2 卿希泰：《中国道教·第二卷》，第353页。
3 （唐）房玄龄：《晋书》，第7册第2086页。
4 《三才图会》，第1503页。
5 （明）杨慎：《丹铅杂录·丹铅续录·俗言》，上海：商务印书馆，1936年6月初版，第28页。

出"纶（guān）巾"应为"緺（guān）巾"，而"纶（lún）"字，《说文》段注云："糾，三合绳也。纠青丝成绶，以为'纶'。"[1]谓"纶"是指青丝绞合而成的绶带，古代官吏用之系印。秦汉时百官佩此绶带，此"纶"非经纬编织而成，实为"合青丝绳辫织之，有经无纬，谓之'宛转绳'，若今人用丝绳如箸粗为带者也"[2]。依此来看，"纶巾"应为"緺巾"，可能是"綸"与"緺"形近而误，以讹传讹，至今难分。

三教巾，许是取义"三教合一"，但目前未见实物，其制无可考。

随着时代变迁，"九巾"之制也在变化着。据当代高道闵智亭道长所著《道教仪范》所述，自清末到当代最流行的九巾则为混元巾、庄子巾、纯阳巾、九梁巾、浩然巾、逍遥巾、三教巾、一字巾、太阳巾。[3]一般情况，这九巾并不都会用到。常用者，全真道士为混元巾和一字巾，正一道士多用九梁巾和庄子巾，武当道士外出时常戴遮阳的太阳巾，无锡道士多戴颧巾，茅山道士还有华阳巾，等等。

其中，混元巾的形制颇为费解。混元巾内衬圆形帽胎，以黑色缯帛裱成硬沿圆帽，帽顶中间开直径两寸左右之孔；如图1-1-23所示，道士戴混元巾时，挽结发髻，以簪贯之，帽顶之孔露出发髻，亦可于发髻上覆冠。考察前代巾裹，未见与其形制相类者。全真自称寓意道教"混元一气"，今有研究指出，此制清代之前未见记载，颇类清代官员所戴之暖帽，疑其为道教与世俗朝廷妥协之举；但亦有学者认为，道教在满清入关后，不剃发不改服，表现出民族气节，不可能模仿清官员的服饰；还有一种说法，是顺治帝（也有说是康熙帝）赐给王常月的官帽，希望他效忠朝廷，王常月认为官帽不压道人头，于是把顶削掉、露出发髻。孰是孰非？有待进一步研究。

九梁巾，形制颇类纯阳巾，巾顶部呈斜坡状，正面像屋脊样饰以九道笔直的

---

1 《说文解字注》，第655页。
2 《说文解字注》，第654页。
3 闵智亭：《道教仪范》，北京：宗教文化出版社，2004年9月第1版，第26页。

图1-1-23　民国时期混元巾

[德] 赫达·莫里逊摄，选自《华山1935》，哈佛燕京图书馆收藏

"梁"（图1-1-24）。梁冠是传统首服，"梁"的作用是区别所戴之人的身份地位，《隋书·礼仪七》曰："梁别贵贱，自汉始也。"[1]历代有记载者，从"一梁"一直到"八梁"皆有，未见"九梁"者；盖道教以"九"为极数，又为阳数，至大至纯阳，故纯阳巾与九梁巾皆饰九梁，与世俗有别。《洞玄金玉集》称九梁巾为王重阳所制："重阳悯化妙行真人，时在昆仑山居庵，用三尺半青布造成一巾，顶排九叠九缝。"并明确其源自纯阳巾："言梦中曾见，名曰'九转华阳巾'，师父风貌堂堂，有若钟离之状，加之顶起此巾愈增华润，诚为物外人也。"[2]而全真道士在金元时期确也常戴九梁巾，当代与之不同，全真多戴混元巾，九梁巾则多为正一所用。另外，还有一名为"板巾"者，其制与九梁巾和纯阳巾非常接近，甚至有道士认为三者即是一种道巾。

太阳巾，从名称上看，应该是道士在户外用以遮蔽日晒的头巾。从形制上看，与宁王所制"云笠"一脉相承："顶六方，上小檐阔，用皂绢或纱幕。"[3]作用亦是

---

[1]（唐）魏征、（唐）令狐德棻：《隋书》，第1册第271页。
[2]《道藏》，第25册第559页。
[3]《道藏》，第36册第414页。

图1-1-24 民国时期九梁巾
（民国）戴九梁巾的道士（局部）

一样："其上以避风纱日色，寻真问师云游用之。"[1]太阳巾巾身部分颇类庄子巾，不同之处在于，太阳巾有遮阳的大檐。当代太阳巾上承明制，一般面料青色，里衬白色，两边缀有系带；为方便道士簪发，帽顶中央隆起呈三角形，就像庄子巾加了大檐（图1-1-25）。现在在湖北一带道士中使用比较多。

除此之外，闵一得认为："凡戴九阳等巾，用异色绸绫所置，斯乃九流外教，火居门徒，定非真修之士。"[2]闵氏对各色服饰不甚规范者，如"有等蓬头丫髻，或清风绣头箬冠；或身穿白衲衣，与夫混玄三皇，千针书本，二仙懒衲等衣；或腰系九股绦，吕公绦，一气绦，或手提风火棕拂，或手擎五明降鬼扇；或跣足；或多耳麻鞋；或草鞋棕履"，均提出了质疑："此中真伪难辨，须察其威仪、规矩、学问修持；叩其踪迹法派，经典功课之事，少或不全，其来必假。"认为他们"外貌既或不全，内修焉能通晓"，因此，"如若俗衣小帽，盘辫素珠，乃愚昧

---

1 《道藏》，第36册第414页。
2 《藏外道书》，第10册第598页。

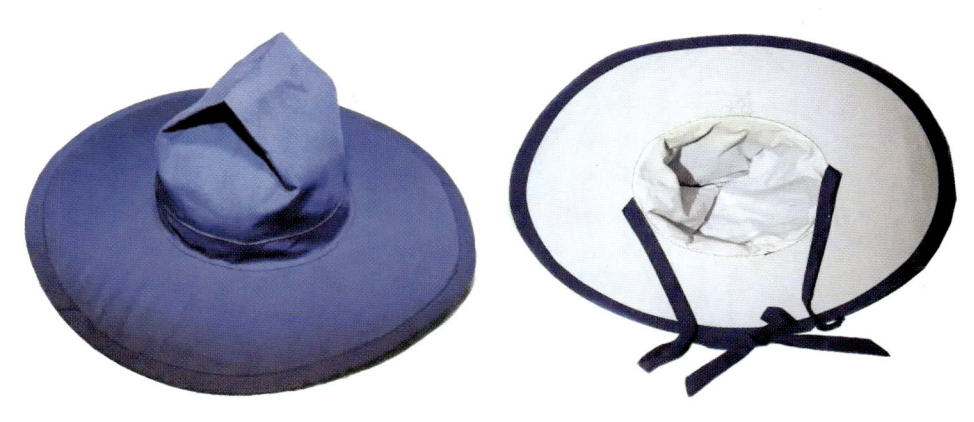

图1-1-25　当代太阳巾
自有藏品，吴延军摄

小人，斋公之类，更恐内有异端邪教，亟应察究严防"。[1]

总的说来，从使用习俗而言，古代人们扎巾，一般是为了方便，头发不致蓬乱；而戴帽，多为保暖御寒，唯有顶冠，则主要是从装饰和礼仪方面考虑。

第二节　冠　　簪

冠，在服饰礼制中有着重要地位。上古时期人们只戴帽不覆冠[2]，《淮南子·泛论训》有云"古者有鍪而绻领，以王天下者矣"，高诱注曰："古者，盖三皇以前也。鍪，头着兜鍪帽，言未知制冠时也。"[3]《说文·一部》对冠的作用是这样解释的："冠，絭也，所以絭发，弁冕之总名也。"[4]《释名·释首饰》释义一致：

---

[1] 《藏外道书》，第10册第599页。
[2] "帽"字《说文》未收入，揣测为东汉以后出现的字，但其形制在早期考古材料中有出现，如陕西临潼邓家庄的仰韶文化庙底沟类型遗址所出土的陶人像，就提供了5000—6000年前戴帽的形象。据《中国美术全集·古代雕塑》说明。
[3] 何宁：《淮南子集释》，北京：中华书局，1998年10月第1版，第911页。
[4] 《说文解字注》，第353页。

"冠，贯也，所以贯韬发也。"[1]如图 1-2-1 所示，古时人们蓄发不剪，长发以笄绾结成发髻，然后用冠约束。早期的冠，只是在发髻上加个罩子用以收拢头发，形制很小，并不完全覆盖整个头顶。因此，戴冠的意义似乎更注重礼制的需要。《淮南子·人间训》就认为冠的实用价值不高："冠履之于人也，寒不能暖，风不能障，暴不能蔽也。"[2]《礼记·冠义》也讲得很明白："冠者，礼之始也。"[3]并释其象征意义，云：

图1-2-1 束发冠
《三才图会》，第1505页

> 凡人之所以为人者，礼义也。礼义之始，在于正容体、齐颜色、顺辞令。容体正，颜色齐，辞令顺，而后礼义备。以正君臣、亲父子、和长幼。君臣正，父子亲，长幼和，而后礼义立。故冠而后服备，服备而后容体正。颜色齐，辞令顺。[4]

这个释义，对以冠统服、由服及人的礼制规范做了系统阐释。

道士常戴的黄冠，起初就具有这种礼仪的功能。黄冠在古代是指箬帽之类，箬帽是用箬竹的篾或叶制成的帽子，用以遮蔽雨水或阳光。腊祭戴之。《礼记·郊特牲》曰："黄衣黄冠而祭，息田夫也。野夫黄冠；黄冠，草服也。"郑玄注："言祭以息民，服像其时物之色，季秋而草木黄落。"孔疏曰："黄冠是季秋之后草色

---

[1] 《释名疏证补》，第 154 页。
[2] 何宁：《淮南子集释》，第 1263 页。
[3] 《十三经注疏》，第 3 册第 3646 页。
[4] 《十三经注疏》，第 3 册第 3646 页。

之服。"[1] 孙希旦集解："黄冠草服者，黄冠乃台（苔）笠之属，而其色黄也。"[2] 后世常以此借指农夫野老之服；因此"黄冠草服"后来成为习语，意指粗劣的衣着，借指平民百姓，有时也指山野高逸。如南朝宋人鲍照的《园葵赋》云："主人拂黄冠，拭藜杖，布蔬种，平圻壤。"清人钱振伦即注曰："《礼记》：'黄冠，草服也。'"[3] 即草黄色冠服。

图1-2-2 道冠
《三才图会》，第1505页

冠的形制有大小之分。道士用以作束发之冠，据王圻《三才图会》的描述，形制当为小冠（图1-2-2）：

> 道冠，其制小，仅可撮其髻，有一簪中贯之。[4]

材质多用金属或木类。因古代男子成年要举行冠礼，一般是二十岁后戴冠，道士之冠其色尚黄，大抵是与世俗相区别。明代所出《天皇至道太清玉册》卷六"冠服制度章"条，将黄冠的渊源追溯为黄帝时之冠服：

> 古者衣冠，皆黄帝之时衣冠也。自后赵武灵王改为胡服，而中国稍有变者，至隋炀帝东巡，便于畋猎，尽为胡服。独道士之衣冠尚存，故曰有黄冠之称。[5]

---

1 《说文解字注》，第3150页。
2 （清）孙希旦：《礼记集解》，北京：中华书局，2012年11月第1版，第697页。
3 （南朝宋）鲍照著，钱仲联增补集说校：《鲍参军集注》，上海：上海古籍出版社，2005年5月第1版，第30页。
4 《三才图会》，第1505页。
5 《道藏》，第36册第413页。

图1-2-3 进贤冠
（宋）聂崇义：《新定三礼图》，杭州：浙江人民美术出版社，2015年8月第1版，第56页

不论是因古时祭礼中穿着"黄冠草服"还是因黄帝信仰，黄冠是道士之冠，并借指道士是没有争议的。全真龙门宗师闵一得就在《清规玄妙内集》中称："黄冠鹤氅，为太上之门人；羽扇芒鞋，作东华之弟子。"[1]由此亦可见。而女道士遂称"女冠"，由来概因此。不过据《新唐书·方技传》记载，黄冠借指道士的时间应推后到唐：李淳风的父亲李播"仕隋高唐尉，弃官为道士，号'黄冠子'"[2]，后世亦用"黄冠"代指道士。无论如何，黄冠都是玄门早期重要的冠式。

早期道教在斋仪方面率真古拙，但也非常简陋，《无上秘要》中记载的"涂炭斋品"是这样的：修斋者"露身中坛，束骸自缚，散发泥额，悬头衔发于栏格之下"[3]。全无高道大德的仪态可言。在东汉末年太平道、五斗米道创教时期，教徒裹黄巾、穿黄衣，与世俗平民服饰相区别，彼时玄门弟子也未有戴冠的仪制规范。

张鲁北迁后，部分五斗米道教徒据守蜀地传教，这时在科仪制度上逐渐有了一些改变。西晋咸宁三年（277）犍为郡人陈瑞在蜀中传教，参照世俗官制穿着的服饰，其中便出现冠饰：

转奢靡，作朱衣、素带、朱帻、进贤冠。[4]

---

1 《藏外道书》，第10册第606页。
2 （宋）欧阳修、（宋）宋祁：《新唐书》，北京：中华书局，1975年2月第1版，第18册第5798页。
3 《道藏》，第25册第824页。
4 （晋）常璩著，任乃强校注：《华阳国志校补图注》，上海：上海古籍出版社，1987年7月第1版，第439页。

第一章　首　服

进贤冠，是古代服制中的重要冠式（图1-2-3），自汉代以后，代代相袭，其制不衰，入清后剃发易服方才废止。但进贤冠的来历却不甚明了。《后汉书·舆服下》称其为"古缁布冠也，文儒者之服也"[1]，似不可信。缁布冠亦称"麻冕"（图1-2-4），是黑色麻布所制。根据《仪礼·士冠礼》郑注所描述的形制，缁布冠是用布帛折成长条绕头一周制成状如头箍的"颊"，用以约束额头发际和后脑，冠上四周有缀物用以稳定冠身；为使冠安稳，以绳穿颈中之环扣"缅"来固定。[2] 缁布冠为男子初冠时使用。[3] 进贤冠则为金属丝和细纱所制。据《后汉书·舆服下》所记载的形制，冠梁长八寸，与前高七寸、后高三寸的冠边沿相接[4]，呈前高后低的倾斜，前柱倾斜、后柱垂直，因此前方有一突出的斜俎形锐角，称为"展筒"，展筒的两侧和中间皆透空，配戴时覆加于介帻之上；进贤冠多为文官服饰。二者形制相去甚远，应该并无沿承关系，蔡邕《独断》明确指其"汉制，礼无文"[5]，这个说法应该比较可靠，进贤冠是汉代新出现的冠制。[6] 进贤冠在汉代颇为流行，上自公侯、下至小吏皆冠之。

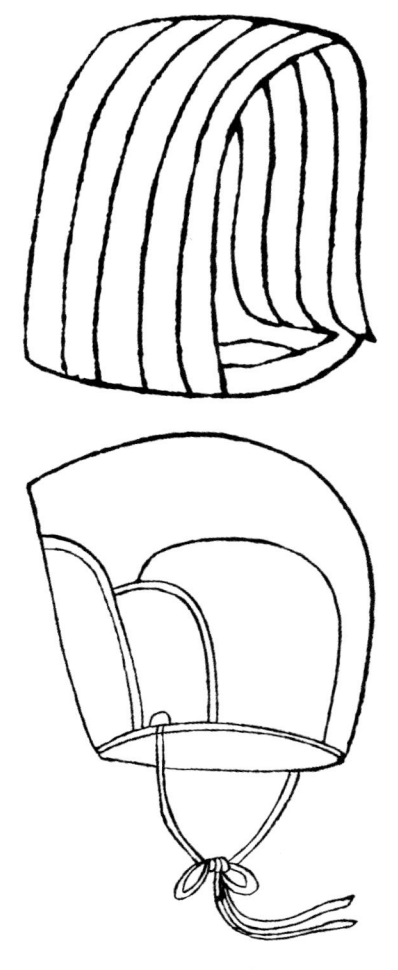

图1-2-4　缁布冠

（宋）聂崇义：《新定三礼图》，第44页

1　《后汉书》，第12册第3666页。
2　《十三经注疏》，第2册第2051页。
3　按礼制，男子成人均须行加冠礼，冠分三等：初用缁布冠，次加皮弁，三加爵弁。三加之后束发为髻，并去缁布，以示成人。据《仪礼·士冠礼》说明。
4　《后汉书》，第12册第3666页。
5　（汉）蔡邕：《独断·卷下》，上海：商务印书馆，1936年6月初版，第12页。
6　阎步克：《从爵本位到官本位》，北京：生活·读书·新知三联书店，2009年3月第1版，第139页。

49

帻与进贤冠的使用应是配套的，庶民有帻无冠，官吏则加冠于帻上，闲居时一般只用帻而不戴冠，而且使用非常普遍。《后汉书·舆服下》中就说"上下群臣贵贱皆服之"[1]。等级的区别在于帻颜色的不同，如武将常戴赤红色帻以示勇武。

对于道教徒而言，和世俗冠服相区别的专属冠巾法服，在南北朝之后集中出现。

道教在东汉末年创自民间，因为反抗官方统治而发动起义，起义失败后被镇压、分化。至魏晋，出身天师道的世族大家对其进行了改造，使之逐渐往上层发展。对民间道教的改造比较成功的是在南北朝时期。进入南北朝，道教自身的发展促使天师道进一步充实和提高，逐步由一个不成熟的民间宗教，转变为适应统治阶级需要的、比较成熟的官方宗教。[2]北魏嵩山道士寇谦之（365—448）、南朝刘宋道士陆修静都非常重视斋醮仪范，认为斋仪对于道教自身的传播不可或缺。尤其卓有建树的是，陆修静将官阶等级的冕服制度引入道教，结合宗教特征加以改进，奠定了道教法服的基本形制。

自陆修静始，南北朝出现了一批科律道书，对道服形制类型、制作方法、使用仪范、神学意义等做了详细规定，使道教服饰制度更加完善。这一时期的道书所定服饰类型，从上到下不外冠巾、法服、靴履。

冠巾，从使用来说，道士做法事时戴冠，平时系巾或帻。冠巾之名称、形制有多种，不过都要求质朴，不饰华丽。成书于南朝梁武帝末年[3]、托名金明七真所撰的《洞玄灵宝三洞奉道科戒营始》卷三"法服品"云：

> 道士、女冠，皆有冠、帻，名有多种，形制各殊……并用谷皮笋箨或乌纱纯漆，依其本制，皆不得鹿皮及珠玉采饰。[4]

虽然要求质朴，然而作为法服，却有不同于世俗服饰的宗教意蕴。故《洞玄

---

1 《后汉书》，第 12 册第 3671 页。
2 卿希泰、唐大潮：《道教史》，南京：江苏人民出版社，2006 年 1 月第 1 版，第 56 页。
3 [日]小林正美著，王皓月译：《中国的道教》，济南：齐鲁书社，2010 年 1 月第 1 版，第 260 页。
4 《道藏》，第 24 册第 754 页。

灵宝道学科仪》"巾冠品"指出：

> 若道士，若女冠，平常修道，戴二仪巾。巾有两角，以法二仪；若行法事，升三箓众斋之坛者，戴元始、远游之冠。……或巾九德，或巾七星者，即冠巾有七星之文也，亦谓玄冠。玄即天也，亦言天有七星。[1]

文中明确像二仪巾和二仪冠之类，以"两角"拟象二仪，意指"太极生两仪，两仪生四象"[2]。道士之冠取象阴阳两仪，法服四角方正，取象东西南北四方星宿，因此，冠上绘饰月日以喻阴阳。《太平御览》卷六百七十五引《传授经》云：

> 冠戴二仪，衣被四象，故谓之法服。[3]

载于《许太史真君图传》的神仙图像中，潜惠彭仙真君和靖盱仙真君、普惠钟离仙君所戴冠式（图1-2-5），与此描述相类。[4]

而像远游冠之类，则是从世俗冠式中的形制而来。据《后汉书·舆服下》的描述是："制如通天，有展筩横之于前，无山述。"[5]就是说，形制与通天冠类似，有通天

图1-2-5 普惠钟离仙君（上）、靖盱仙真君（下）所戴二仪冠

《道藏》，第6册第734页

---

1 《道藏》，第24册第768页。
2 《十三经注疏》，第1册第169—170页。
3 《太平御览》，第3册第3007页。
4 《道藏》，第6册第734页。
5 《后汉书》，第12册第3666页。

冠的展筩而无其山述。展筩就是附在冠下部、形如帽箍的横围片冠饰；山和述，皆为通天冠上饰物，既无，不做详述。如图1-2-6所示，远游冠方形、后倾。蔡邕《独断》称"礼无文"，汉以后历代皆用，入元后其制渐失。

图1-2-6 远游冠
（宋）聂崇义：《新定三礼图》，第50页

玄冠，是古代士人阶层常用的冠式，其制从先周一直到朱明，延续数千年。据《仪礼》记载是与"玄端素裳"相配之礼冠，古代礼制衣与冠多同色。《仪礼·士冠礼一》记载："主人玄冠朝服，缁带素韠。"汉郑玄注曰："玄冠，委貌也。"[1]言其形制与委貌冠一致，据《后汉书·舆服下》的描述，委貌冠是用皂绢制作，长七寸、高四寸、上小下大、状如覆杯，前面高广、后面卑锐，无笄（固定头发的簪）有缨（固定冠的系绳），并称夏之"毋追"、殷之"章甫"、周之"委貌"，皆以漆布为壳，缁布缝之（图1-2-7）。[2]《太平御览》卷六百七十五引《洞神经》云"受道之人皆玄冠草履"[3]，也就是说，道士之"玄冠"源自上古礼制。

但从《洞玄灵宝三洞奉道科戒营始》"法服图仪"所示，道士所戴之"玄冠"，其形制有所不同；亦有可能本经所指玄冠是言其色，而非其形。玄，《周礼·考工记·钟氏》谓："三入为纁，五入为缌，七入为缁。"[4]汉郑玄注曰："凡玄者，在缌、缁之间。"[5]也就是说，玄色较缌色浅，而较缁色深，为稍偏红的黑色。据《洞玄灵宝道学科仪》"巾冠品"的描述："冠巾有七星之文也，亦谓玄冠。玄即天也，亦言天有七星。"[6]这也印证了是以"玄"色象天，"冠以法天，有三光之

---

1 《十三经注疏》，第2册第2038页。
2 《后汉书》，第12册第3665页。
3 《太平御览》，第3册第3008页。
4 《十三经注疏》，第2册第1986页。
5 《十三经注疏》，第2册第1986页。
6 《道藏》，第24册第768页。

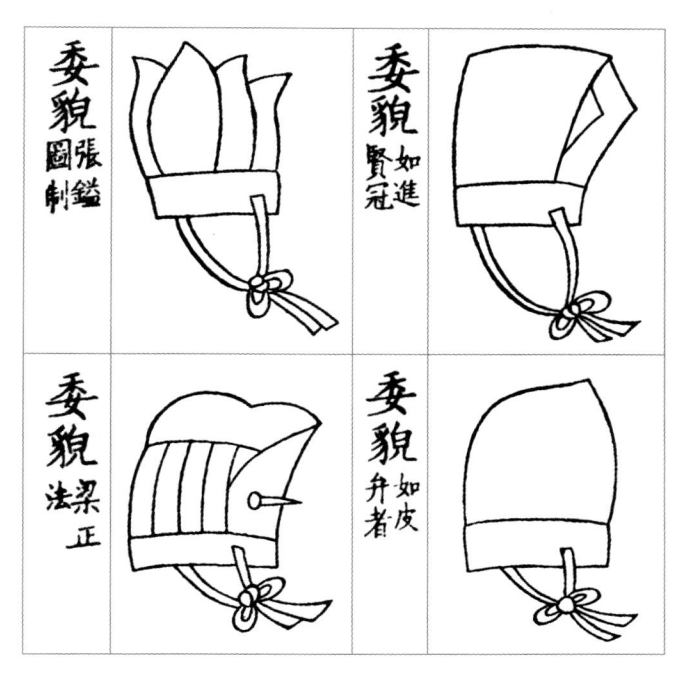

图1-2-7　委貌冠
（宋）聂崇义：《新定三礼图》，第48页

象"[1]。日、月、星合称三光，道教谓其为天之精华，而且道教崇奉北斗，冠饰七星，也强化法天之意。据《墉城集仙录》的记载："命侍女赍黄鳞羽帔，绛履玄冠，鹤氅之服，丹玉珮，挥灵剑，以授于硕，曰：'此上仙之所服。'"[2]《海空经》亦云："真仙道士亦戴玄冠，披翠帔。"[3] 皆言玄冠为仙真所戴冠式，应是从"玄"和"天"的关联上取象征之义。

唐中前期，在道教科仪斋醮制度方面做出了重大贡献的，是生活在睿宗（684—690、710—712年在位）和玄宗（712—756年在位）年间的长安太清观道士张万福。他不仅对陆修静以来的道教科仪斋醮进行了清理和总结，而且有所

1　《道藏》，第18册第230页。
2　《道藏》，第18册第194页。
3　《道藏》，第20册第352页。

图1-2-8　戴平巾帻的陶俑
（东汉）陶俑，四川双流陶家渡出土，
现藏四川博物院

图1-2-9　戴平冠的铜人
（商）青铜器，四川广汉三星堆出土，
现藏三星堆博物馆

发展。张万福所著《三洞法服科戒文》将道士冠服分类进行了细化，分出不同品秩，以冠巾衣裳式样加以区别，其中记载了众多冠式：初入道门者，戴"平冠"；奉行正一法箓的正一法师，戴"芙蓉玄冠"；奉行《三皇经》的洞神法师，戴"玄冠"；奉行灵宝中盟经箓的洞玄法师，戴"莲花冠"；奉行上清经法《上清大洞真经》的洞真法师，戴"元始冠"；女子戴"飞云凤炁之冠"；奉行三洞的大洞法师和三洞讲法师，戴"元始宝冠"……[1]

平冠，其制不详。本经将其作为初入道门者的冠式，疑为类似平巾帻的小冠，圆形平顶，包裹额头，罩住发髻。这种小冠形制出现很早，在三星堆出土的青铜和玉人头上都有大量出现（图1-2-8、图1-2-9），汉、晋一直到隋、唐，都为身份较低的武士所用。据陆修静的记载，道教"旧法服单衣袷帻，箓生袴褶"[2]，而隋唐时低阶武官的服制就是穿袴褶、戴平巾帻，张万福以"平冠"作为初阶道士的冠式，

---

[1] 《道藏》，第18册第229页。
[2] 《道藏》，第24册第781页。

应该是结合玄门法服旧俗和当时官员服制。

芙蓉冠，在南北朝道经中已成道士服饰规制。齐梁时陶弘景《真诰》中多次出现芙蓉冠的记载，卷一《运象篇第一》云："又有一人年甚少，整顿非常，建芙蓉冠，着朱衣，以白珠缀衣缝，带剑。"[1]卷十七《握真辅第一》亦云："……有一老翁，着绣衣裳，芙蓉冠，柱赤九节杖而立。"[2]此后，芙蓉冠盛行于唐，唐人陆龟蒙《袭美以纱巾见惠继以雅音，因次韵酬谢》云："薄如蝉翅背斜阳，不称春前赠罨郎。……自有芙蓉留自戴，欲峨烟雾访黄房。"并自注："桐柏真人戴芙蓉冠也。"[3]可见，芙蓉冠至明一直是玄门重要冠式。尝闻道教有"九巾三冠"，九巾前文已述，三冠是指太清鱼尾冠、玉清莲花冠、上清芙蓉冠。有研究认为芙蓉冠即莲花冠，因为莲花又称水芙蓉。实际上根据道经的记载，芙蓉冠一般以乌纱制成，状如芙蓉，使用时扣覆于髻，以发簪固定，故本经也称其"芙蓉玄冠"。参考南北朝上清道经《洞真太上太霄琅书》关于"芙蓉巾"的描述："花叶之盛，莫过芙蓉。道贵其义，又象其叶焉。高下大小，取适随人，少发安带，不用垂缨，总而言之，名芙蓉巾也。"[4]二者

图1-2-10　洞玄法师所戴芙蓉冠
《道藏》，第24册第761页

1　《道藏》，第20册第495页。
2　《道藏》，第20册第590页。
3　（唐）陆龟蒙著，宋景昌、王立群点校：《甫里先生文集》，郑州：河南大学出版社，1996年9月第1版，第142页。
4　《道藏》，第33册第663页。

郁罗萧台样式

莲花云头样式

仙鹤样式

图1-2-11 不同冠蕊的当代莲花冠
自有藏品，吴延军摄

形制相类，都是拟象芙蓉，无缨绂系；区别在于，冠以发簪固定，巾则自随用者。

据《洞玄灵宝三洞奉道科戒营始》的记载（图1-2-10），洞玄法师戴芙蓉冠，直至现在举行属于"洞玄部"的表朝、供天、祭炼等仪式，还是延续古制，高功仍然戴饰有冠蕊的芙蓉冠，只是当代芙蓉冠与莲花冠形制已无差别。

根据本经的图示，多数冠式顶上皆饰冠蕊。冠蕊样式，本经图式不甚分明，实际上冠蕊是区别道士身份、法事仪轨的重要标志。冠蕊的样式有不同规制（图1-2-11），以区别不同仪轨、教派和地区。以四川地区为例，"郁罗萧台"用于上章表，"莲花"用于平朝，"仙鹤"用于度亡……

当代芙蓉冠或莲花冠皆饰有冠蕊，除以上者，还有两种样式也比较普遍。其一为"祥云"，一般只有一个云头，箓位较高的法师有两个云头，极个别高功和住持配置三个云头，称为"三花聚顶"，取意三花化三清。其二为"火焰"，取意通达天地（图1-2-12）。

因为形制接近，芙蓉冠与莲花冠常常混为一谈，尤其制作芙蓉冠的材质也有木、金、玉等，至当代莲花冠与芙蓉冠已无分别，成为道冠中最主要的样式。实际上，在明之前莲花冠和芙蓉冠形制上有较大差异。

莲花冠，亦作"莲华冠"，因其外形状如莲花半开，故名。多以金、玉制成，使用时冠叶包裹发髻，以簪固定。此冠式在南北朝道经中已有记载。依《洞真太上太霄琅书》所云："［别有］芙蕖之

第一章　首　服

三花聚顶样式　　　　　　　　　　火焰样式

图1-2-12　两种常用的当代莲花冠
自有藏品，吴延军摄

冠，周人谓为委貌，装制小异，体用大同。"[1] 宋代《新定三礼图》有四种"委貌"的冠式图样，其中唐人张镒所制与花形最为接近，如图1-2-13所示。

同时期的《女史箴图》（图1-2-14）、《列女仁智图》等作品中，多位人物所戴委貌冠与张镒图制相类：花叶造型，皂缯为之，无笄，有缨。

《洞真太上太霄琅书》称莲花冠与委貌冠形制小异，从冠式主体看，二者均为拟象花形，花叶布局略有区别。同时，本经赋予莲花冠超凡脱俗的象征意涵，指其自然天成，为形神合一之物，非凡夫肉眼可见。

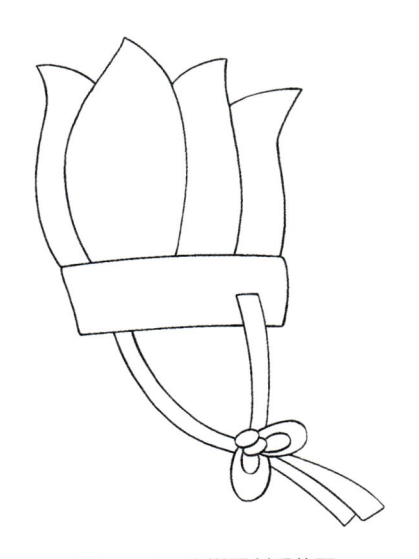

图1-2-13　张镒图制委貌冠
（宋）聂崇义：《新定三礼图》，第48页

---

[1] 《道藏》，第33册第663页。

57

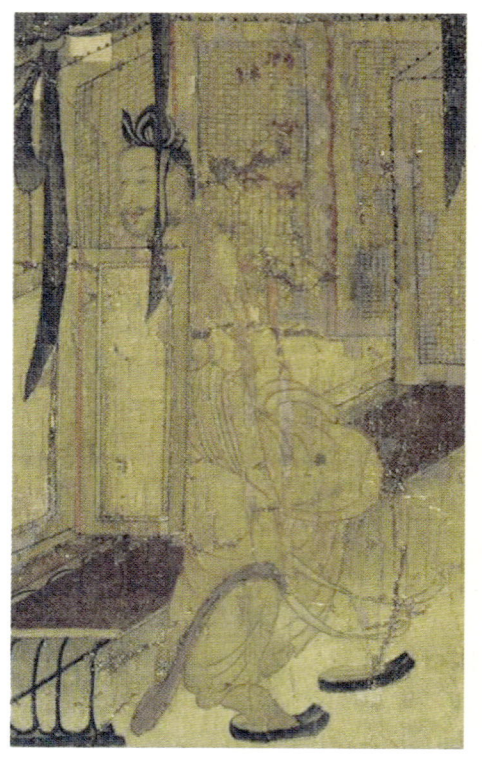

图1-2-14 戴委貌冠的东晋人物

（晋）顾恺之：《女史箴图》（唐人摹本，局部），现藏大英博物馆（The British Museum）

本是诸天神圣高德之冠，皆结三素紫云，或七色霄霞，或九光精炁，自然成冠，冠乎肉结，通畅身神，身神清虚，结而非碍，似肉似骨，似皮似血，似筋似脉，似有似无，为而无为，有而非有，非有故无累，无为故常全。诸似而非，皆是真炁，真炁本一，化为众形，形以合神，神与形一，一不相离，无复毁成。是以太上妙体，常住玉京，得道眼通，自然能见。凡夫肉眼，岂得睹之，睹之由学，学精必通，通感之时，神官降赐，神物备至，衣冠为高。昔天真皇人，以遗帝倍，茅君九锡，又蒙此冠，受三洞者，皆得冠之，始学德轻，不可妄著。[1]

---

[1] 《道藏》，第33册第663—664页。

第一章 首　服

图1-2-15　仙真所戴莲花冠
《道藏》，第6册第733页

　　载于《许太史真君图传》的神仙图像（图1-2-15），玄都御史神烈吴仙真君、元通周仙真君、神惠曾仙真君，所戴冠式，与莲花冠的形制特征一致。

　　但莲花冠不见于南北朝道经《洞玄灵宝三洞奉道科戒营始》，而在唐代道经《三洞法服科戒文》中有记载，推测彼时多为上界仙真所用，许是隋唐时期才下降到凡间为道士所用。宋人米芾《画史》记载："蔡骃子骏家收《老子度关山》……老子乃作端正塑像，戴翠色莲华冠，手持碧玉如意，盖唐为之祖，故不敢画其真容。"[1] 而另一尊现藏于美国波士顿美术馆（Museum of Fine Arts, Boston）、造于唐麟德二年（665）的天尊像（图1-2-16），则留下莲花冠图式：天尊簪发上拢戴莲花冠，莲瓣清晰团拢如花苞半开，冠不饰蕊。此造像题记为"道民田客奴为亡母敬造石像一塔及合家大小愿得平安"，据此可见是民间造像，亦可推测莲花冠在唐之后是普遍流行的道冠样式。

　　在唐宋时期道教神仙的造像、画像中，饰有云头等冠蕊的莲花冠更是常见。如在南宋画家梁楷的《黄庭经神像图》中（图1-2-17），道君和一众神仙多位戴

---

[1] （宋）米芾：《画史》，《钦定四库全书·子部》，第813—817页。

图1-2-16　戴莲花冠的天尊

图1-2-17　戴莲花冠的道君
（南宋）梁楷：《黄庭经神像图》（局部），现藏上海博物馆

图1-2-18　戴莲花冠的宫人

（明）唐寅：《王蜀宫妓图》（局部），现藏北京故宫博物院

着饰蕊的莲花冠。

并且，除了道士，莲花冠在世俗女子中也颇盛行，尤其官眷、宫妓，彼时以着道装为时尚。如五代前蜀末帝王衍（918—925年在位）常与道装宫人宴饮，《旧五代史》云："时宫人皆衣道服，顶金莲花冠，衣画云霞，望之若神仙。"[1]《新五代史》亦云："而后宫皆戴金莲花冠，衣道士服。"[2]可见彼时宫人戴莲花冠、着道装为一时风气。明人唐寅作《王蜀宫妓图》（图1-2-18）描绘后蜀这桩宫廷逸

---

[1] （宋）薛居正等撰：《旧五代史》，北京：中华书局，1976年5月第1版，第6册第1819页。
[2] （宋）欧阳修撰，（宋）徐无党注：《新五代史》，北京：中华书局，1974年12月第1版，第3册第792页。

衣画云霞：道教服饰与符号

图1-2-19　宋代莲花冠
（宋）白玉莲花冠，现藏首都博物馆

事，并于画中题记："莲花冠子道人衣，日侍君王宴紫微。……蜀后主每于宫中裹小巾，命宫妓衣道衣，冠莲花冠，日寻花柳以侍酣宴。"[1]此图留下了莲花冠的图式。

莲花冠的流行延至宋、明，其制不衰。如图1-2-19宋制白玉莲花冠，多层花瓣，外小内大，花芯为冠顶，以子午簪贯通固定于发髻。

而至晚在明代，芙蓉冠和莲花冠的区别还是很明显的。如图1-2-20所示，这顶明代芙蓉冠与南北朝道经图式形制非常接近，而图1-2-21同时期的莲花冠，则有较大差异。

带云头的莲花冠，从前代道经中的图式，到明、清两代的出土文物、传世画像（图1-2-22、图1-2-23），以至当代道冠实物，应该是最常见的道冠形制，而且历时千年其制并未大改。

此外，《三洞法服科戒文》中还记载了一种元始冠："莲花宝冠，或四面三叶，谓之元始冠。"[2]并称是洞真法师、大洞法师、三洞讲法师所戴冠式（图1-2-24）；此外还称洞玄法师所戴冠式为"冠象莲花，或四面两叶"[3]。笔者揣测"三叶"和"两叶"者均是元始冠，据本经所言，其冠式也是莲花造型，从图式来看形制确与莲花冠和芙蓉冠都非常接近。

从三件宋代青玉冠出土实物似可理解"四面三叶"或"四面二叶"的造型特

---

1 （明）唐寅：《王蜀宫妓图》题诗。
2 《道藏》，第18册第229页。
3 《道藏》，第18册第229页。

征。如图 1-2-25 所示，与芙蓉冠和莲花冠多层复瓣不同，这三顶青玉冠都是三层花瓣，内大外小，内里一层合拢为花芯（冠顶），外面两层花瓣边沿微卷，花瓣均衡呈四面布局，前后两面稍宽，均有孔用以插簪，簪导应是子午簪，佩戴时由后往前将冠固定于发髻。疑此冠式即是元始冠。

从形制演变来看，当代莲花冠融合了自南北朝至明清的莲花冠、芙蓉冠、元始冠三种类莲花造型的冠式特征。所以，有研究者认为莲花冠即芙蓉冠；它们确实有非常相近的造型元素。元始冠疑似已失其制，不见于当代道教服饰；但据前代道经的记载，元始冠是一种独立的冠式。《洞玄灵宝三洞奉道科戒营始》云："女冠法服、衣褐，并同道士，唯冠异制，法用玄纱，前后左右皆三叶，不安远游。"[1] 依本经所记，此冠式为玄纱所制，四面三叶；并且强调元始冠为女子所用，盖以冠式的不同区别乾坤。此外，本经还记载了一款形制特殊的女冠独有冠式：

图1-2-20　明代芙蓉冠
（明）金镶宝石芙蓉冠，南京沐瓒墓出土，现藏江宁博物馆

图1-2-21　明代莲花冠
（明）金质莲花冠，云南沐崧墓出土，现藏云南省博物馆

---

1 《道藏》，第 24 册第 761 页。

图1-2-22 戴莲花冠的元始天尊

（明）元始天尊像（局部），现藏北京白云观三清殿

图1-2-23 清代莲花冠

（清）道士像（局部），现藏皇家安大略博物馆（Royal Ontario Museum）

图1-2-24 戴元始冠的洞真法师、大洞法师、三洞讲法师
《道藏》，第24册第760—761页

若上清大洞女冠，冠飞云凤炁之冠。[1]

飞云凤炁冠，从南北朝至明代的道经图式看，与其他冠式差别较大，似乎并非只是指单独所戴的冠子，疑此冠式是由云髻与凤冠两部分构成。云髻，髻式卷曲而高耸，形似云朵，故名。云髻发式始于三国，魏人曹植在两篇作品中有所提及。《闺情诗》云"红颜炜烨，云髻嵯峨"，《洛神赋》云"芳泽无加，铅华弗御，云髻峨峨，修眉联娟"，都是形容女子青丝挽系盘绕高耸入云。其后沿袭不衰，至唐尤成时尚，如图1-2-26所示，唐人阎立本在《步辇图》中留下了梳挽云髻的视觉形象：九名女子发髻皆作朵云状，连额发也梳理成云片形，此即云髻的典型

---

[1] 《道藏》，第24册第761页。

衣画云霞：道教服饰与符号

图1-2-25 宋代青玉冠
（宋）青玉莲花冠，（上）现藏中国国家博物馆；（中）现藏杭州宋代玉器艺术馆；（下）现藏南京市博物馆

图1-2-26　挽云髻的宫女

(唐)阎立本：《步辇图》(局部)，现藏北京故宫博物院

样式。有的"云髻"是在自己真发基础上接续假发绾结而成的发髻，以宜于在发髻上插花和首饰。

　　凤冠，历代都是女子礼冠中最重者。自汉代始，后宫身份贵重的女眷冠上就缀有凤凰造型的首饰，其后历代沿袭，样式大同小异，以饰凤和珠花数量区别身份。凤冠在世俗礼制中属于身份高贵女子的佩饰，从符号语言上就具有分别位次等差的象征意义，因此，在道教服饰体系中也成为女仙或高阶女冠的冠式。

图1-2-27 水陆画中的飞云凤氅冠
《水陆道场神鬼图像》之一（局部）

图1-2-28 上清大洞女冠戴飞云凤氅冠
《道藏》，第24册第761页

从图1-2-27和1-2-28来看，女仙天资晻蔼，灵颜绝世，凤冠与云髻合二为一，云髻高耸，鬓发如鸦，凤冠展翼，欲翔九天。女仙气度雍容，琼华英姿，凤氅飞云，毓神玄奥，道氤凝寂，湛体无为，启迪玄功，生化万物。女仙韬光混迹，垂法立教，假借衣服，降世度人。这种冠式，赋予女仙大道玄妙精纯的神性品格，天地万物化生的慈悲情怀。

对比《洞玄灵宝三洞奉道科戒营始》与《三洞法服科戒文》两部记载道教法服的重要文献（见表1-2-1），可以清晰看出从南北朝至唐，道冠样式上的延续，以及作为宗教服饰在信仰方面的考量。

表 1-2-1　南北朝与唐代道冠形制

道士品次	文献依据	冠式
初入道门	三洞法服科戒文	平冠
正一法师	洞玄灵宝三洞奉道科戒营始	玄冠
	三洞法服科戒文	芙蓉玄冠
高玄法师	洞玄灵宝三洞奉道科戒营始	玄冠
道德法师	三洞法服科戒文	玄巾
洞神法师	洞玄灵宝三洞奉道科戒营始	玄冠
	三洞法服科戒文	玄冠
洞玄法师	洞玄灵宝三洞奉道科戒营始	芙蓉冠
	三洞法服科戒文	冠象莲花
洞真法师	洞玄灵宝三洞奉道科戒营始	元始冠
	三洞法服科戒文	元始冠
大洞法师	洞玄灵宝三洞奉道科戒营始	元始冠
大洞女冠	洞玄灵宝三洞奉道科戒营始	飞云凤炁冠
洞真女冠	三洞法服科戒文	飞云凤炁冠
三洞讲法师	洞玄灵宝三洞奉道科戒营始	元始冠
	三洞法服科戒文	元始宝冠
山居法师	洞玄灵宝三洞奉道科戒营始	二仪冠
凡常道士	洞玄灵宝三洞奉道科戒营始	平冠
凡常女冠	洞玄灵宝三洞奉道科戒营始	玄冠

道士法服作为道教威仪象征，不仅与世俗礼服一样，差贵贱、别等分，而且作为宗教意志的体现，还蕴含着"人法地，地法天，天法道，道法自然"[1]的修证法则。张万福在其所著《三洞法服科戒文》里明确指出，法服依循天道，移天道寓人道，同时也表达了修道之人自我约束的修行要求：

---

1 （清）黄元吉撰，蒋门马校注：《道德经注释》，北京：中华书局，2012年11月第1版，第104页。

> 冠者，观也。内观于身，结大福缘，天地百神，咸奉于己。……外观于物，悉非我有，妄生贪著，惑乱我心。……上法三光，照明内外，如彼莲花，处世无染。[1]

冠举于人首，应花之形，花为果之始，象征花开果成，善始有终，顺应天地之序、自然之道，以道法护持，得圆通无碍。修道之人当清虚自守，卑弱自持，荡涤精神，不染俗尘，虚心以制贪欲，静虑可离妄念，方如是，才能"感天地，致群神，通仙道，洞至真"[2]。

至北宋时，《三洞修道仪》所记载的道冠样式延续前制，同时又增加了很多新式样。初入道的"智慧十戒弟子""戴二仪冠"[3]，未受经法的道士"冠玄冠"[4]，而得授初真八十一戒者"冠七真冠"[5]。正式成为道士之后，所戴道冠更为考究，并且有"巾"和"帽"，应是非法事场合的日常所用，法事场合则应顶"冠"，方显慎重：

洞神部道士：冠交泰冠……华阳巾、方胜帽；

高玄部道士：拜冠五岳冠……戴簏秀巾、咸昌帽；

升玄部道士：冠芙蓉冠……逍遥巾、月纱帽；

中盟洞玄部道士：戴远游冠……服朝天帽、即旧呼南朝帽也，三辰巾；

三洞部道士：冠合景冠……服绿华巾、五岳帽；

大洞部道士：冠紫宸通精冠……服黄宁帽；

居山道士：冠平气冠……玄巾；

洞渊道士：冠通玄冠；

北帝太玄道士：冠星纪冠。[6]

---

[1]《道藏》，第 18 册第 229 页。

[2]（南朝宋）陆修静：《洞玄灵宝斋说光烛戒罚灯祝愿仪》，《道藏》，第 9 册第 824 页。

[3]《道藏》，第 32 册第 166 页。

[4]《道藏》，第 32 册第 167 页。

[5]《道藏》，第 32 册第 166 页。

[6]《道藏》，第 32 册第 167—168 页。

其中，二仪冠、玄冠、芙蓉冠、远游冠皆是南北朝旧制，而交泰冠应与二仪冠有一定渊源，平气冠与平冠大同小异，通玄冠疑为通天冠的改制，合景冠和紫宸通精冠其制不明。此外还有两款冠式流传时间也相当长，现在仍在使用。

一是七真冠，亦为七星冠，这也是道冠中的重要样式，至今"正一部""洞神部"的雷法系列里的发符、召将等科仪中仍用此冠式。星冠本是通晓星象之人的冠式，"冠巾有七星之文也……亦言天有七星"[1]，即冠上绘制北斗七星图案，故亦直称"北斗"："夫披翠去以为衣，戴北斗以为冠。"[2] 后世亦用"羽衣星冠""星冠鹤氅"指代道士。宋真宗时道经《玉音法事·披戴颂》有"星冠：焕烂七星冠，飘飘降自天"[3]之句，可以想见道士做法时的神仙风姿：冠若星落，荧荧灿灿，翠盖珠间，颙颙昂昂。本经所载北帝派的星纪冠，其制应与七星冠有所关联。

二是五岳冠。道冠的样式虽多，大体上可分为花果式和覆斗式两类，花果式以莲花冠为代表，而覆斗式的代表就是五岳冠（图1-2-29）。因其冠面饰有"五岳真形图"，故又名"五岳灵图冠"。五岳，指的是五岳大帝，即东岳泰山大帝、西岳华山大帝、南岳衡山大帝、北岳恒山大帝、中岳

图1-2-29　五岳冠
自有藏品，吴延军摄

嵩山大帝；以东岳大帝为尊。在道教理论中，"五岳"与"五行"相对应，常为祭祀天地时的配祀。五岳冠形如覆斗，以簪贯之，别在发髻上。在全真派中，须受过"天仙戒"方可佩戴。

总的说来，两宋时期的道冠样式，不仅新款频出，而且华丽精致，材质工艺皆不复旧时模样。彼时已将道士分为七等法阶：一者天真，二者神仙，三者幽逸，

1　《道藏》，第24册第768页。
2　（三国魏）曹植：《与陈孔璋书》。
3　《道藏》，第11册第145页。

四者山居，五者出家，六者在家，七者祭酒。[1] 约出于北宋末南宋初年的道经《高上神霄玉清真王紫书大法》有《神霄法服式》一节，详细记述了神霄派各法阶的冠式：

> 第一阶服：玉清宝冠，白玉簪；
> 第二阶服：芙蓉碧云冠，白玉簪；
> 第三阶服：芙蓉碧霄冠，犀簪；
> 第四阶服：二仪交泰冠，犀簪；
> 第五、六阶服：七星交泰冠，犀簪；
> 第七阶服：并桃玄冠，木簪。[2]

《三洞修道仪》中还特别记载了玄门女官所戴的冠式：

> 女官部：冠三叶玄冠；
> 正一盟威女官：冠洞阴冠；
> 洞神女官：冠朱阳冠；
> 高玄女官：冠游玄冠；
> 升玄女官：冠四玄冠；
> 中盟女官：冠芙蓉冠；
> 三洞女官：冠连云冠；
> 上清女官：冠玄灵飞凤冠；
> 居山女道士：冠二气冠。[3]

从冠式名称上看，大多为旧制复合改造而成，基本形制并无太大变化。至元，

---

[1] 《道藏》，第 24 册第 721 页。
[2] 《道藏》，第 28 册第 597—598 页。
[3] 《道藏》，第 32 册第 168—169 页。

图1-2-30　戴冠的道童

（元）壁画《道观醮乐图》（局部），现藏山西芮城永乐宫

首服样式依然沿袭唐、宋风格而少有变化。如图1-2-30所示，沈从文先生指出永乐宫壁画中记载的元代道童的首服式样袭自前朝：

> 吹笙的则近于莲花冠子。击云锣的头上除细碎花冠外，额间还横勒一道抹额。击鼓的则近宋、明常见的桥梁式小道冠。[1]

入明，道教正式分为正一、全真两大派别，冠式也按道派区分。以《上清灵宝济度大成金书》为例，除上清三洞法师"顶元始宝冠"、洞真法师戴"芙蓉冠"的旧制，还规定"正一盟威法师，青绿星冠"[2]。

明朝重视伦理秩序，表现在服饰上，从皇家礼服到民间常服，等级森严、庄重规范。洪武在位时便对道士着装制定了严格的规范，不同法阶道士法服颜色、纹样、冠式等都有定制。比如在宁王朱权所著道经《天皇至道太清玉册》中，就记载了帝、王所用的道冠。

宁王因其皇室宗亲的身份，特制王者专用之道服，即通天冠服，指其为帝王

1　沈从文：《中国古代服饰研究》，第597页。
2　《藏外道书》，第17册第620页。

衣画云霞：道教服饰与符号

奉天祀神或得道飞升翀举时所着之冠服，非王者不可僭用。通天冠服是洪武元年参考宋代制度所定，按《明史》的记载，洪武元年（1368），翰林学士陶安奏请按古代天子祭祀天地、宗庙、社稷、诸神之礼，制五冕；太祖认为五冕之礼太过烦琐，因此定制："祭天地、宗庙，服衮冕；社稷等祀，服通天冠，绛纱袍。余不用。"[1]《明史·军礼》"祃祭"条云：皇帝亲征前，要和大将陪祭官一起斋戒一日；在此之前一天，"皇帝服通天冠绛纱袍省牲，诣神厨，视鼎镬涤溉"[2]。《明太祖实录》洪武元年十一月甲子日冬至祀，也记载有皇帝在前二日戴通天冠、绛纱袍检视祭祀准备。但洪武十年以后未见其使用记载，《明会典》冠服制度亦未载，推测此制在明代仅洪武朝所用。

通天冠，是仅次于冕冠的礼冠。因其冠式高而翻卷，形似卷云，故又谓之"卷云冠"（图1-2-31）。其制源于楚庄王之通梁冠，自汉以降，代代因袭，其制略有变化；明袭宋制；入清后废止。

图1-2-31 通天冠
《古今图书集成图集·经济汇编礼仪典》，山东：齐鲁书社，2006年12月第1版，第255页

宁王谓其制为：

  内用束发冠，顶用三台，前南斗、后北斗，左右用日月，上用卷云之冠，以缨系之。[3]

可见宁王所制的"通天冠"为内外两层，内里有一束发小冠，外面罩卷云式

---

1 （清）张廷玉：《明史》，第6册第1647页。
2 （清）张廷玉：《明史》，第6册第1021页。
3 《道藏》，第36册第413页。

74

的通天冠，前后左右均饰有道教意蕴的图形，同样是以"缨"挽结系于颔下。宁王称此冠为主冠，为王者专属的冠式，应非寻常道士可以佩戴的。

在明人高濂的《遵生八笺》中，记载了两款士大夫出游时所戴冠式："竹冠。制惟偃月、高士二式为佳，他无取焉。间以紫檀、黄杨为之亦可，近取瘿木为冠，以其形肖微似，以此束发，终少风神。"[1] 高士冠为士庶常用的束发冠；而偃月冠逐渐成为道士专用，其制应出于明初甚至更早。偃月冠，又称"月牙冠"，因其前低后高，形似横卧半弦之月（偃月），故名。其形两头稍尖、中间凹隐，下沿有二孔相对，可以木簪穿过，别在发髻上以固定之。多以硬木、竹篾、箬叶等材料制作，也有指其即为"黄冠"（图1-2-32）。据清代全真道士闵一得称，受初真戒者方可佩戴，但此冠式并非全真独有。

图1-2-32　偃月冠
自有藏品，吴延军摄

闵一得在《清规玄妙全真参访集》中还记载了一款"三台冠"，称其为"中极戒者"的冠式。[2] 然而未有实物图式，其制不详；估计是和七星冠类似，在冠身上饰有"三台星"而得名。三台有六星，在北斗七星之南，如同阶梯状两两排列，三台星装饰在道冠上，表达了道士在信仰追求和内丹修炼中的象征意义："三台虚精，六淳曲生，生我养我，护我身形。"[3] 有了三台星君护佑，修行之人得以愿心精诚，无所挂碍。

道冠中对"仙道贵生"的表达，除了星象之类的隐喻，还有比较明显的体现。道冠上的"簪"不同于世俗用法，一般从后往前纵向插入，称为"子午簪"

1　（明）高濂：《遵生八笺》，北京：人民卫生出版社，2007年11月第1版，第634页。
2　《藏外道书》，第10册第598页。
3　（清）陈仲远：《广成仪制》，成都：二仙庵藏板，宣统三年，第200页。

图1-2-33 子午簪
(宋)赵佶：《听琴图》(局部)，现藏北京故宫博物院

图1-2-34 卯酉簪
卯酉簪示意图，吴延军绘

（图1-2-33），取意子午水火相济，这在天尊造像、画像中比较常见，元代以前子午簪是主流。如果是横向插入的"卯酉簪"（图1-2-34），则要求从左往右插，卯为东方，东方是为乙木，应时为春，主发育、生机；酉为西方，西方是为庚金，应时为秋，主杀伐、死亡，因此左边喻生、右边喻死，从左往右代表重生恶死，通过修行可以逆转死生，明以后逐渐盛行卯酉簪。

不过当代法服，不如法者不在少数，例如道簪上嵌缀流苏吊坠等装饰品。尤其有的冠式来源本身存疑。例如，在度亡道场的"炼度"科仪中，高功会头顶形似"五佛冠"的法冠。五佛冠（图1-2-35）在佛教法会中经常用到，其制出自汉传佛教密宗，为佛教密宗上师、主持、方丈在放焰口等隆重法会时所戴。五佛冠和毗卢冠形制接近，是佛教服饰中的重要冠式。这种道教称之为"五老冠"的冠式（图1-2-36），与五佛冠形制相同，尚不清楚二者之间是何渊源，但在道教服饰中却找不到与之相类的冠式。

道教解释五老冠的"五老"，是指五方五老，即道教尊奉的东方青帝青灵始老九炁天君、南方赤帝丹灵真老三炁天君、中央黄帝玄灵黄老一炁天君、西方白帝皓灵皇老七炁天君和北方黑帝五灵玄老五炁天君，分别为东、南、中、西、北五方之天神。但此冠式在前代均未见于道教服饰，晚清、民国时期出现在道教法服中，许是当时佛道融合所致。

图1-2-35　佛教"五佛冠"
现藏贺祈思藏品基金

道教称其服饰传自黄帝或老君，为天帝所制，得天神庇佑，故视为珍宝。道士依制穿着，以区别于世俗，而世俗对道教的认识，普遍也是从与众不同的外表开始。道教通过特定的服饰对道士进行身心的约束，一方面破除执迷，堪破妄心，渐进于仙道；另一方面保持了道徒对于祖师的认同，培养对圣真的恭敬之心，从而专一精进。

图1-2-36　道教"五老冠"
（清）纸五老冠，现藏武当山道教协会

因此，许多道经文献都借仙真神灵之口，对玄门服饰进行阐释，赋予其宗教道德意义，用以勉励道士修道立德。南北朝上清道经《洞真太上太霄琅书》称：法服尊贵，"服得其法，法得其方，炼所登圣，解诸缚缠"[1]。因此，凡修道之人，当常备法服，"整饰形容，沐浴冠带"[2]。栖心圣境，焚修香火，朝真礼圣，教化众生，以此来表达对神明的虔诚信仰，方能"道由心得，心以道通，诚至感神，神明降接"[3]。在《太上出家传度仪》中，记载了比较完整的披戴出家仪式。由保举师为弟子脱去世俗衣衫，弟子从下往上依次更换道服，最后顶簪冠。度师持冠于手

1　《道藏》，第33册第661页。
2　（唐）张万福：《三洞法服科戒文》，《道藏》，第18册第230页。
3　（唐）张万福：《传授三洞经戒法箓略说》，《道藏》，第32册第193页。

中，赞云：冠是"一身之上，最处崇高，总括众发，斗星灿烂，岳势巍峨，像列真之朝元"[1]。同样要求弟子"宜其晨夕护持，勿令尘埃染污。如自轻慢，则天曹夺算。念兹在兹，则神仙可冀"[2]。度师与弟子戴冠后，赞曰："焕惧七星冠，翩翩降自天。授之有科戒，宿命应神仙。愿今一顶戴，永保大椿年。"[3]整个换装过程中，以度师训戒入道弟子的形式，再三强化法服的神圣性，视其为人神沟通的中介和神灵庇佑的屏障，对冠服当妥善珍重，冠带法服之人才能得到天尊老君等诸天神灵的护持。由此可见，法服不如法，则无法得到仙真保佑、祖师加持。

当代法服不如法的问题，道教内外都有不少反思。从制度建设来看，历代关于法服穿、脱、制、置的种种规戒，保证了法服的神圣性，也保证了法脉的纯粹。但"法服破坏，当须火净"[4]的规定，则在客观上造成传承的断层。历代高道用过的法服甚至法器都无法留存于世，道传千年，数经丧乱，不仅法服，许多道法也散失在历史长河中。时至今日，不少科仪早已失了原貌，无法上达天听，道士以己身为媒介与天地交感的愿望可能很难实现。

---

[1] 《道藏》，第32册第163页。
[2] 《道藏》，第32册第163页。
[3] 《道藏》，第32册第163页。
[4] （唐）张万福：《三洞法服科戒文》，《道藏》，第18册第231页。

第二章　身　衣

　　身衣，亦称"体衣"，通常包括衣、裳、裙、裤、裘等门类，更细的划分还有襦、袍、褊、衫、褐等不同功用的服装种类。这些服装，除了遮身蔽体和保暖御寒的实用功能，还具备礼仪功能。

　　古代中国向有"礼仪三百，威仪三千"[1]之谓。围绕"礼"所制定的仪式、制度、典章，加上以"礼"为中心的教育，构成了煌煌礼仪之邦的精神内核。虽然自黄帝始，便制冠冕、垂衣裳而治天下，但上古礼制大多失传，只有托为西周所制之《周礼》比较完整地保留了下来。周礼分五类，吉礼、凶礼、军礼、宾礼、嘉礼，合称"五礼"。其中，吉礼是祭祀典礼，祭祀在古代是"国之大事"，故列为五礼之首。[2]中国不仅是礼仪之邦，还是衣冠古国，因此礼仪中又有相对应的服仪，"五礼"均有与之匹配的冠服制度。与吉礼相对应的便是祭服。古代祭祀的对象主要是天神、地祇、人鬼，这些祭祀内容有公私之别，仪式有轻重之分，服饰亦有繁简之差。祭服传说起于殷商，不过殷商之制已无可察，文献可考为《周礼》所制"六冕"，即大裘冕、衮冕、鷩冕、毳冕、绨冕、玄冕，也称"六服"。据《周礼·春官·司服》的记载，六冕皆为"王之吉服"，其使用仪制分别为："祀昊天上帝，则服大裘而冕，祀五帝亦如之；享先王则衮冕；享先公、飨射则鷩冕；祀四望山川则毳冕；祭社稷五祀则绨冕；祭群小祀则玄冕。"[3]

---

[1] 《十三经注疏》，第3册第3545页。
[2] 除了吉礼，其余四类为：凶礼，是哀悯吊唁忧患之礼，包括以丧礼哀死亡，以荒礼哀凶札，以吊礼哀祸灾，以襘礼哀围败，以恤礼哀寇乱；军礼，是师旅操演、征伐之礼；宾礼，是接待宾客之礼；嘉礼，是和合人际关系，沟通、联络感情的礼仪，包括饮食之礼，婚、冠之礼，宾射之礼，飨燕之礼，脤膰之礼，贺庆之礼等。据《周礼》说明。
[3] 《十三经注疏》，第2册第1686页。

从道教服饰的发展历史来看，法衣依据古代祭服和朝服等礼制服饰制定，而常服则来自士庶日常服饰。并且，道经中的文献记载也支持这一结论。《道书援神契》"法服"条云："古者祭祀法服，有中单蔽膝佩裳之属，今法服乃其流也。"[1] 明确指出了道教法服之渊源来自古代祭服，甚至包括中单、蔽膝、玉佩等的组合，也无甚差别。陆修静创制道教法服时也将之与世俗朝服联系起来："道家法服，犹世朝服。"认为世俗服制的等级规制，也同样适用于玄门法服，不同品秩人等，应该服有等差，以别贵贱。

从形制特征来看，道教法服与世俗服装一样，有上下分体的衣裳式、上下通裁的深衣式，以及外披的氅衣式几大类。

第一节　衣裳式法服

在中国古代，"制服之道"的意义在于"等上下而差贵贱"[2]，服饰不仅有等差之别，而且有上下之序。《易》云："黄帝、尧、舜垂衣裳而天下治，盖取诸乾坤。"[3] 因乾坤取法天地，"天尊地卑，乾坤定矣"[4]。由于乾坤为上、下之象，服制取象乾坤，采用上衣下裳，上下殊体，尊卑有序。《周易集解》引《九家易》释其曰："衣，取象乾，居上覆物；裳，取象坤，在下含物也。"[5] 并且，衣裳之制不仅取法天地，也象征人事：

乾天在上，衣象，衣上阔而圆，有阳、奇象；坤地在下，裳象，裳下两股，有阴、偶象。上衣下裳，不可颠倒，使人知尊卑上下，不可乱，则民志

---

[1]《道藏》，第 32 册第 144 页。

[2]（汉）贾谊撰，阎振益、钟夏校注：《新书校注》，第 53 页。

[3]《十三经注疏》，第 1 册第 180 页。

[4]《十三经注疏》，第 1 册第 156 页。

[5] 黄寿祺、张善文译注：《周易译注》，上海：上海古籍出版社，2007 年 4 月第 1 版，第 404 页。

定，天下治也。[1]

远古初民，羽皮革木，裹身御寒，衣服最初的功能就是为了遮蔽身体，如《白虎通》所云："衣者，隐也。裳者，彰也。所以隐形彰闭也。"[2]以羽、皮、革、木为衣，因材质较硬，故其制短小。第四纪末的大理冰期之后，全球气候变暖，华夏先民在旧石器时代积累的经验基础上，开始农耕畜牧，人工种植得以发展。种麻索缕，育蚕缫丝，以葛、麻、丝等材质软垂的丝帛制衣，其制长大，"至乎黄帝，始制衣裳，垂示天下"[3]。衣裳之制应该是最早的中国古代礼制服装，因此，"衣"和"裳"从一开始就不仅仅具有遮蔽身体的实用性功能，上衣下裳取象乾天坤地，以合天道人伦，昭名分，辨贵贱。是故，古代先哲圣贤定立服仪制度，其目的"以为绨绤蔽形，表德劝善，别尊卑也"[4]。绨为精、绤为粗，皆言葛布，葛布为衣，不同于衣皮带茭，因而可以垂衣裳，制冠冕，明分使群。

因此，古时人们在服饰的材质选择、制作和使用上都有严格的要求，每个细节皆彰显礼教精神，在一系列文化符号的建构中，得到伦理道德的升华。例如，《周礼》"六冕"中大裘冕，用作外披之"大裘"，采用黑色羔羊皮毛为之，已很珍贵，但相比之下，千羊之皮不如一腋之裘，形制如披风的"裘"，在裘服中以狐裘为上，又以白狐毛裘最为贵重，因为狐白裘仅以狐之腋下皮毛缝缀而成，集腋成裘非常不易，故而珍稀，得配"大人"，所以《礼记·玉藻》称"君衣狐白裘，锦衣以裼之"[5]。何以在众多禽兽中，独独选中狐和羔呢？一则，因其材质轻软保暖；二则，盖因"狐死首丘，明君子不忘本也；羔者，取其跪乳逊顺也"[6]。并且，以不同品种的狐和羔所产生之不同颜色的皮毛来区别等差："天子狐白，诸侯狐黄，大夫狐苍，士羔裘，亦因别尊卑也。"[7]由此可见，服饰的选材和形制一样，同样具有

---

1 《中国历代礼仪典》，扬州：广陵书社，2003年11月第1版，第3039页。
2 （清）陈立撰，吴则虞点校：《白虎通疏证》，北京：中华书局，1994年8月第1版，第433页。
3 黄寿祺、张善文译注：《周易译注》，第404页。
4 （清）陈立撰，吴则虞点校：《白虎通疏证》，第432页。
5 《十三经注疏》，第3册第3206页。
6 （清）陈立撰，吴则虞点校：《白虎通疏证》，第433页。
7 （清）陈立撰，吴则虞点校：《白虎通疏证》，第434页。

异贵贱、别尊卑、彰有德的礼制功能。

进一步来看，服饰所表现的礼制等级是以个人的道德实践为依据，所彰显的也是个人的道德内涵，服饰因此成为体现伦理秩序和道德品质的重要载体。比如在佩饰上，"所以必有佩者，表德见所能也。故循道无穷则佩环，能本道德则佩琨，能决嫌疑则佩玦。是以见其所佩即知其所能"[1]。古之君子，以玉比德，以佩玉彰显个人德行。环，圆圈形中间洞开，寓意循环往复，道无穷止，佩"环"之人应该也具备恒常之心；琨，《说文·玉部》释为"石之美者"[2]，民间称其为王者之玉、天下灵玉之首，据说产于江苏句容茅山，故又称茅山冷石，外观晶莹剔透、色泽冷白，琨玉的摩氏硬度7—7.7，相对密度3.0—3.3，质地坚硬，类同翡翠，因此性状，故佩"琨"者自然也是道心坚定的忠贞之士；玦，是有缺口的玉环，"玦"通"决"，寓意决断，佩"玦"之人表其处事果断，故能决嫌疑。是故，古代君子亦以佩饰之物，隐喻个人的德行和阶层。

乐殊贵贱，礼别尊卑，世俗社会以服仪定体统，明伦常，维护各阶层之间的伦理规范和等级秩序。道士法服亦然。南朝陆修静始制玄门法服，则明其旨要：

<blockquote>道家法服，犹世朝服，公侯士庶，各有品秩，五等之制，以别贵贱。[3]</blockquote>

其所言的"五等之制"依据应该来自《尚书》所云："天命有德，五服五章哉。"[4]天子、诸侯、卿、大夫、士各承天命，所着服饰依序而定，是谓之"五服"。五服的形制彩章各有差异，以明尊卑之序，彼此遵礼守法，不致僭上逼下。是故，孔子"吉月，必朝服而朝"[5]，孟子"衣服不备，不敢以祭"[6]。孔、孟得服其服，是守礼的表现，因为"礼"是审定亲疏关系、分别上下异同、裁决疑惑不解、辨明

1　（清）陈立撰，吴则虞点校：《白虎通疏证》，第435页。
2　《说文解字注》，第17页。
3　《陆先生道门科略》，《道藏》，第24册第781页。
4　《十三经注疏》，第1册第292页。
5　《十三经注疏》，第5册第5418页。
6　《十三经注疏》，第5册第5895页。

是非曲直的尺度和依据，服饰作为"礼"的组成部分，是"礼"的外在表现，具有同等功能。由此可见，道教服饰的基础是世俗礼仪制度，其功能也与之一致。

从形制而言，最初的法服以上衣下裳的古制为基础。《太平御览》卷六百七十五引《传授经》曰："陆先生云：'对上下接，谓之俯仰之格，披褐二服也。'"[1] 说明了他制定道士法服是"衣裳"之制，与之后占主流地位的"深衣"形制不同。而且，从《道书援神契》"法服"条所记载的内容，也能看出陆修静定制法服的依据："古者祭祀法服，有中单蔽膝佩裳之属，今法服乃其流也。"[2] 中单，即是穿在祭服或朝服内的衬衣，亦作"中禅"或"中衣"，通常以白纱罗为之，领、袖、襟、裾以黑或青的深色织物镶沿，腰部无缝，腋下开气，直通上下，以带挽结；蔽膝，即是下裳前面的装饰物，亦作蔽卻、敝膝，又称袚，上狭下广，熟皮为之，使用时系佩在皮革腰带上，下垂前膝，故名。二者皆是上衣下裳的古制遗风，因此谓"今法服乃其流也"[3]。

陆修静依古代祭祀礼服的形式，取封建等级制度的内质，所制定的法服制度，被认为是首开道教服饰定规，即使在佛道之争、佛教徒攻讦道教的文献里，也承认这一事实："陆修静更立〔道士〕衣服之号，月帔星巾霓裳霞袖，九光宝盖十绝灵幡，于此著矣。"[4] 自此，道教服饰才开始制度化，有了规范，形成独特面貌。

早期道教在斋仪方面甚是简陋，几近原始，成书于北周的《无上秘要》卷五十"涂炭斋品"载：修斋者"露身中坛，束骸自缚，散发泥额，悬头衔发于栏格之下"[5]。这样的斋仪，显然与"简约云澹，超然绝俗"[6]的高逸气质、烟云水气、几追仙姿的名士风度，以及洒脱倜傥、风流自赏的贵族意趣不相吻合。

而斋仪对于道教自身的传播又不可或缺。陆修静就认为"斋直为求道之本"[7]，

---

[1] 《太平御览》，第3册第3007页。
[2] 《道藏》，第32册第144页。
[3] 《道藏》，第32册第144页。
[4] （唐）释玄嶷：《甄正论·卷下》（民国刻本），北京刻经处，1920年10月，第4页。
[5] 《道藏》，第25册第824页。
[6] 宗白华：《美学散步》，上海：上海人民出版社，1981年6月第1版，第177页。
[7] 《道藏》，第9册第824页。

因此依据儒家的宗法制度和伦理体系，吸收佛教的修持仪轨，为道教广制斋醮仪范，尤重符箓科仪，使之迎合门阀士族阶级的需要，"意在王者遵奉"[1]，用以维系教团组织，传播道教信仰，使道教能够在动荡的社会环境中生存和稳固发展。

尤其卓有创建的是，陆修静将封建等级的冕服制度引入道教，通过法服的不同制式来区别教内的高低等级，并且在以前法服的基础上进行改进，以巾、褐、裙、帔为道士法服的基本形制：

夫巾褐裙帔，制作长短，条缝多少，各有准式，故谓之法服。[2]

同时对法服的穿戴做出了规定，强调法服"皆有威神侍卫"[3]，赋予其宗教神圣性：

巾褐及帔，出自上道，礼拜着褐，诵经著帔。[4]

褐，《说文》释为"粗衣"，清段玉裁注曰："取未绩之麻，编之为足衣，如今草鞵之类。"汉郑玄笺云："毛布……褐，贱者之服也。"[5]也就是说，褐衣为材质粗劣的毛、麻织物，色泽暗淡，工艺粗糙，不仅不华美，而且分量重又不保暖，一般是用于制作草鞋或毡毯，贫者也可用于制衣。贫者衣褐，多数文献释为"粗制短衣"，贫者须日常劳作，短衣更符合情理。而高逸、道士以"褐"为衣，盖取太上"被褐怀玉"[6]之喻，身披粗衣而心怀美玉般品性，象征意味更甚，其材质则未必是粗毛、劣麻一类。因为，《玉篇·衣部》将"褐"作"袍"解，袍为长衣，衣长过膝；《急就篇》中释"褐"，颜师古注亦谓："长衣曰'袍'，下至足跗。"[7]长

---

1 （南朝梁）僧祐、（唐）道宣：《弘明集·广弘明集》，第116页。
2 《道藏》，第24册第781页。
3 《道藏》，第24册第781页。
4 《道藏》，第24册第781页。
5 《说文解字注》，第397页。
6 （清）黄元吉撰，蒋门马校注：《道德经注释》，第302页。
7 （汉）史游撰，（唐）颜师古注，（南宋）王应麟补注，（清）钱保塘补音：《急就篇》，第142页。

袍，材质应不过于沉重，才可称之为"披（被）"。巾和褐，道士服之，取意"被褐怀玉"，即使外表粗陋却内心高洁。而现在的道袍，便是缘自"褐"。

同出于此时、传为紫微夫人所撰的上清派道经《洞真太上太霄琅书》称：

> 向者之衣，亦是先王法服，后世转讹，是故以今师为定。今师所遵，老君之法，老君被褐怀玉出关，亦著葛巾单衣，玉女侍从，褂罗褐裙。[1]

陆修静定立法服制度中规定"礼拜著褐"，既因此制"出自上道［上清之道——引者注］"而追往昔先圣，又赋予褐衣"抱朴守素"的象征意义。

裙，亦曰"裳"或"帬"，《释名·释衣服》云："裙，下裳也。裙，群也，联接群幅也。"[2]《说文》《玉篇》《唐韵》均释作"裳"。裙，在汉以前称"裳"，汉以后则多称"帬"，《玉篇·巾部》谓："帬，音群，与裙同。"[3] 黄帝"垂衣裳而天下治"[4] 应为着裙之始，彼时男女通用，魏晋后袴裤流行，男子去裙着裤，裙方为妇女专属。

而袴裤这种形制，也曾出现在玄门弟子中。《陆先生道门科略》称此前道士也有法服，陆修静称其为"旧法服"：

> 旧法服单衣袷帻，箓生袴褶，所以受治之信，男贵单衣墨帻，女则绀衣。[5]

衣此法服，是为"受治之信"。五斗米道时期，张天师于蜀中立二十四治，应天二十四气，各治（气）皆有特定凭信；道徒化气章服，将这些"凭信"穿在身上，用以区别不同治区和品秩，法服便具有了昭名分、辨尊卑的功能。

---

1 《洞真太上太霄琅书》，《道藏》，第 33 册第 662 页。
2 《释名疏证补》，第 173 页。
3 （南朝梁）顾野王：《大广益会玉篇》，第 127 页。
4 《十三经注疏》，第 1 册第 180 页。
5 《道藏》，第 24 册第 781 页。

从这段记载来看，"旧法服"是上下贯通、形制类似古代深衣的外罩单衣——单衣在当时具有礼服的性质，所谓"见尊者之服"[1]，穿着的时候加在诸服之外。"袷"是有衬里无絮的夹衣，头上戴的是帻巾；箓生弟子上穿褶衣、下着袴裤，颜色则是浓黑色或微带红的黑色，具有这个时期服饰的基本特征。尤其"袴褶"，在当时颇具时代印迹。从考古材料和文献图样中可见，袴褶基本形制为上身衣长齐膝，低领或者翻领，北朝时衣袖窄小，南朝后融合汉俗衣袖逐渐宽大，下身为肥管裤，裤腿是直筒并无向下逐渐收小，因此为了行动方便，在膝盖下方有毡绳或丝带用以绑缚宽大的裤腿。

袴褶原非中原汉族服饰，在战国时由北方少数民族传入汉地，才逐渐被汉族采用。袴，《释名·释衣服》曰："跨也，两股各跨别也。"[2]其形制在考古材料中可见：湖北江陵属战国中晚期的马山一号楚墓曾出土一件绣绢绵袴，形制为一整体，前腰合缝，后腰敞口，腰以下前后开裆，在南宋墓出土的遗物中亦有相同例子。[3]因此有理由认为，这种一体的开裆裤当是"袴"的典型样式，继后才出现合裆之"裤"。褶，就是袴褶的上衣，《急就篇》释"褶"，颜师古注曰："褶为重衣之最上者也，其形若袍，短身而广袖，一曰左衽袍也。"[4]汉族衣式为右衽，左衽为胡人衣式。根据《晋书·舆服志》、王国维《观堂集林·胡服考》的考察，袴褶的形制起源不详，名称则起于东汉末，便于骑乘，原为军中之服，后因行旅方便，逐渐流布于民间。魏晋至南北朝，上下通用，男女皆服，北朝尤盛，成为常服和朝服。此"旧法服"所搭配的"袴褶"，虽也采用上下分制，但与之后陆修静所制定的上衣下裳的法服制式不属于同一系统。因此，陆修静对此"旧法服"混搭乱配颇有异见：

　　顷来才受小治，或箓生之法窃滥帔褐，已自大谬，乃复帽褶对裙，帔褐着袴，此之乱杂，何可称论。[5]

1　《资治通鉴·晋咸安元年》中有元胡三省注："单衣，江左诸人所以见尊者之服。"
2　《释名疏证补》，第170页。
3　沈从文：《中国古代服饰研究》，第136—138页。
4　（汉）史游撰，（唐）颜师古注，（南宋）王应麟补注，（清）钱保塘补音：《急就篇》，第144页。
5　《道藏》，第24册第781页。

图2-1-1　着袴褶的陶俑
（北齐）鲜卑服武士俑，太原张肃俗墓出土，现藏中国国家博物馆

复帽是有衬里的暖帽，常为秋冬用。袴褶之俗出于胡风，据《三国志·魏志·崔琰传》载：魏文帝曹丕因狩猎时着褶裤，被崔琰谏之为着"虞旅之贱服"[1]。可见到三国时期褶裤还被视为贱服；至南北朝时，虽因行动方便而流行，如图2-1-1所示，穿着袴褶的有官吏、武士，也有仆役。不过，复帽、袴褶均不具备身份地位标志的礼仪属性。帔、褐皆有宗教意蕴，使用需合规矩。故而，陆修静在《道门科略》中强调道士法服应具宗教神圣性：

　　三洞之轨范，岂小道之所预。[2]

如果不按仪范制作和使用，则会招致灾祸：

1　（晋）陈寿撰，（南朝宋）裴松之注：《三国志》，第3册第368页。
2　《道藏》，第24册第781页。

> 则鬼神罚人，既非分僭滥，祸可无乎！[1]

这是从宗教角度提出的理由，而从历史背景来看，定立法服制度是道教自身发展的规律使然。

道教正式创立是在东汉末年，当时群雄并起，天下纷乱。延康元年（220）曹丕（220—226年在位）逼迫汉献帝刘协（189—220年在位）"禅让"，代汉立魏，定都洛阳，史称曹魏、先魏或前魏。221年，汉室后裔刘备（161—223）割据益州，在成都称帝，复国号"汉"，因其所治多为蜀地，故称蜀汉。229年，孙权（182—252）称帝，定都建业（今南京），国号"吴"，亦称东吴或孙吴。自此，三国鼎立。263年，曹魏司马昭率部灭蜀，266年，其子司马炎篡夺曹魏政权，国号"晋"，史称西晋或司马晋，定都洛阳；280年司马氏灭东吴，结束三国割据的分裂局面，重新建立统一王朝。西晋时期大量游牧民族内迁，逐渐形成地方割据势力，为五胡入华和西晋灭亡埋下了隐患。304年，匈奴贵族刘渊建立的前赵政权，起兵入侵中原；西晋永嘉五年（311），攻陷洛阳，杀宗室、官员并士兵、百姓三万余人，掳走西晋怀帝司马炽（307—311年在位），甚至盗掘陵墓、焚毁宫室，史称"永嘉之乱"。之后，北方中原地区沦为匈奴、鲜卑、羯、氐、羌各民族厮杀的战场，司马王朝不得不改弦更张，退守长江中下游，重组东晋政权。

这个时期，天下滔滔，征伐不休，战争促使民族迁徙和文化交融，胡汉杂居，南北交流，也使服饰发生了显著变化，服饰之流变，大抵也随时风。沈括在《梦溪笔谈》中说："中国衣冠，自北齐以来，乃全用胡服。"[2] 虽然不尽"全用"，但胡风对汉族服饰影响可见一斑。

《抱朴子外篇·讥惑篇》也透露了这种服饰风尚的变化：

> 丧乱以来，事物屡变：冠履衣服，袖袂财制，日月改易，无复一定。乍

---

1 《道藏》，第24册第781页。
2 （宋）沈括：《梦溪笔谈》，长春：吉林出版集团有限责任公司，2010年12月第1版，第7页。

长乍短，一广一狭，忽高忽卑，或粗或细。所饰无常，以同为快。[1]

从道教自身发展来看，原本并无定规的道教服饰，有必要形成规范。面目模糊、没有统一特征的外部形象，实不利于道教的传播。尤其是上层士族道教，既要与民间"妖道"划清界限，又要与同样在发展中的佛教争夺信徒。除了在理论体系上的系统化、规范化，形象特征的明确清晰也非常重要。

据文献记载，东汉时期道教多与方技巫术混杂在一起，以驱鬼、疗病等方式在民间传播，王充说"方术，仙者之业"[2]，并把操执各种"术"的方士和神仙家都统统称为"道士""道人"或者"道术之人"。

以葛洪（约281—341）、寇谦之、陆修静、陶弘景为代表的士族知识分子，在力图把道教的理论与组织系统化，要同民间道教划清界限的时候，不遗余力攻击早期道教为"妖道""淫祀""伪伎诈称道""三张鬼道"，明确提出"清整道教，除去三张伪法"。[3]

天师道创自民间，常被农民起义利用作为反抗统治者的工具。其前身五斗米道自北迁以来发生分化，在魏晋时期经过权贵阶层的天师道世家，尤其是东晋丹阳道士葛洪的改造，奠定了上层士族道教的理论基础。葛洪对战国以来的神仙方术思想进行了系统总结，从宇宙观、本体论的高度来论证神仙的存在和成仙的可能，并制定了一系列行气导引内养和炼制金丹外服的方法，强调内修外养和积善立功并行，把神仙道教理论与儒家纲常名教紧密结合，与民间道教拉开距离，并将其视为异端进而加以排斥。

对民间早期道教的改造比较成功的是在南北朝时期。进入南北朝，道教自身的发展促使天师道进一步充实和提高，逐步由一个不成熟的民间宗教，转变成适应统治阶级需要的比较成熟的官方宗教。

当时中国南北政权对峙，在北方推动天师道改革的，主要是北魏嵩山道士寇

---

1 杨明照：《抱朴子外篇校笺（下）》，北京：中华书局，1997年10月第1版，第11页。
2 黄晖：《论衡校释》，第316页。
3 （北齐）魏收：《魏书》，北京：中华书局，1974年6月第1版，第8册第3051页。

谦之。寇谦之非常重视斋醮仪范，制定了一系列戒律制度，整顿天师道在张鲁去世后出现的诸多乱象，这个具有"专以礼度为首，而加之以服食闭炼"[1]新气象的天师道，被称为北天师道或新天师道。这次变革对道教在上层社会的传播非常有益，道教得到了以北魏太武帝拓跋焘为首的朝廷的尊崇，在北魏境内迅速传播。

南朝统治地区是道教发展的重要基地，不仅有天师道的长期传播，而且还是上清派、灵宝派的发源地，因此，对南朝天师道进行改造，同时也能充实、提高上清派和灵宝派。刘宋道士陆修静适应形势的要求，继寇谦之整顿北朝天师道之后，对南朝地区的天师道也进行了改造。

陆修静，字元德，吴兴东迁（今浙江湖州）人。出生高门，代为著姓。生于东晋安帝司马德宗义熙二年（406），卒于南朝宋后废帝刘昱元徽五年（477），谥曰"简寂先生"。陆修静自称"三洞弟子"，并不把自己归属于任何道派，其师承不可知，视其一生行事，应不囿于一家之学。《广弘明集》称其"祖述三张，弘衍二葛（葛玄、葛洪）"[2]，说明他与天师道有直接渊源，又承传了鲍靓、葛洪一系；既被上清派奉为第七代宗师，又使"灵宝之教大行于世"[3]。

葛洪视民间道教为"妖道""邪道"，咒骂信奉者为"杂猥道士"，寇谦之更视其为寇雠，咬牙切齿地诅咒："当疫毒临之，恶人死尽。"[4]二人皆主张坚决去除早期天师道的"伪法"。但陆修静与之有所不同，他并不完全否定五斗米道时期的体系，在认真研究三张科制的基础上，废除和禁止不利于发展的旧制，恢复和健全有价值的制度，整顿和规范组织系统，制定和增修斋醮仪轨。陆修静改造后的天师道被称为南天师道。

陆修静尤其在制定斋仪方面下了极大功夫，他认为斋仪是检束身、口、心"三业"，使之不沉沦于恶境的重要方法。[5]为杜绝法服混搭乱配的不伦现象，自陆

1　卿希泰、唐大潮：《道教史》，第57页。
2　（南朝梁）僧祐、（唐）道宣：《弘明集·广弘明集》，第116页。
3　《道藏》，第6册第376页。
4　《老君音诵戒经》，《道藏》第18册第211页。
5　卿希泰、唐大潮：《道教史》，第71页。

修静制定法服制度开始，南北朝出现了一批科律道书，对道服形制类型、制作方法、使用仪范、神学意义等做了详细规定，使道教服饰制度更加完善。

《传授经戒仪注诀·衣服法第九》规定道士必须具备"葛巾、单衣、被（帔）、履、手板"[1]，此五件"皆应新净，勿用故败"[2]。并且，遵循被褐怀玉的道家精神，要求"富不得奢靡，贫不得秽陋，调和中适"[3]。尤其强调"道俗不可混杂"[4]，法服必须要安置在不属于生活起居的洁净房间，勿使混淆；有法事穿着法服，法事结束脱下，"别箱各筐，内外不参，每使香洁，齐整副称"[5]。上自天子公卿，下至庶民百姓，凡是奉道之士都必须依循这个规范。

《洞真太上太霄琅书·法服诀第八》所载内容大致相同，并增加了对质料的规定："葛巾、葛单衣、布褐、布裙、葛帔、竹手板、草履。"[6]葛，是多年生的草质藤本植物，其茎皮纤维可用于织布和造纸。用葛纤维织成的布，因凉爽透气，多作夏衣。

这一时期的道书所定服饰类型，从上到下不外冠巾、法服、靴履，而道士法服沿袭上衣下裳之古制，为上穿褐，下着裙（裳），外罩帔。

《洞玄真一自然经诀》规定灵宝派道士之法服为：

> 褐皆长三尺六寸，三十二条。若鹿皮巾褐至佳，皮褐无条数也，黄裳对之。[7]

《洞玄灵宝道学科仪》"制法服品"对帔褐条数及颜色有更细致的规定，并对其神学意义做了阐释：

---

1 《道藏》，第 32 册第 173 页。
2 《道藏》，第 32 册第 173 页。
3 《道藏》，第 32 册第 173 页。
4 《道藏》，第 32 册第 173 页。
5 《道藏》，第 32 册第 173 页。
6 《道藏》，第 33 册第 661 页。
7 《无上秘要》，《道藏》，第 25 册第 144 页。

内外法服，须有条准。若始得出家，未渐内箓，上衣仙褐法帔，皆应著条数……若受神咒五千文，皆合著二十四条，通二十四气；若年二十五已上，受洞神灵宝大洞者，上衣仙褐合著三十二条，以法三十二天天中之尊，法帔二十八条，以法二十八宿宿中之神。亦听二十四条。随道学之身，过膝一尺。皆以中央黄色为正。若行上法，听著紫。年法小，为下座者，勿著紫。若中衣法衫、筒袖、广袖，并以黄及余浅净九色为之。皆大领两向交下，掩心已上覆内衣六寸。若内衣、法裙，听以余浅深色为之，……皆垂及踝。[1]

《洞真四极明科》规定上清派道士之法服为：

表里一法，表当令二十四缝，里令一十五条，内外三十九条，以应三十九帝真之位。[2]

由此可知，不论灵宝派还是上清派，道士法服都不仅仅有遮身蔽体的实用功能，而是被依据教理、教义赋予象征内涵，是传播道教信仰和文化的物质载体。对于女冠法服，灵宝、上清略有差别。灵宝女冠以黄色为主：

以轻紫纱为褐，若裙必用深黄，不得辄用余浅色。其上、中、下之衣，不可计缘之内外，皆大幅帖缘为之。[3]

而上清女冠法服，比照女仙服饰，则以青色为主：

当冠元君之服，用紫纱作褐，令用二丈四尺，身袖长促，就令取足，当使两袖作十六条，身二十二条。又作青纱之裙，令用四十五尺，作八幅，幅

---

[1] 《道藏》，第 24 册第 767—768 页。
[2] 《道藏》，第 25 册第 144 页。
[3] 《洞玄灵宝道学科仪》，《道藏》，第 24 册第 768 页。

长四尺九寸，余作攀腰，分八幅，作三十二条，此则飞青之裙元君之服也。[1]

二者皆为紫色裙褐。在褐、帔制作上"二十四条""三十二条"等"条数"，皆指衣料被剪裁之条块（幅）数，即将此条块加以缝合而成衣的"条缝"数。[2] 此法源于古制，《礼记·深衣》就规定了"深衣"的裁剪须成十二幅后加以缝合，谓："制十有二幅，以应十有二月。"[3] 如佛教的"三衣"，也有五条、七条、九条至二十五条之谓，皆有不同用途。[4] 道教法服的条数，也有区别道士不同位阶的性质。

《洞玄灵宝三洞奉道科戒营始》"法服图仪"逐一列举各阶道士不同品次裙褐的规制：

> 正一法师，黄裙、绛褐；
> 高玄法师，黄裙、黄褐；
> 洞神法师，黄裙、青褐；
> 洞玄法师，黄裙、黄裙；
> 洞真法师，青裙、紫褐；
> 大洞法师，黄裙、紫褐如上清法；
> 三洞讲法师，黄褐、绛裙；
> 山居法师，上下黄裙；
> 凡常道士，上下黄裙。
> 女冠法服、衣褐，并同道士，唯冠异制；
> 凡常女冠法服，上下黄裙。[5]

---

1 《洞真四极明科》，《道藏》，第 25 册第 145 页。
2 卿希泰：《中国道教·第四卷》，第 94 页。
3 《十三经注疏》，第 3 册第 3611 页。
4 萨婆多论云：大衣分三品，九条、十一条、十三条名下品；十五条、十七条、十九条名中品；二十一条、二十三条、二十五条名上品。据佛教资料说明。
5 《道藏》，第 24 册第 760—761 页。

《三洞法服科戒文》中指出了褐和裙被赋予的宗教意涵：

> 褐者，遏也，割也，内遏情欲，使不外彰，割断诸根，永绝萌蘖；外遏贪取，使不内入，割断诸物，永无烦恼。内外遏绝，物我兼忘，行道诵经，不可阙也。
>
> 裙者，群也，内断群迷，外祛群累，摄化万物，令入一乘，永出樊笼，普令解脱。[1]

很明显，以粗制毛织物制作的"褐"，寓意修道之人"被褐怀玉"的高逸情怀，以自然物之"真"所表现出的自然界之"美"，来衬托人物品格的"善"，象征道教修行当"返璞归真"，因此道士法服大巧若拙，大朴不雕，以此摒弃物欲诱惑和杂念纷扰，返本归根，明心见性。

这种法服对神学内涵象征性的表达，以及宗教信仰神圣性的尊崇，贯穿道教科仪制度的始终。唐中前期，在道教科仪斋醮制度方面做出了重大贡献的，是生活在睿宗和玄宗年间的长安太清观道士张万福。张氏对陆修静以来的道教科仪斋醮进行了清理和总结，并有自己新的建树，为唐末五代时杜光庭集道门科仪之大成奠定了良好基础，此三人前后相隔数百年，然其科仪思想如出一辙，是故，后世尊此三人为"科教三师"。

张万福所著《三洞法服科戒文》，造作张天师向太上求教关于法服的仪规，借太上之口宣称"衣服者，身之章也。随其禀受品次不同，各有科仪"[2]，明确了服饰具有标示身份等级的功能性特征，而且不同品秩有相匹配的仪范规则，"衣服阶修，致有差别，又有七种，须案奉行，劫运虽倾，此法无变"[3]，将道士冠服分类进行了细化，按道派不同，列为初入道门、正一、道德、洞神、洞玄、洞真、三洞讲法师七个品秩，并且以不同用途的衣裳加以区别：

---

1 《道藏》，第 18 册第 230 页。
2 《道藏》，第 18 册第 228 页。
3 《道藏》，第 18 册第 229 页。

一者初入道门，平冠、黄帔；

二者正一，芙蓉玄冠、黄裙、绛褐；

三者道德，黄褐、玄巾；

四者洞神，玄冠、青褐；

五者洞玄，黄褐、玄冠、皆黄裙对之。……褐用三丈六尺，身长三尺六寸，女子二丈四尺，身长二尺四寸，袖领带褶，就令取足，作三十二条……

六者洞真，褐帔用紫纱三十六尺，长短如洞玄法，以青为里，袖领褶带，皆就取足，表二十五条，里一十四条，合三十九条，飞青华裙……女子褐，用紫纱二丈四尺，长二尺四寸，身二十三条，两袖十六条，合三十九条，作青纱之裙……

七者三洞讲法师，如上清衣服，上加九色，若五色云霞。[1]

对比《洞玄灵宝三洞奉道科戒营始》与《三洞法服科戒文》中的道士法服规制（见表2-1-1），不难看出，从南北朝至唐，同一道派的道士所着法服在衣裳形制上没有明显变化，其后亦然，差别在于制作工艺更烦琐考究，装饰纹样更丰富多彩。

无独有偶，北宋时期亳州太清宫高道贾善翔在《太上出家传度仪》中亦称上衣下裳的组合被赋予了宗教伦理的象征意义：

褐者遏也，遏恶扬善；……裙者归也，万福所归，一名曰裳，裳者常也，虑迷失道，常存得常。女子袿襦，道继真襦，以防诸恶，义与褐同。一切诸衣，效此取解……[2]

诚如斯言，与世俗伦理道德逐一对应，意味着道士冠带法服，不仅受到道教戒律的约束，也会受到世俗道德的规范。因此可以理解为，道教的伦理秩序是世俗

---

[1] 《道藏》，第18册第229页。

[2] 《道藏》，第33册第664页。

表 2-1-1　南北朝与唐代衣裳形制

道士品次	文献依据	裙	褐	条幅数
初入道门	三洞法服科戒文	未说明	未说明	未说明
正一法师	洞玄灵宝三洞奉道科戒营始	黄裙	绛褐	二十四条
	三洞法服科戒文	黄裙	绛褐	未说明
高玄法师	洞玄灵宝三洞奉道科戒营始	黄裙	黄褐	二十八条
道德法师	三洞法服科戒文	未说明	黄褐	未说明
洞神法师	洞玄灵宝三洞奉道科戒营始	黄裙	青褐	三十二条
	三洞法服科戒文	未说明	青褐	未说明
洞玄法师	洞玄灵宝三洞奉道科戒营始	黄裙	黄褐	三十二条
	三洞法服科戒文	未说明	黄褐	褐三十二条帔二十四条
洞真法师	洞玄灵宝三洞奉道科戒营始	青裙	紫褐	三十九条（表二十四条、里十五条）
	三洞法服科戒文	飞青华裙	紫褐（青里）	三十九条（表二十五条、里一十四条）
大洞法师	洞玄灵宝三洞奉道科戒营始	黄裙	紫褐	未说明
大洞女冠	洞玄灵宝三洞奉道科戒营始	法服、衣褐并同道士		未说明
洞真女冠	三洞法服科戒文	青纱裙	褐用二丈四尺长二尺四寸	三十九条（身二十三条，两袖十六条）
三洞讲法师	洞玄灵宝三洞奉道科戒营始	黄褐	绛裙	未说明
	三洞法服科戒文	未说明	未说明	未说明
山居法师	洞玄灵宝三洞奉道科戒营始	黄褐	黄裙	三十六条
凡常道士	洞玄灵宝三洞奉道科戒营始	黄褐	黄裙	二十四条
凡常女冠	洞玄灵宝三洞奉道科戒营始	黄褐	黄裙	十八条

道德的升华，在世俗道德规定了人与人之间社会关系的基础上，进一步强调了人与神之间的精神皈依，道士凭借法服与神灵沟通，并由凡胎肉身转化为"受道之身"，与法服物我一体，法服因此成为仙凡之媒介。

道士衣冠法天贵真，来自上天意志的垂示，表达圣真对人间道法传承的委托；道士对法服的尊重，就意味着对这种神圣托付的承担。所以，各部道经对此皆郑重其事有所训教，其言大致类同。如《金书仙志戒》规定了修习上清之法的道士，不能向北面方位行不敬之事，亦不能怒目对待日月星辰，盖因道教崇奉北斗，由此推衍，对附载着诸天神灵的法服，亦当恭敬：

> 凡修受上法及雌一、太一事者，兆身中三魂五神之气，常熏于巾服之中；七魄九灵余精，常栖于履屐之下。是以道士学长生不死，不得杂席而寝；故衣褐之服，不借非己之气，履屐之物，常恶土秽之熏。亦不欲使杂人犯触，以惊三魂。[1]

衣裳冠履中所熏染的自身魂魄气息，是庇护的神灵所熟悉的，诸神的护佑也以此为凭。所以，如果法服"所服非人""所服非服"，或者被恶俗之气沾染，便会惊扰神灵，造成混乱。

以此类推，道士法服法天象地，取天地自然之物象，得三界真神之护佑，仙真与道士借助法服合为一体。所以上清法服仪制称："内外三十九条，以应三十九帝真之位。"[2] 可以理解为，法服还是神灵的"附体"。记载上清女冠法服仪制的《洞真四极明科》亦如是说：

> 凡女子，学上清白日升天之法，受灵宝玉诀，腾行大洞，皆充元君夫人之位。入室之日，当冠元君之服，用紫纱作褐，令用二丈四尺，身袖长促就令取足，当使两袖作十六条，身二十二条。又作青纱之裙，令用四十五尺，作八幅，幅长四尺九寸，余作襻腰，分八幅，作三十二条。此作飞青之裙，元君之服也。[3]

从这段材料可以看出，穿着元君之服的女冠，犹如元君附体，到底是"女冠"

---

[1] （宋）张君房编，李永晟点校：《云笈七签》，北京：中华书局，2003年12月第1版，第2册第883—884页。
[2] 《道藏》，第25册第144页。
[3] 《道藏》，第25册第145页。

还是"元君",这个问题,如同"庄周化蝴蝶"还是"蝴蝶化庄周"一样难解。可能正是因为无法区分,道教才对穿着法服的道士再三告诫其重要意义,唯恐冒犯借法服附体于道士的神灵。从本经的另外一些描述也可以看出,神灵所护卫的,应该是法服而非道士:

> 身冠此服,万灵束带,千魔灭形,给玉童玉女各十二人,典掌法服也。无此服,不得咏于上清宝经。轻以常服,诵咏上经,天魔侵景音,神散炁离,又不得仙。[1]

由此可见,是因为道士和法服物我混同,神灵的护持也就难分彼此。从世俗的角度,所看到的只是道士穿了一袭与常人不同的衣裳,而实际从道教的角度讲,是凡胎凭借法服而成仙体,"神道非形,至诚斯感。真灵无象,启必有方"[2]。神仙本无形质,借法服才具形体,于是神仙与道士"合谋",法服便成为"凡"转"仙"和"仙"有"形"的媒介。从这个意义上讲,道教只重"衣冠"不重"人"。法服既表达了上界圣真对人间道法传续的委托,亦是对道士修行仙道的示范。因此,慕道求玄,舍俗出家,必须更易俗衣,由度师为弟子授予法服,其意义不仅仅是与世俗相区别。

据出自北宋的《三洞修道仪》所载,初入道的仪规分为三个阶段。凡是学道之始,男童七岁号"录生弟子",女童十岁号"南生弟子";如果已成婚配,男子称"清真弟子",女子称"清信弟子"。授训师门,渐离世俗,方与诣师,请求出家。[3] 出家之后,禀承戒律者,称"智慧十戒弟子",所具法衣为:"黄绶衣七条,素裙七幅。"[4] 其后,得授初真八十一戒者,即称"太上初真弟子",号"白简道士",所具法衣较为正式:"白裳、黄裙九幅。"[5] 而凡是未受经法的道士,则通称

---

[1] 《无上秘要》,《道藏》,第 25 册第 145 页。
[2] (唐)张万福:《醮三洞真文五法正一盟威箓立成仪》,《道藏》,第 28 册第 495 页。
[3] 《道藏》,第 32 册第 166 页。
[4] 《道藏》,第 32 册第 166 页。
[5] 《道藏》,第 32 册第 166 页。

"小兆",所具法衣为:"黄裳、苍裙。"[1] 正式成为道士之后,所着法衣则按不同道派加以区别,逐列如下:

> 洞神部道士:绛褐、黄裳、丹裙;
> 高玄部道士:白裳、黄裙;
> 升玄部道士:素裳、丹裙;
> 中盟洞玄部道士:绛绡裳、丹青裙;
> 三洞部道士:丹光裳、黄裙;
> 大洞部道士:紫裳丹文裙;
> 居山道士:黄布裳、布裙;
> 洞渊道士:丹裳、黄裙;
> 北帝太玄道士:白裳、黄裙。[2]

此外,本经还专门记载了女官法衣:

> 女官部:素裳、黄裙;
> 正一盟威女官:红文裳、黄裙;
> 洞神女官:黄裳、丹裙;
> 高玄女官:黄褐、碧裳、素裙;
> 升玄女官:黄裳、丹裙;
> 中盟女官:紫褐、碧裳、丹裙;
> 三洞女官:朱褐、青裳、绿裙;
> 上清女官:青裳、红纱裙;
> 居山女道士:青绢裳、黄布裙。[3]

---

[1] 《道藏》,第 32 册第 167 页。
[2] 《道藏》,第 32 册第 167—168 页。
[3] 《道藏》,第 32 册第 168—169 页。

不过本经所述有一点令人颇感疑惑："裳"和"裙"皆为下装，何以合用？"裳"为三代之制，谓"上衣下裳"，男女尊卑皆可穿着，因古代布帛门幅狭窄，制作一"裳"通常需七幅拼合而成：前三后四，腰部施褶，两侧各有开缝。"裙"在汉以后较为流行，常以五幅、六幅、八幅布帛拼制，上连于腰，不开缝但裙身施褶，以便举步。裙长短不一：短不及膝，多作衬里；长可曳地，常着于外。汉代之后，"裙"渐流行，"裳"多在礼服中保留其制。上述法衣裳、裙合用，有两个可能，一则，"裳"盖合礼制，"裙"应为常用，仅在法事中同时穿着，平常如此则太过累赘。周锡保先生在《中国古代服饰史》中说："道家着衣，是先穿道袍之类，然后在道袍之外束以环裙，即下裳，再把鹤氅、罡衣等加罩在外面。"[1] 如是，则"裙"之外罩"裳"似也合理。二则，裙制较短，用作衬里，结合约出于北宋末、南宋初年的道经《高上神霄玉清真王紫书大法》中所描述的，法衣除外穿礼服，亦有作为内衬之服的"中单"，故此中之"裙"，也可能是指衬里之裙。

元代时间较短，道教在服饰形制上没有明显创新。蒙元早在成吉思汗时期，就确定了兼容并蓄的宗教政策，对佛教、道教、基督教、伊斯兰教一体优待。忽必烈建元立国后，同样兼容境内各宗教，尤重佛教，其次道教。1219年，成吉思汗在远征途中即遣使召见全真派丘处机，给予优礼，称其"神仙"，命其掌管天下道教，诏免道门差役赋税；种种际遇，使全真派在入元后迅速发展至极盛，成为北方道教之首，其他道派相继融入。元灭南宋后，南方三山符箓和其他诸道派，以龙虎山为重心，逐渐归入正一；蒙元时期，因全真派发展太过迅猛，引起朝廷的猜忌，元世祖遂着力扶植正一派以求制衡。朝廷正式赐封张陵第三十六代孙张宗演为"嗣汉三十六代天师"，并"命主江南道教"，"天师"头衔获得官方承认，以及主领江南道教的职权，这些都是史无前例的，且允以世袭，直至元亡。就大局而言，全真、正一分统，南北鼎立的局面，经明清一直延续到近代，但并未真正结束小道派的独立活动，不少小道派仍然延续各自的传承，甚至有的一直传承至近代。从全真七子的图像资料看（图2-1-2），元代道教服饰基本与前朝无异，

---

[1] 周锡保：《中国古代服饰史》，北京：中国戏剧出版社，1984年9月第1版，第314页。

| 丹阳子 | 长真子 | 长生子 |

| 长春子 | 玉阳子 | 广宁子 | 清静散人 |

图2-1-2　全真七子像

《金莲正宗仙源像》,《道藏》,第3册第373—379页

上衣下裳,衣外加帔,或者是上下通裁的道袍。

元代画家赵孟頫[1]所作的《玄元十子图》(图2-1-3)中描述的服饰,亦是如此。可见至元时,法服规制与魏晋以及唐宋一脉相承。

入明后,在儒学大兴、理学发展至成熟的大背景下,终明一朝,佛、道实际上都退居其次。尤其儒家伦理秩序的强化,使明代社会秩序井然、等级森严,这也影响到道教,明代道教在管理措施上更加完备和严明。明代在京设置"道录司",在府设置"道纪司",在州设置"道正司",在县设置"道会司",管理全国

1　《玄元十子图》的《道藏》版文末题记:"集贤学士赵子昂……作玄圣十子像,将使学者瞻其像……"但因其他版本没有明确作者,故学术界对此作是否为赵氏亲笔有争议。作者争议与本研究关系不大,故本书以《道藏》所记为据。

关尹子　　文子　　庚桑子　　南荣子　　尹文子

士成子　　崔瞿子　　柏矩子　　列子　　庄子

图2-1-3　玄元十子图
《道藏》，第3册第258—261页

道教事务。明太祖从其自身经历和对历史经验的总结出发，制定了一系列管理制度，包括度牒制度，严格控制宫观数量，既利用道教安抚社会、教化百姓，又防范其聚众谋逆、犯上作乱。自元代形成的正一、全真两大道派，入明以后，官方正式将道教分为两派进行管理，两派道士的度牒和职衔均不相同。在服饰制度上，明代管理更为严格，对服饰形制、服色都严明法规。

朱明王室崇仙奉道者代不乏人，朱权是其中颇有建树的突出代表。朱权，生于明洪武十一年（1378），卒于明正统十三年（1448）。明太祖朱元璋第十七子，封宁王，谥"献"，世称"宁献王"。其人出生贵胄，却传奇一生。十六岁屏藩大宁（位于内蒙古赤峰之南，今名宁城），彼地东接辽左，西连宣府，交通枢纽，军

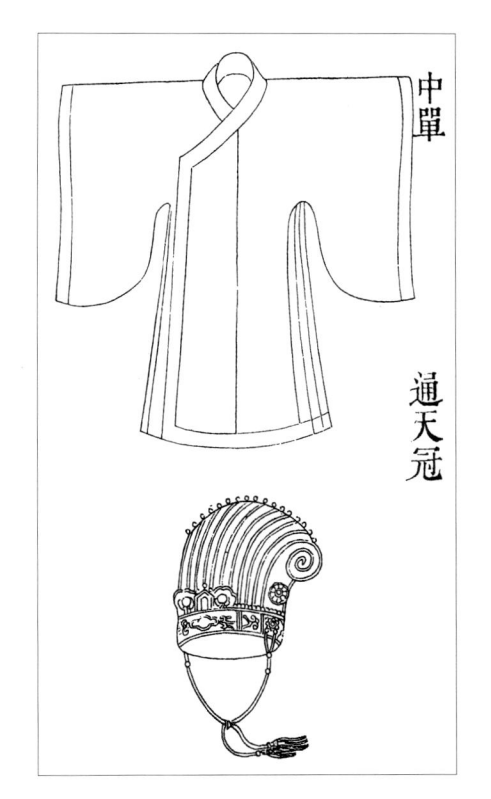

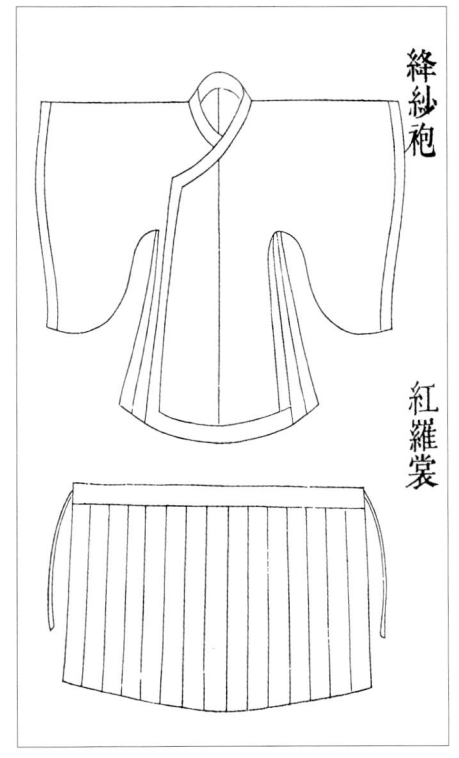

图2-1-4 通天冠服

《古今图书集成图集·经济汇编礼仪典》,第255、256、258页

事重镇。宁王"带甲八万,革车六千"[1],以精锐守社稷,凭威重御国门,加之博古敏学,能谋善断,超胜诸王。"靖难之役"后,为成祖所忌,改其封地,移国南昌。劫后余生,大彻大悟,"于是三沐熏修,质于神明,告于天帝,大发群典,缵类分编,悉究其事,大宣玄化"[2]。他编撰《天皇至道太清玉册》二卷十九章,汇集了道教义理、源流、经典、神仙、道术、斋醮科仪、典章制度等,旨在"涤凡尘之俗陋,藻太华之神英。是以驻心灵域,探至道于天津;默契太玄,握神枢于紫

---

[1]（清）张廷玉:《明史》,第 12 册第 3590 页。
[2]《道藏》,第 36 册第 356 页。

图2-1-5 通天冠服穿着示意图
吴延军绘

极。而日尝赜至真之神奥,究造化之枢机"[1]。

因其皇室宗亲的身份,即便是修道,也有王者专用的服饰,故制"通天冠服"(图2-1-4、图2-1-5)。通天冠前文已述,须与通天服相配。通天服的形制为:

> 服用玄色黄里,上衣下裳,胸前用朱雀,背后用玄武,左肩用青龙,右肩用白虎,以表四灵。皆用织金,前用龙虎二带,下裳用十二幅,以应十二月。[2]

---

[1] 《道藏》,第36册第356页。
[2] 《道藏》,第36册第413页。

通天冠服是皇帝在郊、庙前省牲以及醮戒等仪式时的穿着，为洪武元年（1368）参考宋制而定，《明太祖实录》有载："洪武元年十一月冬至祀，前二日，皇帝服通天冠、绛纱袍省牲，视鼎镬涤溉。"[1]然，洪武十年（1377）之后基本已无使用的记载。

除法衣外，《天皇至道太清玉册》中还记载了方便山中修道的一些实用衣衫：寒冬须着"袄"，宁王称："袄为襦之异名，自古有之。凡出家之人，及居山修道者，既未能逃阴阳却寒暑，故宜备此以御风寒之用，不可有缺。"[2]居山修道的年老者，尤其还须穿着"抱肚"。抱肚，有外穿、内穿两种。外穿者制作考究，从后腰绕至身前，以革带、勒帛束之，初为武士用，后文武皆用，官吏所服者，纹样颜色皆有定制，以区别品级；内穿者，用布帛包裹胸腹间，以保暖护腑，居山学道之老者为内穿，宁王谓"其制亦同世间者，绵夹之厚，任其所宜"[3]。

还有一内穿贴身之服为"汗衫"，明示其"乃近身之服，最须洗濯洁净，使不亵秽可也"[4]。一般是短袖、对襟、长及腰际的衬衣。衬衣在上三代便有此制，《礼》谓之"中单"，盖为长袖、右衽、长至腿腕；"汗衫"之名，据《中华古今注》称，源自汉高祖，因其与楚交战，归帐中内衣汗透，遂称其"汗衫"，后世因袭[5]；明人陈士元亦称"汗衫，本古中单之制"，并引西晋崔豹《古今注》，证其为汉高祖改名。[6]另外还有适于劳作的"半臂"，即短袖衣，指其为道士"灌花种药之服"[7]，当然，也不仅止于此。沈从文先生考察认为，"半臂又称半袖，是从魏、晋以来上襦发展而出的一种无领（或翻领）、对襟（或套头）短外衣，它的特征是袖长及肘，身长及腰"[8]。半臂也是既可外穿亦可内穿之衣，穿在内是贴身小衣，穿在外有紧身和遮凉蔽风的作用。此外还有"短衫"，宁王所述"其制以蔽至腰者"，

---

1 《明太祖实录》，广方言馆本，第36卷。
2 《道藏》，第36册第414页。
3 《道藏》，第36册第414页。
4 《道藏》，第36册第414页。
5 [晋]崔豹等撰：《古今注·中华古今注·苏氏演义》，北京：商务印书馆，1956年4月第1版，第35页。
6 [日]长泽规矩也编：《明清俗语辞书集成》，上海：上海古籍出版社，1989年11月第1版，第1册第32页。
7 《道藏》，第36册第414页。
8 沈从文：《中国古代服饰研究》，第364页。

与半臂的区别是衣袖长短，并指其同为劳作之服："山居野外，所以便登涉之用，古之修真者，或指以为采芝之像也。"[1] 还有一种估计作用相似的"臂衣"，宁王指其为"修道之士不可缺"[2]，谓"衣之所设，一取护净，二则御寒"[3]。

此外，《天皇至道太清玉册》还描述了一种上下相分的便装：襦。《释名·释衣服》谓之"俗字"，曰："衣裳上下联属，即谓其衣为属。世俗以其是衣名，则加衣旁。"[4]《玉篇·衣部》曰："长襦也，连腰衣也。"[5] 也就是说，襦分长短，长襦是一种"衣"和"裳"相连的长衣，而短襦则是上衣。宁王据道经释为："青裙羽襦，龙文凤衣，古有明光飞云之襦，今谓绰袖耳，盖大袖而身短，下裙之装也。学道者必服之。"[6] 指其形制为短衣大袖，衣裳分体、上身短而下身长。常与之搭配的裩，即"裈"，是一种有裆裤，可能裤裆较深、类裙，故宁王谓之："浑如裙形，两头各安腰及带。"[7] 如图2-1-6所示，这位道人所穿着的，就是上"襦"下"裩"，只是这件"襦"的袖子较小而已。

并且，"襦"和"裩"应为贴身之物，比较讲究的是作衬里，外覆裳或裙，山居道士亦可单独穿着，但需要保持清洁："每日一洗易之，修道出家之人，夜暂寝息勿脱内裩，大小绵夹皆须清净，常使香气熏蒸，免生秽气。"[8] 袴，袴裤是也。袴的种类较多，单层曰"单袴"，双层或多层称为"夹袴"或"复袴"，复袴中纳以棉絮者，即为"棉袴"。故宁王谓："单夹绵各时制洗易亦宜勤数。"[9]

明代的道袍外通常系宫绦或大带，图2-1-6中道人所系为宫绦。而大带为礼服用腰带，束于腰间，一端下垂。"带"是束缚和装饰的统一，古时服装无扣，衣襟之间用一根称为"衿"的小带子系结，而在衣服外面会束一根大带扎住衣襟，一

---

[1] 《道藏》，第36册第414页。
[2] 《道藏》，第36册第414页。
[3] 《道藏》，第36册第414页。
[4] 《释名疏证补》，第176页。
[5] （南朝梁）顾野王：《大广益会玉篇》，第128页。
[6] 《道藏》，第36册第414页。
[7] 《道藏》，第36册第414页。
[8] 《道藏》，第36册第414页。
[9] 《道藏》，第36册第414页。

图2-1-6　着襜和裩的道士
（清）全真龙门派第二十代传戒律师葛明新像（局部）

些随身物品和装饰品也会系在这根腰带上。古代天子、诸侯、大夫均用素带，以长宽、质料、色彩等的不同而区别身份。如图2-1-7所绘的当代全真戒衣，腰间所系的黑色带子，就是大带的遗存，大带原本为系衣之物，后来演变为装饰元素。

　　从中可以看出，无论体现宗教意旨的法衣，还是日常穿着的常服，都能反映出道教崇尚自然、简素为上、清虚静寂、幽玄脱俗的旨趣，体现在法服的材质选择上，是不应贵重奢华、重工织绣，当去除雕饰，质朴为要，且新旧不论，但需洁净。这充分体现了道教"抱朴守素"的伦理思想，因而要求修道之人服饰朴素：

　　除饰存素，弗能裸袒，群衣未成，拾故摭败，粗布破皮，浣濯使净，缝合为衣，不裁新物，去泰去奢，缘此补接。[1]

---

[1] 《洞真太上太霄琅书》，《道藏》，第33册第661页。

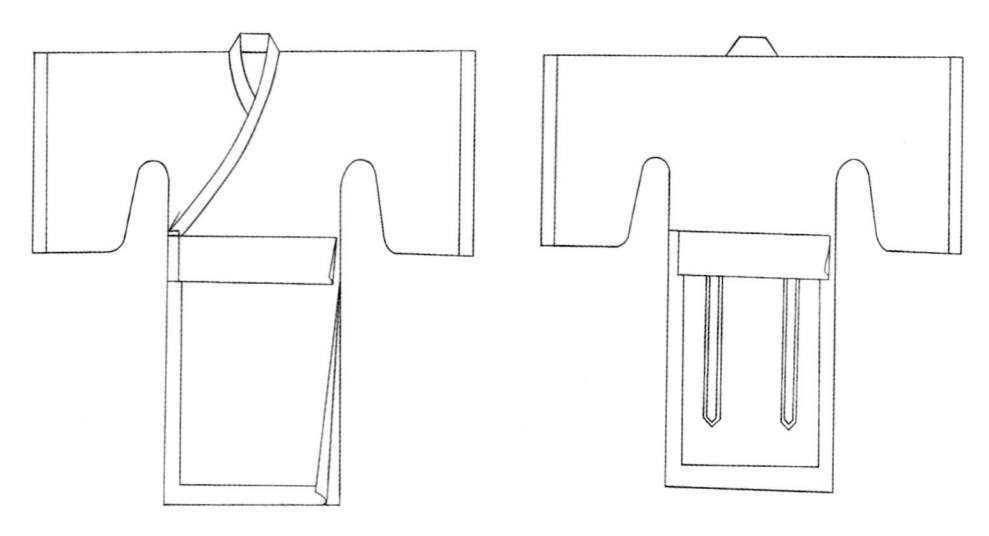

图2-1-7　当代全真戒衣示意图
吴延军绘

　　在这个问题上，道教服饰与佛教的"三衣"有所类似。根据《四分律》等佛经的记载，制作"三衣"的材料是檀越施舍的旧衣或者零散布料（富裕者施舍或有整块布料，但在当时的生活水平下，这种情况比较少），甚至是从垃圾场、墓地等处拣回来的破衣碎布，由这种材料制成的衣服，统称为"粪扫衣"。《四分律》中列有十种"粪扫衣"，如牛嚼衣、鼠齿衣、冢间衣等，顾名思义，当知来源。僧侣将收集来的布料洗涤干净后割截成大小不等的方块，重新缝制成纵横相间的田畦状衣服，故这类衣服又被称为"杂碎衣""割截衣"或"衲衣"（也作纳衣）、"田衣"（也作田相衣）；而且，在颜色上，佛衣不许使用纯色、间色，如是新衣须以坏色（浊色）或点净（人为污渍）质料制作，故又称为"袈裟"（梵文 kasāya），袈裟本义是一种草，取这种草的汁液染色而成"赤褐色"，引申为坏色、不正色。其意在于要求僧侣断绝贪心、戒除妄念、远离对物质生活的执着。在摒弃浮华、澹然随化、不使外物染移本性的问题上，佛、道应是一致。

　　因此，在道经中有不少记载，强调"法服不得不依法作"[1]，要求法服制作必

---

1 《道藏》，第18册第230页。

须依照规制，应当质朴，不得采用锦绣绮罗和施以五色织造，如《三洞法服科戒文》中就有"法服不得用五彩作""法服不得用锦绣绮作"[1]之规戒，一方面如太上所言："五色令人目盲，五音令人耳聋，五味令人口爽，驰骋田猎令人心发狂，难得之货令人行妨。"[2]修道之人应避免沉迷于凡尘俗世的光怪陆离、亮丽炫张，当被葛怀玉、返璞归真，方可返本还元、归根复命；另一方面，也是从科律的角度防微杜渐，杜绝后学追逐世俗的浮华之气，行奢靡之事。不过这一点，随着社会生产力水平的提高以及经济水平的发展，并未坚守下去。至唐宋时期，尤其到南宋，手工业水平极高，这也体现在道教服饰上，这个时期的法服精工细作，质料考究，工艺繁复，穷极工巧。

除此之外，张万福还对法服的穿、脱、制、置做出了规定，道士诵经、祝愿、礼拜等皆需冠戴法服，法服当保持洁净，"常须清静，烧香左右，无使污秽，浊辱仙灵"[3]。如若沾染秽气，冲犯神灵，必获罪不浅，仙道无成。诸如此类，凡四十六条。从宗教伦理意义的角度讲，此种规范其意深远。道士进行法事活动，按规制穿着法服，既保持道场庄严有序，也培养道士和信徒的恭敬之心，使之虔诚向道。道士规范着装，以示与俗有别，"非其人不得服其服"[4]，特定的服饰成为道士的形象符号，不仅有辨识的意义，也要求入道之人谨记自己的身份，遵律守戒，行为有度。

由此可以看出，法服的本质，是以其自身所规定的行为法则和等级制度，使修道之人在进退俯仰之间保持行而有度的秩序，因此，法服作为融合道教伦理价值的文化符号，是其伦理秩序的集中体现。正因为有了这些关于法服的伦理规范和科律制度，道教才保持了外部形象的统一性和延续性，也因有此约束，道士的行为方式和情感表达才不会变得杂乱无章，道教的面目才得以清晰。就如《道书援神契》中所说，孔子之徒所穿着的儒者之服随着时代不同而变更，而老子之徒

---

1 《道藏》，第18册第230页。
2 （清）黄元吉撰，蒋门马校注：《道德经注释》，第50页。
3 《道藏》，第18册第229页。
4 《后汉书》，第12册第3640页。

所着道士之服则"本乎古之制""不与俗移"[1]，这和道教关于法服的科戒规范是密切相关的。

正如《洞玄灵宝三洞奉道科戒营始》"法服品"对于法服神圣性的规定：道士法服各有仪制，依法而制，"服，以象德仪形。道士女冠，威仪之先"[2]。穿着法服象征德行端正、合乎礼仪的要求，不备法服，则不能轻动宝经和参与法事，"具其法服皆有神童侍卫"[3]。本经还规定了侍卫不同位阶法师的神兵天将数目，而违反者会被课以重罚。也就是说，法服寄托着神灵的庇佑，不仅仅是道士的外在装饰，也是沟通人间道士和天地神灵的媒介，是道教教理教义的外化，也就成为道教信仰传播的物质载体。

第二节　深衣式法服

中国古代服饰，不仅要求符合礼教精神，还穷究天道和人道，感天应人，道协人天，体现法天象地的思想。深衣是其中具有代表性的形制。

深衣形制为"衣裳相连，被体深邃"，郑注、孔疏皆言此制与上衣下裳的礼服不同，是上下相连，分开剪裁但上下合缝，掩蔽全身，"短毋见肤，长毋被土"[4]。衣长约去地四寸，不使被泥土所污。然而"深衣"并非仅指形制上连通一气使身体"深"藏不露，实则别有"深意"。深衣在制作时，上衣下裳先分裁，象征阴阳两仪；然后在腰部缝合，象征天人合一；上衣前、后片和两袖，共四幅，代表一年有四季；下裳六幅，每幅交解裁之为二，共十二幅，意味一年有十二个月。"交解裁"就是一幅布对剖斜裁，一头狭一头广，狭头约当广头之半，狭头在上、广头在下，以狭头向上而联其缝，以属于衣，每三幅属衣一幅。[5] 而且根据《礼记》

---

[1]《道藏》，第 32 册第 143 页。
[2]《洞玄灵宝三洞奉道科戒营始》，《道藏》，第 24 册第 760 页。
[3]《洞玄灵宝三洞奉道科戒营始》，《道藏》，第 24 册第 761 页。
[4]《十三经注疏》，第 3 册第 3611 页。
[5]《朱子全书》，上海：上海古籍出版社，2002 年 12 月第 1 版，第 7 册第 879 页。

记载，深衣制度讲究规、矩、绳、权、衡：衣袖宽大、袖口收祛，呈圆弧状以应"规"，象征天道圆融，寓意"天运"和"道心"圆转如轮、周流灵活；曲袷（交领）直角相交如"矩"状，象征地道方正，寓意人处世间应直立不挠、素白不污，"圆"和"方"看似矛盾，实则相偕。

深衣之"绳"，目前所见的材料里，有两种释义，一则认为是后背一条中缝从领根正中贯通至下襟踝跟处，一则认为是负腰之绳带，自腰际绾结下垂至踝。孰是孰非？此与本研究关系不大，旁置可也。好在二者的象征意义倒是一致：皆言其状如"绳"，以"绳"为"准"，象征"直"和"平"，喻意人道公正、直而不纾。下摆底边与地面齐平如同"权衡"，以秤锤和衡杆象征心平礼正、公正不倾。深衣融合圆规、方矩、直绳、齐权、平衡，身着深衣，自然也就融通天地人事，进退举止合乎规矩权衡，生活起居顺应四时之序，故"圣人服之""先王贵之"[1]。而且，规、矩、绳、权、衡又因"法天象地"的原则被制度化。《淮南子》卷五《时则训》云："阴阳大制有六度：天为绳，地为准，春为规，夏为衡，秋为矩，冬为权。"[2] 不仅如此，根据卷三《天文训》的描述，此五者又与五星、五行、五方、五色等皆一一对应：

> 东方木也，其帝太昊，其佐句芒，执规而治春。其神为岁星，其兽苍龙，其音角，其日甲乙。
> 南方火也，其帝炎帝，其佐朱明，执衡而治夏。其神为荧惑，其兽朱鸟，其音徵，其日丙丁。
> 中央土也，其帝黄帝，其佐后土，执绳而制四方。其神为镇星，其兽黄龙，其音宫，其日戊己。
> 西方金也，其帝少昊，其佐蓐收，执矩而治秋。其神为太白，其兽白虎，其音商，其日庚辛。

---

1 《十三经注疏》，第 3 册第 3612 页。
2 何宁：《淮南子集释》，第 439 页。

北方水也，其帝颛顼，其佐玄冥，执权而治冬。其神为辰星，其兽玄武，其音羽，其日壬癸。[1]

　　由此可见，深衣采用规、矩、绳、权、衡的制度，从服饰仪制上体现天人感应的思想，"服制象天"，"服制"与"礼制"便具有了内在联系，二者皆承天道，以德配天，垂示人伦。

　　除了采用上衣下裳之制，道士法服亦有深衣制。《洞真太上太霄琅书》便记载了法服中深衣形制的象征意义："龙衣华服，明德所堪，单衣通著，本是深衣，衣此深衣，学以正心，心得深理，终入宗源。"[2]深衣之制出于春秋，盛于战国、西汉，是比朝服次一等的礼服，也为王者燕居之服，庶人亦用之为吉服。道士法服衣深衣，亦是取深衣规、矩、绳、权、衡所蕴含的象征意义，以此彰显个人德行，顺天应地，方正不私，志虑忠纯，精诚向道。

　　不仅如此，道教还将法服与道士的修行功业紧密关联。北宋贾善翔所作的《太上出家传度仪》明确指出法服的来源："道服者，乃天尊老君之法服也，真圣护持，人天赞仰。"[3]道士既然着老君之服，就当传老君之教，弘老君之法。顺理成章的，道士应当依制穿着，按律配用，才能使"诸天敬仰，群魔束形"[4]，得到天将天兵护持、玉童玉女侍卫。从中可以看出，道教将法服视为遵循天道，是上天神灵的依附，不仅要求道士像对待自己身体一般爱护，还强调必须如同对待圣真一样恭敬。南北朝道经《洞玄灵宝三洞奉道科戒营始》对此言之凿凿：

　　凡道士、女冠，体佩经戒、符箓，天书在身，真人附形，道气营卫，仙灵依托，其所著衣冠，名为法服，皆有神灵敬护。[5]

1　何宁：《淮南子集释》，第183—188页。
2　《道藏》，第33册第664页。
3　《道藏》，第32册第163页。
4　《道藏》，第18册第229页。
5　《道藏》，第24册第755页。

同时期的道经《洞真太上太霄琅书·法服诀第八》亦云：

> 法服者，法则玄数，服之行道，道主生成，济度一切，物我俱通，故名法服。[1]

法服与道士物我混成，成为道士交通神灵的凭借，被赋予了特定的宗教伦理内涵，对法服的尊崇，是因为法服所承载的宗教伦理的象征意义，使之成为道教信仰所依附的载体：

> 法者何也？业也合也，洗垢去尘，息欲静志，专念玄宗，十善为业，行止合道，三界所崇，以正除邪，故谓为法。服者何也？伏也福也，伏从正理，致延福祥，济度身神，故谓为服。[2]

道士穿着法服，能得神明护持，洗去凡尘俗业，断缘收心，守形止念，勤谨修行，积德累功，言行举止当合乎规戒要求，以正信正心去除妄心邪念，如此，当得福禄绵绵、寿命长延。

法服尊贵，"服得其法，法得其方，炼所登圣，解诸缚缠"。因此，凡修道之人，当常备法服，"整饰形容，沐浴冠带"[3]，以此来表达对神明的虔诚信仰，凭借法服，凡身成为受道之身，方能"道由心得，心以道通，诚至感神，神明降接"[4]。

如此一来，法服便具备了与道士修行炼养密切相关的意义，因此，道教对法服使用制定了规范要求，写入历代经书。约出于东晋的道经《太上洞玄灵宝本行宿缘经》云："善备巾褐单裙，读经被衣服法制，则不得妄借人，着不净处。名曰法服，法服恒有三神童侍之。"[5]

---

[1] 《道藏》，第33册第661页。
[2] 《道藏》，第33册第661页。
[3] （唐）张万福：《三洞法服科戒文》，《道藏》，第18册第230页。
[4] （唐）张万福：《传授三洞经戒法箓略说》，《道藏》，第32册第193页。
[5] 《道藏》，第24册第667页。

制定这些制度,目的是要求修道之人"当体祀天奉教之心,以罄修真学道之志"[1]。头顶三尺有神明,存恭顺敬畏之心,尤其礼拜精思、诵咏经文此等修行之大事,须冠带法服,"无有此服,不得妄动宝经。咏一句则响彻九天,万帝朝轩,九真扶位,所应不轻"。法服具备,便有"玉童玉女各十二人,典卫侍真"[2]。法服不备,难以感格,不仅不能祈福禳祸,还致"天魔侵景,万精乱音,神丧气散,死入幽泉又不得仙"[3]。以此宣扬法服的神秘性和神圣性,使之成为道士修炼和法事的必备要件。

张万福在其所著《三洞法服科戒文》里明确指出,法服取法天地,象征阴阳:"冠以法天,有三光之象;裙以法地,有五岳之形;帔法阴阳,有生成之德。"[4]日、月、星合称三光,道教谓其为天之精华;泰山、嵩山、华山、衡山、恒山合为五岳,皆被道教奉为仙山,为人世间的洞天福地。"三光垂象者,乾也;厚载无穷者,坤也。"[5]《传授经》所说与此有相同含义:"冠戴二仪,衣被四象。"[6]道士之冠取象阴阳两仪,法服四角方正,取象东西南北四方星宿,这与深衣圆规、方矩寓意一致,上法圆天,顺应轮转无端的默默天道,故道无穷尽;圆天覆盖投于方地,东南西北无所不包,五岳山川尽在其中,坤地无边厚德载物;一画开天地,乾天为阳,坤地为阴,天地交泰,阴阳相和,方能化生万物。因此,北宋邵雍在《道装吟》中赞曰:"道家仪用此衣巾,只拜星辰不拜人。"[7]道士衣冠,来自天垂象的意旨,符合上天的意志,得十方真宰、三界群仙的护佑,也就只需要拜谢天上住在星辰里的群仙了。

衣、裳、帔、褐、冠、履,这些总称为"法服"。法服合规,才可"内服己身,六根三业,调炼形神;外服众生,三途五道,拔度人天,遍及圣凡,知有所法,景行可尊"[8]。强调穿着法服并且合乎仪规,是为道士形象的标志、修道的象征,因此

---

[1] (明)朱权:《天皇至道太清玉册》,《道藏》,第 36 册第 395 页。
[2] 《太真玉帝四极明科经》,《道藏》,第 3 册第 434 页。
[3] 《太真玉帝四极明科经》,《道藏》,第 3 册第 434 页。
[4] 《道藏》,第 18 册第 230 页。
[5] 杨明照:《抱朴子外篇校笺(下)》,第 220 页。
[6] 《太平御览》,第 3 册第 3007 页。
[7] (宋)邵雍《伊川击壤集》,《道藏》,第 23 册第 548 页。
[8] 《道藏》,第 18 册第 230 页。

道士出家需易俗衣而着法服，以示皈依至道，精诚信仰，接受道教规戒的约束。

道士服有等差，从张万福在《三洞众戒文序》所述"凡受法，各授法服，宣示法服科戒，简授法位"[1]中可以看出，道士品秩是由所授经箓和所属道派决定的，而其法服也应与道教的这种神学观念密切相关，因此，法服的等次也是由三洞经教体系及道士的法职和箓位高下来决定。洞真、洞玄、洞神的名称，来源于陆修静所编《三洞经书目录》，"三洞"义分三乘：洞真为上乘，洞玄为中乘，洞神为下乘。[2]三洞四辅十二部是道教经书的分类方法，"洞"即通，意指道士通过诵习经书才能通达神明。洞真部即上清经，洞玄部即灵宝经，洞神部包括《三皇文》和其他请神召鬼的书籍。"四辅"是据齐梁时孟法师所撰《玉纬七部经书目》定名，即除三洞之外的太玄部、太平部、太清部、正一部；三洞是经，四辅则是对三洞经文的论述和补遗，分别是太玄辅洞真、太平辅洞玄、太清辅洞神、正一通贯三洞。[3]此正一指南北融合后新出的正一派，道德即太玄派，洞神为三皇派，洞玄是灵宝派，洞真是上清派。[4]由北周武帝宇文邕敕纂、现存最早的道教类书《无上秘要》"修道冠服品"的记载，便依次列举有三皇道士法服、灵宝道士法服、上清道士法服[5]，可见自六朝至隋唐，一直沿用此种分法。

与张万福差不多同时期的玉清观道士朱法满（？—720）著有《要修科仪戒律钞》十六卷，收录了五十多种道书，所辑内容可谓包罗万象，比较全面地反映了当时道教戒律科仪的情况。其中《衣服钞》一节，引《千真科》曰：

若上清，衣紫；灵宝，通黄；三五，衣绛。[6]

要求道士遵守法服使用的仪轨：

---

1 《道藏》，第3册第396页。
2 任继愈：《宗教词典（修订本）》，上海：上海辞书出版社，2009年12月第1版，第61页。
3 卿希泰：《中国道教史·第四卷》，成都：四川人民出版社，1996年12月第2版，第17页。
4 王卡：《道教三百题》，上海：上海古籍出版社，2000年12月第1版，第406页。
5 《道藏》，第25册第144页。
6 《道藏》，第6册第960页。

若朝修行事，礼谒众圣，皆咸仪法服，随法位次。[1]

　　这里所描述的道服基本形制是"长裙大袖"，并且说"与俗有别"。所谓"长裙大袖"，应是传统汉服形制。

　　记载"汉服"一词的文献材料最早见于《汉书·西域传下·渠犁》，书云：汉宣帝时，龟兹王与汉交好，元康元年（前65）携眷来朝，"后数来朝贺，乐汉衣服制度"[2]。出土实物材料应为更早：陈松长论文《马王堆三号墓出土遣策释文订补》中称，"简四四"载"美人四人，其二人楚服，二人汉服"，陈文疑其分别是指所出土四件着衣女侍俑和四件雕衣俑。[3] 马王堆三号墓的墓主利苍之子下葬时间是西汉文帝前元十二年，即公元前168年；《汉书》为东汉班固所著，约成书于东汉和帝时期，前后相差近二百四十年，即使是"西域传第六十六"所记述的龟兹王乐汉衣服制度之事，也不过发生在西汉宣帝元康元年，即公元前65年之后。

　　汉服即为汉代之服。服饰具备礼制功能源自"黄帝垂衣裳而天下治"[4]，正式定为制度始于西周"制礼作乐"，可以理解为汉服始于黄帝、备于尧舜、定型于周。汉朝的礼仪制度是汉高祖（前202—前195年在位）即位初年，由太常叔孙通"采古礼与秦仪杂就之"[5]，因此其服仪制度是依据《周礼》《仪礼》《礼记》的冠服仪轨而制定，其形制为交领、右衽、宽袍、大袖。

　　汉代的华夏民族即为汉人，汉人对汉服的认同成为民族意识。至魏晋南北朝五胡入华，胡服大规模"入侵"，对服饰的形制、色彩、纹样以及工艺各个方面进行了"基因植入"，因胡服穿着方便易于行动，从民间到官方逐渐流行，因此沈括在《梦溪笔谈》中说："中国衣冠，自北齐以来，乃全用胡服。"[6]

1　《道藏》，第6册第960页。
2　（汉）班固撰，（唐）颜师古注：《汉书》，北京：中华书局，1962年6月第1版，第12册第3916页。
3　复旦大学出土文献与古文字研究中心：《出土文献与传世典籍的诠释（纪念谭朴森先生逝世两周年国际学术研讨会论文集）》，上海：上海古籍出版社，2010年10月第1版，第391页。
4　《十三经注疏》，第1册第180页。
5　《史记》，第8册第2722页。
6　（宋）沈括：《梦溪笔谈》，第7页。

第二章 身　衣

"汉人"宗周法汉，以继承汉制衣冠作为保留民族血脉的象征，在当时北方由匈奴、鲜卑、羯、氐、羌各民族轮流执政，中原陆沉西晋倾覆之时，中原士族知识分子及各阶层人民避乱南逃，接续汉族文明星火，政权也随之南迁，建立东晋王朝（317—420），在中国历史上首次开发江南，后历经宋（420—479）、齐（479—502）、梁（502—557）、陈（557—589），直至隋灭陈，江南已渐成繁华富庶之地，史称"衣冠南渡"。因此在魏晋时期，江南士族保留着汉服传统，形制特点是褒衣博带、宽衫长裾、长裙雅步、袖口宽大、不收衣祛（图2-2-1）。《宋书·周郎传》称："凡一袖之大，足断为二；一裾之长，可分为二。"[1] 南北朝时陆修静定立道教服仪规制，应是以此为蓝本，因此道服中保留着汉服"基因"。南宋人史绳祖的著作《学斋占毕》也印证道士服饰遗留了古制传统："然冠、履两事，反使

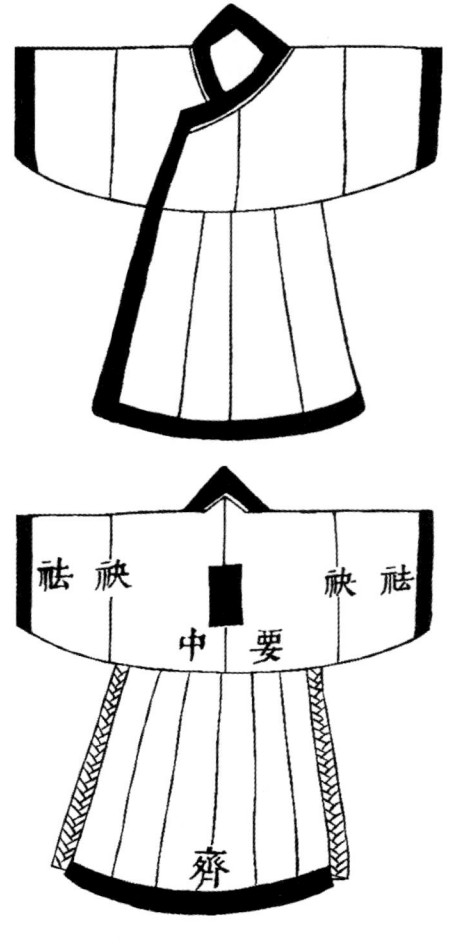

图2-2-1　深衣制汉服图
《三才图会》，第1510页

今之道流得窃其所以，坚持不变。凡闲居则以巾覆冠，及谒见士大夫并行科开章，则簪冠而彻巾穿舄，是三代之制，尚于羽士见之。"[2]

在当代道教服饰中，俗称"道袍"的常服与此形制基本一致。道袍分为长衫和海青，二者都是上下通裁，不别衣裳，交领、右衽，内襟多为直领断衽；衣领镶沿白

---

1 （南朝梁）沈约：《宋书》，北京：中华书局，1974年10月第1版，第1册第284页。
2 （宋）史绳祖：《学斋占毕》，上海：商务印书馆，1939年12月初版，第23页。

117

色或素色护领，以系带拴结，衣身两侧开气，从外襟左侧和内襟的右侧开气处分别接出一布片，打三道死褶或不打褶，纳入后襟至中脊处，谓之"暗摆"。不同的是，长衫衣袖较窄，通常九寸或一尺四寸，通裁类似直裰，前后开气（图2-2-2）。长衫一般是执事道士日常穿着。

海青，北方又称"得罗"（图2-2-3），袖宽常见的有一尺八寸、二尺四寸，甚至有三尺六寸的样式，袖长随身，谓之"长袍原来不计春，宽袖广大裹乾坤，红尘半点何尝染，暑寒亦是也难侵"[1]，寓意包藏乾坤，隔断尘凡。海青为交领，领上大小不等的三层领片依次缝纫而成"三宝领"，亦称"三台领"，寓意修道之人皈依道、经、师三宝；右襟开气，内带衬摆，衣长一般及腿踝，为方便行动，常腰系大带，象征"九龙贯通一丝缘，道教威严常系腰。锁住心猿并意马，免迷本性人浮嚣"[2]。衣襟底有三十六针横缝的针脚，意为"三十六雷常拥护"，右襟口有两条长约三尺、下端箭头形的"慧剑"——两条剑形长带，相传为唐代吕洞宾改剑而成，意在"一断烦恼，二断

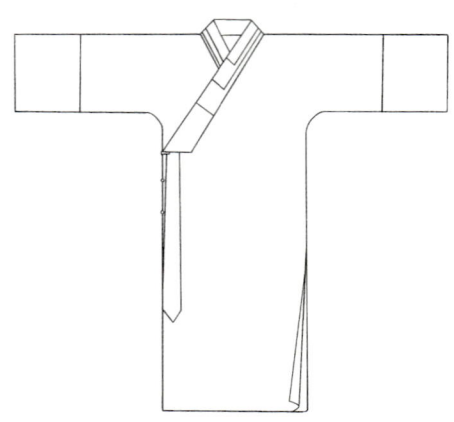

图2-2-2 长衫示意图
吴延军绘

1　周作奎：《道人生活习俗的宗教文化内涵》，载《中国宗教》，2000年第2期。
2　周作奎：《道人生活习俗的宗教文化内涵》，载《中国宗教》，2000年第2期。

贪嗔，三断色欲"[1]。衣饰慧剑，取"但凭慧剑威神力，跳出沉沦五苦门"之义，以斩心魔，断俗念，绝尘缘，精诚道心。海青多数用在坛场等较正式场合。道教崇尚长生，尊崇东方青色，因此道袍多用青色，以象东方之气；未受戒者所着大褂和道袍应为黄色，镶沿黑边。据教内人士称，这种道袍样式主要承自明代，而明代汉服则上承深衣古制。

究其缘由，盖因隋唐两代世俗所服与传统汉制服饰有较大差别，出现了不少异域服饰形制和穿着方式。比如"䘨裆"，衣袖仅止掩肩，前后不开襟，穿时从颈套下罩在长袖衣外，下摆与腰齐；腰间所系的革带、上面附缀若着干条小带的"鞢䩞带"。甚至朝服亦用胡服。据《新唐书》记载，唐袭隋制，唐太宗贞观年间曾将"袴褶"用作朝服，直到唐德宗贞元十五年（799）方止，其间通行一百五十余年。

此外，还有一个重要因素不容忽视。据陈寅恪先生考证，隋、唐皇室虽然附会同姓之显望，实则皆非华夏世家，均有浓厚的少数民族血统：隋炀帝杨广和唐高祖李渊的母亲皆出自拓跋鲜卑的独孤氏，唐太宗李世民的母亲太穆皇后窦氏出

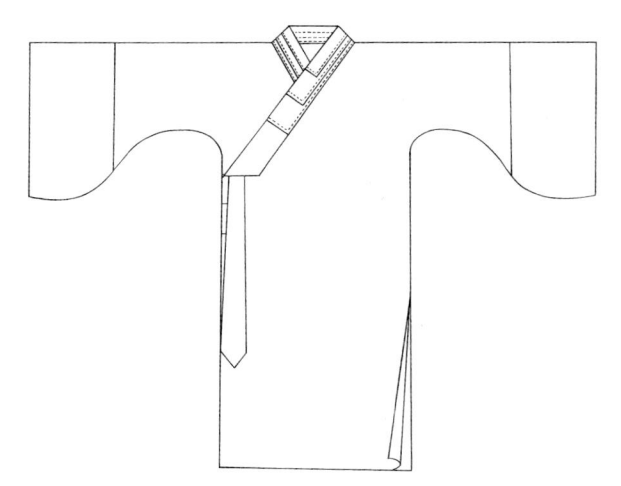

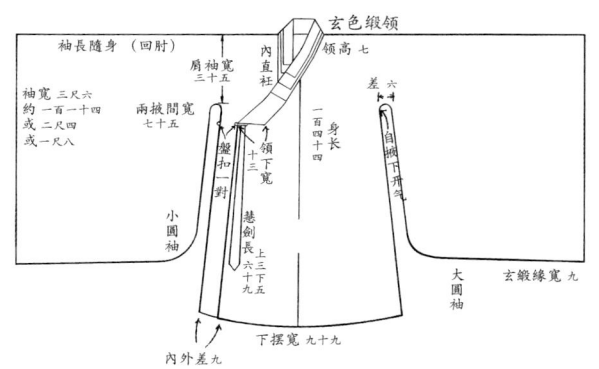

图2-2-3　海青（得罗）示意图
吴延军绘

1　（宋）吴曾：《能改斋漫录》，上海：上海古籍出版社，1984年6月第1版，第297页。

图2-2-4　着圆领朝服的唐朝官员
（唐）吴道子《明皇观马图》（局部），现藏波士顿美术馆

自鲜卑族的纥豆氏，其妻文德皇后长孙氏的父母两系都是鲜卑人。[1]依据王桐龄先生的观点，隋、唐时期以父系为汉族、母系为鲜卑族形成了"新汉族"[2]，其意义不只在血缘上，更重要的是在文化上，胡、汉文化融合改变了人们的生活方式和精神面貌。当时社会胡风盛行，由于是统一王朝，这种影响和改变不止流传于北方，包括中国全境，江南衣冠也不可避免渐染胡俗。因此，不论南北，唐初胡风汉韵杂糅，"贵游士庶好衣胡服"[3]，在世俗服装中吸收胡服成分，并加以融合改良，开始盛行圆领、小袖，衣袍细瘦随身（图2-2-4），初唐时衣裙"尚危侧""笑宽缓"，至天宝初年都还是"衿袖窄小"[4]，白居易作于元和四年（809）的《新乐府·上阳白发人》中有云："小头鞵履窄衣裳，青黛点眉眉细长。外人不见见应笑，天宝末

---

[1] 陈寅恪：《李唐氏族之推测》《李唐氏族之推测后记》《三论李唐氏族问题》，载《金明馆丛稿二编》，北京：生活·读书·新知三联书店，2009年9月第2版，第320—352页。
[2] 王桐龄：《中国民族史》，长春：吉林人民出版社，2013年3月第1版，第320页。
[3] （唐）姚汝能撰，曾贻芬点校：《安禄山事迹》，上海：上海古籍出版社，1983年9月第1版，第107页。
[4] （宋）欧阳修、（宋）宋祁：《新唐书》，第3册第879页。

年时世妆。"透露了天宝年间的服饰特点。基于此,大致生活在睿宗、玄宗时期的朱法满明确指出道服是"通服中华长裙大袖,与俗有别"[1],强调道服所依循的是传统华夏服饰古制。不过,中唐后时风流变,风姿以丰硕为尚,衣衫以宽松为美,白居易另一首五言古诗《和梦游春诗一百韵》中就有描写元和以后风尚变化的诗句:"风流薄梳洗,时世宽装束。"

道士法服不仅在形制上遵循华夏古制,对于文化的尊重也表现在法服的使用规范上。张万福托名张天师定立了四十六条之多的科戒,要求出家受戒、诣师请经、祈福解厄等,都须先备齐法服;法服必须依法制作,不能使用锦、绣、绮等华贵质料,不能饰以五彩;法服制成后,须焚香启告礼拜三宝,先献三宝及诸仙真圣,然后才能取来穿着。穿着也须按各道派的规制,不齐备法服,则不得登坛入静、礼愿启请、悔过求恩,也不能经戒念诵、持奉斋戒、祝禁符劾、章奏表启以及受人礼拜和饮食供养,而且既不能礼拜师尊长德也不得受弟子礼拜,并且不得擅自脱去法服潜游人间以及见诸凡人,包括国主、父母和其他世俗人等。遇到沐浴寝息、浣濯入厕和泥雨浊秽等情况,应当脱去法服;当手足不净、身体裸露、口气臭秽,以及器物、床席、车舆不洁净时,不能触碰法服;鸟兽虫鱼等不使其触碰法服;法服不能借给他人,若非同学弟子也不能轻犯法服。但供养师尊、父母,以及进行检校营造种植、斋供花果等一切功德行为时,不能脱去法服,除非犯罪入狱或者身体病痛,否则也不能脱去法服。法服不得随意抛掷,既不能穿着法服安卧床上更不得坐卧在法服之上。法服须勤洗濯但不得以脚踏洗和槌拍,烧香清净,箱篦藏举,不能使其沾染污秽,须常置净室。当法服有所损坏,不能挪作其他用途更不能送给世俗人等穿着,必须以火焚净。总之,穿着法服起坐卧息,都须依照科戒。[2]

不仅如此,这四十六条科戒还要求道士护持法服,应当如对待自己的两眼和手足一样爱护;如果不护持法服,则"失十种恭敬,得十种轻贱"。道士若"应服

---

1 《道藏》,第 6 册第 960 页。
2 《道藏》,第 18 册第 230—231 页。

不服"或者"非服而服"，都会受到相应的惩罚："皆四司考魂，夺筭一千二百。"[1] 筭，意为计算，夺筭即缩减对生命的计算。道教重生恶死，缩减寿数对道教徒而言是非常严厉的惩罚。

《要修科仪戒律钞·衣服钞》引《太真科》也有类似的规戒：

> 勿贪细滑华绮珍奇宝冠缨络，当服法服，蠡识而已。净以周身，不得广大；蔽形止寒，不得重厚。[2]

亦引《千真科》云：

> 道众威仪，事在严整，衣服清洁，轨行可观，则生世善心，诸天称叹。若行义慢默，不喜众心，不堪就请，毁辱法师，即是道宝有亏，断大慈种。[3]

尤其，要求法服必须整洁，道士穿着洁净法服，才可"超出尘累，依庇法城，晨夕勤修，离邪归正"[4]。如果对法服有所污损、轻慢，比如坐在地上使其沾染尘土泥垢，或者将法服垫衬在床上当作毡席，亦或将法服借给他人，这样的行为，不仅不会使神灵庇佑，也令同道和世俗都惊讶叹息，实与猿猴兽类无异。

对于法服与修行的关联性，这两部经文有大致相同的内容。《三洞法服科戒文》借太上名义，对法服与各部经文以及功能的对应提出了明确要求：

> 吾昔服日光帔，读洞真宝经；服月光帔，读洞玄真经；服星光帔，读洞神仙经；服九色离罗帔，讲三洞大乘经；服五色云帔，教化人间；服自然之帔，游行诸天；服万变云帔，上朝大罗；服光明宝帔，下救三涂。[5]

---

1 《道藏》，第 18 册第 231 页。
2 《道藏》，第 6 册第 961 页。
3 《道藏》，第 6 册第 960 页。
4 《道藏》，第 6 册第 961 页。
5 《道藏》，第 18 册第 230 页。

这是因为法服"有天男天女、玉童玉女侍奉护持"[1],"常使玉女玉童二百四十人,典侍法服,清净烧香"[2]。法服象征神灵护佑,所以要求道士:

> 常须备其法服,整饰形容,沐浴冠带,朝奉天真,教化一切。勿得暂舍法服,不住威仪,无使非人,犯法服也。[3]

《要修科仪戒律钞·衣服钞》引《四极明科》曰:

> 无有此服,不得妄动宝经。咏一句,则响彻九天,万帝临轩,九真存位,所应不轻。单衣诵经,天魔侵景,万精乱音,神丧气散,死入幽泉,魂魄艰辛,不得入仙。[4]

究其原因,盖因法服的神灵象征性质:"有此法服威章,给玉童玉女各十二人,典卫侍真。"[5]并称,穿着法服则"诸天敬仰,群魔束形"[6]。道士若按规制具足法服,会得天地关照神灵随身,能化煞解怨邪魔不侵。就像明代小说《西游记》里,观音菩萨授玄奘法师"锦斓袈裟"时所讲:"但坐处,有万神朝礼;凡举动,有七佛随身。"[7]因为有神佛庇护,所以披了袈裟,就可以"不入沉沦,不堕地狱,不遭恶毒之难,不遇虎狼之灾"[8]。由此可见,佛、道法服的神学意义应是一致的。

《正一威仪经》,作者不详,伪托元始天尊于龙汉劫终、在玉清三华便殿授太上老君,老君又将此法授张天师;年代未明,因其中《正一法服威仪经》一节所

---

1 《道藏》,第 18 册第 229 页。
2 《道藏》,第 18 册第 230 页。
3 《道藏》,第 18 册第 230 页。
4 《道藏》,第 6 册第 961 页。
5 《道藏》,第 6 册第 961 页。
6 《道藏》,第 18 册第 229 页。
7 (明)吴承恩:《西游记》,北京:人民文学出版社,1980 年 5 月第 2 版,第 152 页。
8 (明)吴承恩:《西游记》,第 152 页。

述内容,与《三洞法服科戒文》《要修科仪戒律钞》基本一致,故一并考察。

《正一法服威仪经》同样要求"受道先具法服……法服不得假借,当须自备",法服形制与前代差异不大,亦为:

> 玄冠、绛褐、黄裙、帔襹、草履、执笏。[1]

法服的制作"不得用五色绫锦罗绮,当以缯布"[2]。所谓缯布,就是缯帛布匹。缯,《说文·糸部》释为"帛也"[3]。也就是一种质地紧实的平纹丝织物,因其较厚实,一般用于镶滚衣履和制作腰带、囊袋等容易磨损的地方。从法服采用草履、缯布等质料,仍可看出其"被褐怀玉"的信仰内涵。要求道士在授箓传度成为"受道之身"后,必须按照规制冠带法服。而且,因为法服"常有神男、神女守护"[4],所以不能随意脱下,如果需要洗濯替代,也不能让世俗人等犯触混杂,要求"法服脱着,置清净之处。如诣厕混,把诸物,皆先洗濯手足,然后取之"[5]。尤其,对弃而不用的法服也做了规定:

> 若破坏,任以火净化之。若住山林静处,或埋瘗之。[6]

到了宋代,除了要求法服整肃、法器齐备、依法造作并且依法施用,有的文献中,还出现了特定的着衣咒语。据辑成于仁宋天圣年七年(1029)的《云笈七签·秘要诀法》便记载有"著衣咒":

> 旦起,叩齿。著衣咒曰:"左青童玄灵,右青童玉英。冠带我身,辅佑我

---

[1] 《道藏》,第 18 册第 254 页。
[2] 《道藏》,第 18 册第 254 页。
[3] 《说文解字注》,第 684 页。
[4] 《道藏》,第 18 册第 254 页。
[5] 《道藏》,第 18 册第 254 页。
[6] 《道藏》,第 18 册第 254 页。

形。百邪奔散，鬼贼催精。敢有犯我，天地灭形。急急如律令。"[1]

由此可见，法服在宗教神学意义上又有所发展，以法服和法器为载体，通过咒语上达于天，奏启神灵施加法力，使道士具备超自然的力量，能够降妖伏魔、驱鬼镇邪。

除此之外，宋代法服质料和工艺更加考究，这与宋时手工业发达密切相关，有足够的能工巧匠参与其中，也有高水准的精湛技艺可供施用。北宋的道教服饰与前朝在质料和工艺上都有不同，《三洞法服科戒文》尚将"法服不得用五彩作""法服不得用锦绣绮作"[2]作为制作法服的戒律，《正一威仪经》也要求法服"不得用五色绫锦罗绮，当以缯布"[3]。而至宋时，制作法服的工艺精湛，形制繁复。除了经济繁荣、社会富裕、生产力水平高等原因，赵宋皇室崇道更甚前朝，从建国立基到被金所灭从未中断，并且代有累进，尤以宋徽宗最为突出。

北宋到徽宗即位时，道教大兴，尊崇尤甚，达到道教史上第二个高潮。徽宗赵佶除了一如既往地造神话、奉神灵、夸祥瑞、兴宫观、优道士、招隐逸，还设立道学制度，提倡学习道经，编修道教历史。所成《万寿道藏》为我国历史上第一次全藏刊板，共540函、5481卷。平心而论，徽宗虽然不是个称职的皇帝，但对于道教的发展、兴盛和规范卓有贡献，而且与许多统治者仅仅是利用宗教作为管理社会、约束人民的手段不同，徽宗是虔诚信仰道教，他以道教神仙"长生大帝"下降自居，自称"教主道君皇帝"，奉老君谕，受命兴教。

徽宗还仿照朝廷官吏等级，设立道阶、道职。据《续资治通鉴》卷九十一载：政和四年（1114）春，"置道阶六字先生至额外鉴议品秩，比视中大夫至将仕郎，凡二十六等"[4]。道阶是虚衔，表示道士的品秩，其中最高为"金门羽客"，可随身带金牌，出入禁闼。仁宗时初定为十阶，徽宗改制为二十六阶，按道士年劳迁授。

---

[1]《云笈七签》，第3册第1051页。
[2]《道藏》，第18册第231页。
[3]《道藏》，第18册第254页。
[4]（清）毕沅：《续资治通鉴》，北京：线装书局，2009年12月第1版，第5册第2356页。

卷九十三又载："甲辰，置道官二十六等，道职八等，有诸殿侍晨、校籍、授经，以拟特制、修撰、直阁之名。"[1] 道职是实职，可管理道门公事。道官从张道陵建教时便有设置，但非官方认可，由教职往官职的转变始于南北朝，而将道门修行的师号威仪纳入道官体系，由官方任命道士担任道职，目前所见材料最早始于隋代，明代道经《天皇至道太清玉册》亦称："隋文帝始以玄都观主王延为威仪之官。"[2] 宋时道职最高的是"两府侍宸"，可兼管道门公事。[3]

道士品阶有等差，并非徽宗首创。南北朝道经《洞玄灵宝三洞奉道科戒营始》和唐代道经《三洞法服科戒文》都按所授经箓和所属道派将道士分为洞真、洞玄、洞神等品次，这个分法一直沿用，北宋初年的道经《三洞修道仪》仍按此例将道士自正一至大洞分为七等，即正一道士、洞神部道士、高玄部道士、升玄部道士、中盟洞玄部道士、三洞部道士、大洞部道士。[4] 其实唐时太清观主史崇玄所撰《一切道经音义妙门由起·妙门由起序》已将道士分为七等，只是名号不同而已：

> 一者天真，二者神仙，三者幽逸，四者山居，五者出家，六者在家，七者祭酒。[5]

成书稍早的《太上洞玄灵宝出家因缘经》解释了这七阶道士的宗教意涵：

> 一者天真，谓体合自然，内外淳净。二者神仙，谓变化不测，超离凡界。三者幽逸，谓含光藏辉，不拘世累。四者山居，谓幽潜默遁，仁者自安。五者出家，谓舍诸有爱，脱落嚣尘。六者在家，谓和光同尘，抱道怀德。七者祭酒，谓屈己下凡，救度危苦。[6]

---

1 （清）毕沅：《续资治通鉴》，第 5 册第 2404 页。
2 《道藏》，第 36 册第 386 页。
3 卿希泰、唐大潮：《道教史》，第 169 页。
4 《三洞修道仪》，《道藏》，第 32 册第 166—168 页。
5 《道藏》，第 24 册第 721 页。
6 《道藏》，第 6 册第 139 页。

而《一切道经音义妙门由起·明开度第五》引《三洞奉道科诫》也按此分为六阶，独无"幽逸"[1]。

以神霄派为例，其法服便按照各阶品次有所不同。神霄派是北宋末年产生的一个新道派，创始人是江西南丰道士王文卿（1093—1153），代表人物有林灵素（1075—1119）、张继先（1092—1127）等。"神霄"之名，来源于《灵宝无量度人上品妙经》，该经描述古代天有"九霄""九重"，指其最高一重为"神霄"，谓之"高上神霄，去地百万"[2]。神霄派演化自天师道，以融合内丹、符箓为特征，主要修习五雷符，谓其可役使鬼神、召风云雷雨、除灾免害。宋徽宗颇为欣赏神霄派，故大为推崇。神霄派流传时间较长，历经宋、元，入明以后仍有传续。

约出于北宋末、南宋初年的道经《高上神霄玉清真王紫书大法》有《神霄法服式》一节，详细记述了神霄派各阶法服，法服在形制上，衣裳式和深衣式皆有出现。

第一阶服：碧帔三十六条（青丝九色云霞），紫道服（碧绿九色云霞），紫中单（碧绿九色云霞），绛裙六幅四襕（九色云霞）。

第二阶服：青帔三十六条（碧绿五色云霞），紫道服（碧绿五色云霞），青中单（碧绿五色云霞），绛裙五幅四襕（五色云霞）。

第三阶服：紫帔三十二条（青绿五色云霞），紫道服（碧绿五色云霞），青中单（碧绿五色云霞），绛裙五幅四襕（五色云霞）。

第四阶服：绛帔二十四条（青绿三色云霞，山水七星），浅黄道服（青绿三色云霞），浅黄中单（青绿三色云霞），浅黄裙五幅四襕（三色云霞）。檀香木简。

第五阶服：浅黄帔一十二条（皂绿三色云霞），浅黄道服（皂绿三色云霞），浅黄中单（皂绿三色云霞），浅黄裙五幅（皂绿一色云霞）。

第六阶服：浅黄帔一十二条（皂绿二色云霞），浅黄道服（皂绿三色云霞），浅黄中单（皂绿三色云霞），浅黄裙五幅（皂绿三色云霞）。

1　《道藏》，第 24 册第 729 页。
2　卿希泰：《中国道教·第四卷》，第 134 页。

第七阶服：浅黄道服，浅黄中单，浅黄裙。[1]

隋唐以后，黄色中略带红的赤黄、拓黄、赫黄为皇家所垄断，道教法服的服色以紫、青、绯、褐为主流，并且以紫色为尊，青色次之，浅黄则为中下阶服色。唐宋对高道大德的特别恩宠之一便是"赐紫"，唐高祖有赐王远知（？—635）、唐代宗有赐李泌（722—789）等高道紫服，宋徽宗也有赐神霄派道士林灵素以紫服。从唐宋史的《舆服志》中可以看出，唐代紫服的使用还有严格规定，北宋也只有三品[2]以上才可着紫服。《宣和遗事》记载宋徽宗乔装秀才游戏市井，便是换着的皂色褙子和紫色道服[3]，可见北宋时儒生有装道服，并且道服可用紫色，但鲜见有士庶穿着其他紫色衣裳的；南宋时"衣服无章，上下混淆"[4]，才频现下级官吏和普通百姓着紫衫的情况。而第一、二、三阶道士，皆配"圭"和"佩"，则强化了法服的礼制等级功能，因为此二者在商周时便是作为礼器和礼服配饰存在的。法服依次等下，颜色自紫、青、碧、绛的鲜亮，渐次为皂绿、浅黄等色彩纯度和明度较低的颜色；帔的条幅数也次递减少，三十六条、三十二条、二十四条、一十二条，至第七阶无帔；履则由朱履到皂履；佩饰的质料也递减：玉簪、犀簪、木簪。这种具有明显礼制特点的法服品阶，跨越蒙元，在明代时又被接续和强化，成为明代规范的道教管理制度的重要组成部分。

明朝重视儒家伦理秩序，表现在服饰上，从皇家礼服到民间常服，等级森严，庄重规范，但并不过分奢侈，这应该和朱元璋本人重实用、尚俭朴有关。据《明史》记载，洪武元年（1368），学士陶安请制五冕，太祖答复说："此礼太繁。祭天地、宗庙，服衮冕。社稷等祀，服通天冠，绛纱袍。余不用。"[5]朱元璋对蒙元统治下，胡俗变易中国之制，致华夏文化和风俗的沦丧，已久厌之。据《明太祖实录》称，太祖因此下诏：恢复衣冠如唐制，并禁止辫发、椎髻、胡服、胡语、胡姓等习俗。其

1　《道藏》，第 28 册第 597—598 页。
2　据《宋史·舆服志》记载：宋初时规定三品以上着紫服，宋神宗时改为四品以上。
3　佚名：《宣和遗事》，上海：商务印书馆，1939 年 12 月初版，第 35 页。
4　（宋）黎靖德编，王星贤点校：《朱子语类》，北京：中华书局，1986 年 3 月第 1 版，第 471 页。
5　（清）张廷玉：《明史》，第 6 册第 1647 页。

第十七子宁王朱权亦称：道士"不异服，非先王之法服不敢服；不异言，非先王之言不敢言。不去姓，不忘亲也；不毁形，不忘孝也"[1]。父子二人对汉族传统的理解和坚持同出一辙，因此明朝服饰沿袭了交领、右衽、大襟或者圆领衫袍的形制。

自洪武三年（1370）起，朱元璋又屡次下诏对各个社会阶层的服饰质料、颜色甚至尺寸皆做出严格规定：如儒生阶层，"士人戴四方平定巾"，"儒士、生员衣，自领至裳，去地一寸，袖长过手，复回不及肘三寸"，"生员襴衫，用玉色布绢为之，宽袖皂缘，皂绦软巾垂带"[2]。甚至在服饰中都体现出重农抑商政策的严苛程度：农人可穿着绸、纱、绢、布，商贾则只能穿着绢和布，而农家有一人为商，亦不能穿着绸和纱。其中对道士常服的规定是：道袍，交领大袖，四周镶边，衣身两侧开气，衬有内摆，前后中缝，腰部系带，前缀飘带（图2-2-5、图2-2-6）。

明代道教，道门小宗尽归正一和全真，为便于管理设置道录司，将整个道教纳入其官僚体系。洪武十四年（1381），太祖再次对道士服装颜色及装饰做出严格规定：

  道士，常服青法服，朝衣皆赤，道官亦如之。惟道录司官法服、朝服，绿文饰

图2-2-5 道衣
《三才图会》，第1552页

图2-2-6 着道衣的道士
《古今图书集成图集·经济汇编礼仪典》，
第327页

---

1 《天皇至道太清玉册》，《道藏》，第36册第386页。
2 （清）张廷玉：《明史》，第6册第1654页。

图2-2-7 明代法会图
(清)《金瓶梅》彩版画"黄真人发牒荐亡"(局部),
现藏纳尔逊艺术博物馆(The Nelson-Atkins Museum of Art)

金。凡在京道官,红道衣,金襕,木简;在外道官,红道衣,木简,不用金襕。道士,青道服,木简。[1]

从图 2-2-7 斋醮仪式中道士的着装可以看出,其穿着完全是依此规制:中间主法者着红缎地鹤纹绛衣,周围操各种乐器的道官着红色经衣,右边击鼓道士着青色道服。

---

[1] (清)张廷玉:《明史》,第 6 册第 1656 页。

图2-2-8　明代道袍

（明）阮祖德《抑斋曾叔祖八十五龄寿像轴》（局部），现藏大都会艺术博物馆（Metropolitan Museum of Art）

  从这个时期的道经来看，法服的形制变化不大，服色盖依此律。且洪武之制"一字不可改易"[1]，故，终明一代，常服以青、法服以赤为主。《上清灵宝济度大成金书》还记载了"朝服"和"常服"的不同形制及仪用场合：

  诸设醮与朝仪不同。三时朝奏谓之朝仪，合用朝服。朝服者，帔也。降圣设醮位之宴礼，合用常服。常服者，道衣是也。前辈多守此法，罔敢僭逾。近来

1　《明太祖实录》，广方言馆本，第82卷。

衣画云霞：道教服饰与符号

图2-2-9　当代道袍
自有藏品，吴延军摄

道士多有设醮，而衣朝服，此盖不知礼也。朝仪之法乃变化凡境，存想三天，登金门，上玉京，朝谒至尊之事也。醮礼之说乃斋事功圆，酬恩报德，故列盘肴延会，三界众真俱降醮筵，乃宴赏之义也。凡遇醮筵，只用常服，方为近古。[1]

如图2-2-8、图2-2-9所示，明代道袍与当代道袍形制上差别不大，都是交领、大襟、右衽、宽袖。

这种道袍的制作，在明代遗民朱之瑜所著的《朱氏舜水谈绮》（图2-2-10）中有详细记载："缘用阜绢为之，领袂口及齐，皆用二寸半许。长于膝齐，至于道服尺寸法度，则可各从其人肥瘦长短而别，无定制。"[2] 实际上朱氏所记的道袍，虽源自道教，但在当时不仅为道士穿着，文人雅士也广为喜好，这一时风在宋明两代士大夫中都非常流行，他们把道服作为燕居之服，是文人士大夫雅好仙姿、好慕

1　《藏外道书》，第17册第622页。
2　（明）朱之瑜：《朱氏舜水谈绮》，上海：华东师范大学出版社，1988年8月第1版，第85页。

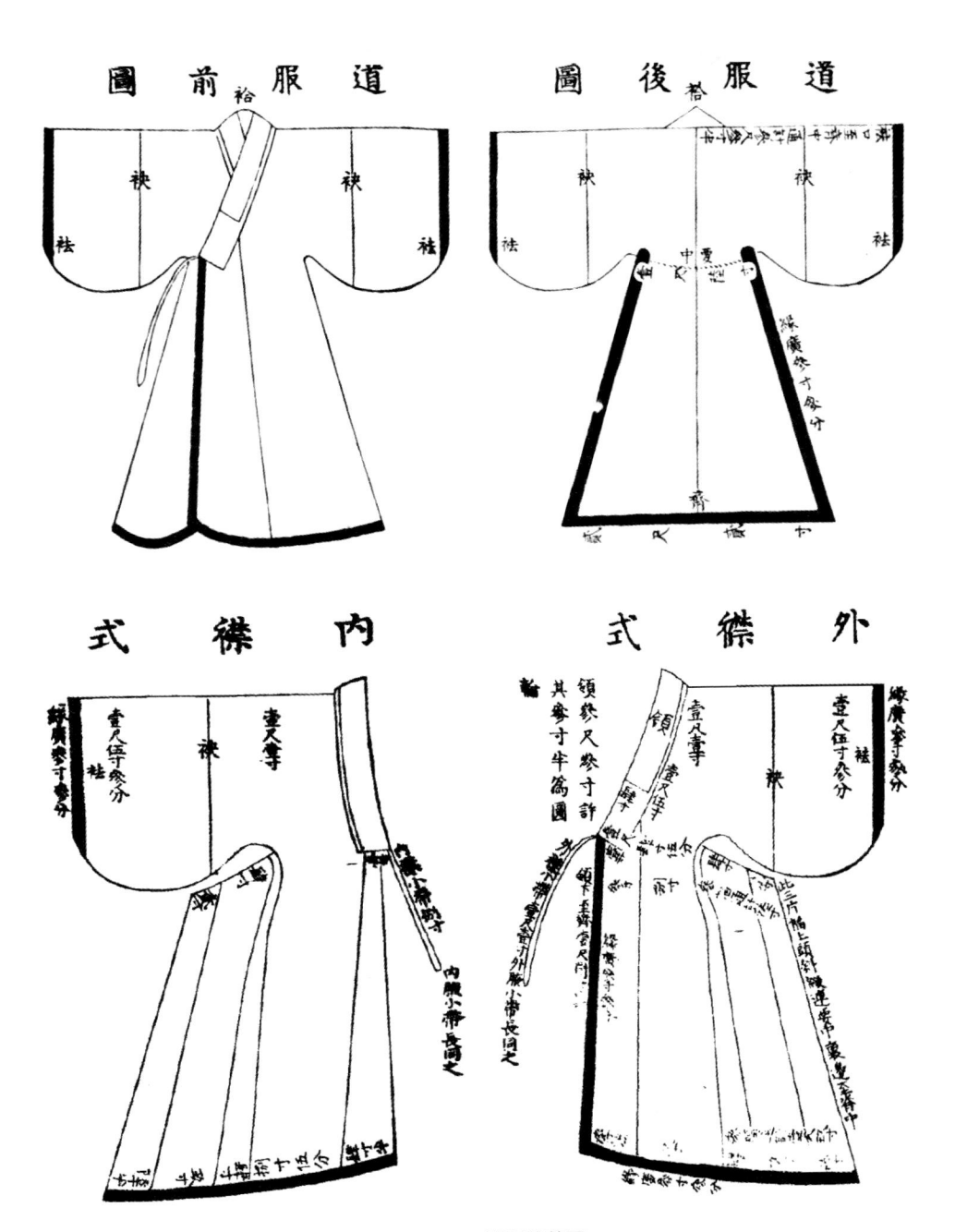

图2-2-10 道服裁剪图
（明）朱之瑜：《朱氏舜水谈绮》，第85页

图2-2-11 明代道袍
(左)(明)颜正像、(右)董传策像,现藏孔子博物馆

隐士的精神延续。

尤其到了明代中晚期,道袍已是较为普遍的文人装束(图2-2-11):头戴幅巾、方巾、纯阳巾、逍遥巾等,身着道袍,足登方头履、云头履等。道袍为交领、缘镶白色护领,上下通裁,右衽,宽袖,袖口收紧(靠近手部留缝、余者缝合)或敞口,单向死褶,后片有"暗摆"。这种道袍现在在道观里依然常见,大袖"海青"应是沿袭此制。

图2-2-12这两件道袍,蓝色为暗花纱单袍,身长143厘米,通袖长236厘米;青色为素罗单袍,身长130厘米,通袖长250厘米,均为孔府旧藏。这两件道袍由明经清至今,与图2-2-9的当代道袍除质料相异,形制几乎无差。

明代晚期,在官方禁束乏力的情况下,从道录司开始,各式各样、各种服色的法服层出不穷,并且影响了全国范围内的流俗。尤其在材质上,道经中明确要求的不许贵重质料的规戒,已无人遵守,奢靡风气盛行。这种"非服而服"的情况,经清一直延续到当代。如图2-2-13所示,在现代法衣中,宝蓝、翠绿、灰白、土褐、桃粉、银红等等，服色纷杂，很多形制、纹样和工艺都找不到信仰的依据，应是这种流俗所致。教内也为此习风所累，高道大德苦其久矣：法服象征信仰归属和师道传承，一家有一家的规矩，承自祖师的衣冠是沟通圣真的凭信，所服非服，祖师不认。传嬗赓续，薪火相继，正本清源才能更好维护法脉传承。

一代衣冠一代制。清军入关，定鼎中原，改正朔易服制。清廷在服饰上守其旧制，女真（满州）男子习俗剃发，

图2-2-12　明代道袍实物

（明）蓝色暗花纱单袍、青色素罗单袍，现藏孔子博物馆

将头顶和两鬓的头发绝大部分剃光，只留后颅铜钱大小面积的少许头发结成发辫，称为"金钱鼠尾"，就连胡须也只留唇上十余根，其余则全部镊去；而对汉族而言，"身体发肤，受之父母，不敢毁伤，孝之始也"[1]。汉人男女成年之后，则终身蓄发不剪，唯有罪者才剃发以示刑罚。清朝在入关前即对所占领的明朝地区实行"薙发易服"，但因当时根基不稳，并未太过强制，其间还有妥协退让的政策反复。但顺治元年（1644）进入燕京次日[2]，便将剃发换装作为打压汉族文化、使汉人臣服的手段，并且以此作为判断是否服从满人统治的标志，对汉族实行严酷的薙发易服政策，所谓"留头不留发，留发不留头"，强迫汉族男子皆改为满族发式和穿

1　《孝经》，《十三经注疏》，第 5 册第 5526 页。
2　据《清世宗实录》记载：1644 年五月初一，摄政王多尔衮率兵过通州，知州投降，多尔衮"谕令薙发"。五月初二，多尔衮要求"投诚官吏军民皆着薙发，衣冠悉遵本朝制度"，正式下达剃发和易衣冠的法令。并在此后数日又多次颁布命令，要求汉人薙发易服作为效忠的标志。

图2-2-13 当代法服
青城山罗天大醮，齐舒怡摄

戴满族衣冠。顺治四年（1647）清军攻下广州，在颁行的"易服剃发令"中甚至还说："金钱鼠尾，乃新朝之雅政；峨冠博带，实亡国之陋规。"[1]但"薙发易服"遭到汉族士庶广泛反抗，并因此诱发了一系列大规模冲突。顺治九年（1652）清廷颁行《钦定服色肩舆永例》，规定了冠服等级差别，从皇帝到庶民，服饰共分四十八品等，对包括质料、服色、纹样、配饰等方面都做出严格规定，不容僭越。汉

---

[1] 中国社会科学院历史所：《清史资料·第二辑——江苏山阳收租全案、抚浙檄草、盛京内务府顺治年间档等》，北京：中华书局，1981年10月第1版，第73页。

族士庶为此进行了长期抗争，因僧侣、道士皆可不从此令，故在清初有大规模入道之势，借此避祸；至清末，仍有革命者以"恢复旧衣冠"的名义，号召民众推翻清廷统治。

衣冠服饰对于汉民族的意义非同寻常，中国素有"衣冠古国"之誉，《尚书正义·周书·武成》注"华夏蛮貊，罔不率俾"曰："冕服华章曰华，大国曰夏。"[1]《左传·定公十年》"裔不谋夏，夷不乱华"，孔颖达疏云："中国有礼仪之大，故称夏；有章服之美，谓之华。"[2]此二者所释，皆言所谓"华夏"即是装着华美服饰的礼仪大国。由华夏族而来的汉民族，其民族名称即与服饰相联，并依服饰而定礼仪别尊卑。因此满清的薙发易服政策才会遭到如此强烈的反抗。在这场浩劫中，释、道均未在改服之列，僧侣无发，袈裟亦非汉制，无须剃发换装可以理解，但道士蓄发，道教冠服也沿袭上三代古制，是什么原因使其在当时暴力打压汉族及其文化中得以幸免？目前史料记载说法不一。但不管怎么说，因此在道教服饰中保留了汉族衣冠的一丝血脉，这个事实是存在的。

终清一代，除顺治、雍正外，其余皇帝大多对道教采取限制、贬抑措施。顺治帝（1644—1661年在位）在严禁民间秘密宗教活动的同时，对儒、释、道正当的宗教生活予以了保护，并对全真龙门派宗师王常月的阐教活动给予支持。雍正帝（1723—1735年在位）是清代皇帝中最为崇道的一个，他肯定三教都有治世作用，而对道教有所优待和重视，尤其对龙虎山道士娄近垣（1689—1776）特别宠信，赐银修缮宫观、购置香火田产，娄近垣也是清代唯一有著述传世的正一道士，至乾隆朝仍受优待。康熙帝（1661—1722年在位）明确规定巫师、道士等以巫术惑民者处死，并对延请者亦予治罪。因此，清代道教整体上是走下坡路的，理论建树甚少，也缺乏制度创新，在服饰威仪上更无甚新意，形制多承明制。

以清初全真龙门中兴之祖王常月为例，如图2-2-14所示，所着完全依明代道录司道官"红道衣，金襴"[3]的服饰规制，穿着绛红色金纹绛衣，内衬金橘色襴衫。

---

1 《十三经注疏》，第1册第392页。
2 《十三经注疏》，第4册第4664页。
3 （清）张廷玉：《明史》，第6册第1656页。

图2-2-14 着绛衣的道士
（清）龙门律师王常月像（局部），现藏北京白云观

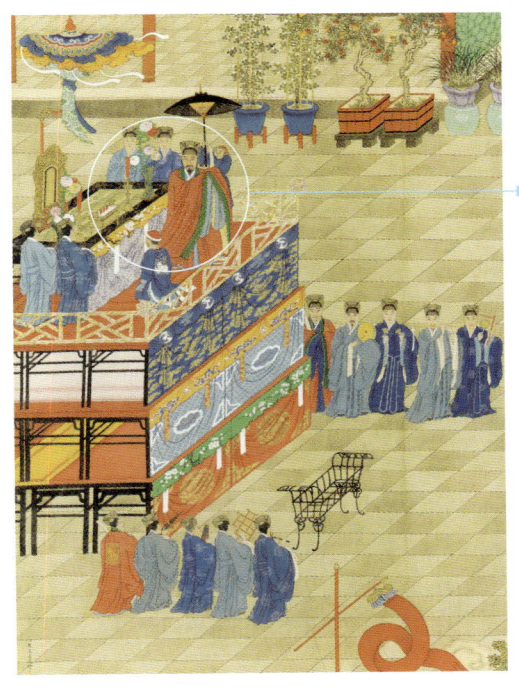

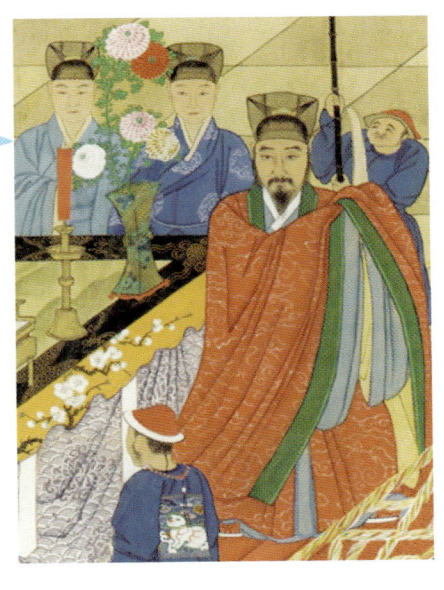

图2-2-15　着绛衣的清代道官

（清）焦秉贞：《斋醮设祭图》（局部），现藏亚瑟·萨克勒美术馆（The Arthur M. Sackler Gallery）

图 2-2-15 描述的是怡亲王之子为其父恢复健康在宫廷内建醮（这是雍正帝对其弟怡亲王的极大恩赐，这应该是留下绘图记录的原因）。如图所示，操各种乐器的清代道士穿着的得罗和明代得罗样式一致，主持斋仪的道官（娄近垣真人）着红色带金纹的绛衣，与明代道录司道官法服规制一致，法坛下陪祀的道官亦着同类绛衣。娄近垣生活在清中期，画者也是生活在康熙、雍正年间的宫廷画家焦秉贞，也就是说，至少清中期的法服与明代法服一脉相承，无论形制、服色、纹饰都无甚差别。

图 2-2-16 是清中后期生活在佛山万真观（洞天宫）的两位道长，可以看出日常穿着的道袍，与前朝几无差别。

在制度建设上，王常月所著《初真戒·三衣格》，对全真派道士的服饰按受戒等级做了具体规定，并对应其修持功德：

图2-2-16　着道袍的清代道士
（清）全真炼师像（局部），（左）李明链、（右）卢至楠，现藏佛山市博物馆

领受初真十戒、三戒、五戒、八戒、九真妙戒者，身著初真信衣，计二百四十条、三台十褶、云带二拽、净巾芒鞋。行千二百善，持《清静经》《大通经》《洞古经》，得真人戒果。[1]

受中极戒者：

行持具足，当受中极净戒，或持身戒、或智慧戒、或观身戒、或妙林戒，俱著轻尘净衣，或用浅蓝单布为之，或用纯帛为之，亦三台云带、净巾芒鞋，行二千四百善，持《玉帝大法》，得地仙戒果。[2]

---

[1]《道藏辑要（缩印本）》，成都：巴蜀书社，1995年12月第1版，第10册第96页。
[2]《道藏辑要》，第10册第96页。

图2-2-17 后领饰"观音"法服
（清）缂丝道袍织成料，现藏中国丝绸博物馆

受天仙戒者：

> 行持具足，当受天仙大德妙戒，行一百八十细行密戒，或三百大戒，行三千六百善，参《道德真经》，身著天仙霞衣，领用直开，袖不合缝，霞带云边，戴五岳真形冠，著五云轻履，行持俱足，得天仙戒果。[1]

并且制定了四十六条关于服饰使用的戒律，内容与唐代道士张万福《三洞法服科戒文》基本一致。

嘉道中衰，晚清纷乱，道教法服制度不谨，纹样和服色均有与制不合的情况。如图2-2-17所示，这是一领清代末期法服织成料，后领处正中位置，纹样为"观

---

1 《道藏辑要》，第10册第96页。

图2-2-18 着道袍（左）和法衣（右）的民国道士

［德］赫达·莫里逊摄，哈佛燕京图书馆收藏

图2-2-19 当代法服

齐舒怡摄，2018年10月

图2-2-20　着衲衣的道士
（左）（民国）狼牙山李圆通道长、（右）20世纪30年代道士

音坐莲台"，也许是慈航道人，但饰于这个位置，不知所云。道教法服同世俗礼服一致，上下位置象征天地，法服后领下，应视为天之最高或神之最高，因此通常饰"三清""三台星君"或者日月等纹样，与底边一般会饰海水江崖纹的道理一样。

延至民国，细节特征大同小异，形制亦无甚创新（图2-2-18）。而且，由于当时国民经济整体衰弱，在工艺水平和服饰规制上更加敷衍潦草。

这种从清后期出现的仪制混乱情况，在当代玄门法服中不仅没有改观，反而更加严重。如图2-2-19所示，这几件法服，竖三横七纵横交错的"田相"布局，应是来自佛教的三衣，在清中期以前的道教法服中不曾见过。

虽然道教也有"衲衣"，但与此纹饰有别。衲衣，也称"衲头"，通常是粗布缝制，质地密实，大襟，右衽，窄袖，长及小腿（图2-2-20），多为云游道士打坐时穿着，以抵御风寒侵袭。现今道士中已很少穿着衲衣的了。

据《大清会典》，康熙十一年（1672）准"僧道，除袈裟法衣外，服用与民同"[1]，将僧道平时穿戴混同世俗百姓。这个政策，不论是因何原因而颁行，结果是

1　《大清五朝会典》，北京：线装书局，2006年4月第1版，第302页。

使道教化入民间，成为世俗生活的一部分，与之水乳交融，在民间存留并生长、延续。许多道士融入民间生活，他们穿上法服做法事，脱下法服就是普通百姓。时至今日，在乡村还有这种情况，道教的法事已成为一种民俗活动。这种身份的模糊性，对道教的存续固然起到很好的保护作用，尤其在乱世；但这种模糊性也给道教服饰的传承和仪轨的规范造成障碍。

第三节 帔氅式法服

氅衣是当代道教法服中最常见的形制，斋醮坛场、法事科仪中高功道士方能穿着。氅衣的渊源可追溯到秦汉时期的方士羽衣。道士在后世被称为羽衣、羽客、羽士、羽人等，是因为曾经确实出现过被称为"羽衣"的法服，而道士去世称"羽化"，也是取象飞鸟能招魂引魄、引人渡劫成仙。

用禽鸟羽毛制作服饰，可远溯到四五千年前的原始社会，这一习俗源于远古先民对鸟类自由飞翔的原始崇拜，先民把自己装饰成鸟的模样，进行祭祀和娱乐。在一些人类文明的早期遗存中仍可看到"鸟形人"的形象，像著名的云南沧源岩画，在第六画点就有"鸟形人"的形象，如图2-3-1所示，他们的手上、腿上、头上都装饰有羽毛，有的还身披羽衣，大张双臂犹如飞鸟展翅；如图2-3-2，著名的良渚玉琮王的线雕人纹，头戴羽冠，冠上羽毛呈放射状排列。

有的先民甚至将鸟类奉为自己的族群祖先，在文献中就有不少这类记载。比如《诗经·商颂·玄鸟》云"天命玄鸟，降而生商"[1]，将商民族与鸟崇拜联系起来。在《史记·殷本纪》中的描写更加玄妙："殷契，母曰简狄，有娀氏之女，为帝喾次妃。三人行浴，见玄鸟堕其卵，简狄取吞之，因孕生契。"[2]裴骃集解引《礼纬》称："祖以玄鸟生子也。"这位玄鸟之子"契"，长大后因辅佐大禹治水建立了功勋，舜帝封他为司徒，封地在商，遂成为商人先祖。此外，《史记》中还记载了

---

1 《毛诗正义》，《十三经注疏》，第1343页。
2 《史记》，第1册第91—92页。

其他一些类似的族群，包括后来横扫六合、统一天下的"秦"，嬴秦的始祖也是吞玄鸟卵而生。[1] 这些虽然都是神话，从中却反映出先民对鸟类的崇拜。甚至在《山海经》中还出现了"羽民国"，国中之人"身生羽"[2]，为人鸟合体的形象，但人的成分更重一些，应该说是"鸟形人"。与此有别的是《博物志》中关于羽民国的记载："民有翼，飞不远，多变鸟，民食其卵。"[3] 人变成鸟之后，更具有鸟的特性，成为"人形鸟"了，这种异常情况现在看来匪夷所思，却的的确确是早期方士修炼所追求的目标。

图2-3-1　羽人

羽衣成为道士服饰，出现在道教正式创立之前的方仙道时期。《吕氏春秋》等战国至秦汉时期的文献中，有不少记载方士行迹的，着羽衣寻神仙求长生之道是方士非常重要的职能。方士与道士渊源颇深，关系密切，据陈国符先生的考察："道术即方术，故道士即方士也。……东晋以后，方士称之，即不复通用；而以道士代之。"[4]《史记·孝武本纪》记载：

图2-3-2　羽冠神人
（新石器时代）良渚玉琮王（局部），现藏浙江省博物馆

---

1 《史记》，第1册第173页。
2 袁珂：《山海经校注》，上海：上海古籍出版社，1985年7月第1版，第183页。
3 （晋）张华撰，范宁校证：《博物志校证》，北京：中华书局，1980年1月第1版，第22页。
4 陈国符：《道藏源流考》，北京：中华书局，1963年12月第1版，第256页。

> 天子又刻玉印曰"天道将军"，使使衣羽衣，夜立白茅上，五利将军亦衣羽衣，立白茅上受印，以视弗臣也。[1]

《史记·封禅书》也有同样的记载，只是"弗"作"不"。[2]《汉书·郊祀志上》有与《封禅书》完全一致的记载，颜师古在此处注云：

> 羽衣，以鸟羽为衣，取其神仙飞翔之意也。[3]

五利将军就是汉武帝时期的方士栾大，深得武帝宠信，不仅厚封赏，还以嫡出长女卫长公主妻之；这里所描述的是隆重的授印授衣仪式。方士最重要的职能之一，就是寻求神仙长生之术。栾大所立之"白茅"，据《周礼》记载，是一种根部很长、素白洁净的茅草，在南北朝之前，这种野草一直是方士交通人神的重要法物；而羽衣，同样是方士与神仙沟通的重要媒介，方士衣羽衣，是模仿仙人之形。今人姜亮夫先生认为：羽衣"必战国末年方士旧传之式，如儒者之有儒服，宋尹文之有华山冠也。至汉犹存，非必栾大创为之也"。并且强调："后世称道士为羽士、羽客，皆由此起。"[4]也就是说，羽衣在当时是作为方士的仪式性礼服。

在很多神仙故事里，羽衣也常作为仙人特有的服饰。羽衣取象征神仙不死之义，并且有翼能飞，意指神仙行动自由不受时空拘限。东晋道士王嘉著有《拾遗记》十卷，擅写诡怪之事，有多处关于"羽人"的记载，其中一则记载：周昭王某日白天假寐，"忽梦白云蓊蔚而起，有人衣服并皆毛羽，因名羽人"[5]。还有一则记载了颛顼时期一个叫"勃鞮"的国度：

---

[1]《史记》，第 2 册第 463 页。
[2]《史记》，第 2 册第 1391 页。
[3]《汉书》，第 4 册 1224 页。
[4] 姜亮夫：《姜亮夫全集·楚辞通故·第一辑》，昆明：云南人民出版社，2002 年 10 月第 1 版，第 209 页。
[5]（前秦）王嘉等撰，王根林等点校：《拾遗记（外三种）》，上海：上海古籍出版社，2012 年 8 月第 1 版，第 21 页。

第二章 身 衣

> 人皆衣羽毛，无翼而飞，日中无影，寿千岁。[1]

着羽衣之人寿千岁，定非凡夫。依《释名·释长幼》的释义："老而不死曰仙。"当是神仙无疑。

《搜神记》是晋人干宝所著的一部志怪小说，与《拾遗记》相类，亦多收录神仙鬼怪之事。其中记有一则"羽衣女"的故事：豫章郡（今属江西）新喻县（今新余）有一名男子，某日在田野中看见有六七个少女，穿着羽衣，但他不知道她们是"鸟"，于是悄悄爬过去，拿到其中一个女孩脱下的羽衣并藏了起来，当他再去接近那些少女，少女们就变成鸟各自飞走了，只有一女因为失去羽衣无法飞去。于是，这名男子就娶了留下来的这"羽人"为妻，之后生了三个女儿；"羽人"叫女儿问她们的父亲，知道了羽衣被藏在稻堆下面，找到后，穿上羽衣飞走了；后来"羽人"还回来接三个女儿，女儿们也跟着飞去。楚辞《远游》不论是否是屈原之作[2]，通篇确是神仙家言，其中"仍羽人于丹丘兮，留不死之旧乡"。洪兴祖在此补注谓："羽人，飞仙也。"[3] 可见仙人着羽衣能飞，是人们对神仙的普遍想象。

仙人遗世独立，超尘绝俗，羽衣起到了强化神仙形象特点的作用。《神仙传》在"沈羲遇仙"中是这么描述仙人装束的："……三仙人在前，羽衣持节，以白玉板、青玉介、丹玉字授与羲。"[4] 在羽化成仙的终极追求下，"羽"和"仙"构成一对固定组合，"羽"是成仙的条件，"仙"是羽化的目标，即使在后世羽衣的质料发生变化，不再使用鸟类羽毛，从物质层面已经脱离了"羽"的实质，但这一文化内涵仍然保留了下来，成为修炼成仙的符号象征。

由于羽衣所具有的象征仙人身份的意义，因此道士在做法时着羽衣以示仙人降世。《晋书·赵王伦传》称孙秀令人穿着羽衣伪作神仙，迷惑乡人："［孙秀］

---

1 （前秦）王嘉等撰，王根林等点校：《拾遗记（外三种）》，第12页。
2 苏雪林：《屈赋论丛》，武汉：武汉大学出版社，2007年12月第1版，第378页。
3 （宋）洪祖兴：《楚辞补注》，北京：中华书局，1983年3月第1版，第167页。
4 （晋）葛洪撰，胡守为校释：《神仙传校释》，北京：中华书局，2010年9月第1版，第69页。

又令近亲于嵩山着羽衣，诈称仙人王乔，作神仙书，述伦祖先长久以惑众。"[1] 王乔，据唐末五代道士杜光庭所著《王氏神仙传》云："王乔有三人：有王子晋王乔，有叶县令王乔，有食肉芝王乔，皆神仙，同姓名。"[2] 至于此处是指哪一位仙人王乔无关紧要，着羽衣而诈称仙人，可见羽衣所具有的特殊意蕴。羽衣作为神仙特有、充当沟通人神的媒介，进而成为道士的服饰，大概也与早期方士着羽衣的性质相类。

早期的修炼观认为，欲飞升成仙，须经过羽化，王充在《论衡》中，从反对道教的一面，提供了道士修炼的内容。卷七《道虚篇》云：

> 好道之人，恐其或若等之类，故谓人能生毛羽，毛羽备具，能升天也。……为道学仙之人，能先生数寸之毛羽，从地自奋，升楼台之陛，乃可升天。[3]

卷二《无形篇》也说：

> 图仙人之形，体生毛，臂变为翼，行于云则年增矣，千岁不死。[4]

从中可以看出，道士修炼登仙的过程，就是"化羽"的过程，羽衣也就成为修道之人成仙的物化象征，是对仙人在服饰举止上的模仿。出于北宋末年的道经《高上神霄玉清真王紫书大法》都还有"身生羽服，升入帝庭"[5]的说法。

葛洪在《抱朴子内篇·对俗》中对"古之得仙者，或身生羽翼，变化飞行，失人之本"[6]的修炼进行了批判，认为这些修行方法"非人道"，要想长生久视，不仅应该内修外养，还需要积善立功，不能脱离人世。是故东晋以后的仙人，较少

---

1 （唐）房玄龄：《晋书》，第 5 册第 1603 页。
2 （明）陶宗仪等编：《说郛三种》，上海：上海古籍出版社，1988 年 10 月第 1 版，第 132 页。
3 黄晖：《论衡校释》，第 318 页。
4 黄晖：《论衡校释》，第 66 页。
5 《道藏》，第 28 册第 559 页。
6 王明：《抱朴子内篇校释》，北京：中华书局，1980 年 1 月第 1 版，第 52 页。

出现具有鸟类特征的了，但"羽衣"并未消失。

关于羽衣的形制，从现存的考古材料来看，汉魏时羽衣并非后世所理解的长大披风状，而大多为披肩样式，装饰作用和象征意味重于实用价值。如图2-3-3所示，羽人身穿右衽短衣，背有双翼，膝下有垂羽。这种形制的羽衣，普通道士还有可能置办。而在后世较常出现的形制长大、类似于斗篷或披风状的，应该是羽衣中之极品——鹤氅，可能只是权贵的奢侈品了。

鹤氅又称鹤氅裘，就是以鸟羽制成，可用作御风雪的长大外衣。据南朝

图2-3-3　东汉铜羽人
洛阳东郊东汉墓出土，现藏洛阳博物馆

宋刘义庆《世说新语》称为西晋名士王恭所创，故也称"王恭氅"。《晋书·王恭传》曰："恭美姿仪，人多爱悦……常被鹤氅裘，涉雪而行。"[1]《世说新语·企羡》对鹤氅的穿着效果进行了强化：孟昶在微雪中见到王恭乘坐着高头马车，身披鹤氅涉雪而行，不禁感叹："此真神仙中人。"[2]可见鹤氅也具有模拟神仙仪态的功能。

除了宗教性质的功能，禽鸟羽毛本身确实具有很好的实用性。羽毛是禽类表皮细胞衍生的角质化产物，覆满体表，质地轻盈且韧性好，羽轴中空，质轻且具有保暖性，加之鸟类经常用嘴梳整羽毛，啄尾脂腺分泌的油脂涂抹全身，因此羽毛具有防水功能。《拾遗记》就有记载：周昭王二十四年时，涂修国进献青凤、丹鹊雌雄各一对，二禽初夏时皆脱易毛羽，其后，"缀青凤之毛为二裘，一名燠质，一名暄肌，

---

[1] （唐）房玄龄：《晋书》，第6册第1712页。
[2] （南朝宋）刘义庆著，（南朝梁）刘孝标注，余嘉锡笺疏：《世说新语笺疏》，北京：中华书局，1983年8月第1版，第746页。

服之可以却寒"[1]。此二禽能成为贡物，已见其珍稀难得，尤其还可御寒，甚为实用。

远古人类穴居野处，衣毛冒皮，兽皮、鸟羽的保暖功能便被人们所重视，在上古三代时官方就设专属机构进行管理。《周礼·地官司徒第二》"羽人"条云："羽人掌以时征羽翮之政于山泽之农，以当邦赋之政令。凡受羽，十羽为审，百羽为抟，十抟为缚。"[2] 羽翮就是鸟羽，官方如此重视，设置了专司此职的"羽人"，可见在当时鸟羽已经是很重要的服饰材料，百姓甚至可以通过收集鸟羽充抵税赋；并且如何计量均有明确规定，足见其管理已比较规范，此职官设置定非一朝一夕。鸟羽的这一实用功能，也一直延续到现在，时至今日，在冬季羽绒服仍是普遍的御寒服装。

更有甚者，在《拾遗记》所记载的勃鞮国里，国民不仅皆着羽衣，"凭风而翔，乘波而至"[3]，而且"中国气暄，羽毛之衣，稍稍自落"[4]。羽衣如同与人肌肤相生一般，还能根据冷暖变化自行调节，颇为神奇。

兼具神仙意趣和保暖御寒功能的鹤氅是羽衣中之上品。据今人黄能馥、陈娟娟所著《中国服装史》"鹤氅"条：

  古时用鹤羽捻线织成面料，制成宽长曳地的衣身，披于身上。[5]

仙鹤象征着长寿，因而被视为仙禽，所以身披鹤氅之人往往被视作仙人，如前文所提及的仙人王乔就是驾鹤飞升的。当然，鹤氅并非都是用仙鹤羽毛制成，不过是取其长寿之义。清人徐灏的《〈说文解字〉注笺》就说："以鹙毛为衣，谓之鹤氅者，美其名耳。"[6] 鹙鸟是一种高大凶猛的鸟类，全身羽毛黄色；不独鹙鸟，后世还出现了孔雀、翠鸟、鸂鶒、鸡、鸭、鹅等鸟禽羽毛所制的氅衣，如清人曹雪芹在《红楼梦》中提到的宝玉所穿雀金呢所制的"孔雀裘"、宝琴所穿野鸭子头

---

[1] （前秦）王嘉等撰，王根林等点校：《拾遗记（外三种）》，第21页。
[2] 《十三经注疏》，第2册第1613页。
[3] （前秦）王嘉等撰，王根林等点校：《拾遗记（外三种）》，第12页。
[4] （前秦）王嘉等撰，王根林等点校：《拾遗记（外三种）》，第12页。
[5] 黄能馥、陈娟娟：《中国服装史》，北京：中国旅游出版社，1995年5月第1版，第202页。
[6] 《〈说文解字〉注笺》，《续修四库全书》，第226册。

顶绒毛所制的"凫魔裘",皆属此类。

在两晋名士中,鹤氅常常意指清高不群的风姿。《晋书·谢万传》云:简文帝司马昱在任抚军将军的时候,听闻谢万的名声,召他出任自己的从事中郎,"万着白纶巾,鹤氅裘,履版而前"[1]。谢万戴着白色幅巾、披着鹤氅裘、穿着木屐就去与简文帝见面议事,据《世说新语》等文献的记载,木屐在当时是非正式场合所穿的鞋子,正式场合应该着履,谢万此等装束面圣,"矜豪傲物,啸咏自高"[2]的名士风度彰显无余,身披鹤氅也增添了风雅名士的神仙姿容。

因为质料过于昂贵,也有可能是自然界仙鹤一类的名贵鸟类减少,后世被道士称为"鹤氅"的,其实无非形制取象之义,实则大多是用锦、缎类织物制成。到明代,鹤氅已经和披风形制类似了,只不过对襟直领、领子相合,领、袖、衣摆皆有异色缘边,缘边多一些,比之褶子,袖部更宽大。明代宦官刘若愚所著《明宫史·水集》"氅衣"条云:"有如道袍袖者,近年陋制也。旧制原不缝袖,故名之曰氅也。彩素不拘。"[3]也就是用丝或布的织物制作,款式像道袍,而且不缝袖,所以披在身上似有仙鹤之形。

用织物制作的外披式法服,除"氅"外,还有一类"帔",二者源流一致,都来自羽衣的披风式样,魏晋时期的帔与用羽毛制作的鹤氅裘,区别在于质料的不同,而后世二者都用织物制成,实际上合二为一,成为一种法衣"鹤氅"。

帔,《释名·释衣服》云:"帔,披也,披之肩背,不及下也。"[4]《玉篇·巾部》释义一致。《三才图会》记载了《实录》对"帔"源流的考察:"帔"的形制上古三代均无,到秦代出现缣帛制作的"披帛",缣帛是一种质地紧密光洁细薄的丝绢;到汉代即以罗制作,"罗"是一种质地轻薄透孔有皱感的丝织物,这两种织物在长沙马王堆汉墓皆有出土,在秦汉时应为贵族中的流行质料。到西晋永嘉中期,制为光影色泽模糊的"绛晕帔子",后来发展为"霞帔",因此"披帛始于秦,帔

---

[1] (唐)房玄龄:《晋书》,第7册第2086页。
[2] (唐)房玄龄:《晋书》,第7册第2087页。
[3] (明)刘若愚、(清)高士奇:《明宫史·金鳌退食笔记》,北京:北京古籍出版社,1982年4月第1版,第77页。
[4] 《释名疏证补》,第174页。

图2-3-4 白缎地鹤氅

（清）鹤氅，现藏维多利亚与艾尔伯特博物馆（Victoria and Albert Museum）

始于晋也"[1]。帔用于道士冠服，应在初定法服制度时就已进入道教服饰系统："陆修静更立［道士］衣服之号，月帔星巾霓裳霞袖，九光宝盖十绝灵幡，于此著矣。"[2] 亦规定道士必须具备"葛巾、单衣、被（帔）、履、手板"[3] 五件，并从尚简素的信仰角度，对质料提出要求："葛巾、葛单衣、布褐、布裙、葛帔、竹手板、草履。"[4] 这些文献无一例外，都将"帔"作为法服必备要件，彼时道士法服沿袭上衣下裳之古制：上着褐，下着裙（裳），外罩帔。

不仅如此，制作帔的条幅数及帔的颜色同样被赋予了宗教内涵：

> 内外法服，须有条准。若始得出家，未渐内篆，上衣仙褐法帔，皆应著条数……若受神咒五千文，皆合著二十四条，通二十四气；若年二十五已上，受洞神灵宝大洞者，上衣仙褐合著三十二条，以法三十二天天中之尊，法帔二十八条，以法二十八宿宿中之神。亦听二十四条。随道学之身，过膝一尺。皆以中央黄色为正。若行上法，听著紫。年法小，为下座者，勿著紫。若中衣法衫、筒袖、广袖，并以黄及余浅净九色为之。皆大领两向交下，掩心已上覆内衣六寸。[5]

汉代一幅布帛宽约 50 厘米，帔在制作上的"二十四条""二十八条"等"条数"，皆指一领法帔缝合成衣的"条缝"数，这些数目皆有神学意义，象征二十四节气、二十八星宿等，并以此来区别道士的不同位阶。

《洞玄灵宝三洞奉道科戒营始》"法服图仪"按所授经箓和所属道派将道士分为洞真、洞玄、洞神等品不同品秩，各有不同的法服要求：

> 正一法师，玄冠、黄裙、绛褐、绛帔二十四条；
> 高玄法师，玄冠、黄裙、黄褐、黄帔二十八条；

---

1 《三才图会》，第 1538 页。
2 （唐）释玄嶷：《甄正论·卷下》（民国刻本），第 4 页。
3 《道藏》，第 32 册第 173 页。
4 《道藏》，第 33 册第 661 页。
5 《道藏》，第 24 册第 767—768 页。

衣画云霞：道教服饰与符号

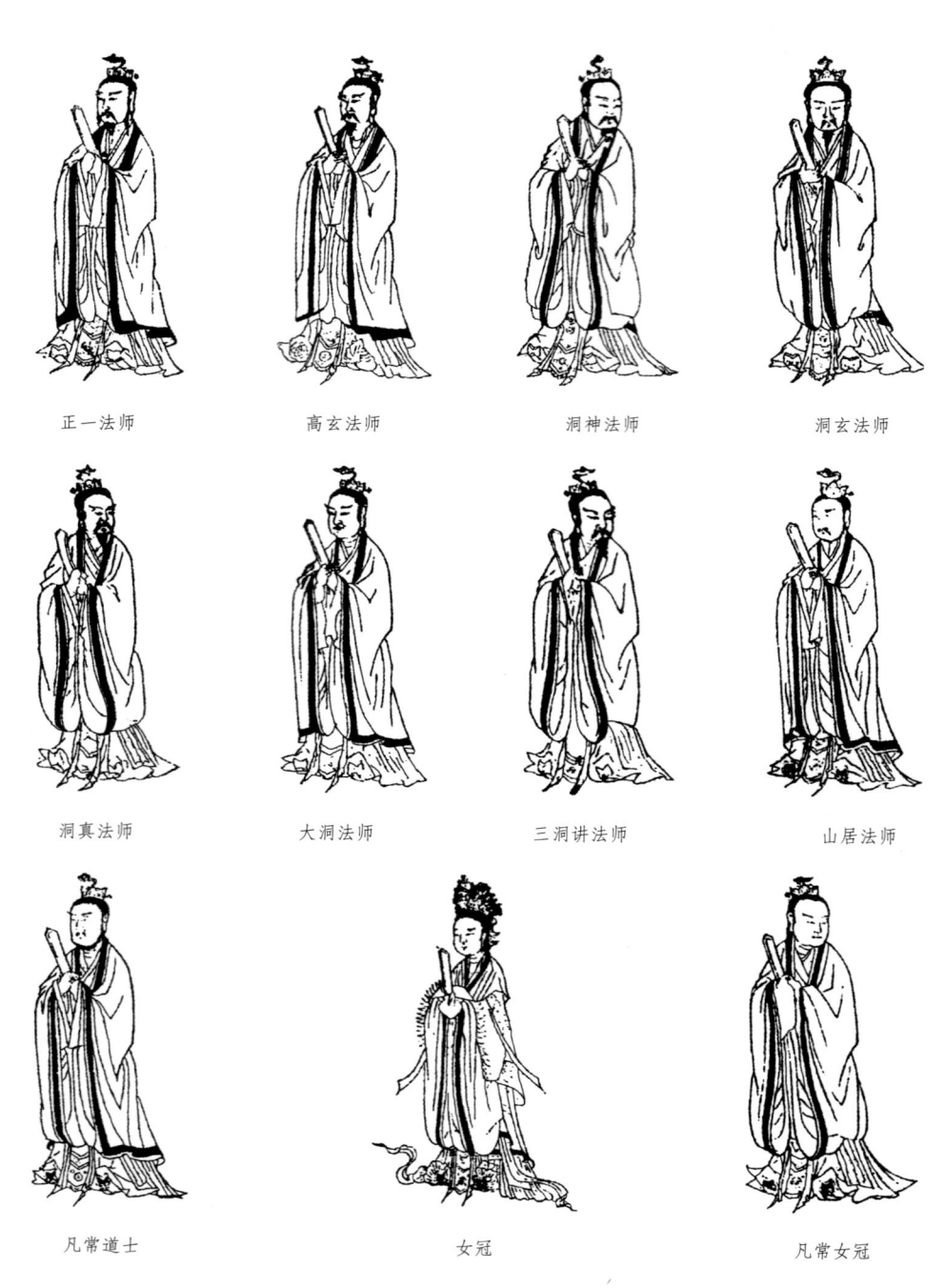

正一法师　　　高玄法师　　　洞神法师　　　洞玄法师

洞真法师　　　大洞法师　　　三洞讲法师　　山居法师

凡常道士　　　　　女冠　　　　　　凡常女冠

图2-3-5 《洞玄灵宝三洞奉道科戒营始》中不同品秩的法服规制图

洞神法师，玄冠、黄裙、青褐、黄帔三十二条；

洞玄法师，芙蓉冠、黄褐、黄裙、紫帔三十二条；

洞真法师，元始冠、青裙、紫褐、紫帔青裏，表二十四条，里十五条；

大洞法师，元始冠、黄裙、紫褐如上清法，五色云霞帔；

三洞讲法师，元始冠、黄褐、绛裙、九色离罗帔；

山居法师法服，二仪冠、上下黄裙、帔三十六条；

凡常道士法服，平冠、上下黄裙、帔二十四条。[1]

如图 2-3-5，本经将各阶道士之不同着装绘制成图，逐一列举不同品秩的法服规制。

又云：

女冠法服、衣褐，并同道士，唯冠异制，法用玄纱，前后左右皆三叶，不安远游。若上清大洞女冠，冠飞云凤气之冠。[2]

凡常女冠法服，玄冠、上下黄裙、帔十八条。[3]

至唐时，这种划分方式仍然延续。《三洞法服科戒文》云："衣服阶修，致有差别，又有七种，须案奉行，劫运虽倾，此法无变。"[4] 亦以不同用途的冠、巾、褐、裙、帔等加以区别：

一者初入道门，平冠、黄帔。

二者正一，芙蓉玄冠、黄裙、绛褐。

三者道德，黄褐、玄巾。

---

1 《道藏》，第 24 册第 760—761 页。

2 《道藏》，第 24 册第 761 页。

3 《道藏》，第 24 册第 760 页。

4 《道藏》，第 18 册第 229 页。

四者洞神，玄冠、青褐。

五者洞玄，黄褐、玄冠，皆黄裙对之。冠象莲花，或四面两叶，褐用三丈六尺，身长三尺六寸，女子二丈四尺，身长二尺四寸，袖领带褊，就令取足，作三十二条，帔用二丈四尺，二十四条，男女同法。

六者洞真，褐帔用紫纱三十六尺，长短如洞玄法，以青为里，袖领褊带，皆就取足，表二十五条，里一十四条，合三十九条，飞青华裙，莲花宝冠，或四面三叶，谓之元始冠，女子褐，用紫纱二丈四尺，长二尺四寸，身二十三条，两袖十六条，合三十九条，作青纱之裙，戴飞云凤炁之冠。

七者三洞讲法师，如上清衣服，上加九色，若五色云霞，山水袖帔，元始宝冠。皆环佩执板，师子文履，谓之法服。[1]

对比《洞玄灵宝三洞奉道科戒营始》与《三洞法服科戒文》所列条目，可以比较清晰地看到，从南北朝至唐，同一道派在法服形制上并无明显变化，蕴含其中的信仰因素及神学意义也贯穿始终。由此可知，道士法服的制定和使用，除了遮身蔽体的实用功能，更重要的是彰显教理、教义所赋予的象征意义，它们是道教信仰和文化传播的物质载体。法服取法天地，冠有三光之象，裙有五岳之形，帔法阴阳之序。"褐是日月之象，帔为气数之衣。"[2] 帔也一样蕴含天道与人道。《洞真四极明科》云：

帔令广四尺九寸，以应四时之数；长五尺五寸，以法天地之炁。[3]

帔的样式，当是模拟天上云气之形，故又有"云帔""霞帔"之谓，如《太上出家传度仪》里所说的"霜罗之帔"，便是一种白色丝织物制作的云帔，顺理成章地，帔的尺寸亦象征天地之气、四时之数。帔的幅宽取象天之四时：春、夏、秋、

---

1 《道藏》，第 18 册第 229 页。
2 《道藏》，第 6 册第 960 页。
3 《道藏》，第 25 册第 144 页。

冬。其长度取象地之五气：金、木、水、火、土。因此，《三洞法服科戒文》认为，帔亦是秉承天地气象教化人间：

> 帔者，披也，内则披露肝心，无诸滓秽；外则披扬道德，开悟众生。使内外开通，彼我皆济，随时教化，救度众生，一切归依，此最为上。[1]

因为法服"皆有威神侍卫"[2]，象征着神灵的庇护，是道士与上界仙真沟通的媒介，故而被赋予宗教神圣性："帔者披也，披道化物。"也因为这种神圣性：

> 巾褐及帔，出自上道，礼拜着褐，诵经着帔。[3]

至赵宋，由于赵匡胤（960—976年在位）称帝前后与道士颇多交集，也利用符命等制造舆论助其夺取帝位，故称帝之后对道教发展尤为关注。为提高道士素质，整肃玄门风纪，他屡下诏严申科戒，禁止私度。太宗赵光义（976—997年在位）即位后，对道教的崇重远胜其兄，兴建宫观，蓄养道士，斋醮日隆，尊神亦广。太宗第三子赵恒即位为真宗（997—1022年在位）时，统治根基稳固，社会经济繁荣，北宋崇道出现第一个高潮。因几代帝王在规范道教发展上颇多用力，加之帝王家重视道教的秩序和规范，反映在服饰上，宋代道服呈现出文质彬彬、矜巧典雅的特点。

服饰的"文"和"质"，最早是孔子提出。《论语·雍也》云："质胜文则野，文胜质则史，文质彬彬，然后君子。"[4] "文"即服饰的外在形式，"质"即服饰的内在意义，文质彬彬则要求服饰内外统一，功能特征和象征意义一致，也就要求服饰形制颜色的"文"与道士身份的"质"一致，不同品阶服饰皆有等差，不可僭越。

---

[1]《道藏》，第18册第230页。
[2]《道藏》，第24册第781页。
[3]《道藏》，第24册第781页。
[4]《十三经注疏》，第5册第5384页。

因此，宋代道经中所述服饰，种类越发完备，不仅有外穿礼服，还详细记述了内衬之服；首服制式也颇丰富，冠式增多，巾和帽亦名目繁多。可以说，道教服饰发展到北宋，种类形制已大体齐备，服饰细节更加完善也更趋理性，更符合礼乐制度的要求。

据称为北宋时崂山太清宫道长刘若拙口授、孙夷中（生卒年不详）编纂的《三洞修道仪》所载，道士之法服、冠、履大体上仍然沿用南北朝定规，只是对各阶道士之所用，规定得更为细致，而且还包括了执用之法器，以及进行法事活动所用的拜坛等。

得授初真八十一戒者，即称"太上初真弟子"，号"白简道士"，所具法服为：

> 冠七真冠，披黄褐文，左九右十，白裳、黄裙九幅，檀香木简，玄履，铺黄坐坛。[1]

而凡是未受经法的道士，则通称"小兆"，所具法服为：

> 冠玄冠，朱帔二十四条，黄裳、苍裙，佩炎光火玉佩，带斩邪威神剑，佩黄神越章印绶，木雕铺八卦坛。[2]

正式成为道士之后，所着法服及配饰就越发考究。逐列如下：

洞神部道士：称太上洞神法师。冠交泰冠，绛褐、黄裳、丹裙，玄履，执白简，佩青光玉佩四道，带皇极洞神印绶，佩阴阳斩魔剑，华阳巾、方胜帽。

高玄部道士：称太上紫虚、高玄弟子、高玄法师、游玄先生。拜冠五岳冠，碧帔三十二条，白裳、黄裙，玄履，执长生木简，坐四气坛，素光丹缨，佩带五老交真印绶，佩金刚洞清剑，戴篨秀巾、咸昌帽。

---

[1] 《道藏》，第 32 册第 166 页。
[2] 《道藏》，第 32 册第 167 页。

升玄部道士：称太上灵宝升玄内教弟子、升玄真一法师、无上等等光明真人。冠芙蓉冠，绿帔四十二条，素裳、丹裙，玄履，白简，素文坛，逍遥巾、月纱帽。

中盟洞玄部道士：称太上灵宝洞玄弟子、无上洞玄法师、东岳先生、青帝真人。戴远游冠，五色紫帔，绛绡裳、丹青裙，朱履，五辰紫色坛，青玉交文佩，佩八景金真印，带阳光洞神剑，服朝天帽、即旧呼南朝帽也，三辰巾。

三洞部道士：称三洞法师、东岳青帝真人、升玄先生。冠合景冠，青霞帔四十九条，丹光裳、黄裙，朱履，坐召真坛，黄玉佩，三辰印，销魔剑，服绿华巾、五岳帽。

大洞部道士：称上清大洞三景弟子、无上三洞法师、东岳真人、道德先生，冠紫宸通精冠，九色离罗帔，紫裳丹文裙，执瑶笏，朱履，坐震灵坛，佩九光玉佩，带无上毕道印绶，带景精剑，服黄宁帽。

居山道士：冠平气冠，山水云霞衲帔，黄布裳、布裙，白履、草屦，坐七星坛，佩二禁印，东西二禁伏神剑，玄巾。

洞渊道士：称三昧法师，冠通玄冠，青文帔三十一条，丹裳、黄裙，玄履，执简，坐黄文坛，佩洞渊五部印，带洞光剑。

北帝太玄道士：称上清北帝太玄弟子，冠星纪冠，玄羽服，白裳、黄裙，玄履，坐召灵坛，执简，佩酆都印，带斩鬼剑。[1]

本经记载的女官法服，除冠式更多样、配饰更精巧外，衣、裳、帔与乾道大体无差：

女官部：称太上全真女弟子，冠三叶玄冠，服关霞十二条，裹青，表黄有带系右肩，素裳、黄裙，握节靸鞋。

---

[1] 《道藏》，第 32 册第 167—168 页。

正一盟威女官：称玄都正一盟威女弟子，冠洞阴冠，黄霞帔二十四条，红文裳、黄裙，玄履，执简，坐八卦坛。

洞神女官：称太上洞神女弟子、洞灵元妃，冠朱阳冠，朱帔三十二条，黄裳、丹裙，玄履，执简，坐九宫坛。

高玄女官：称太上高玄女弟子、紫虚童君，冠游玄冠，黄褐、碧裳、素裙，玄履，执简，坐青坛。

升玄女官：称太上升玄女弟子、无上内教真一灵真妃，冠四玄冠，碧霞帔，黄裳、丹裙，玄履，执简，坐绿坛。

中盟女官：称太上灵宝洞玄女弟子，亦称洞玄法师、东岳夫人。冠芙蓉冠，紫褐、碧裳、丹裙，执简，佩阳光剑，白旒珠，佩三道元虚印绶，坐五气坛。

三洞女官：称上清三洞女弟子、无上三洞法师、东岳苍灵夫人。冠连云冠，朱褐、青裳、绿裙，玄履，执简，坐四神坛，佩青玉佩，白旒，带三洞印绶，九真剑。

上清女官：称上清大洞三景女弟子、奉行无上三洞法师、东岳苍灵元君。冠玄灵飞凤冠，五色云霞帔，青裳、红纱裙，朱履，坐震灵坛，执简。

居山女道士：称大道女弟子。冠二气冠，衲帔二十四条，青绢裳、黄布裙，草履，坐八景坛，执简。[1]

宋代道服质料和工艺非常精美，这与当时手工业发达有密切关系，皇家能够调动足够的能工巧匠为之效力。此种精工巧作，从宋真宗时道经《玉音法事·披戴颂》可见一斑：

道裙：六幅华裙异，天人副羽衣。飞裙凌宝殿，缓带步金墀。
云袖：茜璨素云袖，上下统裙裳。织自扶桑茧，犹闻月殿香。

---

[1]《道藏》，第 32 册第 168—169 页。

第二章 身　衣

羽服：上界神仙服，天宝自然裳，轻盈六铢妙，佩服应三光。

拜坛（帔）：三级依瑶砌，八卦列方隅。隔秽敷裙帔，除尘护法裾。愿今一升蹑，朝修上帝居。[1]

衣裳是桑蚕织就，六幅花裙，裙裾轻飐，鲜衣素袖，云卷云舒，羽衣缥缈，天人混成。而道士所用之"朝简"，也是由无瑕疵的玉琢磨而成。

无独有偶，在《高上神霄玉清真王紫书大法·神霄法服式》中详细记述了神霄派各阶法服，其质料、工艺极尽奢华：

第一阶服：玉清宝冠，白玉簪；碧帔三十六条（青丝九色云霞），紫道服（碧绿九色云霞），紫中单（碧绿九色云霞），绛裙六幅四襕（九色云霞）。白玉圭。朱履。白玉佩。

第二阶服：芙蓉碧云冠，白玉簪；青帔三十六条（碧绿五色云霞），紫道服（碧绿五色云霞），青中单（碧绿五色云霞），绛裙五幅四襕（五色云霞）。白玉圭。镀金银佩。朱履。

第三阶服：芙蓉碧霄冠，犀簪；紫帔三十二条（青绿五色云霞），紫道服（碧绿五色云霞），青中单（碧绿五色云霞），绛裙五幅四襕（五色云霞）。白玉圭。镀金银佩。朱履。

第四阶服：二仪交泰冠，犀簪；绛帔二十四条（青绿三色云霞，山水七星），浅黄道服（青绿三色云霞），浅黄中单（青绿三色云霞），浅黄裙五幅四襕（三色云霞）。檀香木简。白玉佩。朱履。

第五阶服：七星交泰冠，犀簪；浅黄帔一十二条（皂绿三色云霞），浅黄道服（皂绿三色云霞），浅黄中单（皂绿三色云霞），浅黄裙五幅（皂绿一色云霞）。檀香简。白银佩。皂履。

第六阶服：七星交泰冠，犀簪；浅黄帔一十二条（皂绿二色云霞），浅黄

1　《道藏》，第 11 册第 145 页。

道服（皂绿三色云霞），浅黄中单（皂绿三色云霞），浅黄裙五幅（皂绿三色云霞）。栢木简。铜佩。皂履。

第七阶服：并桃玄冠，木簪；浅黄道服，浅黄中单，浅黄裙。栢木简。铜佩。皂履。[1]

对比北宋初年的《三洞修道仪》，可以看出，从服色、形制、质料以及配饰和法器上看，本经所记述的法服更加规律严整，皆依道士品阶而定。第一阶法服内外皆服以紫色，着朱履、佩玉，足见其尊贵。

周锡保先生著作《中国古代服饰史》在"宋代服饰"一章中论及宋代道士服饰，云：

道士的服饰有法衣、褐被和常服的道袍、大衫。法衣是法师执行拜表、戒期、斋坛时穿的，指的如全真派中的霞衣、净衣、信衣、鹤氅（又名羽衣）等，以及正一派中的行衣、罡衣、混元衣、班衣、忏衣之类。其中法衣、鹤氅等，一般以直领对襟为多。……冠以束发，这同一般人戴者相似，如黄冠、金冠、芙蓉冠、五岳灵形图冠、二仪冠等。[2]

对照《三洞修道仪》和《高上神霄玉清真王紫书大法》所记载的宋代道士法服，有一定出入。并且，书中列入宋代的道冠、道巾，个别实为明、清之制，例如"混元巾"，应是清中后期全真道士首服，在清之前未见其制。尤其全真派创立于金世宗大定七年（1167）之后，南宋末年新道派众多，道士法服仍然是依据法职高下和所授箓位来决定，而非依据所属道派来区别，更不会止于全真、正一而划分。

金元时期，全真七子名显于世，丘处机万里止杀，消弭兵祸，立有救世之功。元灭南宋，全真派发展迅猛，三山符箓尽归正一，但在服饰上，元代道服并未按

---

[1] 《道藏》，第 28 册第 597—598 页。
[2] 周锡保：《中国古代服饰史》，第 328 页。

全真、正一的道派加以区别，两派的服饰特点并不鲜明。入明后，全真、正一同样得到官方认可，并分别进行管理，两派此消彼长，交替发展。在服饰制度上，明代管理更为严格，对服饰形制、服色都严明法规。

从秦汉羽衣延续下来的披风式法衣——帔，无论垂衣至踝的鹤氅，还是披于肩背的云帔，元代以后都出现形制的变化。而入明之后，帔和氅合流，成为明代道教"朝服"的重要组成部分。

洪武之规，为明代道士专设"朝服"，将朝仪和斋醮的服饰相区别。京师高道周思得（1359—1451）在宣德年间所编撰的《上清灵宝济度大成金书》记载了"朝服"的形制及使用场合：

诸设醮与朝仪不同。三时朝奏谓之朝仪，合用朝服。朝服者，帔也。[1]

依本经的记载，明代道士设醮衣常服，朝仪才着朝服，朝服的形制为"帔"。参考明代万历年间宦官刘若愚所著杂史《酌中志》中的记载："氅衣，有如道袍袖者，近年陋制也。旧制原不缝袖，故名之曰'氅'也。彩素不拘。"[2]可以看出，朝服之"帔"，便为"鹤氅"。

以宁王朱权所著道经《天皇至道太清玉册》为例，其中记载了明代法服制度。称法服"为道家祀天之服"，明确了法服为祭祀专用，并谓黄帝"制法服"，指其源自神授，因此强调"道士女真体佩经戒符箓，天书在身，真神附形，道气营卫，仙灵依托，所着之衣名为法服，神灵敬护，从卧宜清今，或赴人间，不可将法身混同俗事"[3]。本经所载上清法服，与南北朝道经《洞真四极明科》基本一致，使用规范也沿袭唐宋之制：

紫青作帔，紫于外青于内，帔广四尺九寸，以应四时之数；长五尺五寸，

---

[1]《藏外道书》，第17册第622页。
[2]（明）刘若愚撰：《酌中志》，上海：商务印书馆，1935年12月初版，第147页。
[3]《道藏》，第36册第413页。

以法天地之气；表里一法，表当令二十四条，里令一十五条，以应三十九帝真之位。尔者身佩帝皇之服，故也。无此服，不得妄动宝经。此法服给玉童各十二人，不得妄借异人，并犯厌秽，轻慢神服。[1]

女真法服较之亦无甚差异：

紫纱之褐，用二丈四尺，身袖长短就令取足，当使两袖作十六条，身中二十三条，合三十九条；又作青纱之裙，令用纱十五尺，作八幅，幅长四尺九寸，余作攀腰，分八幅，作三十二条，此则飞青之裙也。无此法服，不得咏于上清宝经。此服给玉女十二人，不得妄借异人，并犯厌秽，轻慢神服。[2]

不过，明代道经中所记法服，细节上却有一些与前代不同的特点。以《上清灵宝济度大成金书》为例，其中所载"法服"条，则按道派区分，简化了冠服制度：

备受上清经法者称为上清三洞法师，顶元始宝冠，九色云霞青帔三十九条，其里亦青十五条，青圭，佩，朱履；如专受大洞者称为洞真法师，芙蓉冠，九色云霞紫帔三十九条，其里亦紫十一条，白圭，佩，朱履；如专受灵宝者称为洞玄法师，芙蓉冠，七色云霞紫帔二十二条，其里亦紫八条，白圭，佩，朱履；如受正一者称为正一盟威法师，青绿星冠，五色云霞绛帔二十四条，袖有鱼鬣，其里亦绛十一条，青圭，丹佩，朱履。其四等缘带，各以三色云炁饰之。[3]

本经中冠、帔、履与前代大致无差，唯"圭"和"佩"的使用，较宋代道经

---

1 《道藏》，第 36 册第 413 页。
2 《道藏》，第 36 册第 413 页。
3 《藏外道书》，第 17 册第 620 页。

《高上神霄玉清真王紫书大法》的记载——只有最高三阶道士才能佩带——此经记载的使用范围有所增加。"圭"和"佩"皆为三代古制。圭,是一种礼器,又作"珪",许慎释为"瑞玉也"[1],上部尖下端平,长一尺二寸。现存的考古材料表明,最早出现在新石器时代早期,应该是从石铲石斧之类演化而来,郑玄的解释是:"圭,锐,象春物初生。"[2] 白圭,应是白玉制作,青圭,即用青玉制成;依周制,玉面有刻纹,多以四镇之山为琢饰,取四方安定之义。[3]

以玉作礼器,主要用于祭祀,据《周礼·春官·大宗伯》的记载:"以玉作六器,以礼天地四方,以苍璧礼天,以黄琮礼地,以青圭礼东方,以赤璋礼南方,以白琥礼西方,以玄璜礼北方。"[4] 佩,多为玉质,"玉,石之美,有五德:润泽以温,仁之方也;䚡理自外,可以知中,义之方也;其声舒扬,专以远闻,智之方也;不挠而折,勇之方也;锐廉而不忮,洁之方也"[5]。佩,亦作"珮",《后汉书·舆服下》云:"佩,所以章德,服之衷也。"[6] 指其作为服之配饰,意在彰显所服之人的德行。从字形来看,"玉"是三块玉组成,中间以丝带一类软质材料编织相连。"古之君子必佩玉。"[7] 古人以玉比德,玉向为贵族、君子必备饰物,所谓"君子无故,玉不去身"[8]。《礼记·玉藻》还强调:"凡带必有佩玉,唯丧否。"[9] 孔疏云:"凡佩玉必上系于冲,下垂三道,穿以蠙珠。"[10] 佩的形制繁多,有环形、半圆、圆形等,可单独使用,也可多种合成一串,以玉珩、玉璜、玉琚、玉瑀、冲牙等多种玉佩杂合在一起,用彩色丝带串连的"大佩"最为贵重。佩玉除装饰和象征意义,还为行步之节度。

---

1 《说文解字注》,第 693 页。
2 《十三经注疏》,第 2 册第 1644 页。
3 《明会典》记载:"玉圭,长一尺二寸,剡其上,刻山四,盖周镇圭之制。"
4 《十三经注疏》,第 2 册第 1644 页。
5 《说文解字注》,第 10 页。
6 《后汉书》,第 12 册第 3671 页。
7 《十三经注疏》,第 3 册第 3211 页。
8 《十三经注疏》,第 3 册第 3212 页。
9 《十三经注疏》,第 3 册第 3212 页。
10 《十三经注疏》,第 3 册第 3213 页。

佩玉制度，三代以降，数经丧乱，久不施用而渐忘其制，凡汉族人所建立之王朝，大多重拾之。洪武初复汉制，此制应在恢复之列。因此，明代佩玉非常普遍，为官员礼服的组成部分，以佩的玉质区别官员等级。凡朝会百僚俱朝服佩玉，为避免佩饰相互纠缠致殿前失仪，嘉靖年间还以红纱制成"佩袋"，为罩玉佩专用，此制为明朝所出。[1] 法服规制中所增加者皆为礼器和礼服配饰，也从侧面反映出明代道教法服礼制特征的加强。

与这种秩序井然的礼制规范相一致的是，在各道派的传授制度已非常完备的情况下，明代法服更强调与法师位阶密切相关，不可乱序。如《上清灵宝济度大成金书》曰：

> 法师登斋坛者，随品受服，谓之法服，非此服者，不许登灵宝坛。
> 今则立教行科，陈仪设像，簪冠法服，岂可免之。一依法制，佩服升坛，亦玄门盛望，幽显具瞻，其或紊乱不恭，可谓慢渎，宜戒之焉。[2]

道士依品秩高卑穿着法服，法服为升坛朝真交灵之备，故须严格遵循等级仪范：

> 所以朝真法服，剑佩冠衣，取象上真，垂仪下士。[3]

明代服饰尚俭恶奢，从法服中亦有体现。太祖制定的道士服仪，所执朝简皆规定使用"木简"，与宋代用无瑕之玉雕琢的"玉简"已是天壤之别。

《上清灵宝济度大成金书》记载了法服的质料和工艺：

---

1 明人沈德符《万历野获编·笏囊佩袋》有记载：嘉靖初年，有官员捧物与世宗，其佩与上佩相互纠结，赖中官始得解，该官员惶怖伏罪，上特宥之，并命今后普用佩袋，以红纱囊之。
2 《藏外道书》，第 17 册第 620 页。
3 《道藏》，第 3 册第 1053 页。

> 诸朝真衣帔，诵经着褐。[1]
>
> 褐即今之大服，帔即今之法衣，旦有条数耳，其缘带则皆画云炁也。[2]

从中可见，明代道服也较两宋简素，不仅质料已非"桑蚕织就"，甚至缘带所饰"云炁"纹样也皆描画而非刺绣，尽管明代的缂丝刺绣等工艺已经达到极高水平，各种丝绸质料的精加工技术也相当成熟。导致这种变化的除了官方的导向和明朝经济本身的限制，也有道教内部的原因：在明朝中期以后，道教的世俗化发展趋势加剧。

不仅如此，入清之后，由于统治者对道教素无信奉，入关前尊奉的是藏传佛教格鲁派，至乾隆时还宣布黄教为国教，入关以后，在思想上比较倾向于程朱理学，宣传忠君孝亲，利用儒家的忠孝节义思想维持社会稳定，抚顺治下百姓。因此，有清一代，除顺治、雍正两帝，其余大多对道教持贬抑态度。尤其，乾隆帝（1736—1795年在位）将藏传佛教定为国教，指道教为汉人宗教，对道教首领一再降贬，并限制道教的活动，道教的组织发展基本停滞，道教处境每况愈下。道教服饰的发展，至此也基本停顿，只在配饰和小件上与民间合流，创出些许新花样，点缀这个时期的沉闷。

倒是帔氅式法衣，由于其特殊的象征意义，几经丧乱，反而成为延续时间最长的法服样式。现代法衣中常见的"降衣"，就是从这种样式发展而来。此"降衣"非彼"绛衣"，"绛衣"通常是指红色大袖长袍式法衣，而"降衣"则是帔氅样法衣。

绛衣和降衣至今仍是道教法服中最主要的两种形制。二者都是斋醮坛场或宗教典仪中方丈、高功、经师等职司所穿戴的，通裁不留腰缝，以金丝银线及彩色丝线满绣。职司的分别，则是通过衣服颜色或所绣图案来显示，如方丈多用紫色等。二者区别在于，绛衣是红色，大袖，袖长随身，直领对襟，长及腿腕（图2-3-6），通常在召神、遣将的科仪中穿着。

---

1 《藏外道书》，第17册第620页。
2 《藏外道书》，第17册第620页。

图2-3-6 绛衣
（清）道士像（局部），现藏皇家安大略博物馆

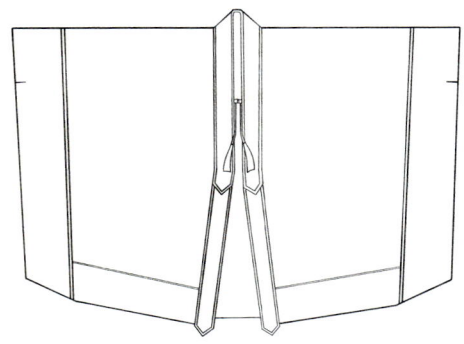

图2-3-7　降衣
（明/清）刺绣法服，现藏贺祈思藏品基金

而降衣不缝袖，制如帔氅，垂及脚踝甚至拖地展开呈四方形，象地之方广，中间衣领呈圆形，象圆天浩渺（图2-3-7）。"降"有谪降之义，指降神之衣，故只高功才有资格穿着降衣，并用于朝真、进表的科仪中。

在法坛行仪中，高功身着"降衣"或"绛衣"，传达的宗教内涵是"天人"降世，为世间驱邪伏魔，祈福禳灾。以法衣比拟天人，法衣象征着诸天神灵的托付，是圣真对人间道法传承的委托。衣裳冠履与道士神魂相依，气息相通合而为一，神灵的庇护以此为凭，如果法服"所服非服""所服非人"[1]，抑或沾染了恶俗气息，便会仙凡阻隔，帝乡难及。

与此一致的，是法服与道士所诵经文之间存在的依属关系。《三洞法服科戒文》借太上之口嘱咐天师，逐一对不同法服与所诵经书进行匹配：读洞真宝经应着日光帔，读洞玄真经应着月光帔，读洞神仙经应着星光帔，讲三洞大乘经应着五色云帔，游行诸天应着自然之帔，上朝大罗应着万变云帔，下救三涂应着光明宝帔。[2]

如太上所言，只有这样才能得到玉女玉童的侍卫。这个问题应该这样理解：天上的神仙与不同的道法和经文之间形成隶属关系，道教法服寄托了上天的意志，

---

[1] 《道藏》，第18册第231页。

[2] 《道藏》，第18册第230页。

穿着不同的法服，吟诵与之相合的经文，就能招来所对应的神仙护持。许是如俗语所说"不是一家人不进一家门"，道士凭借法服和经文，认"祖"归"宗"；道士修行的目的是长生成仙，各种炼养方法之间有排他性，在人间归属不同教派，在天上分属不同神仙，道士穿着不同的法服，便与所属的神仙气息相通，二者相合为一，故能得到保佑。例如，分别居住于太阳和月亮上的道教神仙郁仪和结璘，他们飞奔日月，便是招引了日月精神，使日月与自己合为一体。《太上玉晨郁仪结璘奔日月图》云："太上郁仪结璘文章，以至于日月之精神，上奔日月，通天光飞太空之道也。"[1] 而且，据本经所言，并非是这二位的本尊真正奔往日月，而是在存思意念中完成。"存思"是道教的一种修炼方法，道教认为神灵无处不在，如果集中精神意念，冥思这些神灵，神灵就会在自己体内驻留。根据本经对修行此法的记载，可以理解法服、经文以及咒语的一致性对道士修炼的意义。经曰：修行奔日法术者，须存思日中五帝君、吟诵日神郁仪的经文，以及"郁仪之君，降此真气，濯我身形"的咒语；诵咒之后，自感"金光照映我真形"，而后"乘火龙，奔日宫"。修行奔月法术者，所行之事一致，差别只是存思对象是月中五帝夫人，吟诵为月神结璘的经文及其咒语。在存思中完成奔日和奔月，与道士穿着匹配之法服，吟诵关联的经文，并且修习与之对应的法术，道理上是相同的。

道法自然，上界仙真与人间道士凭借法服形神混融，法服是神灵的"附体"，道士衣此法服，携天地能量，得自然护持。所以，记有上清派炼养方式的《洞真四极明科》明确了这种相互关系："凡修上清道经《大洞真经三十九章》，入室之日，当身冠法服……外三十九条，以应三十九帝真之位，便应冠带帝皇之服故也。"[2] 根据道经记载，上清有《三十九章经》，代表三十九帝真，感应人体中三十九部位，存思其中之一，祈请护卫，每章经之神就会为修行者"开生门"——激发潜能；诵经万遍，就能乘云飞升，跻身仙界。女子成仙者称为"元君"，本经如是说：学上清白日升天之法的女子，"受灵宝玉诀，腾行大洞，皆充元君夫人之

---

[1]《道藏》，第 6 册第 699 页。
[2]《道藏》，第 25 册第 144 页。

位……入室之日，当冠元君之服"[1]，元君之服为飞青之裙——"令用四十五尺，作八幅，幅长四尺九寸，余作襻腰，分八幅，作三十二条"[2]。神灵的庇护以此为凭，冠戴法服的女冠，已与"元君"无分彼此。

师长对弟子再三告诫，要求礼敬法服，唯恐冒犯神灵。神灵凭借法服附体于道士，从这个意义来理解，神灵护佑的实非道士而是法服。因此，本经将法服与神灵的关系固定下来：

> 无有此服，不得妄动宝经。咏一句则响彻九天，九真侍位，所应不轻，单衣诵经，天魔侵景，万精乱音，神丧炁散，死入幽泉又不得仙。
>
> 有此服者，给玉童玉女各二人，典卫侍真，不得妄借异人，轻慢神服，五犯身无复仙冀、十犯被拷左官。[3]

从这段描述可以看出，上圣无形，可暂假衣服，应迹凡间教化世人，道士也凭借法服，凡胎而成仙体，法服成为仙凡之间的媒介，"神道非形，至诚斯感。真灵无象，启必有方"[4]。因此，道士舍俗出家，更易衣服，不仅仅在于告别俗世生活，更重要的是，交通上界圣真，达成仙凡默契。

对于道士来讲，法服是取法天尊圣真的"仙服"，既寓意真神护持，还象征师道传承，是一种精神皈依与身份归属。必须使信仰得以传续，真道得以流通，正是因为这个"因缘"，师傅才授弟子以法服，象征着道士所拥有的"法"和"术"等一切的继承来源。据《三洞法服科戒文》的记载，师授弟子法服时，除了"易此俗衣，著彼仙服"[5]，还会再三提醒弟子"道能服物，德可通天"，这说明法服承载着道德教化的功能，道士衣此法服，也就意味着必须严守道规师训，自觉承担

---

1 《道藏》，第 25 册第 145 页。
2 《道藏》，第 25 册第 145 页。
3 《无上秘要》，《道藏》，第 25 册第 144—145 页。
4 （唐）张万福：《醮三洞真文五法正一盟威箓立成仪》，《道藏》，第 28 册第 495 页。
5 《道藏》，第 18 册第 230 页。

起传递道果的责任，"住持经戒，教化人间"[1]。使众生有所瞻仰，精神得以皈依，传续自然之教，弘扬太上之法。

道士通过法服表达对神仙的尊崇，将信仰与自身融为一体，而神仙亦通过穿着凡人所熟悉的服饰，化生成"人"，下降人间，传道解惑。

第四节　神仙的天衣

神仙信仰是中国特有的文化符号。日本学者窪德忠教授指出："神仙学说的观念就是在地球上无限延长自己的生命。似乎可以认为现实的人使具有天生肉体的生命无限延长，并永享快乐的欲望导致了产生神仙说这一特异思想，这种思想在其他国家是没有的。"[2] 从中可以看出，神仙信仰的本质，是远古人类在面对宇宙洪荒和生命局限时，创造出的旨在延伸个体能力的一种文化现象。

"神"和"仙"在远古信仰系统里，是两个不同的概念。《说文》释"神"为"天神，引出万物者也"[3]，指其是因缘而成，造化所生，为先天自然之神，出于天地未分之前，具有化生万物之能。《庄子·天下》曰："不离于精，谓之神人。"[4]就是说，神依循天道，不违背"道"的精粹。并且，庄子称祂们居住于遥远的西方昆仑之巅，天造地养，肌肤若凝雪般晶莹剔透，行动轻柔娴美，如弱柳扶风的处子，餐风饮露，不食五谷，乘云气、驾飞龙，逍遥游于四海。"仙"，《释名·释长幼》的解释是"老而不死曰仙。仙，迁也，迁入山也，故其制字人傍作山也"[5]。《说文》无"仙"字，推测此字或出于许慎之后，但有其另外两个异体字：仚和僊。释"仚"为"人在山上"，释"僊"为"长生僊去"。[6]从《释名》和《说文》

---

1 《道藏》，第 18 册第 230 页。
2 [日] 窪德忠著，萧坤华译：《道教史》，上海：上海译文出版社，1987 年 7 月第 1 版，第 55—56 页。
3 《说文解字注》，第 3 页。
4 （明）郭庆藩撰，王孝鱼点校：《庄子集释》，第 1066 页。
5 《释名疏证补》，第 96 页。
6 《说文解字注》，第 383 页。

的释义可以得出结论,"仙"是后天在世俗中的得道之人,他们迁入深山避世修行或立于山巅翩举飞升,因此,仙有两个基本特征:一是不死,二是飞升。"神"和"仙"至少在秦汉之际,已出现合称。西汉桓宽在《盐铁论·散不足》中称,因秦始皇崇好神仙、迷信机祥,致使当时"燕齐之士释锄耒,争言神仙"[1]。司马迁沿袭了秦人的说法,也将"神""仙"并提:《史记》卷十二《孝武本纪》记载,五利将军栾大入东海寻师,因其名气很大,引得燕齐间的方士"莫不搤腕而自言有禁方,能神仙矣"[2]。卷二十八《封禅书》记载了太初三年(前102)春正月,55岁的汉武帝刘彻(前141—前87年在位)寻访神仙事:"其明年,东巡海上,考神仙之属,未有验者。"[3]《说文》称,神从"示""申"。"示"是会意字,在甲骨文中,写作"丅"形,指祭神用的供案,在小篆中,上面两横才写作"二"形,指天上,其下三竖代表日、月、星,《说文》亦释为"天垂象,见吉凶,所以示人也。……观乎天文以察时变。示神事也"[4]。不论哪种文字的写法,都可以看出是与神灵祭祀有关,而与此有关的字大多从"示";在甲骨文中,"神"多从"申",郭沫若先生指出:"甲骨文作♌若♎……在古有直用为神者。"[5]于省吾先生的观点与郭氏一致,则更见细节,他认为"本象电光回曲闪烁之形,即'电'之初文……古人见电光闪烁于天,认为神所显示,故金文以'申'为神,神为申之孳乳字"[6]。雷霆万钧,电光闪烁,原始初民认为是有超凡的力量在支配天地、主宰世界,这个力量被他们称为"神",神的力量无限强大,能决定人类的生死存亡以及王朝的兴衰更替,使人们产生敬畏之心。"仙"则从"人",是凡人通过长期的修炼最终实现长生、成仙。此二者合称,许是如闻一多先生所言:"人能升天,则与神一样,长生,万

---

1 王利器:《盐铁论校注》,北京:中华书局,1992年7月第1版,第352页。

2 《史记》,第4册1403页。

3 《史记》,第2册464页。

4 《说文解字注》,第3页。

5 郭沫若:《郭沫若全集·考古编·第一卷·甲骨文字研究及殷契余论》,北京:科学出版社,2002年10月第1版,第213页。

6 于省吾:《寿县蔡侯墓铜器铭文考释》,《古文字研究·第一辑》,北京:中华书局,1979年8月第1版,第3页。

能，享尽一切快乐，所以仙又曰'神仙'。"[1] 亦如詹石窗先生所论："'仙'是超人的升格，因为有超人的功能，所以能够与神比肩。"[2]

诚如斯言，"仙"可保存性命本真，消除生死界限，能够逍遥游弋其外，自由驰骋于天地人间，寄托了人类超越生命局限的期望，而道教修行炼养便是达成这种期望的方法。

"神仙"一词，从汉语构词法来讲属于偏义复指，两个近义语素一正一偏。从道教修炼来看更侧重于"仙"，因为"神灵异类，非可学也"[3]；而仙，则属"神仙[4]可得不死，可学"[5]。在道教的语境下，仙是可以长生不死、死而不亡甚至死而复生的，并且，仙是实有可学的，所以在道教系统里，"神"被名为"先天真圣"，而"仙"被称作"后天仙真"。可以说，道教是由"仙"和"道"构成的信仰体系，神仙信仰是其核心内容，道教以追求长生久视、得道成仙作为个人修行的终极目标，这使之成为重视个体生命体验的多神崇拜的宗教。

道教继承了远古延续而来的神仙信仰，亦将人类社会和人自己的本质属性，以及心理状态投射到神仙世界，虚构出神仙的生活方式和组织结构。追根溯源，"神的重要符号形式就是人自身的形体。……不论神具有什么形态，它们的存在实际上代表了一种超越人的生活的力量"[6]。可以理解为，人们以自己的身体描摹了神仙形象，并且扩展了自己所不能及的愿望，附加在神仙身上，使之成为全知全能的"人"，以寄托人们突破和超越自身局限性的希望。

最具神仙符号特征的服饰，当属被认为是仙人之服的羽衣。羽衣便反映了人类对神仙形象的想象和对神仙生活的向往。

---

[1] 闻一多：《神话与诗·神仙考》，《闻一多全集》，北京：生活·读书·新知三联书店，1982年8月第1版，第161页。
[2] 詹石窗：《道教神仙信仰及其生命意识透析》，载《湖北大学学报（哲学社会科学版）》，2004年9月第31卷第5期，第511页。
[3] （宋）李昉：《太平广记》，第1册第2页。
[4] 汉魏本写作"仙化"，此处应仅指"仙"。
[5] （晋）葛洪撰，胡守为校释：《神仙传校释》，第1页。
[6] 詹石窗：《道教神仙信仰及其生命意识透析》，载《湖北大学学报（哲学社会科学版）》，2004年9月第31卷第5期，第510页。

第二章 身　衣

　　《黄庭内景玉经注》卷下载"羽服一整八风驱",梁丘子注释曰:"羽服,仙服,按《上清宝文》'仙人有五色羽衣'。又《飞行羽经》云'太一真人衣九色飞云羽章'。皆神仙之服也。"[1]秦汉方士披挂羽衣,是为模拟神仙风姿,设想人如衣羽衣,便能无翼而翔、御风而行;又由于羽轴管腔中空,表面覆满角质层而轻盈富有韧性,且禽鸟梳理羽毛时,鸟喙在其表面涂满油脂能够防水,因此还能凌波而至。如此一来,"羽"和"仙"便构成一对符号组合,"羽"便成为道士飞升成"仙"的物态化形式,并且成为道士的代称,如羽客、羽士等,亦有直接称其羽衣。"羽"何以具有这样的象征意义?从汉字造字法来看,羽是象形字,甲骨文写作"羽",是左右并排的两根羽毛,视其形,本义应该是指鸟翅膀和尾部长而坚硬的正羽(又称翮羽,翅部又称飞羽,尾部又称尾羽),小篆变形为"羽",应该是含义有所扩展,也包括绒羽、纤羽(或称毛羽)等细小羽毛。古时人们认为"羽"是禽鸟类独有的特征(当然现在我们知道有些走兽或者昆虫也有"羽"),所以用以指代鸟。鸟和仙都有一个共同的特征,就是能飞。

　　神仙与人的本质区别在于神仙对时空的超越。神和仙皆能长生不死,皆能腾云驾雾,这是人所不能却又希望达到的境地。尤其,时间的超越还找不到现实中的参照物,而空间的超越却提供了一个眼前的范本,那就是鸟。鸟振翅于蓝天,翱翔于四海,人向往之。鸟能飞是因为有翅膀,人如果也想飞呢?于是,采集鸟羽,制作人工的翅膀,便成为人们的选择。早期的羽衣也确如鸟翅一般,仅饰于肩背部,其状如云肩(图2-4-1)。再后来,模拟羽衣而制的帔、氅等,广泛出现在道士和仙真服饰中,成为他们的标志性符号,世俗人等也以穿着帔、氅等道装,表达向道之意。

　　古人对"仙"的想象,赋予了飞鸟和羽衣以神性,不仅满足了对神仙"能飞"的臆想,"羽衣"以及"羽人"还寄托了人类更多的遐思。东晋王嘉著《拾遗记》十卷,多记异境奇物、琐闻杂事,在《唐尧》篇记载了被邓拓先生称为最古老的宇宙飞船和外星人:

---

[1] 《道藏》,第 6 册第 533 页。

衣画云霞：道教服饰与符号

图2-4-1　西汉铜羽人
西安南玉丰村汉城遗址出土，现藏西安博物院

尧登位三十年，有巨查浮于西海，查上有光，夜明昼灭。海人望其光，乍大乍小，若星月之出入矣。查常浮绕四海，十二年一周天，周而复始，名曰贯月查，亦谓挂星查。羽人栖息其上，群仙含露以漱，日月之光则如瞑矣。虞夏之季，不复记其出没，游海之人，犹传其神伟也。[1]

邓氏在科普散文《宇宙航行的最古传说》里则认为：

似乎在远古时代，真的有这么一条船，经常在四海上出现。但是，它并非只在海面飘浮的船只，而是每十二年绕天一周，不断地环绕航行的。[2]

1　（前秦）王嘉等撰，王根林等点校：《拾遗记（三种）》，第14页。
2　邓拓：《燕山夜话》，北京：北京十月文艺出版社，2010年11月第1版，第69页。

并且强调，之所以称之为最早的宇宙航天记录，不仅因为记载这个故事的《拾遗记》是公元 4 世纪的作品，更因为它所记载的竟然是四五千年前唐尧时期的传说。用我们现在所了解的科学知识来看，这是一艘水、空两栖宇宙飞船，可以在天飞行，也可以浮于西海，飞船被称为"查"。"查"在古代同"槎"，意为水中浮木。并且飞船上夜间开启照明设备，甚至照明的亮度还可以调节，所以人们所看见的光时大时小，如星月出没；这艘飞船在进行星际旅行，每十二年到地球来一次，飞船上的"人"身上长着羽毛，地球人认为他们是"仙"，这些仙人餐风饮露，不食人间烟火。或许幻想也能够穿着"羽衣"这种远古时期的宇航服，乘坐这艘飞船到月亮和星星上去，所以地球人把它称作"贯月查"或者"挂星查"。这发生在尧帝治世的时候，虞夏之后就再没见过这艘飞船了，但还流传着关于这艘神奇巨大飞船的传说。无独有偶，西晋张华在《博物志》里记述更甚一筹：

> 旧说天河与海通。近世有人居海渚者，年年八月有浮槎去来，不失期，人有奇志，立飞阁于槎上，多赍粮，乘槎而去。十余日中，犹观星月日辰，自后芒芒忽忽亦不觉昼夜。去十余日，奄至一处，有城郭状，屋舍甚严。[1]

参考《蜀中广记·严遵传》的记载，此人或许是西汉张骞，他乘"槎"以超光速飞到牵牛星，见到了牛郎和织女，并且还带了块石头返回人间；其后，问道于西蜀严君平，平曰："某年月日有客星犯牵牛宿。"[2]并且辨认出他带回的石头是织女用来支撑织机的。时至今日，在蜀中成都仍留有一条名叫支矶（机）石的街道，并且在青羊宫旁的文化公园还安放着这块传说中的"支矶石"，只是地质专家考证此物并非天外来的陨石，乃是大石崇拜的遗迹；虽如此，这则故事仍可当作是古人对神仙追慕的证据。

也许这些天外来客真是浑身长着羽毛，也许关于神仙的故事真的曾经发生。

---

[1] （晋）张华撰，范宁校证：《博物志校证》，第 111 页。
[2] （晋）张华撰，范宁校证：《博物志校证》，第 111 页。

是否可以揣测，绝地天通之前，民神杂糅，不可方物，人与神仙自由往来，对神仙的记忆定格在人类的遗传基因里，而不是凭空臆造？是否还可以推论，仙人实有，修仙可学，并非是人类一厢情愿的臆语？人类在超越自身的局限上，头脑的想象已经走得很远。对于浩渺星空和广袤环宇的向往，使古人创造出瑰丽诡谲的神话，又根据自己的经验，依照人间的方式设计出了天上的秩序，使这些神和仙落地生根，具有了凡人的面貌、思想和情感，当然还有凡间社会的组织结构和运转方式。

南朝梁时，陶弘景便依据世俗"朝班品序"的构架，创造性地提出了关于"神仙位阶"的设想，不仅为修道者提供了升仙的理想和修道的实践，更重要的是设计了阶梯式的成长路径。陶弘景关于神仙位阶的构想，集中体现在其著作《洞玄灵宝真灵位业图》中。《真灵位业图》收纳了各种道经中记载的神仙名讳尊号，也囊括了帝王将相、先哲圣贤，将近700位神仙纵横排列，依据天上、人间、阴司三大系统，分成玉清、上清、太极、太清、九宫、三官、封都七个位阶，并设了七个中位，每个中位安排一位主神，又列左位、右位、女真位、地仙散位等数位神仙相陪。《真灵位业图》对道教因多神崇拜导致的庞杂神仙谱系做了梳理，一方面反映出陶氏修道成仙的诚笃之心，以此表达对神仙的企慕；另一方面，如《真灵位业图·序》所称，"虽同号真人，真品乃有数；俱目仙人，仙亦有等级千亿"[1]，表达了陶氏以人间模拟天庭，以世俗品阶构建神仙秩序的等级观念。

世俗社会，朝班品序，士庶尊卑，服有等差。这种根深蒂固的等级观念，也反映在道教对神仙服饰的设计上。就像张万福在《三洞法服科戒文》中借太上之言所表达的一样，神仙变化无常，本无形质，实际上是不需要衣服的，但是混迹人间，降世度人，则要着衣，故"暂假衣服，随机设教"[2]。而且还必须按照人间秩序，以服饰彰显神仙位阶："衣服者，身之章也。随其禀受品次不同，各有科仪。"[3]因此，《三洞法服科戒文》所列仙真服饰"凡有九等"：

---

[1]《道藏》，第3册第272页。
[2]《道藏》，第18册第229页。
[3]《道藏》，第18册第228页。

一者，大罗法王元始天尊，冠须臾万变九色宝冠，衣千种离合自然云帔，着十转九变青锦华裙，七明四照参差宝襦，五种变化十宝珠履……

二者，玉清法王无形天尊，冠须臾千变七色宝冠，衣百变离合飞云之帔，九转七变翠锦飞裙，七明四照流霞锦襦，七宝变化丹云绣履……

三者，上清法王无名天尊，冠须臾百变五色宝冠，衣十种离合流霄之帔，八转五变黄锦霞裙，七明四照飞光锦襦，五采变化自然琼履……

四者，太清法王太一天尊，冠须臾十变莲精宝冠，衣九种离合五云华帔，七转四变紫锦羽裙，七明四照玄光丹襦，自然变见狮子文履……

五者，四梵天中化主无相天尊，冠流精耀日花冠，衣玄凤瑶华之帔，翠锦丹羽飞裙，五明景云宝襦，飞龙转变之履……

六者，无色天中仙真圣服及诸天帝，冠飞云宝冠，衣九色无缝之帔，翠龙华裙，五色锦襦，祥鸾琼履……

七者，色界天中仙真圣品及诸天帝，冠莲华晨冠，衣飞云锦帔，绛霄飞裙，流景锦襦，琼凤文履……

八者，欲界天中仙真圣品，冠珠玉之冠，衣五云之帔，飞华翠裙，流光羽襦，九光文履……

九者，山上灵宫，及五岳名山洞宫诸神仙、灵官真官、守土职司，冠七宝之冠，衣九光霞帔，飞青华裙，云锦绣襦，鸾凤文履……[1]

不仅各阶神仙衣饰华美，风姿绰约，而且"左右侍真，皆悉同然"，亦着"紫帔青裙、苍帔丹裙、绿帔绛裙、丹帔黄裙、黄帔素裙、绛龙锦裙"[2]之类侍真之服。

据太上所言，如果"归真反本，湛寂自然"，则形影皆空，"逐境分仪，神用自然，变化不测"[3]，自然也就不需要衣服了。因此太上解释，神仙的衣服分为两类：无衣之衣和有衣之衣。大罗天与太清、玉清、上清的三清天，以及无上常

---

1 《道藏》，第18册第228—229页。
2 《道藏》，第18册第228页。
3 《道藏》，第18册第229页。

融、玉隆腾胜、龙变梵度、平育贾奕的四梵天，位于此几等圣境的上仙，本尊俱是"妙体自然，变化无常，本无形质，或隐或显"。为了在人间显迹，需要以化身示人，彰天道威仪、仙家气象，以昭示圣迹，接引下凡，故而"暂假衣服，随机设教"[1]，此为"无衣之衣"。无衣之衣，谓其无中生有，幻化而成：

> 皆飞云流霄、自然妙气，结成衣服。九色宝光，而生万物。长短大小，随境应形。或明光八照，圆象洞焕，景耀远近，变化自然；或九色合成，万种分辉；或龙凤结彩，山水流形，千变万化，不可得名。[2]

此番种种，皆是自然而成，本无形质障碍，应缘而得相见，是隐是显并无固定的规律。神仙不衣而衣，是为了显示与众生无别，融融泄泄，和光同尘。太上自己便是"元生之至精，兆形之至灵"，并不具有实质样貌，"于虚空之中，结气凝真，强为之容"，"著光明之衣，照虚空之中，如含日月之光也"。其衣饰仪仗也随形变化，而真形妙相则不可具图：

> 或在云华之上，身如金色，面放五明，自然化出，神王、力士、青龙、白兽、麒麟、师子，列于前后。
>
> 或坐千叶莲花，光明如日，头建七曜冠，衣晨精服，披九色离罗帔，项负圆光。
>
> 或乘八景玉舆，驾五色神龙，建流霄皇天丹节，阴九光鹤盖，神丁执麾，从九万飞仙，师子启涂，凤凰翼轩。
>
> 或乘玉衡之车，金刚之轮，骖驾九龙，三素飞云，宝盖洞耀，流焕太无，烧香散华，浮空而来，伎乐骇虚，难可称焉。
>
> 或坐宝堂大殿，光明七宝之帐，朱华罗网，垂覆其上，仙真列侍，神丁

---

[1]《道藏》，第18册第229页。
[2]《道藏》，第18册第228页。

卫轩，幡幢旌节，骑乘满空。

或金容玉姿，黄裳绣帔，凭几振拂，为物祛尘。或玄冠素服，白马朱鬣，仙童夹侍，神光洞玄。[1]

二则是"有衣之衣"。神仙的服仪，与世俗相同，逐级等下，亦有差降，以匹配神仙的修证程度和得道位阶。与四梵天以上仙真"随境应形、变化靡常"[2]所不同的是，色界、欲界、无色界的仙人，"乃至弃贤，形质尚麤，未能合道"[3]。是故，此三界仙人巡游人间，需要凭借神仙威仪，规行矩步，行礼如仪，衣冠楚楚，仪表堂堂。因此，所服之衣需有固定形质，是为"有衣之衣"。虽如是，此衣亦非人世间之所造，同样本出自然，"随心所欲，应念而生，变化自在，不比于常"[4]。皆为三界所出之物产，或在诸天界中寻得的锦绣绮罗，以及下方神仙所奉献的奇珍异宝，均不同于下界凡品，所以北宋道经《太上出家传度仪》赞美仙衣是"上界神仙服，天宝自然裳"[5]。

神仙幽隐，与俗异流，仙凡并非同道。因此不论是"无衣之衣"还是"有衣之衣"，皆是神仙为了教化人间、接引众生，依世俗人等形象而显现出的形质，是身外化身、法相分身，或者根本就是幻象，而非神仙之本象。正如太上所言："上界真仙，下世教化，因时所服，不异人间；或下界真仙，上朝诸天，其所服驭，参同上境。"[6]神仙形象变化的依据，当视其所行之事的需要。

早期道教的神仙，多高居云霄天宫或深处洞天结界，不食人间烟火，也不理凡尘俗事，如东王公、西王母等。到魏晋时期，葛洪把一部分仙人"下降"到人间，按《仙经》所言，将仙人分列三等："上士举行升虚，谓之天仙。中士游于名

---

[1] 《云笈七签》，第 5 册第 2207 页。
[2] 《道藏》，第 18 册第 229 页。
[3] 《道藏》，第 18 册第 229 页。
[4] 《道藏》，第 18 册第 229 页。
[5] 《道藏》，第 11 册第 145 页。
[6] 《道藏》，第 18 册第 228 页。

山，谓之地仙。下士先死后蜕，谓之尸解仙。"[1] 到唐代，神仙混迹人间，不再高高在上，而趋于世俗化，也更具人性化。《太平广记》就记载有大量的唐代在世仙真，称其为谪世之仙、入世之仙和混世之仙。如唐玄宗时的高道叶法善，被认为是因在仙界"校录不勤"而谪贬人间，要求他将功补过，在凡间立功济人、辅佐国君，功德圆满后恢复旧职，是为"谪世之仙"。在唐代后天仙真中有大量积极入世、出将入相的仙人，如历仕玄宗、肃宗、代宗、德宗四朝的政治家李泌，重视养生、济世活人的"药王"孙思邈，都为"入世之仙"。"混世之仙"更像市井百姓，有些甚至是身处社会底层的卑微小角色，"变服尘游"体验平民生活，富有侠义精神，到处惩处恶人，此一类人物众多，不胜枚举。神仙自上而下，混俗和光，与世同尘，试图在向人们表明：仙门常开，修仙可学，而且仙法平等，心诚则灵。

不仅如此，神仙形象在不同时期的变化，也与世俗中人对其的崇奉程度息息相关。以被陶弘景列为女仙之首的"西王母"为例。西王母信仰从周代到唐代，历时千年不断积累完善，其身份也经历了由半人半兽的原始人（或神），到一方邦国的首领，再成上界神灵，继而成为道教女仙之首的过程。而其形象，也由凶恶可怖演变为雍容端庄；面貌刻画由稀疏几笔的白描速写，到精雕细琢的工笔重彩；服饰特征也由衣皮带茭的粗犷朴拙，到吴带当风的飘逸典雅。

《山海经》数处记有西王母的早期形象[2]，皆亦人亦兽，其中被引用最多的一段文字记于《西山经·玉山》，如是说："西王母其状如人，豹尾虎齿而善啸，蓬发戴胜，是司天之厉及五残。"[3] 这个时期的西王母，虽然面目狰狞，形象可憎，但却是一位具有非凡力量、神人同体的勇猛女性，能够镇压恶鬼和像五残星这样的凶星，保护人民有好收成和过安定日子。因此，还有一种说法，指其并非神话而是真人。

在青海湖西北、柴达木盆地东缘、巍巍昆仑山北麓，有个名为天峻的县城，县城有条狭长山谷叫作日吉沟，长沟曲折，宽窄不定，两边岩石裸露，草木稀疏，

---

[1] 王明：《抱朴子内篇校释》，第20页。
[2] 学术界有观点称，西王母为地名、族名或者国名等，而非人名，居流沙之滨，舜九年来朝；道教认为西王母是一个具体的神或仙，本书依此而论，不涉及历史、地理等方面的考证。
[3] 袁珂：《山海经校注》，第31页。

尽头处两山收拢留出豁口，形成一处天然草滩；草滩中突兀一处山丘，似天外飞来，其状如蒙古包，被称为"关角"，关角西侧有一天然石洞，当地人指其为"西王母石室"；这倒符合《大荒西经》等文献关于西王母"穴处"于昆仑之丘的记载。[1] 据当地人讲，西王母是人，而且是古羌族首领，虎齿是她戴的或者在脸上画的虎头面具，可能还饰有虎牙，豹尾是她衣服后腰所缀的装饰，当地有虎豹崇拜的习俗。"胜"是一种女用首饰，其形制如张开双翅的飞鸟，中心为圆体像鸟的身体，圆体上或有纹饰，上下两翼呈梯形，依圆体为中心正向相对，佩戴时固定于簪钗之首，从左右两侧插入发髻，两胜之间用"枝"相连；材质多为金属、玉石或丝帛，考虑昆仑盛产玉，尤其西王母居处名为"玉山"，故所戴应为玉胜。"胜"在汉魏两晋颇为流行，被认为有祛灾辟邪之功，是吉祥之物，常与礼服相配。

不过这位脸上饰以虎头面具，披散头发戴着玉胜的女首领形象，虽然不像长着虎牙、拖着豹尾的早期形象那么令人生怖，但确实没法和冰肌玉骨的仙人风姿相提并论，所以到唐末五代杜光庭作《墉城集仙录》时，不得不取《逍遥墟经》之说，另做了一番解释："王母蓬发戴胜，虎齿善啸者，此乃王母之使西方白虎之神，非王母之真形也。"[2] 这个蓬乱着毛发、戴着玉胜、长着老虎的牙齿，而且善于长啸的家伙，是西王母的使者——西方白虎，而不是西王母的本尊形象。这似乎更符合人们对神仙形象的心理诉求。

对西王母形象的进一步美化，出现在西晋时战国墓出土的《穆天子传》里。此文记载了周穆王西巡，到昆仑瑶池做客，与西王母宴饮酬酢，互为唱和。文中虽未直接描述西王母的形象，但其间应答，言谈举止雍容气派，并且自称是天帝之女，俨然出身贵胄，《山海经》中描写的原始形象荡然无存，只是所居之处仍然人兽杂处："比徂西土，爰居其野，虎豹为群，于鹊与处。"[3] 尤其二人暗生情愫，临别时西王母依依不舍，祝告周穆王长生不死，再来相见。此时的西王母，已变身为一位地位尊贵、性情温婉、情感丰富的人间女王。

1　袁珂：《山海经校注》，第 272 页。
2　《道藏》，第 18 册第 168 页。
3　《道藏》，第 5 册第 40 页。

到西汉中期，西王母的形象塑造更加神化，成为掌管不死之药的上界女神，《淮南子》中便有记载："羿请不死之药于西王母，姮娥窃以奔月。"[1]从中可以看出，不死之药除了能够使人长生不死，还能助人飞升成仙。伪托班固或葛洪所撰的《汉武故事》也记载了汉武帝向西王母求请不死之药之事。西王母遣使告武帝，谓七月七日来见，武帝得东方朔所教，洒扫焚香以迎。是日，夜漏七刻西王母至，"乘紫车，玉女夹驭，载七胜，履玄琼凤文之舄，青气如云，有二青鸟如鸾，夹侍母旁"。但因为武帝"滞情不遣，欲心尚多"[2]，西王母未赐不死之药，而待以三千年一实的仙桃。这时西王母的神仙仪仗初备，衣饰形象有所涉及，但还不是很明确。

起于战国，历经秦汉的信仰皈依，到汉末魏晋南北朝，西王母的形象已臻完善，由早期主刑杀、掌生死的凶神恶相，逐渐演变成掌管不死之药的女神，植有可助人长生之仙桃的女仙，对其的膜拜在西汉末年达到高峰。

到东汉末年正式诞生了道教，道教贵生恶死，这种"长生"和"不死"的信仰基因，成为道教融摄西王母信仰的基础。汉代有则民谣称"乐莫乐乎长安市，使人寿若西王母"[3]。这则民谣被《太平经》收入记载西汉哀帝建平年间宗教活动的《师策文》，可见当时人们是将西王母视作长寿的典型，并且被太平道所认同，将之与"长寿"相联系而留下了记载。这应是道教经书中留下的对西王母最早的关注。除此之外，本经与同时期的五斗米道经书《老子想尔注》未见有关西王母的记载，应可视作道教在肇始时期，并未将西王母视作非常重要的神灵加以尊奉。一直到南北朝时期，西王母在道教中变得重要起来，被奉为尊神，赋予职司，设定位阶。在这个过程中，上清派着力最著。

上清派因奉《上清经》而名世。《上清经》中以《大洞真经》最为精妙，谓其"乃九天之奇诀，上元太素君金书之首经也"。被列为上清经之首，故又名《上清大洞真经》。此经的传授，便附会是经西王母之手："此经之作，乃自玄微十方，元始天王所运炁撰集也。西王母从元始天王受道，乃共刻北元天中录那邪国，灵镜人鸟之山，

---

1 何宁：《淮南子集释》，第 501 页。
2 《汉魏六朝笔记小说大观》，上海：上海古籍出版社，1999 年 12 月第 1 版，第 173 页。
3 王明：《太平经合校》，第 62 页。

阆莱之岫。乃于虚室之中,聚九玄正一之炁,结而成书,字径一丈,于今存焉。"[1]

不仅上清派,灵宝派亦如是。灵宝派与上清派大致同时或稍晚出现,以传洞玄灵宝部经书而得名。被称为"古灵宝经首经"的《元始五老赤书玉篇真文天书经》有一段记载,称"九天玉真长安神飞符"和"三天真生神符"亦是经西王母传授:"二符,太上大道君受于元始天尊,以传西王母,元始五老始生五帝,天元分度。"[2]这个时期,还有不少指为西王母所传之道经,不仅于此,甚至出现托名西王母所作之道经,如《洞真西王母宝神起居经》等。

将西王母纳入道教经书的传授谱系,说明当时西王母已经在道教徒中深入人心,是一位地位尊贵、有较高知名度的神仙,以至于道经的撰制者需要借此提高经书的神圣性,以利于传播。

在此背景下,《汉武帝内传》应视作西王母仙化的标志性作品,该文虽托名班固或葛洪所撰,但有研究认为可能出自魏晋士人之手。这应该是道教对《博物志》和《汉武故事》等文献所记载的"汉武帝会西王母故事"的提取和加工,不仅植入了西王母传授汉武帝《五岳真形图》《灵光生经》的情节,而且称道法直接得自元始天王,"这就大大提高了西王母的地位,使其所传秘术更具正统性"[3]。尤为重要的是,较之前的文献,《汉武帝内传》对西王母形象的描述甚详。

汉武帝好道慕仙,西王母遣使相约:七夕下降,临承华殿,教以长生之法。是日入夜,更交二鼓,万籁初寂;忽然间西南云起,飘摇而来,耳听得箫韶九成,鼓乐声响,方才见有凤来仪,群仙云集,一时间庭宇光耀,车马喧嚣。武帝所见,西王母乘坐着由九色斑龙驾驭的紫云车辇,降临殿上的时候,仙人们都隐去身形不知所踪,只有鸾舆近旁五十天仙侍从,皆身长过丈,仙人坐驾,或龙或虎,有麟有鹤,也都"执彩旄之节,佩金刚灵玺,戴天真之冠"[4]立于殿下;王子登、董双成两位美貌侍女扶持着西王母上殿,两位侍女皆青鸟化身,碧玉年华,"服青绫之袿,

---

[1] 《上清大洞真经序》,《道藏》,第 1 册第 512 页。
[2] 《道藏》,第 1 册第 789 页。
[3] 詹石窗:《道教文学史》,上海:上海文艺出版社,1992 年 5 月第 1 版,第 142 页。
[4] 《道藏》,第 4 册第 48 页。

容眸流盼，神姿清发"[1]，西王母上殿后面东坐定。彼时，西王母服饰特征鲜明：

著黄锦袷襦，文采鲜明，光仪淑穆，带灵飞大绶，腰分头之剑，头上大华结，戴太真晨婴之冠，履玄璚凤文之舃。[2]

武帝视之，年龄在三十上下，体态适中，仪态万千，不禁感慨：

天姿菴霭，云颜绝世，真灵人也。[3]

从如此华丽的排场可以看出，此时的西王母，已全然具备群仙领袖的气概。具有时代特征的，是侍女所着之"袿"和西王母所着之"襦"。"袿"是长衣下摆的装饰，以全幅布帛斜裁成三角形，因其上广下窄，形如刀圭，故名；缝缀于衣服前襟上，穿着时，将衣襟绕至身后。缀有这种袿饰的女服称为"袿服"。"襦"为上下相连之大衣，上俭下丰、袖笼肥大，襦衣前面结带、长长垂下，视之潇洒飘逸，颇具神仙姿态（图2-4-2）。这两种服式在魏晋时皆为礼服，据史书记载，刘宋、萧齐的皇后谒庙时均穿着"袿"和"襦"，《隋书·礼仪志六》甚至说："皇后谒庙，服袿、襦大衣，盖嫁衣也。"[4]而西王母头上所戴的"大华结"，亦称"大手髻"，是在自己真发基础上接续假发绾结而成的发髻，以宜于在发髻上插花和首饰。

更具有标识意义的是，西王母所着的"袷襦"，其质料为黄锦。"锦"是多彩提花织物，至今已有三千多年历史，因工艺复杂，其价如金，故称为"锦"，意指如"金"之丝帛。汉魏时流行一种"斑文锦"，亦称为"虎纹锦"（图2-4-3、图2-4-4），西王母所采用的"黄锦"，推测是这种织物，虎纹斑驳，色彩鲜亮，当可看作是西王母部族虎豹崇拜习俗的遗留。

---

1 《道藏》，第4册第48页。
2 《道藏》，第5册第48页。
3 《道藏》，第5册第48页。
4 （唐）魏征、（唐）令狐德棻：《隋书》，第1册第236页。

图2-4-2 穿襳髾袿襹大衣、头戴华结的仕女

（晋）顾恺之：(上)《列女仁智图》(宋人摹本，局部)，现藏北京故宫博物院；
(下)《女史箴图》(唐人摹本，局部)，现藏大英博物馆

图2-4-3　虎纹锦、豹纹绵

（西汉）锦地织物，湖北江陵县凤凰山167号墓出土，现藏荆州博物馆

图2-4-4　蓝地斑文锦

（东汉）织物残片，新疆若羌县楼兰古城城郊孤台2号墓出土，现藏新疆维吾尔自治区文物考古研究所

这段文字还透露出，西王母及其侍女、属下神仙的名号和形象都已经非常具体化，这说明当时对其的信仰已比较普遍并且为官方所接受。这个时期的信仰具有双向性，不仅汉武帝虔诚恭敬，修整洒扫宫掖，装饰云锦帏帐，点燃九枝灯檠，紫罗香做荐席垫，博山炉焚百和香，以驱散人间秽气，在承平殿设宫宴，并亲自检视瓜果，备办玉门大枣，酌满葡萄美酒；而且清斋百日，盛装出迎，立于丹墀，还下令闲人回避，端门内不得窥探。西王母并侍女以及众天真，穿着隆重礼服、冠戴炫华首饰，仪仗鲜明，排场风光，郑重其事来拜访汉武帝，也足见其重视程度，希望结交世俗权贵，借助皇权的威望弘扬道法，也可看作道教在南北朝时期往上层社会发展的需要。

民间对西王母的崇信日盛，道教也不遗余力将其推上至尊地位。葛洪所撰《枕中书》为西王母虚构了身世：在《汉武帝内传》中授之《五岳真形图》的元始天王，由"师"变"父"，与太元圣母相婚，先育扶桑大帝东王公，"又生九光玄女，号曰'太真西王母'，是西汉夫人"。并称：

扶桑大帝，元始阳之气，治东方。……西汉九光夫人，始阴之气，治西方。故曰木公、金母，天地之尊神，元气炼精，生育万物，调和阴阳，光明日月，莫不由之。[1]

西王母居于昆仑玄圃，与居于东海扶桑的东王公共理二气，育养天地万物，分掌男仙女真。继之，陶弘景撰《真灵位业图》，在道教神仙谱系中首次设"女真位"，西王母排在第二层"女真位"第一，列为女仙之首，号"紫微元灵白玉龟台九灵太真元君"。只不过，陶氏按尊卑主从设置了七个层级，每级又分左、中、右，纵横排列，自不相牾，相互之间统属不明，导致神仙次第颠倒重沓，所司职分也措置不仝。以至于自问世以来，一直有人怀疑《真灵位业图》是否陶氏亲撰。在这个图谱中，女真虽有一百二十余名，约占整个图谱的六分之一，但系统尚不健全，几乎处于从属依附地位，女仙无一列入中位，形象也缺乏独立性，因此，西王母在此图谱中，虽然作为女仙领袖的名位得以确认，但所司职分并不明确。

真正确立西王母统驭女仙、母养群品地位的，是唐末五代高道杜光庭所撰《墉城集仙录》。《集仙录》原本记女仙一百零九名，后佚，今《道藏》本载女仙三十八名。[2] 据杜光庭自己在《墉城集仙录·叙》的解释，这个女仙体系的构成思路是："纂彼众说，集为一家，女仙以金母为尊，金母以墉城为治，编记古今女仙得道实事。"[3] 并且依据《上清经》指出："男子得道，位极于真君；女子得道，位极于元君。"[4] 显而易见，西王母及其治下百余名女仙皆居于墉城，这里的"墉城"是女仙的总归宿，传说位于昆仑山上；这是一个相对独立的系统，统属明确，职司清楚。这个系统包括南极王夫人等西王母的五位女儿，上元夫人等昆仑系女仙，照临李夫人等上清派女仙，以及麻姑等来自民间的女仙。西王母位列女仙之首，

---

1 《元始上真众仙记·葛洪枕中书》，《道藏》，第 3 册第 270 页。
2 卷五所记"湘江二妃"实为两人。
3 《云笈七签》，第 5 册第 2527 页。
4 《云笈七签》，第 5 册第 2527 页。

"体柔顺之本为极阴之元,位配西方,母养群品,天上天下三界十方女子之登仙得道者,咸所隶焉"[1]。这个系统井然有序,等级森严。

《集仙录》同样记载了西王母七夕下降会晤汉武帝之事,对其形容、衣饰、仪仗等的描述,与《汉武帝内传》如出一辙,除年龄减为"二十许"外,其他一般无二。不独西王母,墉城的众多女仙无论寿年几何,视之皆似妙龄,这些女子因寿而仙,成为人们长生久视、修道升仙的理想象征。而且,杜光庭对她们的仙容、仙姿、仙仪同样不吝笔墨。例如在《集仙录》里地位仅次于西王母、身为道君弟子的上元夫人:

年可二十余,天姿清耀,灵眸艳绝,服赤霜之袍,云彩乱色,非锦非绣,不可名字;头作三角髻,余发散垂至腰,戴九灵夜光之冠,带六山火玉之佩,结凤文琳华之绶,腰流黄挥精之剑。[2]

杜光庭笔下的女真,不仅仙姿绰约,而且神通广大,不再是男仙们的附庸,具有自己的独立性,这固然与唐代社会女性地位提升、自我意识高扬不无关系,更重要的是,与道教信仰体系中"一阴一阳谓之道"密切相关。《枕中书》将元始天王和太元圣母作为开天辟地、和合阴阳的象征,使之成为构成宇宙的原始力量。其后出现的扶桑大帝东王公,其号为"元阳父",象征始阳之气,继而又有九光玄女,其号为"太真西王母",象征太阴元气,木公金母相配,"一阴一阳,道之妙用",二者分治东方西方,各掌男仙女真。这个时期,东、西二仙已经脱离西汉时期朴素的阴阳对偶神形象,而成为共理阴阳二气的仙真形象,阴阳相和才能"裁成品物,孕育群形,生生不停,新新相续,是以天覆地载,清浊同其功;日照月临,昼夜齐其用"[3]。不过,《集仙录》对东王公只是一笔带过,并未详加论述,根据詹石窗先生的观点,道教对女神和女仙的崇拜,对女性修行的推崇,是由主阴

---

1 《道藏》,第18册第168页。
2 《道藏》,第18册第172页。
3 《云笈七签》,第5册第2526页。

的思想基础所决定的,"由于主阴的思想本来就是女性崇拜的哲学化,必然反过来加强女性崇拜,促进女性崇拜的发展。这是道教体系中为什么有如此众多的女性神仙的主要原因之一"[1]。因此不难看出,西王母被视为"始阴""洞阴"或"太阴",成为阴性力量的象征,其根源是道教"贵柔守雌"的信仰主张。

至此,西王母算是完成了道教化的形象定型,成为洞阴至尊以及母养群品的女仙之首。之后,在元代《历世真仙体道通鉴后集》、明代道经《逍遥墟经》以及《搜神记》等文献中,出现的西王母与《集仙录》中"金母元君"形象差别不大。

通过对道教仙真服饰的梳理,一定程度上可以看出,道教神仙信仰经历了从高远缥缈到凡俗生动的过程,尽管仍然是超离人间,但修仙具有可以进行实践的可能性和操作性,成仙并不脱离凡尘世间。道不离器,仙真穿着服饰,与凡人形象无别,目的是使凡人对虚无缥缈的神仙眼见为实,向凡人传达对神仙的信仰。

1　詹石窗:《道教与女性》,北京:宗教文化出版社,2010年8月第1版,第142页。

第三章 足　　衣

足衣，亦称"脚衣"，指穿着在足上的服饰。足衣在秦汉之前，泛指鞋袜，自汉始有内外之分，足内衣指袜类，足外衣指鞋类。

远古时人类并无足衣，人们最初生活在气候温暖的热带地区，时至今日，在我国海南岛、云南南部等地区的少数民族还保留赤足而行的习惯。随着人类生存气候、地理环境的变化，为保护脚不受冻、不受伤，人们发明了足衣。大约在五千年前的旧石器时代，原始人在用骨针缝制兽皮衣服时，也缝制兽皮足衣，既用以保暖，也在追寻猎物时保护脚不受创伤。这种兽皮足衣，既可算袜，也可算鞋，在最初时往往彼此不分。

袜，亦作"韤""韈""鞜""襪""帓""紑"。最早见于《中华古今注》，云："三代及周著角韤，以带系于踝。"[1]可见在夏、商、周时期已有其制。"角韤"即用兽皮制作的原始"袜子"，材质为"革"，故作"韤"。后来，随着纺织品的出现，制作"袜"的质料由兽皮发展到麻、丝、布等，从其名号的演变也可见一斑，后世也就以"袜"取代"韤"等称谓。皮革制成的"袜"，制用高勒，勒口有系带，穿着时以系带结于胫，可践地行走，无须再着鞋履，故秦以前，足衣不分内外。西汉以后的"袜"多为纺织品，衬于鞋履之内。

作为足内衣的袜，其作用主要是衬鞋之用，按质料有绢、罗、锦、绫布等，按形制有短袜、半袜、千重袜、鸦头袜、三镶袜等。包括鞋、履、靴类的足外衣，质料、形制就更加丰富。

在道教服饰中，足衣也随着世俗社会的服饰演变，样式不断更迭，至今发展

---

[1] （晋）崔豹等撰：《古今注·中华古今注·苏氏演义》，第34页。

出了云袜、行縢、云履、十方鞋、道靴等丰富样式。道士们则会根据不同的场合，选择符合道教礼仪规制的足衣。

第一节　鞋　　袜

鞋类在秦之前总称为"屦"。《说文》称："古曰屦，汉以后曰履，今曰鞵［鞋］。"[1]也就是说，"屦"是鞋最古老的名称，汉魏以后，"履"成了鞋类通称，大约在隋唐之时，本来专指"生革之鞋"的"鞋"，代替"履"成了各种鞋的通称（图3-1-1）。

《诗经·魏风·葛屦》中记载了一种后世多为隐士所穿的"葛屦"："纠纠葛屦，可以履霜。"[2]是一种用麻、葛等植物加工成纤维后编制而成的鞋，质地稀疏，一般只用于春夏季节，冬季踩踏霜地仍着葛屦，盖贫困者。据《三洞修道仪》的记载，居山道士是着"草屦"的：

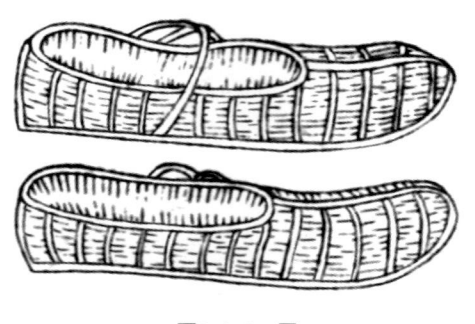

图3-1-1　屦
《三才图会》，第1550页

> 居山道士：冠平气冠，山水云霞衲帔，黄布裳、布裙、白履、草屦，坐七星坛，佩二禁印，东西二禁伏神剑，玄巾。[3]

葛屦亦泛称草鞋，今日道士的麻鞋应归此属。麻鞋古代亦称为"麻履"，是用麻草手工编织而成，主要在夏天或雨天气穿着（图3-1-2），这种道士鞋目前在城市的道观已然鲜见，在一些山里的老道观，夏天还能见到有道士着麻鞋。

---

[1] 《说文解字注》，第402页。
[2] 《毛诗正义》，《十三经注疏》，第2册第1370页。
[3] 《道藏》，第32册第68页。

图3-1-2 麻鞋
（左）元代麻鞋，内蒙古阿拉善盟额济纳旗黑水城遗址出土，现藏内蒙古博物院；
（右）唐代麻鞋，新疆吐鲁番阿斯塔那唐墓出土，现藏中国国家博物馆

与此基本相似的，还有"草履"。草履相传起自伊尹，以草为之；周文王以麻为之，名曰麻鞋。至秦以丝为之，令宫人侍从着之，庶人不可至；东晋又加其好，公主及宫贵，皆丝为之。[1] 其中以芒茎外皮编成的，谓之"芒鞋"，芒鞋竹杖的行头，多数用于出行、远游，据《初真戒·三衣格》的记载为全真派道士服饰，领受初真十戒、三戒、五戒、八戒、九真妙戒者，以及受中极戒者，皆穿着"芒鞋"。[2] 此三者，都可称作草鞋。

这应该是符合道教服饰的发展历史的。南北朝时期道士鞋履的规制，在《洞玄灵宝三洞奉道科戒营始》中有所记载。卷三"法服品"云：

> 道士、女冠履制皆圆头，或二仪像，以皮、布、绝、绢装饰，黄黑其色，皆不得罗绮锦绣。……其袜并须纯素，绝、布、绢为之。其靴圆头阔底，鞋唯麻而已。自外皆不得着。[3]

卷五"法服图仪"又云：

---

1 （晋）崔豹等撰：《古今注·中华古今注·苏氏演义》，第33页。
2 《道藏辑要》，第10册第96页。
3 《道藏》，第24册第754页。

凡道士、女冠，履、屦，或用草，或以木，或纯漆布、帛、绝、绢。[1]

《洞玄真一自然经诀》和《洞玄太极隐注经》皆规定灵宝道士着草或木制成的"履"。[2]也就是说，道士平时所穿为布（丝）鞋、草（麻）履，做法事时则着"舄"。

从这些记载可见，"履"是道士法服的重要组成部分，以草、木、丝、

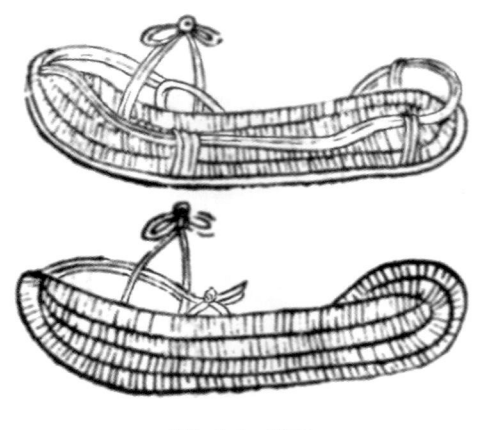

图3-1-3 草履
《三才图会》，第1550页

绢、厚布或皮制作。道士所着圆头履，有别于两角方正的方履。西汉前圆头履多用于大夫，《太平御鉴》卷六百九十七引《贾子》谓："天子黑方履，诸侯素方履，大夫素圆履。"[3]而东汉后则女子着圆头履，意为顺从；男子着方头履。《洞玄灵宝三洞奉道科戒营始》"法服品"强调道士、女冠皆着圆头履，此制与当时习俗有别，许是象征道教"贵柔守雌"之义。

从图3-1-3和3-1-4可见，"履"的形制差异较大，可以认为，"履"在当时是鞋类通称，与后世的"履"含义有所不同。明代以后，在重要的法事场合以及朝仪中，道士方着"履"，而除此之外，道士日常穿着的鞋相对比较简朴。《天皇至道太清玉册》称："鞋以木皮竹苎麻葛芷等，各任所为，不当用结丝锦彩绣绮皮类，过于侈靡，则不宜。"[4]这并不是明代才有的规制，即使在宋元时期，不饰华丽的"鞋"也是道士常服中的组成部分。《三洞修道仪》所记"智慧十戒弟子"的法服为：

戴二仪冠，黄绶衣七条，素裙七幅，鞡鞋而已。[5]

---

1 《道藏》，第24册第761页。
2 《道藏》，第25册第144页。
3 《太平御览》，第3册第3007页。
4 《道藏》，第36册第414页。
5 《道藏》，第32册第166页。

所谓靸鞋（图3-1-5），有两种解释：一指鞋的形制，靸鞋为无跟之鞋，犹今之拖鞋，据元末明初浙江人陶宗仪在其记载元代社会情状的笔记《南村辍耕录》中，列有"靸鞵"条，云："西浙之人，以草为履而无跟，名曰靸鞵。"[1]《急就篇》"靸鞮卬角褐袜巾"，颜师古注曰："靸谓韦履，头深而兑，平底者也。今俗呼谓之跋子。"[2]跋子即平底拖鞋，"兑"即"锐"，意指鞋头不仅深长而且略尖。《释名·释衣服》也有相同的解释："靸，袭也，以其深袭覆足也。"[3]另一则是指穿鞋的方式，即穿鞋时将后跟压倒踩在足下。现今许多地方，如四川等地，仍有俗语谓"靸（sǎ）着鞋"，是一种不太正式但较舒适的穿鞋方式。无论哪一种情况，靸鞋一般为燕居时所着，"智慧十戒弟子"应是尚未正式成为道士，故着装较为闲适，而且，据本经的记载，

图3-1-4　丝履
（西汉）岐头丝履，湖南长沙马王堆1号西汉墓出土，现藏湖南博物院

图3-1-5　明代靸鞋
（明）余士、（明）吴钺：《徐显卿宦迹图·孺慕闻声》（局部），现藏北京故宫博物院

1　（元）陶宗仪：《南村辍耕录》，北京：中华书局，1959年2月第1版，第225页。
2　（汉）史游撰，（唐）颜师古注，（南宋）王应麟补注，（清）钱保塘补音：《急就篇》，第149页。
3　《释名疏证补》，第179页。

图3-1-6　圆口鞋

图3-1-7　十方鞋

不仅男子，女冠平素亦常穿"靸鞋"。[1] 不仅如此，据《中华古今注》所称："盖古之履也。秦始皇常靸望仙鞋，衣从云短褐，以对隐逸求神仙。"[2] 亦可见靸鞋为隐逸修行之人的符号性特征。

靸鞋在南北方的样式差异较大，南方将无跟拖鞋称为靸鞋，而北方的靸鞋则是指缚带的布鞋。在当代道士的日常鞋类中，最常见的是圆口鞋（图3-1-6）和十方鞋（图3-1-7）。从圆口鞋的形制特征上看，很可能来自北方的靸鞋，只是不缚带而已。圆口鞋清代的道士较多穿着，从当时的图片资料看，有的也是靸着后跟。现在其实道俗皆用，样式类似老北京布鞋，多为黑色圆口设计，鞋口较深。

十方鞋，是目前穿着最广泛的一种道士鞋，几乎成了每位道士的必备。十方鞋的雏形，最迟应该始于明代，明人高濂在《遵生八笺》中记载："或以白布为鞋，青布作高挽云头，鞋面以青布作条，左右分置，每边横过六条，以象十二月意。后用青云，口以青缘，似非尘土中着脚行用，当为山人济胜之具。"[3] 白布做鞋底、缘以青布条，是十方鞋的基本特征。所不同的是，《遵生八笺》中以十二条青布象征十二月，而当代十方鞋是在鞋帮处开有十个孔，象征东、东南、南、西南、西、西北、北、东北、上、下十个方位，寓意道人云游十方，无量度人。

---

1 《道藏》，第32册第169页。
2 （晋）崔豹等撰：《古今注·中华古今注·苏氏演义》，第33页。
3 （明）高濂：《遵生八笺》，第634页。

图3-1-8 云袜
自有藏品，吴延军摄

与十方鞋配搭的足内衣谓之"云袜"（图3-1-8）。当代道教徒所穿"云袜"，沿袭古制，仍是高袘（靿），质料多为白色棉布，因布帛不具弹力，穿着时容易滑落，故袘口有系带，系缚于胫。道教礼仪规定，进入殿堂必须穿着云袜，如无也必须把裤脚扎住。这种束口高袘的云袜在野外能够防止蚂蟥、蛇等毒虫钻进裤腿，因此也是道士进山必备。白袜，自三代起便是贵族祭祀、朝会、礼见时所穿，多以白绫、白罗等质料制作；至宋时，士庶之袜仍喜用白绫、白罗、白布为之，称为"净袜"。道士穿着云袜不仅延续了这种礼制和习俗上的定规，而且以白色纺织品拟象白云，象征逍遥天界遨游四方的信仰追求。

此外，近年出现一种"筒子袜"，属于高筒袜的变体，即把袜底部分去掉、只留袜筒。穿上鞋后外观上与高筒袜相似，尤其适合夏天使用。其实这种形制承袭自宋，宋代出现过一种无底之袜，仅有袜筒，穿着时包裹于小腿，上不过膝、下达于踝，俗称"膝袜"或"半袜"。

《天皇至道太清玉册》还记载了类似功能的"行縢"（图3-1-9），称在山中修道，为行动方便，腿上一般会使用"行縢"。《释名·释衣服》释其"縢，腾也"[1]，

---
[1] 《释名疏证补》，第171页。

衣画云霞：道教服饰与符号

就是一种缠裹小腿的狭长布条，其制出于商周，初名"邪幅"，《诗经·小雅·采菽》有载，郑玄笺注曰"偪束其胫，自足至膝"[1]；汉代以后取行走腾跳轻捷之义，遂改称"行縢"，亦作"行缠"。宁王称其为"修行入山飞步，特宜具之，尤紧"[2]。

还有一种双梁鞋，也叫"双脸鞋"，本为士子常服穿着，因其简朴方便，后

图3-1-9　行縢示意图
吴延军绘

来逐渐流行开来，甚至贩夫走卒也多有使用。双梁鞋也多是黑色圆口的设计，不同的是，两条突起的梁子在鞋脸中间，将鞋面一分为三，暗合"三生万物"的寓意。在当代，这种有"梁"的鞋僧道都有穿着，通常习惯上，双梁鞋为道士所穿（图3-1-10），单梁为和尚所穿（图3-1-11）。为显道士的超凡脱俗，后经过改良，在鞋帮处增添了祥云图案，故也可称为"云头鞋"。

按照当代教职人员的着装要求，

图3-1-10　道士的双梁鞋
自有藏品，吴延军摄

图3-1-11　和尚的单梁鞋
自有藏品，吴延军摄

1　《十三经注疏》，第1册第1051页。
2　《道藏》，第36册第414页。

白袜、布鞋是道士日常必备，而高功在法事活动中则要求着云履或道靴。这类规制也是沿承前代。

第二节 履　舄

高功法师在斋醮科仪等活动中的足衣，通常是"履"和"舄"。"履"在汉魏之后取代"屦"成为鞋类总称，《事物纪原》对二者的区别则是："草谓之屦，皮谓之履。"[1]可见，履从渊源上就具备作为礼服的潜在因素。从形制特征上，"履"，是为单底鞋，以丝、厚绵或皮制作。履头多为平头、高头、云头等，头上还会有装饰。《释名·释衣服》谓："履，礼也，饰足所以为礼也。"[2]而"舄"，

图3-2-1 舄
《三才图会》，第1551页

则是履"复其下曰舄"[3]，就是复底鞋。以皮或葛为鞋面，夏用葛、冬用皮；鞋底双层，上层用麻或皮，下层用木（图3-2-1）。《释名·释衣服》谓："舄，腊也，行礼久立，地或泥湿，故复其下，使干腊也。"[4]就是说，舄通常是用于祭祀、朝会，为使行礼时不畏泥湿，故为复底。《诗经》中有不少关于"舄"的记载，其制应始于商周。

《周礼·天官·屦人》中所记载的履和舄，鞋面上并无太大差别，除了厚底、薄底的区别[5]，最主要的不同体现在，当时履为日常穿用，舄是鞋中最上等，更多用

1　（宋）高承撰，（明）李果订：《事物纪原》，北京：中华书局，1989年4月第1版，第839页。
2　《释名疏证补》，第176页。
3　《释名疏证补》，第177页。
4　《释名疏证补》，第177页。
5　《十三经注疏》，第2册第1493页。

衣画云霞：道教服饰与符号

图3-2-2 朱（赤）舄
（唐）赤舄，现藏日本奈良正仓院

于比较隆重的场合，比如祭祀。郑锷注《周礼·天官》云："舄止于朝觐、祭祀时服之，而屦则无时不用也。"[1]从舄的"复其下"的高底、厚底来看，应该也不是以行走方便为目的，礼制的功能尤重。从唐人杜佑的《通典》等文献来看也可印证：到靴已流行的唐代，帝、后和大臣在隆重的祭祀场合仍着"舄"而非"靴"，《隋书·礼仪志》称："唯褶服以靴。靴，胡履也，取便于事，施于戎服。"[2]从这个描述看出靴与袴褶的情况一致，都是少数民族服饰，因方便而被军队采用，进而流入中原，故上不了礼祭的场合。宋、明亦如是，至清其制被废，清廷帝后及百官祭祀朝会皆着靴，世俗剃发易服而僧道不从，故"舄"在道教服饰中仍保留下来。

服饰史学家周锡保先生在其著作《中国古代服饰史》中论及宋代道士服饰，云：

道家平时穿履，法事时穿舄，舄、履用朱色。[3]

如图3-2-3，元代道士吴全节法服像，便是头顶芙蓉冠，身披直领鹤氅、朱色大带，足登朱舄，手持白玉朝笏。

《太上出家传度仪》记载的道士披戴出家仪式是这样的：开始由保举师引入道弟子先拜三清大道，次拜度师，礼皇帝，谢先祖，辞父母，别亲友，然后举行仪式授以道服，此为正仪。[4]保举师为弟子脱去世俗衣衫，弟子由下往上依次更换道

---

1 陈茂同：《中国历代衣冠服饰制》，天津：百花文艺出版社，2005年8月第1版，第38页。
2 （唐）魏征、（唐）令狐德棻：《隋书》，第1册第276页。
3 周锡保：《中国古代服饰史》，第314页。
4 卿希泰：《中国道教·第四卷》，第93页。

第三章 足 衣

图3-2-3　着舄道士
（元）陈芝田:《吴全节十四像》，现藏波士顿美术馆

图3-2-4 云履
（唐）云头锦履，新疆吐鲁番阿斯塔那北区381号墓出土，
现藏新疆维吾尔自治区博物馆

服，并由度师告之其意义。最先换履，度师告之："足蹑双履，永离六尘。"[1]并嘱咐弟子"愿汝一心奉道，履践灵坛，凡所行游，不步凶恶之地，常登法会，径陟仙阶"[2]。从中可见，更换鞋履意味着入道之人与过往的凡尘俗事划清界限，此后仙凡异道，六尘陌路，归皈三宝，无随俗事。

履以履头的装饰，又分出多种，据《中华古今注》的记载："至东晋，以草木织成，即有凤头之履、聚云履、五朵履，宋有重台履，梁有笏头履、分梢履、立凤履，又有五色云霞履。"[3]道士穿着的云履（图3-2-4），顾名思义就是饰有云头的鞋子，亦称"云头履""步云履""登云履"，这种装饰云头的鞋子大约起于两晋时期，并流行于宋、元。星冠、霞帔、羽衣、云履在宋元之时已成为玄门高功进行法事活动的标准配置。从宋真宗时《玉音法事·披戴颂》的记载可见一斑：

云履：飞凫步云舄，登蹑九玄坛。[4]

"履"和"舄"头上装饰的水鸟灵动得像要飞起来一样，随着道士做法，游步凌波，逍遥游三界，乘风五汉间。明代的步虚词亦有相同的记载："飞舄蹑云端。"可见如云朵飘逸、如鸟鹊翻飞的"履"和"舄"，已成为道士行仪中明确的视觉符号。

---

1 《道藏》，第32册第163页。
2 《道藏》，第32册第163页。
3 （晋）崔豹等撰：《古今注·中华古今注·苏氏演义》，第43页。
4 《道藏》，第11册第145页。

图3-2-5 着朱舄、履的明代法师
（清）《金瓶梅》彩版画"黄真人发牒荐亡"（局部），现藏纳尔逊艺术博物馆

南北朝至唐时，道教科律都规定"法服不得用五彩作""法服不得用锦绣绮作"。[1]至两宋，社会经济繁荣，手工业发达且工艺水平较高，加著于"履"的装饰日渐其繁，因此，"履"不限于日常穿着，丰富的装饰使之成为具有仪式感的足衣，进入道士法事活动。北宋初年的《三洞修道仪》中记载，"太上初真弟子"着"玄履"；正式成为道士之后，洞神、高玄、升玄、洞渊各部以及北帝太玄道士着"玄履"；大洞和中盟洞玄部道士着"朱履"；居山道士着"白履"。[2]在女冠中，上清女官着"朱履"；正一盟威、洞神、高玄、升玄、三洞女官，法事皆着"玄履"；唯居山女道士则常着"草履"。[3]南宋的《高上神霄玉清真王紫书大法》中记载的神霄派各阶法服，称第一、二、三、四阶服着"朱履"；第五、六、七阶服着"皂履"。[4]到明代，履更是成为道士朝服体系的组成部分，依据《上清灵宝济度大

---

1 《道藏》，第18册第230页。
2 《道藏》，第32册第167—168页。
3 《道藏》，第32册第168—169页。
4 《道藏》，第28册第597—598页。

衣画云霞：道教服饰与符号

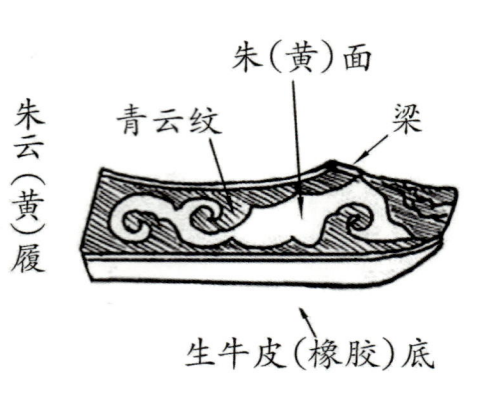

图3-2-6 当代云履
自有藏品，吴延军摄、绘

《成金书》的记载：上清三洞法师、洞真法师、洞玄法师、正一盟威法师，皆着朱履，"其四等缘带，各以三色云炁饰之"[1]。

由图3-2-5可见，明代斋醮法会，主法高功穿着朱色"舃"，其余法师都穿着朱色云头履。明代小说《金瓶梅》也旁证了当时的服饰规制，描绘了高功登坛炼度时的穿着：

登坛之时，换了九阳雷巾，大红金云白鹤法氅，与袖飞鸇，脚下白绫软袜，朱红登云朝舃，朝外建天地亭，张两把金伞盖。金童扬烟，玉女散花，执幢捧节。[2]

从这段材料的描述可以看出，明代高功登坛行法，多着朱（赤）色舃，而其他法师则着朱履，或穿云头履。

这种足衣在法事中的规制一直延续到当代。现在的云履仍是高功法师在大型斋醮活动中踏罡步时穿着的一种足衣。当代云履的样式结合了"舃"的部分特征，

---

[1] 《藏外道书》，第17册第620页。
[2] （明）兰陵笑笑生著，戴鸿森校点：《金瓶梅词话》，北京：人民文学出版社，1985年5月第1版，第906页。

206

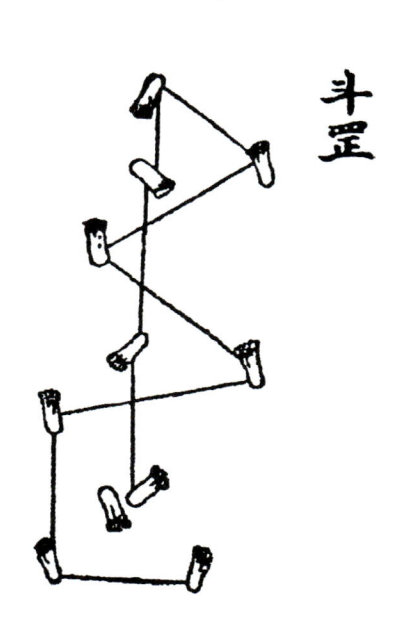

演变为圆头厚白底的布鞋，彩锦浅帮，但取了鞋头的云头装饰，改为在鞋面绣制或镂制云纹（图3-2-6），据说这种黑绫为质、素纱为云的样式是白居易创制，谓之"飞云履"。

可以想见，道士足登云履，踏着"禹步"（图3-2-7），感获七星神气，召神灵迎圣真，存思三境，神游九州。

而"舄"在当代道士法服中则与"靴"合流，成为白漆高厚硬底，黑色高筒样式，这种道靴是高功法师在举行大型斋醮法事时穿着。

不过，法事着靴的习俗，并非当代才有。《明会典》便记载有此制度："凡道官道士服色、

图3-2-7 禹步图
《灵宝无量度人上经大法》，《道藏》，第3册第977页

礼部仪制司。洪武二十五年令：正一道士，许穿靴。"也就是说，明代官方规定：正一道士凡在朝廷担任官职，允许穿着靴子。《天皇至道太清玉册》也记载了这种朝靴："靴，圆头阔底之制，古谓之靴，履诸秽处，未皆勿登堂，盖人间所用，山中则不宜矣。"[1]

图3-2-8 黑缎高靿厚底靴
（民国）高筒靴，现藏新加坡国家博物馆

---

[1] 《道藏》，第36册第414页。

衣画云霞：道教服饰与符号

图3-2-9　当代道靴
自有藏品，吴延军摄

靴这种形制，源自西域，战国时传入中原，但并不为中原王朝所接受。明太祖对蒙元治下风俗颇不以为然，一心恢复华夏旧制，但毕竟蒙元统治了近百年，因此在明代的传统汉族服饰中也吸收了蒙人服饰特点，发展出如裙褶——两边有马牙褶的长袍、兵笠——圆盘帽等特色服饰，靴也是其中重要一类。经清至当代，不少服饰也混融一体，因此，当代道教服饰中诸如混元巾、对襟褂、道靴之类，也一并继承下来。

第四章 纹　　样

中国的服仪制度，不仅对服饰基本要素——款式、尺寸、质料等有严格规制，对服饰上的装饰细节——色彩、纹样、饰物等也有规范要求；而且，这些精准的安排，皆有其象征内涵。本章以冕服之十二章纹饰为例，来看一下"物"与"象"之间的关联。

十二章纹又称十二章或十二纹章，是绘、绣于帝王和高级官员礼服上的十二种纹饰（图4-1-1），饰有十二章的衣裳被称作"章服"。关于十二章纹饰的起源、顺序以及所象征的意蕴，学术界颇多争议，有指其为先民"图腾"的演变，有认为出现在先秦，商周时服饰上便有运用，凡五章、七章、九章至十二章，等级的排列顺序不同。这个问题与本研究关系不大，暂且存而不论。目前所见文献中最早的完整记载，出现在《尚书·虞书·益稷》中。虞舜谓禹、皋陶、夔等人：

予欲观古人之象，日、月、星辰、山、龙、华虫，作会［绘］，宗彝、藻、火、粉米、黼、黻，絺绣，以五采彰施于五色，作服，汝明。[1]

孔颖达疏曰：

以日、月、星辰、山、华虫六章画于衣也，宗彝、藻、火、粉米、黼、黻，六章绣于裳也。天之大数不过十二，故王者制作者皆十二……以为日、月、星取其照临，山取能兴云雨，龙取变化无方，华取文章，雉取耿

---

[1] 《十三经注疏》，第1册第297页。

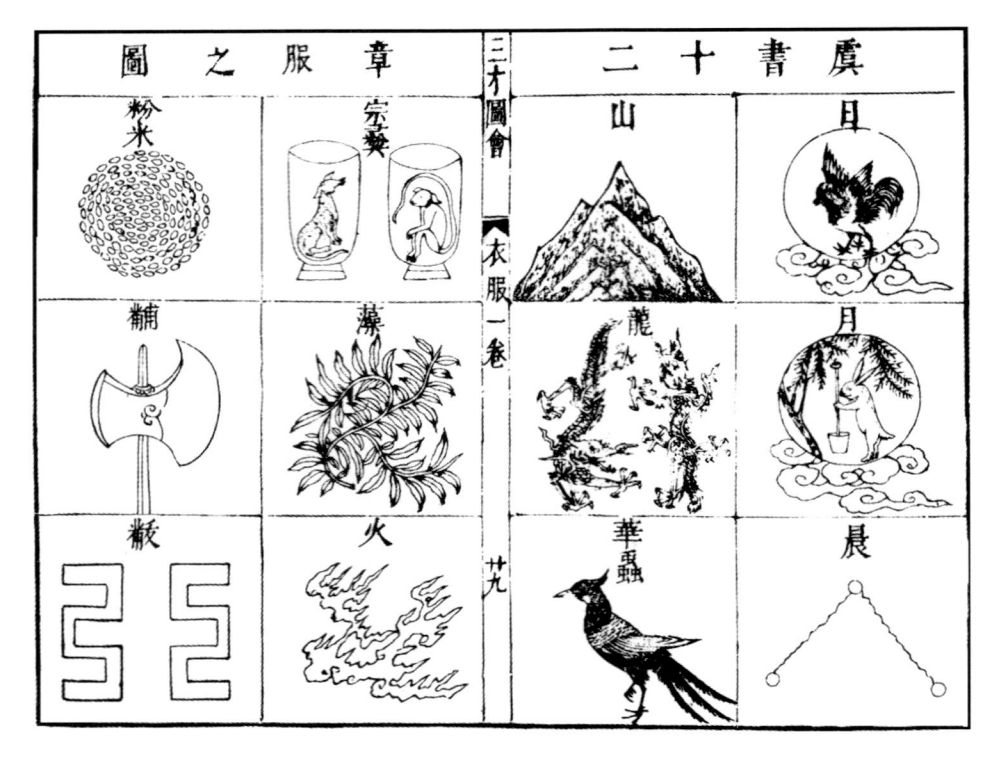

图4-1-1　十二章纹
《三才图会》，第1507页

介；……藻取有文，火取炎上，粉取洁白，米取能养，黼取能断，黻取善恶相背。[1]

十二章纹真正列入章服制度，应该是在东汉初。永平二年（59）汉明帝据史籍记载重制礼法，改冕服之制，云：

> 天子、三公、九卿、特进侯、侍祠侯，祀天地明堂，皆冠旒冕，衣裳玄上纁下。乘舆备文，日月星辰十二章，三公、诸侯用山龙九章，九卿以下用

---

[1]《十三经注疏》，第 1 册第 299 页。

210

第四章 纹　样

华虫七章，皆备五采，大佩，赤舄绚履，以承大祭。[1]

刘昭注释其象征意义，曰：

日月星辰，山龙华藻，天王衮冕十有二旒，以则天数；……服以华文，象其物宜，以降神（明），肃雍备思，博其类也。[2]

由此可见，冕服纹饰，不是无甚意义的纯粹装饰，皆象征着神明护佑，是沟通天地、人神交流的中介。

今人的研究，同样证明这些具有象征意义的纹饰，存在更深的神圣内涵。张光直先生（1931—2001）通过对青铜礼器上动物纹饰的研究，认为青铜礼器是在协助人神沟通的仪式上所用，上面所装饰的动物，为神之使者，是能够帮助巫觋沟通天地的灵物，故一方面用之为牺牲，另一方面又将其铸刻在礼器上作为装饰纹样："商周青铜器上的动物纹样也扮演了沟通人神世界的使者的角色。"[3]不仅如此，张氏还指出：

就巫觋沟通天地和动物充当助手而言，商代甲骨卜辞中便可以找到有关的证据。占卜本身，就是借助动物甲骨来实现的，可见它们的确是沟通天地的工具。此外，卜辞表明，上帝自有一批使臣为其奔走，其中包括"帝使凤"。商周青铜器上的动物形象便是这方面的直接证据。[4]

甚至，一些文献中还记载了人和灵兽的合体。例如，神农氏的母亲、来自有蟜氏的女子任姒，外出游经华阳时，遇到"有神龙首"者，感孕而生炎帝，炎帝

---

[1]《后汉书》，第 12 册第 3663 页。
[2]《后汉书》，第 12 册第 3663 页。
[3] 张光直：《美术、神话与祭祀》，北京：生活·读书·新知三联书店，2013 年 1 月第 1 版，第 55—58 页。
[4] 张光直：《美术、神话与祭祀》，第 58 页。

也是"人身牛首"[1]的形象，而炎帝部族亦以"牛"为图腾。这些图腾纹样，装饰于衣服上，比如十二章纹，或许便是取意人和灵物合体的象征形式。

神与天相通，人通过具备神性的动物媒介，神人以和，天与人因此而合一。绝地天通、人神相分之后，人们具有创造性地设计出这样一个逻辑线路，表达了人类捉摸天意，希望与主宰世间万物的"天"达成某种一致性的想法。这种思维逻辑，在英国古典人类学家弗雷泽（James George Frazer，1854—1941）看来，是一种巫术思维。他认为，中国人相信"同类相生""果必同因"[2]，人与物之间能够交互感应，"物"便是"传输这种赐福感应力的器具"[3]。弗雷泽把这种人与物的相互交感称为"顺势巫术"或"模拟巫术"。[4]

这样的模拟在中国古代比比皆是。例如，葛洪所著《抱朴子》中有一篇《登涉》，就是为道士入山采药、避乱隐修等事，专教以入山之法。其中详细记述了隐居山泽、行走林间的辟蛇之道。辟蛇之道，道教称为"蛇术"，是一种玄门秘法，据称起源于上古巫术，从葛氏所言"黄帝将登焉，广成子教之佩雄黄，而众蛇皆去"[5]，即知先民对雄黄制蛇之法早有发现，并能运用；巫觋将这些方法与巫术结合，就形成蛇术。因为道士常年行走山野，屡遇蛇袭，"蛇术"就成为道士必须掌握的生存技能，师徒秘传，各派不一，有许多禁忌和咒语，唐代道士孙思邈所著的《千金翼方》中，就有一篇《禁蛇毒》，记录了禁蛇敛毒的方法和咒语。[6]《抱朴子·登涉》应该是最早记录"蛇术"的道经。其中一些诸如带雄黄和活蜈蚣，烧牛、羊、鹿角熏身等，是利用物性生克之法，倒不全是巫术；但另一些，如以"炁"和"意念"辟蛇，则有明显的巫术成分。例如，道士进山之前，须在家习练禁蛇之法：静思日月以及朱雀、玄武、青龙、白虎的形象，以日月和四灵的神灵

---

1 《史记》，第 1 册第 4 页。
2 ［英］J. G. 弗雷泽著，徐育新、汪培基、张泽石译：《金枝》，北京：新世界出版社，2006 年 9 月第 1 版，第 41 页。
3 ［英］J. G. 弗雷泽著，徐育新、汪培基、张泽石译：《金枝》，第 36 页。
4 ［英］J. G. 弗雷泽著，徐育新、汪培基、张泽石译：《金枝》，第 29 页。
5 王明：《抱朴子内篇校释》，第 304 页。
6 （唐）孙思邈：《千金翼方》，太原：山西科学技术出版社，2010 年 1 月第 1 版，第 648—649 页。

护持其身体；有了真神护体的道士，行至山林草木之处，"左取三口炁闭之，以吹山草中，意思令此炁赤色如云雾，弥满数十里中"[1]。在意念想象中，这"炁"呈赤红色云雾状，四散开来，方圆数十里的范围都被这"炁"所笼罩，如果有人跟从，无论多少皆将他们裹罩其中，喷之以"炁"。这样施法之后，即使踩到蛇，蛇也不敢动，或者蛇会远远避开，不得见之。

在这类道术中，龙、虎、鸟、龟、蛇等动物，扮演着沟通神和人的使者的角色，也被认为是代表神灵的符号，道士们附加给它们神圣的象征意义，小心翼翼供奉它们，取悦这些被他们认为具有超人力量的"神"，把它们的形象装饰在衣服、法器、建筑等所用的器物上，认为这样能得到神灵的附体。同时也认真地模仿神灵的行为，并且虔诚地认为这种模仿是有效的。

巫术交感，神人以和，大概是道士在法服上饰以纹样的动机，以此作为与神交通的中介。法服上所饰纹样花样繁多，有代表性的可归纳为三类：第一类是动物，不单有瑞兽，也包括珍禽；第二类是取自自然界的景物，无论日月星斗还是山川风物，皆有汲取；第三类，不可避免的是取自道教信仰的意象，道教对世界本源的解释，以及道教宇宙观和神仙形象，各有意涵。

第一节 动物图像

道教崇拜神兽灵禽，所涉及的动物颇多，饰于法服上的通常有龙、虎、凤、鹤、麒麟、鱼等，择其要者而述之。

一、龙腾纹样

龙，应该称其为中国图腾，起于远古至于现代，上达庙堂下涉江湖，广受欢迎。龙纹，在道士法服上的适用广泛，高功法服有饰双龙、五龙、九龙等，多数

---

[1] 王明：《抱朴子内篇校释》，第305页。

图4-1-2　红缎地五龙法服

19世纪末道士法服，现藏圣路易斯艺术博物馆（Saint Louis Art Museum）

位于后背、前襟，分列左右，也有的位于下摆底边、袖边等。如图4-1-2所示，这件出自清同光年间的法服，后身刺绣五龙团花两两对称，二龙左右环侍"郁罗萧台"居中，其下一"正龙"衬托，底边亦饰龙纹。

龙的形态特征，从《说文》释"龙"字可见一斑："麟虫之长，能幽能明，能细能巨，能短能长，春分而登天，秋分而潜渊。"[1]也就是说，龙能够自由升降，翱翔于天际，畅游于深渊，也可以自如变化，因时屈伸，形状无常。所以，十二章纹里，龙是取其变化之义。

龙在中国出现的年代极其久远，三千多年前的甲骨文已有""字，就是很明显兽首、蛇身的形状。龙造型的实物出现则更早，考古材料证明，最早的龙形来自八千年前的"前红山文化"遗存：在辽宁阜新东北的兴隆洼文化查海遗址曾发现一条全长19.7米、宽约1.8—2米，用大小均等的红褐色砾石堆塑而成的"龙"。如图4-1-3所示，这条石龙躯体绵长，昂首、曲腰、弓背，拖曳状，长尾若隐若现。据考古专家称这是迄今为止我国发现的年代最早、体形最大的龙。同一地区还出土有龙纹陶器残片，龙身斑块似麟片，断代在公元前6000年左右。

---

[1] 《说文解字注》，第582页。

第四章 纹 样

图4-1-3 龙形堆塑
（前红山文化）龙形堆塑，辽宁阜新查海遗址发掘

龙形器物出现在有五千多年历史的新石器时代。20世纪70年代，在内蒙古赤峰红山文化遗址出土了一条玉龙。如图4-1-4所示，器型呈首尾勾曲的"C"型，整体高26厘米、直径2.3—2.9厘米。据考古专家称，这是国内目前出土的年代最早、器型最大的龙形玉器。玉龙材质为岫玉，用整块玉料通体琢磨、圆雕而成，细节局部运用浮雕和浅浮雕手法修饰，工艺精湛；玉龙的腰部重心位置钻有对称单孔，用绳吊起则首尾水平。其用途不明。专家分析，尽管此物造型接近后世的玉玦，但器型硕大、造型奇特，应该不是普通佩饰，很可能是祭祀用的礼器。

图4-1-4 龙形器物
（红山文化）墨玉龙，内蒙古赤峰翁牛特旗赛沁塔拉出土，现藏中国国家博物馆

最早的龙形纹饰则在1958年发掘湖南长沙战国木椁墓时被发现。该遗址出土了两片绣有龙纹的绢织物，被认为是最早的"湘绣"（图4-1-5）；之后，在湖北

215

图4-1-5 绢地龙纹绣
（战国）织物残片，湖北随州擂鼓墩曾侯乙墓出土，现藏湖北省博物馆

等地的楚墓中，又陆续出土了大量龙纹织物。这些距今已有两千多年的丝织品，仍然纹样精美，色彩明艳。

关于龙的形象来源，目前占主流的观点认为，自然界并没有"龙"这种动物，是古人凭想象而创造的，创造手法是杂取种种合成一个，所以能找到它各部分造型的依据。《尔雅翼》指其形有九似：

角似鹿，头似驼，眼似鬼，颈似蛇，腹似蜃，鳞似鱼，爪似鹰，掌似虎，耳似牛。[1]

与这一观点类似的，是闻一多先生提出的"图腾合并说"。他认为龙的基调是蛇，有一种体形很大的蛇的名字叫作"龙"；后来一个以这种大蛇为图腾的氏族，兼并了以其他动物为图腾的氏族以后，"吸收了许多别的形形色色的图腾团族（即氏族），大蛇这才接受了兽类的四脚、马的头、鬣的尾、鹿的角、狗的爪、鱼的鳞和须"[2]；这个新的大蛇图腾氏族，仍然沿用以前的名字，叫作"龙"。不过这个观点被质疑得比较多，可能闻氏自己也不是太确定，因而行文用的"大概"这个词。

倒有一些非主流观点认为，龙形出现很早，并且造型非常写实，说明远古时候曾经出现过这种动物，后来因为各种原因灭绝或者远遁了；后世之人未曾见龙之真身，故指其为神话。到底是蛇在神话过程中"长大"变成了龙，还是龙在生物演进中"缩小"变成了蛇？众说纷纭，莫衷一是。因为蛇和龙从来都纠缠不清，龙、蛇往往被视为同类，二者互代，在古代典籍中不胜枚举。比如黄帝，《山海

---

1 （宋）罗愿撰，石云孙校点：《尔雅翼》，合肥：黄山书社，2013年5月第2版，第329页。
2 闻一多：《伏羲考》，上海：上海古籍出版社，2009年7月第1版，第22页。

经》记载黄帝形象为"人面蛇身"[1]，而《史记》却记为"轩辕，黄龙体"[2]。二者并称的情况亦屡见不鲜，比如《周易·系辞下》云"龙蛇之蛰，以存身也"[3]，以"龙蛇"喻意隐退。"龙蛇"也象征非常的人物，如李白诗中所言"穷溟出宝贝，大泽饶龙蛇"[4]，也是说不同寻常的环境能够孕育出非常之人或物。

而认为龙的原型来自蛇的，从古到今不乏其人，比如葛洪。道教并不认为龙是自然生成的物种，而指其为由蛇"化生"而成。《抱朴子·黄白》云："蛇之成龙，茅糁为膏，亦与自生者无异也。"[5]在葛洪看来，"蛇"能够成为"龙"，是因为"化"，化即变化，这种变化之道，是天地的自然法则，是生命个体发生转化的原动力。这种"化"可以通过修行实现，因此民间有蛇五百年成蛟，蛟一千年而化龙的说法，所以，"人"也可以通过修行而成为"仙"。的确，在道教语境里，龙在助人升仙的过程中起着非常重要的作用。

龙在道教被称为"三蹻"之一。蹻者，《说文》释为"举足小高也，从足，乔声"[6]。其异体字有矯、趫、翻、蟜等，都有矫健如飞、神行奔走之义。《抱朴子·杂应》云：

  若能乘蹻者，可以周流天下，不拘山河。凡乘蹻道有三法：一曰龙蹻，二曰虎蹻，三曰鹿蹻。……龙蹻行最远，其余者不过千里也。[7]

也就是说，道教将龙、虎、鹿视作飞升成仙的脚力，乘蹻的修行者可举足高飞，上天入地，周行天下，不拘限于山川河流、崎岖道路，其中又以龙蹻最强，能行千里之外。三国时魏人曹植的游仙诗《升天行》首联曰："乘蹻追术士，远之蓬莱山。"[8]

---

1 袁珂：《山海经校注》，第192页。
2 《史记》，第4册第1299页。
3 《十三经注疏》，第1册第182页。
4 李白：《早秋赠裴十七仲堪》。
5 王明：《抱朴子内篇校释》，第284页。
6 《说文解字注》，第81页。
7 王明：《抱朴子内篇校释》，第275页。
8 孙明君：《三曹诗选》，北京：中华书局，2005年8月第1版，第121页。

可见至少在魏晋时期，将"乘蹻"视为道士的飞行之术或远行之法是有共识的。

自称来自"上清宫内隐秘之书"、是"天地之灵文，神仙之秘术"的《太上登真三蹻灵应经》宣称，"凡学修仙道，遇三蹻经能入妙道"[1]。因为三蹻与其他法术有所不同，施用起来，就像燧石的火、闪电的光、如烟的霞，转瞬即逝，可神速巡游于仙山海岛；而三蹻又有高低之分："三蹻经者，上则龙蹻，中则虎蹻，下则鹿蹻。"[2]《三蹻经》需传授给有德性的人，并且还依其人本身修行的高低而选择不同的"蹻"，如果任意妄为，所用非人，则有倾坠之祸。助力修行之人上天入地，巡游八荒，交通鬼神，驱避邪魔，又以"龙蹻"的法力最强：

> 大凡学仙之道，用龙蹻者，龙能上天入地，穿山入水，不出此术，鬼神莫能测，能助奉道之士，混合杳冥，通大道也。……龙蹻者，奉道之士，欲游洞天福地，一切邪魔精怪恶物不敢近。每去山川、江河、州府，到处自由神祇来朝现。[3]

"三蹻"的形象实物，在一些早期文化遗存有所发现。1987年5月河南濮阳西水坡的仰韶文化时期遗址，在M45墓里出土了三组有龙虎等动物形象的蚌壳堆塑。[4]其中一组图案（图4-1-6），主体形象由龙、虎、鹿构成，龙和虎蝉联一体，呈双头状，虎昂首怒目向北、龙低头张口朝南；鹿立于龙虎身躯的背上；鹿的后方有一只鸟在飞，鸟与龙头之间趴着一只蜘蛛，蜘蛛前方似乎还放置着一枚石球或石斧。

这组蚌塑奇特的造形和布局，自发现之日便引来不同学术领域的许多猜测。考古学家张光直先生则注意到它和道教之间的渊源：

---

1 《道藏》，第5册第2页。
2 《道藏》，第5册第2页。
3 《道藏》，第5册第2页。
4 此三组蚌塑动物形象，学术界对其究竟是何物仍有分歧。本研究中所采用的龙、虎、鹿和鸟、蜘蛛以及北斗的界定，是根据该遗址发掘单位——河南省文物考古研究院、濮阳市文物保护管理所出版的研究报告汇编《濮阳西水坡》中的定义；本研究不做形象原形考辨。

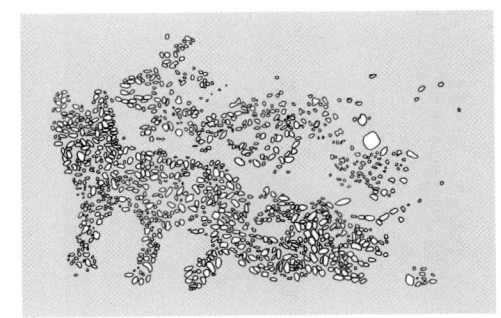

图4-1-6 龙、虎、鹿型蚌塑
蚌壳图案，河南濮阳西水坡遗址

濮阳第45号墓的墓主是个仰韶文化社会中的原始道士或是巫师，而用蚌壳摆塑的龙、虎、鹿乃是他能召唤使用的三蹻的艺术形象，是助他上天入地的三蹻的形象。[1]

并且，张光直先生还引《左传·昭公二十九年》的"古者畜龙，故国有豢龙氏，有御龙氏"等文献，来论证古时专业的巫师可豢龙、御龙以从事天地之事。在其所著的《中国青铜时代》中，列举了日本京都太田贞造氏收藏的一件战国蟠螭豢龙文卣，其上有巫师执鞭驱赶龙形动物的纹饰，认为"是一个写实性的人兽符号，表现一个巫师在驾驭着他的龙蹻"[2]，并以此为据，将之与道教的"三蹻"相联系，认为二者有渊源，从而合理地解释了为何龙、虎、鹿三者能够出现于同一画面的问题。而一些出土文物也确实非常写实地描绘了巫师驾驭龙蹻的形象，例如同出于西水坡遗址M45墓的另一组蚌塑（图4-1-7），画面左下部分为一人骑龙图案，骑者两手一前一后作驾驭状，龙首回望与人呼应，龙身舒展，长颈、高足，腾身奋飞；而其右上为一仰首翘尾奔跑或飞腾状的虎形图案。

中国社会科学院对这批蚌塑龙虎进行的碳14检测，证明其年代为距今6460±135年。因此，在题为《濮阳三蹻与中国古代美术上的人兽母题》的论文中，

---

[1] 张光直：《中国青铜时代》，北京：生活·读书·新知三联书店，2013年3月第1版，第329页。
[2] 张光直：《中国青铜时代》，第330页。

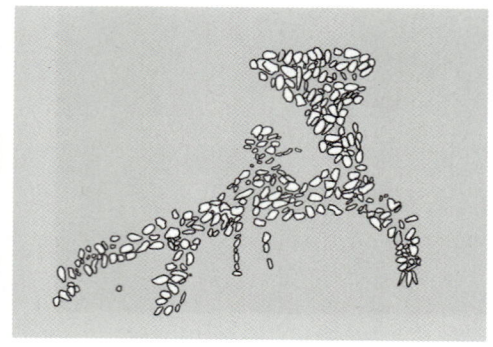

图4-1-7　龙蹯蚌塑
蚌壳图案，河南濮阳西水坡遗址

张氏设问自答：道教产生于东汉末，有关"三蹻"的文献记载则出自魏晋，和仰韶文化中间有5000年的时间跨度，用"三蹻"的观念解释这组形象是否过于牵强？他后来的回答是将之归结为"人兽母题"："中国古代美术中常见的一个符号便是人兽相伴的形象……这个母题的成分便是表现一个巫师和他的动物助手或'蹻'。"[1] 并称这5000年间一直有巫蹻的符号存在，道教在仪式方面有史前巫术延续的成分。

其实远在6500年前的仰韶文化遗存是否与东汉末年创立的道教存在关联，这个问题可以从源头上看。道教的来源"杂而多端"，本身就吸收了原始巫术。道教通过对道、儒、墨、阴阳、神仙等各家思想的融摄，创立了自己的信仰理论和法术系统，因此，远古巫术进入道教体系并通过道士的传承保留下来，完全是顺理成章的事情。甚至有的巫术被道教改造和丰富后，成为道教独有的符号，比如羽衣和羽人，至少在汉族地区是这样。羽人来自先民的鸟崇拜，其功能和龙、虎类似，也是引人飞升，在战国到魏晋的墓室壁画里，就有大量羽人引导、乘龙飞升的画面。

最著名的乘龙飞升成仙者当属黄帝。这个故事记载于我国第一部流传下来的系统叙述神仙事迹的著作《列仙传》。仙人宁封子授黄帝《龙蹻经》，教以龙蹻飞行之术，于是，"黄帝采首山之铜，铸鼎于荆山之下，鼎成，有龙垂胡髯下迎帝，乃升天"[2]。黄帝攀着龙的胡须，骑上龙背，御龙飞天，假身托葬于桥山，真灵飞升

---

[1] 张光直：《中国青铜时代》，第330页。
[2] 《道藏》，第5册第65页。

图4-1-8 飞仙图
(南宋)赵伯驹:《飞仙图》(局部),现藏台北故宫博物院

衣画云霞：道教服饰与符号

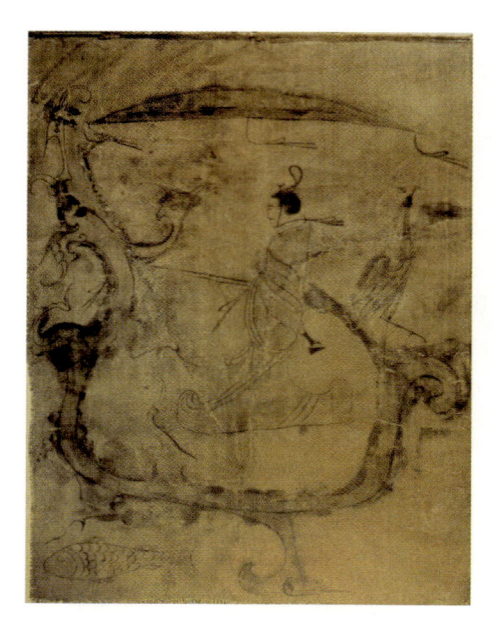

图4-1-9　乘龙飞升
（战国）人物帛画，长沙子弹库出土，现藏湖南博物院

入昊苍；并称黄帝的形象"有龙形"[1]。

　　这个故事应该流传甚广并早于《列仙传》成书时间，因为之前司马迁作《史记》时亦采用，记于卷二十八《封禅书》，内容一致，为秦汉时期的方士以黄帝为帝王成仙之楷模，鼓动秦皇、汉武效法之，以行修炼长生成仙事。[2]近现代许多有科学精神的历史学家，对司马迁采信方士之言将"黄帝乘龙升天"记载于正史颇不以为然，但大量出土的考古材料却隐隐显现出历史的影子。而且在仙话故事中，乘龙飞升的不止于黄帝。战国到魏晋的墓葬里，不乏表现这一主题的图像，如长沙子弹库战国楚墓中出土的人物御龙帛画（图4-1-9），以及西汉马王堆1号墓出土的帛画（图4-1-10），发掘简报中指出："乘龙升天的形象，反映战国时盛行的神仙思想。"[3]可见龙作为助力修行人飞升的神兽，具有典型意义。

1　《道藏》，第5册第64页。
2　《史记》，第4册第1394页。
3　湖南博物馆：《新发现的长沙战国楚墓帛画》，载《文物》1973年第7期，第3—4页。

不仅助人飞升,道教中的龙因为具有善飞和通天的特性,还充当神仙座驾,充实仪仗。《云笈七签》所描述的混元皇帝太上老君,便是一位真形不可测的自然尊神,幻化出诸般形象,"或乘八景玉舆,驾五色神龙","或乘玉衡之车,金刚之轮,骖驾九龙",抑或"神王、力士、青龙、白兽、麒麟、师子,列于前后"。[1] 太上驾驭龙舆,巡游周天,神仙风姿,随形变化。

龙作为纹样,至晚从战国时便在贵族中流行,收藏于湖北省博物馆的战国时期"绢地龙纹绣"(图4-1-5)提供了这一证据。龙纹成为礼服中最高等级的纹饰列入

图4-1-10 天界的龙
(西汉)铭旌,长沙马王堆1号汉墓出土

十二章,后历代对其使用皆有规制。唐代及之前,一品以上官员的祭服方可饰用,《新唐书·车服志》规定一品官员服用九章:"衮冕者,一品之服也。……青衣纁裳,九章:龙、山、华虫、火、宗彝在衣;藻、粉米、黼、黻在裳,皆绛为绣遍衣。"[2] 宋代限于皇室,普通官员不经特许不得饰用。元代明令不允许民间服饰龙凤纹,尤其强调"五爪二角"的龙官民皆不可僭用。明清两朝,称五爪为龙、四爪

---

[1] 《云笈七签》,第5册第2207页。
[2] (宋)欧阳修、(宋)宋祁:《新唐书》,第2册第519页。

图4-1-11　绿缎地九龙法服
（清）道士法服，现藏乔丹·施丹策艺术博物馆（Jordan Schnitzer Museum of Art）

为蟒，因此，虽然四爪蟒纹并不禁止官员使用，但五爪龙纹依然是皇室专属。《万历野获编补遗·阁臣赐蟒之始》称"蟒衣为象龙之服，与至尊所御袍相肖，但减一爪耳"[1]，《大清会典·冠服》对此亦有明确限制："凡五爪龙缎、立龙缎……官民不得穿用，若颁赐五爪龙缎、立龙缎，应挑去一爪穿用。"[2] "立龙"是指龙身垂直、侧向，龙首昂扬，似站立状；另外还有"升龙"，即龙首在上、龙尾在下，作上升状、飞入云天。依《周易》"乾"卦的九五爻辞"飞龙在天"，许是意指"九五至尊"，龙行在天。此二者皆帝、后御用，官民不得服饰。

根据《清史稿·舆服志》的记载，皇室成员，包括太后、帝、后、妃、嫔、公主、皇子、亲王以及他们的福晋，都可以服饰正龙。[3] 其形态是龙首正向，龙身盘曲旋绕，龙爪在其身体四周均匀分布，形态稳定庄重。"正龙"亦称"坐龙"，盖取江山稳坐之义；是故，在传世的清帝龙袍及其图样中，胸前绣饰一正龙者居多。但道士法服饰以"正龙"却有违制之虞。如图4-1-11所示，这领19世纪的法服，背饰九龙，肩部二龙通肩布局、绕至前身，底边亦饰两龙，左右对称，下

1　（明）沈德符撰，杨万里点校：《万历野获编》，《明代笔记小说大观》，上海：上海古籍出版社，2005年4月第1版，第2775页。
2　转引自周锡保：《中国古代服饰史》，第456页。
3　赵尔巽等撰：《清史稿》，北京：中华书局，1977年8月第1版，第11册第3033—3055页。

图4-1-12　前身饰龙纹的法服

（清）道士法服，现藏明尼阿波利斯艺术博物馆（Minneapolis Institute of Art）

端正中位置饰一"正龙"，此法服不知其用途，许是皇家恩赐抑或皇族专用。

此外还有降龙、行龙、蟠龙、团龙等。"降龙"就是龙首朝下、龙尾向上的形态；"行龙"是龙身侧向、昂首竖尾，龙爪向下，作行走状；"蟠龙"之龙形是旋转盘曲，蜿蜒缠绕，作蛰伏状；"团龙"是龙和云的组合，龙居中蜿蜒盘绕，四周祥云合成圆形。此一类不限制官员服饰中使用。

因为龙在道教中所具有的特殊意义，所以在道士法服上，龙纹是非常重要的纹饰。尤其清室倾废，皇权威仪不再，通身饰龙的情况并不鲜见，连"九龙"这种最高规格的纹饰也频现于晚清道士法服中。当代法服更有其甚，不饰龙纹的情况反而不多见，而且亦无"升龙""降龙"的禁忌。

二、凤舞纹样

与龙一样，凤也是自然界中没有原型的生物。十二章纹中有龙，但没有凤，只有华虫，那只叫作"雉"的红腹锦鸡，应该是章纹之中在外形上最接近凤的。龙、凤常常并称和联用，但实际上，凤的问题，较龙更复杂。

现在人们的共识是，凤有雌雄之别，雄称"凤"，雌曰"凰"，亦有鸾、鹭鸶等亚属。此区分与本研究关系不大，为行文方便，故不辨雌雄，亦不分科属，统称为"凤"。

　　凤的造型和龙一样是混合而成。《说文》释"凤"为"神鸟"，称其特征为"麐前、鹿后、蛇颈、鱼尾、龙文、虎背、燕颔、鸡喙、五色备举"[1]。《尔雅·释鸟》称"鹖"为凤，并说"其雌皇"。郭璞注此处，盖本《说文》之释，郭注云："鸡头、燕颔、蛇颈、龟背、鱼尾、五彩色，高六尺许。"[2] 从这两处释义可以描绘出凤的形象：长着像鸡的嘴喙一样的鸟头，下颔像燕子的颔那样呈斜坡状又饱满丰隆，脖颈像蛇一样灵活婉转，背部像龟背隆起，并且长着像虎身上那样五彩斑斓的纹路，尾翎像鱼尾分歧那样飘摆摇曳；体形很大，站起来足有六尺高，前面看像麒麟、后面看像鹿。[3] 郭璞赞凤为"瑞应鸟"[4]，按《说文》和《尔雅》的描述，它出自东方有君子风范的国度，翱翔于四海之外清明世界，穿越巍巍昆仑，在河之源头饮水，用天河弱水濯洗羽毛，宿于风穴天籁之地；如果有凤现世，就说明天下将会安定祥和。

　　因为凤所具有的美好的象征意义，古人以之比德。《山海经》指其象征五种美德："首文曰德，翼文曰顺，背文曰义，膺文曰仁，腹文曰信。"[5] 凤是有仁爱之心、有正义感、诚实守信、温和恭顺、行自然之道的神鸟，这与《太平御览》所收《韩诗外传》语出一辙，谓凤："首戴德，颈揭义，背负仁，心入信，翼挟义，足履正，尾系武。"[6] 葛稚川更进一步，称此五德为仁德君子之行，并将其与五行相对应，匹配凤体毛羽之五色：

---

1 《说文解字注》，第 148 页。
2 《十三经注疏》，第 5 册第 5761 页。
3 此处似不通，《尔雅翼》作"鸿前麐后"，即前面看着像天鹅或大雁般优雅，后面看着像麒麟般魁梧，似乎合理一些。这里不清楚是指鸿鹄还是鸿雁，古时这二者都称为"鸿"。《说文》释"鸿"为"鹄"，《玉篇》释"鸿"为"雁"；鸿鹄是指天鹅，鸿雁是指大雁。
4 《十三经注疏》，第 5 册第 5761 页。
5 袁珂：《山海经校注》，第 8 页。
6 《太平御览》，第 4 册第 4054 页。

第四章 纹　样

　　木行为仁为青，凤头上青，故曰戴仁；金行为义为白，凤颈白，故曰缨义；火行为礼为赤，凤背赤，故曰负礼；水行为智为黑，凤胸黑，故曰向智；土行为信为黄，凤足下黄，故曰蹈信。[1]

收于《全晋文》的这段《抱朴子》佚文，不仅将凤人格化，使之具备圣人君子一样的高尚道德，亦感应于天地阴阳五行，天的意志与灵禽的德行合二为一，使之成为神意的传达者。这一意图更明确的记载，出自《尔雅翼》。《尔雅翼》认为凤生于南方，远离中原，不会胡飞乱闯、无端嘶鸣，非醴泉不饮，非竹实不食，所到之处人迹罕至。因其气质高洁，故有"六象""九苞"之谓：

　　六象：头像天者，圆也；目像日者，明也；背像月者，偃也；翼像风者，舒也；足像地者，方也；尾像纬者，五色具也。

　　九苞：口包命者，不妄鸣也；心合度者，进退精也；耳听达者，居高明也；舌诎伸者，能变声也；彩色光者，文采呈也；冠矩朱者，南方行也；距锐钩者，武可称也；音激扬者，声远扬也；腹文户者，不妄纳也。[2]

从这段材料可以看出，凤的形象，法天象地，沐日载月，翼展追风，足方似地，尾如五彩霓虹穿梭编织。不仅如此，凤的形象还有九种被认为是祥瑞的特征。凤不会轻易鸣叫，因其音如箫韶之乐，感物而动，声波远扬，故能一鸣惊人；而且凤啼鸣之声，皆有专门的称谓：动时鸣叫曰"归嬉"，停下来鸣叫曰"提持"，晚上鸣叫曰"善哉"，清晨鸣叫曰"贺世"，飞行鸣叫曰"即都"。[3]凤的耳朵可分辨细微的声音，舌头能够弯曲弹伸，使声音富于变化，韵律悠长，堪比黄钟之宫。凤之心意与天地相合，进退自如，举止有度，不染尘俗，其足趾爪利如钩，有武者之威，故筑巢之处壁立千仞、飞瀑而下，是即使猿狖都不能至的绝地。凤为日

---

[1]（清）严可均：《全晋文》，北京：商务印书馆，1999年10月第1版，第1254页。
[2]（宋）罗愿撰，石云孙校点：《尔雅翼》，第154页。
[3]（宋）罗愿撰，石云孙校点：《尔雅翼》，第154页。

227

之精，向往光明，五色晨光沐浴着头顶朱红方冠的五彩瑞凤，向着南方疾飞。这样的神鸟，上感于天，下佑于人，给人间带来福泽，不能不使人们膜拜。

从各种对凤的描述能够看出，其形象主体来自飞禽，因此，可以说对凤的崇拜滥觞于鸟崇拜。鸟崇拜在中国渊源甚早，许多氏族都称自己的祖先始于鸟或兴于鸟。"天命玄鸟，降而生商。"[1]"周之兴也，鸑鷟鸣于歧山。"[2]"秦之先，帝颛顼之苗裔，孙曰女修。……玄鸟陨卵，女修吞之，生子大业。大业……生大费……舜赐姓嬴氏。"[3]诸如此类，史不绝书。撇开生殖崇拜的隐喻不谈，鸟类善飞的形象与人类向往自由、希望突破自身局限的愿望紧密相联，于是人们把"鸟"的象征意义运用于日常生活：他们把身体装扮成鸟的模样，成为"羽人"；居住的地方模拟鸟巢，建筑起"干栏式"房舍；甚至模仿鸟形创造文字，绘制出"鸟虫篆"。凤，古人谓其"神鸟"，称"有羽之虫三百六十，而凤凰为长"[4]，由对鸟的崇拜自然延伸到对凤的崇拜。有许多远古部落甚至认为自己是凤鸟的后人。例如，东夷族称："我高祖少昊挚之立地，凤鸟适至，故纪于鸟，以鸟师而鸟名。"[5]他们不仅崇凤、崇日，还以鸟的名号命名百官职位；自称火神祝融后代的楚人也将"凤"视为本民族的图腾。

凤能自由飞翔无空间障碍，被视为天帝的使者，卜辞中不少地方留下了"帝使凤"这样的记载，认为是天帝使其带给人间祥瑞或灾异。天帝可能有一大批这样的使者为其奔走，下界的人见到它们的形象后，将其记录下来，或刻于山岩，或雕于玉器，或铸于青铜，其意义都是一样：交通人神。凤充当神的使者，在出土文物中有不少证据，与龙一样，可以上溯到大约8000年前。

目前最早的凤纹实物材料，出自湖南怀化新石器时期高庙文化遗址发掘的一批陶器。如图4-1-13所示，陶器上面有简单地用戳印密点连缀而成的凤鸟等纹饰，"这些图像中的獠牙兽长有双羽，凤鸟载着太阳或八角星象，它们显系超自然

---

[1]《毛诗正义》，《十三经注疏》，第1册第1343页。
[2]（吴）韦昭注，明洁辑评：《国语》，上海：上海古籍出版社，2008年12月第1版，第14页。
[3]《史记》，第1册173页。
[4]（清）王聘珍撰，王文锦点校：《大戴礼记解诂》，第259页。
[5]《春秋左传正义》，《十三经注疏》，第4册第4524页。

图4-1-13　陶罐上的凤鸟纹

（高庙文化）凤纹陶器，湖南怀化高庙遗址出土，现藏湖南省文物考古研究所

的物像。……出土陶器上的凤鸟多为刻划的并列鸟头，兽面则为兽头的正面图像，八角星象则悬在天空"[1]。考古专家从器型特征判断，这些陶器产自距今约7400—7800年。这处遗址下层是大型祭祀场所，因此，这类陶器应该属于礼器。

这些凤纹与太阳和八角星同时出现，应该理解为与日崇拜有关。八角星纹在安徽凌家滩、山东大汶口等早期遗址都有出土，考古专家疑其是太阳大放光芒的符形，冯时先生指其为洛书符形，表示东、西、南、北、东南、西南、西北、东北八个方位，同时又分示春分、秋分、夏至、冬至。[2] 凤载着八角星的纹样饰于礼器，应该还和祭祀时巫师以其为使、召唤四面八方的神灵有关。

除此之外，从出土器物也可以推测，在远古信仰里，凤具有引魂飞升的功能。辽宁朝阳牛河梁遗址出土了一件属于红山文化晚期的玉器，被考古专家认定为"凤形"玉饰，并称可能是目前发现的最早的玉雕凤器型。

1　贺刚：《湖南洪江高庙遗址考古发掘获重大发现》，载《中国文物报》，2006年1月6日。
2　冯时：《中国天文考古学》，北京：中国社会科学出版社，2010年11月第2版，第506页。

衣画云霞：道教服饰与符号

图4-1-14　凤形玉饰
（红山文化）凤形玉器，辽宁朝阳牛河梁遗址出土，现藏辽宁省文物考古研究院

但如图4-1-14所见的，此"凤"从特征上看，实在不算明显，能够确定的是此为禽鸟形器物。特别之处在于，被发现时这件"玉凤"枕于墓主人头下。大概也正是这个原因，专家推测它应该是"凤"而不是"鸡"或别的什么禽鸟。不过有学者从这个玉凤的造型和神态似在孵化新生命，推测此物寄托了枕于其上的墓主人升天和再生的梦想。[1]这似乎略显牵强。凤在中国传统信仰中并无"再生"的含义。[2]凤作为神鸟，交通三界，这只"红山玉凤"枕于墓主头下，其寓意非常明显，是引魂飞升。

与此意义同出一辙的，还有一幅出自西周的凤形纹样荒帷。"荒帷"是罩在棺外的棺饰，因其主体为丝织物，年代久远容易腐朽，在考古中很难被完整发掘出来。幸运的是，2004年山西绛县横水的西周时期倗国墓地，出土了被考古专家认为是"迄今为止时代最早、保存最好和面积最大的荒帷痕迹"[3]。印痕的主体是凤（图4-1-15）：大凤侧向，昂首、环眼、勾喙，腿粗、爪利。比较特别的是，此凤高耸的冠和上扬的翅，呈大回旋状，似风卷，也许是以此象征"风神"的身份；大凤周围还有四只小凤，造型类似。此件凤纹织物覆盖于棺外，其寓意不言而喻，寄托了墓主人飞升成仙的愿望，以群凤做引渡，导其魂魄顺利升入另一世界。

凤凰担当引魂鸟的内涵后来也被道教吸收，成为助力仙人飞升的乘舆。据《列仙传》记载，春秋时期，在华山有一隐士名萧史，擅长吹箫，箫声经常引来孔

1　李欧：《红山文化玉凤信息探源》，载《吉林广播电视大学学报》，2003年第4期。
2　凤凰涅槃、浴火重生的共识，应该是受郭沫若先生创作于1920年的诗歌《凤凰涅槃》的影响，郭氏自序取材来自域外传说中的"菲尼克斯"，即"不死火鸟"，五百年集香木自焚，在死灰中重生。
3　之所以称为"痕迹"，是因为棺罩已朽，上面覆盖的"荒帷"的色彩和纹饰印在泥土上，得以保存下来。专家推测可能是入葬不久墓室就塌陷了，泥土填充于墓中，挤压荒帷，将其封住，使纺织品腐朽后颜色和织绣纹样的痕迹印入泥土。

图4-1-15　凤鸟刺绣印痕
（西周）荒帷，山西绛县出土

雀和白鹤，飞落到他家庭院。秦穆公有女名弄玉，甚喜箫声；穆公以女妻之。知音相得，"日教弄玉作凤鸣，居数年，吹似凤声，凤凰来止其屋"。于是穆公便筑凤台予之，夫妇二人居于台上，数年不下；一日清晨，"皆随凤凰飞去"[1]。箫史和弄玉双双御凤凌霄，升仙而去；人们攀附着凤凰的羽翼，也飞举入高冥。奏乐如凤鸣者不止箫史，还有仙人王子乔，同样见于《列仙传》，王子乔好吹笙作凤鸣，道教称之为"右弼真人"，《真灵位业图》将其列入第二右位配神，治桐柏山。[2] 据《列仙传》记载，这位仙人是东周灵王的长子姬晋，自幼好道，云游于伊水、洛水之间，好吹笙，笙声像凤凰啼鸣，有箫韶之音；仙人浮丘公有所感应，接引他入嵩山修炼。隐修三十多年后，家人找到他，他约定时间相见。"至时，果乘白鹤驻山头，望之不得到。举手谢时人，数日而去。"[3] 这位吹笙如凤鸣的王子，举形升

1　《道藏》，第 5 册第 69 页。
2　（梁）陶弘景撰，（唐）间丘方远校定，王家葵校理：《真灵位业图校理》，北京：中华书局，2013 年 6 月第 1 版，第 55 页。
3　《道藏》，第 5 册第 68 页。

衣画云霞：道教服饰与符号

图4-1-16　吹笙引凤
（南朝）画像砖，河南南阳出土，现藏河南博物院

虚，驾鹤登真，在云天间逍遥畅游，独与天地精神相往来。图4-1-16所描绘的就是这个故事，含着灵芝仙草的凤处于画面中心，似被王子乔的笙乐吸引而来。

元代以后，龙纹作为皇权象征，成为帝王和皇室服饰上的纹饰，凤纹则匹配后妃，因此多见于女装，为宫眷和命妇所饰。因为凤的特殊象征意义，道士法服上亦有饰用。当代法服中所见，凤纹与孔雀、仙鹤以及四灵之一的朱雀时有混淆。凤纹饰于法服的位置并不固定，前襟、后背、下摆、底边等皆可。如图4-1-17这领清代法服，前身两只凤左右分列，后身数只凤也两两相对，绣饰于"背胸"[1]、近袖等处，布局均衡，制式规整。

在道士法服上饰"凤"，还有一个重要的象征意义，来自一种道法"九凤破秽"。秽，在道教中含义极广，所有不洁之事物皆可称为"秽"。凤为火鸟，具有燃烧这些不洁之物的能力，如图4-1-18右侧细节图所示，袖边上的赤色凤鸟喷火吐焰，似要燃尽世间秽物。

1　背胸即补子，其中绣饰纹样用以区别着装人的品级，其制始于明代。

图4-1-17　前后身多处饰"凤"的法服
（清）红缎地法服，现藏北京服装学院民族服饰博物馆

"九凤"不是指九只凤鸟，而应该是来自《山海经》所记载的一种神鸟："大荒之中，有山名曰北极天柜，海水北注焉。有神，九首人面鸟身，名曰九凤。"[1]这种长着九头、人脸、鸟身的灵禽被道教"吸收"后，成为涤荡秽物的神灵。而以

1　袁珂：《山海经校注》，第285页。

图4-1-18　法服上的凤纹
（清）道士法服，现藏明尼阿波利斯艺术博物馆

其命名的"九凤破秽符"，则是道教科仪中比较常用的破除秽物的符箓。《灵宝玉鉴》卷七有"九凤破秽符"，其咒语云：

> 九凤真官，破秽凤凰。朱衣仗剑，立于上方。九首吐火，当空飞行。炎炎币地，万丈火光。[1]

《太上三洞神咒·召破秽将军咒》所记载的咒语与此基本一致：

> 九凤真人，破秽凤凰。朱衣仗剑，立吾上方。九头吐火，当吾前行。炎炎匝地，万丈火光。九凤破秽，邪精灭亡。急急如律令。[2]

此符的用途广泛，无论上香、净坛、内修、治病，皆可用之。可以想象，道士身披凤纹法服，手指蘸取制好的符水，上、下、左、右、前、后，弹水施法，

---

1 《道藏》，第10册第185页。
2 《道藏》，第2册第87页。

图4-1-19 戴胜的西王母
（东汉）西王母像画像砖，成都市新都区新农乡出土，现藏四川省博物馆

口诵三遍"九凤破秽真言"：

> 九凤翱翔，破秽十方。仙童导引，出入华房。拜谒尊帝，朝参玉皇。百邪断绝，却除不祥。[1]

掐诀叩齿，借用日月天罡杀气催动符文；足踏九凤破秽罡或者九凤雷火破秽斗罡，召请九凤真君，烈烈火光，赤焰蒸腾，焚尽世间阴邪。道士引凤灵入己身，法服上的凤纹便是物我混成的使者，人神交通的凭信。

除法服饰凤纹外，道教女真还以"凤"为首饰，如道经中记载的"飞云凤炁冠"；比较直接的凤饰则是来自西王母早期形象头上的戴胜。"戴胜"本也是一种鸟名，头上有凤冠状羽冠，遇警情时冠羽竖立，飞起时则松懈下来。从图4-1-19所示的汉代图像上看，西王母头上所戴之"胜"，中间圆球似鸟身，上下有梯形对

---

[1] （清）陈仲远：《广成仪制》，第3615页。

称物如鸟翅张开，两只分别居于大华结左右，中间联结的横状物名"枝"，整体看也确如两只有大翅膀的鸟站在树枝两端。

根据道经的记载，九凤真君是玉华司的护法神，而"玉华者，乃气之宗"[1]。玉华司是天、地包括人自身的正炁之源，召唤正炁，涤荡阴秽，激引阳气，焕发生机，应该是道教崇奉九凤的因由。

三、鹤翔纹样

道教对长生久视的追求，更直接体现在对鹤的尊崇上，鹤在道教中具有"寿"和"仙"的符号化意义。

《历世真仙体道通鉴》称仙人王子乔的坐骑是一只鹤："乘白鹤谢时人，升天而去。远近观之，咸曰：'王子登仙'。"[2]鹤在世俗与宗教的语境中，都象征长寿，作为仙人坐骑亦是取其寿与仙齐的象征意义，谓之仙禽，故称仙鹤。鹤与龟、鹿都是被道教尊奉的长寿神灵，《淮南子·说林训》云："鹤游千岁以极其游。"[3]谓其有千年之寿，可以尽情畅游天上人间，所以神话故事里的仙人大多好像逍遥自在，大概也是因为他们寿元无尽，终日悠哉游哉。

传说那位接引王子晋入山修行的仙人浮丘公著有《相鹤经》，后将此经传于晋；崔文子学仙于晋，得到这卷经文，秘藏于嵩山石室；西汉时，淮南王刘安有八位门人称为"八公"，也皆为修仙之人，采药时偶得此经，传布后世。《相鹤经》原已亡佚，据说北宋道士陈景元（1025—1094）等人从刘宋鲍照的《舞鹤赋》、唐人欧阳询的《艺文类聚》等古籍的留白处所作批注中发现此经[4]，因而辑出一段，可得窥豹一斑：

  鹤，阳鸟也，因金气，依火精，火数七，金数九，故十六年一小变，

---

1 袁珂：《山海经校注》，第 285 页。
2 《历世真仙体道通鉴续编》，《道藏》，第 5 册第 416 页。
3 何宁：《淮南子集释》，第 1222 页。
4 时永乐刊发于 1997 年第 4 期《文献》上的论文《〈舞鹤赋〉未引〈相鹤经〉——辑佚起源误说纠谬》，指其有误。今人所校《鲍参军集注》中注释采用此经，本书不做文献来源考辨，以此为据。

六十年大变,千六百年形定而色白。[1]

此处鹄即指鹤,清人梁章钜指其为古今字,《庄子·天运》"夫鹄不日浴而白,乌不日黔而黑"[2]句中,释文亦指"鹄"本又作"鹤"。

现实中,鹤是候鸟,每年十月左右到长江一带越冬,次年开春再飞回北方。故本经谓其阳鸟,盖言其追逐太阳;本性属金,阳气属火,聚火载金,火炼阳金,鹤依天年增加而变化,至千年修成仙体。从五行观念来看,"色白"应该不仅指毛羽颜色,还言其复归金性。同理,《相鹤经》称鹤"游于阴",应指水象,鹤是水鸟,常居滩涂湿地,主食小型鱼、蛙、螺等水生物以及水边草籽、植物种子,《尔雅翼》引《春秋繁露》云"鹤知夜半"[3],言其常在半夜喜而鸣,盖感水之生气,阳鸟游于阴是言阴阳二气运转调和;鹤体并无青、黄二色[4],言其因土、木之气内养,而不表于外。因此,鹤之一身,具阴阳五行于一体,并且"大喉以吐故,修颈以纳新,故寿不可量"[5]。按稚川先生的养生理论,元气是身之本,爱气、养气才能保全身体,气若衰则身必谢;鹤天生脖颈修长,易于吐故纳新,不会把郁结之气滞留体内。如此看来,鹤遵循阴阳五行自然之道,又善于吐纳炼气保养身体,因此"寿不可量"而为仙。

《相鹤经》谓上品之鹤的特征是:

隆鼻短口则少眠,露眼赤睛则视远,头锐身短则喜鸣,四翎亚应则体轻,凤翼雀毛则善飞,龟背鳖腹则能产,轩前垂后则善舞,洪髀纤趾则能行。[6]

---

1 (南朝宋)鲍照著,钱仲联增补集说校:《鲍参军集注》,上海:上海古籍出版社,2005年5月第1版,第34页。
2 (明)郭庆藩撰,王孝鱼点校:《庄子集释》,第522页。
3 (宋)罗愿撰,石云孙校点:《尔雅翼》,第158页。
4 鹤体无青黄二色,是《相鹤经》所言,现实生活中则有黄鹤;也可能《相鹤经》是指上品鹤无青黄二色,以白、灰为尊。
5 (宋)罗愿撰,石云孙校点:《尔雅翼》,第158页。
6 (南朝宋)鲍照著,钱仲联增补集说校:《鲍参军集注》,第34页。

鹤头瘦小，额鼻隆起，丹顶赤珠，"精含丹而星曜，顶凝紫而烟华"[1]；因其常于水中取食，故嘴喙细长尖锐；鹤睡眠时单腿直立，扭颈回首伏头于背，尖喙插入翅膀羽下；鹤眼微凸，眼珠色赤，能看到很远的地方。鹤声悠扬，雅调清韵，天籁之音，《诗经·小雅》有一章名为《鹤鸣》，赞其"鸣于九皋，声闻于野"，深潭渊中的鱼，会浮游到岸边停下聆听；"鸣于九皋，声闻于天"[2]，浅滩洲渚边的鱼，则会跃入深渊，欢快嬉戏。《道藏》有九卷《鸣鹤余音》[3]，收入钟离权、吕洞宾、白玉蟾、王重阳、丘处机等高道的诗词曲赋，盖取意仙人乘鹤上云天，所留篇章如鹤鸣袅袅，余音绕梁，荡气回肠。鹤背如龟丰隆，腹如鳖饱满，容易孕育子女；翎羽低垂像凤凰的翅翼，身体轻捷如雀鸟般灵活，善于飞行，一起千里；正面体态优雅，后尾短小下垂，每当清晨和黄昏，鹤出双入对，翩翩起舞，"叠霜毛而弄影，振玉羽而临霞"[4]；大腿健硕而小腿细长，趾爪纤巧，奔跑起来非常迅速。鹤飞行时，必定依循着水中的陆地和岛屿，停下来的地方必定林木丰茂的环境。因此，鹤被认为是"羽族之宗长，仙人之骐骥也"[5]。

鹤的形态飘逸，喙长、颈长、腿长，站立时可高达一米以上，玉树临风，神仙姿容，因此以羽白、尚洁，寓其性情高洁，红尘不染。三国魏人曹植称其为"皓丽之素鸟"[6]，象征君子品格的端方正直；圣人君子亦以鹤自喻，表达内心高洁，不与俗同，如"梅妻鹤子"的北宋隐士林逋。唐代诗人杜甫则留下了"范蠡舟偏小，王乔鹤不群"[7]之句，感叹王子乔驾鹤升仙，遗世独立，卓尔不群，自己却在随波逐流，世俗浪迹，风雨漂泊，遗憾不能洒脱随行。不仅如此，鹤被人格化，由外而内被赋予君子美德的象征意义。又因其长寿，被认为了解更多的过往之事，唐人便有"莺歌无岁月，鹤语记春秋"[8]的诗句，认为鹤所知

---

1 （南朝宋）鲍照：《舞鹤赋》，《鲍参军集注》，第33页。
2 《毛诗正义》，《十三经注疏》，第1册第926页。
3 《道藏》，第24册第256—311页。
4 （南朝宋）鲍照：《舞鹤赋》，《鲍参军集注》，第33页。
5 （唐）欧阳询：《艺文类聚》，上海：上海古籍出版社，1999年5月第2版，第1563页。
6 （三国魏）曹植：《白鹤赋》。
7 （唐）杜甫：《观李固请司马弟山水图三首》。
8 （唐）崔涂：《幸白鹿观应制》。

图4-1-20 瑞鹤图
(北宋)赵佶:《瑞鹤图》(局部),现藏辽宁博物馆

所见不同凡人,有着超人的智慧。鹤鸟忠贞,意笃情深,雌雄相随,规行矩步,鹤在生物学上属于单配制鸟,如无特殊原因雌雄会相伴终身,故古人以"别鹤离鸾"比喻夫妇离散。

鹤羽素白,不似凤凰五彩斑斓,更符合道教尚简素的审美思想,也与遵循自然之道、重视生命体验的修仙精神相吻合。所以与龙、凤所具有的全民信仰特性相比,鹤则更多适用于道教语境,民间对其的信仰因素也多来自道教所赋予的内涵,比如长寿,抑或高洁。

一幅传世之作可以用来理解道教中鹤的意象对世俗信仰的影响。道君皇帝赵佶工书画,北宋政和元年(1111)上元节次夕创作了一幅神品《瑞鹤图》(图4-1-20):画面中的二十只仙鹤,粉画墨写,丹顶含珠,生漆点睛;清晨的天空,石青满染,薄晕霞光;鹤羽莹洁映于碧色青天,画面祥和充满生机。画后"拖尾"有作者题记,称天降祥瑞,臣民欢腾,也寄托了作者对神仙的向往:"飘飘元是三山侣，两两还呈千岁姿。"[1]徽宗崇道，深谙道教旨趣。这幅作品画面空灵，飞鹤高翔，姿态各异，如云似雾，潇洒闲逸；但细看似有威压迫来，许是构图突破常规，也可能是隐含的帝王气象，庄严自持。皇帝和臣民异口同声：鹤舞九天，降于帝宫，仙禽告瑞，国运昌盛。但实际上从画面品味，却透露出英雄末路的悲凉，这位选错了职业的皇帝，内心如惊弓之鸟般张皇失措，无枝可依。在画面中，鹤羽分明，纤尘不染，徽宗以鹤寄思，希望通达神仙境地，与天同寿，与仙比翼，亦以鹤自喻，希望摆脱现实羁绊，寄情诗书，赏玩山水。可惜天不遂愿，这幅绝世神品创作十五年之后，与其作者一同流落异邦；不过画比他命好，后辗转收于清宫，清末被溥仪携出紫禁城，现藏于辽宁博物馆。虽然颠沛流离，朝不保夕，但深透骨髓的道教思想影响，使这位道君皇帝在东北的朔风中依然身着紫道袍，头顶逍遥巾，坚持道人的装束，给内心的信仰保留一点可怜的尊严。

鹤对道教的特别意义，还来自修行本身。鹤通过修炼而化生成仙，与人通过修行而羽化登真异曲同工。较之龙、凤的先天神异，鹤则象征由"凡"而"仙"，寄托了修行之人的希望，大概也是这个原因，鹤对道士而言更具亲和力。鹤要修成仙体，其形之变是一个无比漫长的过程：

> 二年落子毛，易黑点，三年头赤，七年飞薄云汉，又七年学舞，复三年应节，昼夜十二鸣，六十年大毛落，茸毛生，色雪白，泥水不能污，百六十年，雌雄相见，目不转睛，孕千六百年，饮而不食。[2]

自然界的鹤，三四岁成年，平均寿命约四十年，像丹顶鹤这样的名品，能活到六七十年，在禽鸟中已算长寿，谓其"六十年大毛落"倒也不算妄言。不过《相鹤经》把鹤的生长时间拉长了许多，以丹顶鹤为例，它们出壳后三五个月就能随亲鹤飞行，差不多一岁就必须离开父母独立生活。引文中还有一些说法明显与自然规律相悖：历一百六十年，雌雄相见，目视而孕，只饮不食，胎化而生。实际情况是，

---

[1] 王宜峨：《卧游仙云——中国历代绘画的神仙世界》，北京：五洲传播出版社，2011年5月第1版，第198页。

[2] （南朝宋）鲍照著，钱仲联增补集说校：《鲍参军集注》，第34页。

图4-1-21 月白缎地鹤氅
(清)刺绣法服,现藏香港艺术馆

鹤寻找伴侣的方式是引颈对歌,展翅而舞;与其他禽鸟一样,鹤也是卵生。大概浮丘公所相之鹤,已是半仙之体,不应以凡鸟度之。从这段材料可以看出,鹤的修炼犹如人的修行,需要经过艰难险阻,破妄历劫,方能脱胎换骨,出神入化。

道教崇鹤,最明显的外化特征是道士身披称为"鹤氅"的法服(如图4-1-21)。鹤氅源于羽衣,秦汉前的羽衣形制短小如云肩,魏晋后的羽衣形制长大如披风,故称为"氅";并谓其采自仙鹤之羽,盖取鹤之长寿,拟鹤之仙姿。魏晋豪族奢靡,采鹤羽为衣并非不可能,只是后世鹤类减少,真正的鹤氅几近绝迹;至唐中宗时,安乐公主以百鸟羽织二裙,竟致举国沸腾,被载入正史[1],足见当时已将之视为要事。鹤羽不易得之后,"鹤氅"却保留下来,改为织物为之,取其形制,服之犹鹤,潇洒飘逸。

鹤氅于道士而言,不仅是升仙之媒介,更被视为与仙合体、物化为一的符号。在道经中,不但有"乘"鹤升仙,还有"化"鹤飞去。"化"对道教而言具有特殊的内涵,《梓潼帝君化书》曰:

---

[1] 《新唐书·五行志》记载:"安乐公主使尚方合百鸟毛织二裙,正视为一色,傍视为一色,日中为一色,影中为一色,而百鸟之状皆见,以其一献韦后。……韦后则集鸟毛为之,皆具其鸟兽状,工费巨万。……自作毛裙,贵臣富家多效之,江、岭奇禽异兽毛羽采之殆尽。"(宋)欧阳修、(宋)宋祁:《新唐书》,第3册第878页。

> 化有二理，有变化之化，有教化之化。自无入有，自昔为今，以幼壮为老死，以老死为婴稚，此变化之化也；三纲五常，是非邪正，上以风动其下，下以献替其上，此教化之化也。[1]

唐末五代道士谭峭（生卒年不详）所著《化书》，分"道化""术化""德化""仁化""食化""俭化"六卷，专言各种化形之事，书中称：

> 道之委也，虚化神，神化气，气化形，形生而万物所以塞也。道之用也，形化气，气化神，神化虚，虚明而万物所以通也。是以古圣人穷通塞之端，得造化之源，忘形以养气，忘气以养神，忘神以养虚。虚实相通，是谓大同。[2]

《化书》认为，世界的本源是"虚"，由虚凝神，以神化气，依气成形，而后产生万物；有万物之后就要有秩序，要维持秩序，就需要有升降、尊卑、分别，以及冠冕、车辂、宫室……但实际上，这些世俗符号最终都随形"化"而消失，因为"虚"既是本源又是归宿。人兽胎生，鸟禽卵生，都是由"虚"而"实"；通过修炼成就仙体，则需要得"意"而忘"形"，是由"实"而返"虚"，因为仙是"妙体自然，变化无常，本无形质，或隐或显"[3]。成就大罗金仙，方入不生不化的永恒境界。因此，虚、神、气、形只是"名"而非"实"，四者的根本是"一"：

> 命之则四，根之则一。守之不得，舍之不失，是谓正一。[4]

由此可见，"虚"和"形"是一个闭合的循环，虚实可以贯通，终点即起点，从虚到形，从婴到死，"化化不间，由环之无穷"[5]，"虚无所不至，神无所不通，气

---

[1]《道藏》，第 3 册第 292 页。
[2]《道藏》，第 23 册第 589 页。
[3]《道藏》，第 18 册第 229 页。
[4]《道藏》，第 23 册第 591 页。
[5]《道藏》，第 23 册第 592 页。

图4-1-22　白缎地鹤氅
（清）白地缂丝八仙图法衣，中国嘉德2005年春季拍卖会拍品

无所不同，形无所不类"[1]。此为变化之"化"。变化的前提是"相类"，从凡夫而仙真，由草木禽兽而成精成仙，不但是形变，也发生质变，仙凡之间必有相类属的基因，这个基因就是构成万物的"道"或者"一"，因为，"万物，一物也；万神，一神也"[2]。"有"和"无"可以相通，"物"与"我"原本同一。这个理论的源头和基础是庄子的齐物思想：齐同万物，天地万物并没有根本上的差别，蝴蝶即庄周，庄周亦蝴蝶，"天地与我并生，而万物与我为一"[3]。人和鹤的修行看似泾渭分明，实则殊途同归，鹤成为道士对长寿和神仙追求的象征，鹤氅则成为这个追求的符号，披着鹤氅的道士与鹤的意象合二为一，包括道士踏罡斗步的身形都与鹤闲庭信步和翩翩起舞的姿态非常相似。

就像图4-1-22这领鹤氅，前身两边各绣一鹤立于水面，曲颈向天，似欲化而

---

[1]《道藏》，第23册第590页。
[2]《道藏》，第23册第590页。
[3]（明）郭庆藩撰，王孝鱼点校：《庄子集释》，第79页。

243

成仙飞去。可以想象，当年穿着这领法服的道士，也是静心修行，寄希望于有朝一日乘鹤而去，仙游宇外。

葛稚川所言凤羽具五行，浮丘公亦称鹤体备五行，谭峭谓五行为道德化生，三位仙人皆言五行合五德，以五行的相生相克，象五德的相济相伐，周而复始。此为教化之"化"：

> 道德者，天地也。五常者，五行也。仁发生之谓也，故君于木；义，救难之谓也，故君于金；礼，明白之谓也，故君于火；智，变通之谓也，故君于水；信，悫然之谓也，故君于土。
>
> 仁不足则义济之，金伐木也；义不足则礼济之，火伐金也；礼不足则智济之，水伐火也；智不足则信济之，土伐水也。始则五常相济之业，终则五常相伐之道，斯大化之往也。[1]

除了行气导引内养、炼制金丹外服等修仙方法，道教还强调积善立功，把神仙理论与儒家纲常名教紧密结合，创造出符合社会统治需要的伦理思想。以五行论五德，与神兽灵禽相匹配，便是这种思想所产生的结果。这些思想的积极意义在于，强调了金、木、水、火、土之间的关系不是固定不变，而是相生相克谋求平衡，同理，仁、义、理、智、信之间亦是互济互伐，达到适度。尤其，《化书》提出"人无常心，物无常性"[2]"非物有小大，盖心有虚实"[3]。如果统治者不节制欲望，一味横征暴敛、骄奢淫逸，小民百姓亦可召阴阳、役五行，重作日月，别构天地，皆因天地万物同构于"一"，无所不"化"，天道无常，说变就变。统治和被治，也是相济相伐、此消彼长的关系。这是道教在社会管理上的进步思想，而不是片面要求被统治阶层服从统治。因此，道教的教化之"化"，不是高高在上的训导，而是强调上下双方都应遵循事物发展变化的规律。

---

1 《道藏》，第 23 册第 598 页。
2 《道藏》，第 23 册第 593 页。
3 《道藏》，第 23 册第 593 页。

神龙灵动，凤凰富丽，仙鹤雅洁，除以上三者，道教法服的动物纹饰还有虎、麒麟、鲤鱼等。

虎这种来自百万年前的大型动物，形象威猛，在道教内和民间信仰里，面目比较统一，最主要的作用是镇邪，《风俗通义·祀典》称："画虎于门，鬼不敢入。"[1] 道教中对虎的形象定位及其由此而来的象征意义，皆源于此。猛虎威仪移之于人，道教中不乏亦人亦虎的仙人，如西王母的早期形象，面饰虎纹，口衔虎牙，腰悬虎尾或豹尾，并善作虎啸，而且白虎随驾，护行的神兽"开明"亦是人面虎身。再则，虎与龙一样，为"三蹻"之一，较龙次之，亦为神仙坐骑。法服中饰虎纹，其意应来自于此。除此之外，像图 4-1-22 鹤氅门襟所绣龙、虎，不仅寓示玄门弟子降龙伏虎道法精深，降妖伏魔法力无边，左青龙、右白虎还寓意内丹中之"龙""虎"，是道士修炼的法门。

麒麟是神话中的瑞兽，身似鹿、有麟，头长角，牛尾、狼蹄，性仁慈，主太平，据说能活两千多岁，是长寿、平安、仁厚的象征，道教法服饰之，应是取其寿元绵长、好生恶杀之义。

鲤鱼，传说言其能化"龙"；鱼谐声"余"，有富足众多的寓意；古人认为夜空中群星灿如河流，称之为"银河"，视星辰为鱼，谓其多，道教法服中饰鲤鱼，盖取化龙和拟星双重象征含义。

第二节　自然图像

华夏大地自西周以后，农耕文明就成为主旋律。农业生产的周期长，劳作辛苦而且收获并不确定，这就要求人们必须熟悉时令气候，精耕细作，劳心费力。敬畏天地，尊重自然，爱惜生命，就成了华夏文明的文化基因；法天象地，以天垂象判断吉凶，以天体布局为"原型"模拟人间社会的各种构成关系，也成为自然而然的选择。

---

1 （汉）应劭撰，王利器校注：《风俗通义校注》，北京：中华书局，2010 年 5 月第 2 版，第 361 页。

图4-2-1　法服中日月纹样

（明）16世纪道士法服（局部），现藏乔治·华盛顿大学纺织博物馆（The Textile Museum of George Washington University）。后身纹饰：（左）日中金乌；（右）月中玉兔

道法自然，法服上的纹样取自自然界的日月星辰、天地山川，一方面以此表达对自然的敬意；另一方面道士也依天地运行之道而修炼，顺乎天道，合乎人事。

一、日月纹样

日和月，在道士法服中的纹饰与十二章纹一致，表现为日中有金乌、月中有玉兔。十二章纹中的"日""月"分饰于左右两肩，多为通肩布局；图4-2-1这领16世纪法服"日""月"的位置则稍靠后，在法服后身衣领之下、接近肩的位置；当代法服中，"日""月"的位置比较靠下，有的已到后背。

太阳和月亮，应该是古往今来人们最常见也最熟悉的天体。《周易·系辞上》云："县象著明，莫大乎日月。"天上诸星，日月为尊，"遍照天下，无幽不烛"[1]，天无形体，高悬表象显示光明，莫有能超过日月者。对日和月的崇拜，在世界各民族中都有很早的记载，在中国至少可以上溯到夏、商之际。《礼记·祭义》称祭天以日为主神、月为配祀，"大报天而主日，配以月，夏后氏祭其闇，殷人祭其

---

1 《十三经注疏》，第1册第170页。

阳，周人祭日以朝及闇"[1]。并言三代略有差异：夏代的时候黄昏祭月，闇即暗，黄昏是也；在商时殷人只祭日；到了周代，则日月皆祭，日为天之阳，月为天之阴，清晨祭日，"夜明祭月"[2]。

古人以日月为阴阳之象，一阴一阳周而复始，谓天道之序。从日月的释义也可以看出对二者的认识。日，《说文》释为"实也"。段注引《释名》曰："光明盛实也。""实（實）"据《说文》的解释，就是屋内（宀）装满货物（貫），意即充满、完整，因此"大易之精不亏"[3]。月，《说文》释为"阙也"。段注引《释名》曰："满则阙也。"[4]十五稍减谓之"阙"；月为"大阴之精"，"道不常满，故十五日而满，十五日而阙"[5]。日、月相和为"明"，是说日和月都能带给人们光明，这大概是古人对日月最本质的认识，一如《周易·系辞下》所云："日往则月来，月往则日来。日月相推则明生焉。"[6]日月轮转，光芒耀世，亘古长存，育养万物。"天垂象，圣人则之"，以天道推衍人事，故"阴阳之义配日月"[7]。由天道的循环运转，以象生命的生生不息，日月与阴阳因此对应，用卦象来解释就是："日月运行，一寒一暑，乾道成男，坤道成女，乾知大始，坤作成物。"[8]乾为纯阳、坤为纯阴，阴阳相合可造物，阴阳之象的外延是无穷的，因此，"阴阳是宇宙间万物变化的总纲，天地、男女、奇正，体现了阴阳的流行对待"[9]。

道教对于日月的信仰，亦从阴阳之象来。《上清道宝经》谓"日者阳之精，德之长"[10]。因其为德之长，故万物归焉，日出东方，万物随其亦出东方，日炙盛于南方，没落入西方，潜藏于北方，则万物皆依此规律。月与之对应匹配，万物阴阳

---

1 《十三经注疏》，第3册第3460页。
2 《十三经注疏》，第3册第3445页。
3 《说文解字注》，302页。
4 《说文解字注》，313页。
5 《释名疏证补》，第4页。
6 《十三经注疏》，第1册第182页。
7 《十三经注疏》，第1册第163页。
8 《十三经注疏》，第1册第157页。
9 詹石窗：《道教修行旨要》，北京：宗教文化出版社，2006年1月第1版，第43页。
10 《道藏》，第33册第711页。

盈亏，聚散离合，皆因运随行，理物有期。并且，道教还认为日月中皆有神灵驻持，分执阴阳之枢。日中有大明之神，名为"日宫太丹炎光郁明太阳帝君"，也称作"日宫太阳帝君孝道仙王"，身生金光，为日之精炁，"戴星冠，蹑朱履，衣绛纱之衣"，作人间帝君像；治所为"洞阳郁仪宫"，云其"主照临六合，舒和万果"[1]。月中有夜明之神，名为"月宫黄华素耀元精圣后太阴元君"，或称作"月宫太阴皇君孝道明王"，多作人间皇后像，偶有绘作大臣像，"戴星冠，蹑朱履，衣素纱之衣"，以月华为饰，取魄之精炁；治所为"洞阴结璘宫"，云其"主肃静八荒，明明辉盛"[2]。托名南岳上仙赤松子所著的《上清太上帝君九真中经》称，日中住着"五帝"，月中住着"五帝夫人"，这些真圣皆成对偶，阴阳匹配，并且服依五行色，衣裳首饰皆合五行方位：

> 日中青帝，讳圆常无、字照龙韬。衣青玉锦帔、苍华飞羽裙，首建翠蓉扶晨冠。……月中青帝夫人，讳娥隐珠、字芬艳婴。衣青华琼锦帔、翠龙凤文飞羽裙。
>
> 日中赤帝，讳丹灵峙、字绿虹映。衣绛玉锦帔、丹华飞羽裙，建丹扶灵明冠。……月中赤帝夫人，讳翳逸寥、字宛延虚。衣丹蕊玉锦帔、朱华凤落飞羽裙。
>
> 日中白帝，讳浩郁将、字回金霞。衣素玉锦帔、白羽飞华裙，建皓灵扶盖冠。……月中白帝夫人，讳灵素兰、字郁连华。衣白琳四出龙锦帔、素羽鸾章飞华裙。
>
> 日中黑帝，讳澄增停、字玄录炎。衣玄玉锦帔、黑羽飞华裙，建玄山芙蓉冠。……月中黑帝夫人，讳结连翘、字淳属金。衣玄琅九道云锦帔、黑羽龙文飞华裙。
>
> 日中黄帝，讳寿逸阜、字飙晖像。衣黄玉锦帔、黄羽飞华裙，建扶灵紫

---

[1]《太上洞真五星秘授经》，《道藏》，第1册第781页。
[2]《太上洞真五星秘授经》，《道藏》，第1册第781页。

蓉冠。……月中黄帝夫人，讳清荣襟、字旻定容。衣黄云山文锦帔、黄羽凤华绣裙。[1]

在本经中，五帝夫人皆未着冠，青丝绾成"颓云三角髻"，即由三个发髻组成，梳发时分为四组：前额一绺编成一髻，左右两侧各结成一髻、垂于耳际，其势如下坠之云，脑后余发散垂至腰。道教要求修道之人牢记这些神仙之名讳、服色，作为修炼时中"存思"的依据。存思是道教的一种修炼方法，简而言之就是持续思想某种形相，思想的对象可以是神祇、仙境、星辰，也可以内视己身、服日月光华、服紫霄法等等。道士斋静存思，以日月为念，将之作为成仙的途径："子欲为真，当存日君。""子欲升天，当存月夫人。"[2] 在修炼中，如果想要修习奔日和奔月的道术，就想象日中的"五帝"和月中的"五帝夫人"在自己的前后左右，必须能够辨别祂们的形象特征，尤其是依五行而制的服饰颜色，并且正确称呼和祝告，有这种见识的修行者，才能交通神灵使之显圣庇佑，终生没有灾难，不会被任何侵害所伤及。这显然是一种巫术思维的反映，将神仙信仰与修行炼养合二为一。

不仅如此，道士修行还可以通过吞日服月的炼养方式，吸收日月之精华，与日月神灵合为一体。当然这并不是说道士可以通过法术真正做到吞食日月，而是以意念引导，把日月精气收入体内，应该就是通常所说的"服气"。《云笈七签》汇集了各部道经记载此法术的"隐书"，摘一二者略做分析：

《太上玄真诀服日月法》曰："清斋休粮，存日月在口中。昼存日，夜存月，令大如镮。日赤色，有紫光九芒；月黄色，有白光十芒，存咽服光芒之液，常密行之无数。"[3]

依此法诀，日月是存于人的口中，昼日夜月，存思咽服日月光芒，周行复始。

---

1 《道藏》，第34册第39页。
2 《太上玉晨郁仪结璘奔日月图》，《道藏》，第6册698页。
3 《云笈七签》，第2册第534页。

还有道经称日月存于心、脑，并经喉、齿运行到胃：

《大方诸宫服日月芒法》曰："常存心中有日象大如钱，在心中赤色。又存日有九芒，从心中出喉至齿间，而芒回还胃中。如此良久，临目存自见心胃中分明。乃吐气漱液，服液三十九过止。一日三为之，行之十八年得道，行日中无影。恒存日在心中，月在泥丸宫。夜服月华如服日法，存月十芒，白色从脑中下入喉，芒亦未出齿而回入胃。"[1]

依此法所述，存思心中有日如铜钱大小，赤色九芒，从心出喉，至口中，复归于胃，存思良久，吐气咽津若干次；服月华则存思脑中有月相，白色十芒，下照入喉，服咽其光，亦回入胃。

以上两种法术的特点是，日月皆从外而入身，往往存日就不能存月，反之亦然，日月在人的身体内是循环交替。《洞真太一帝君太丹隐书洞真玄经》还记载了另一种法术，称日月自修行者身体出，并称此法能够日月同时并存：

夜半生气时若鸡鸣时，正卧闭目，存左目中出日，右目中出月，并径九寸，在两耳之上。两耳之上，名为六合高窗也。令日月使照一身，内彻泥丸，下照五脏，肠胃之中，皆觉见了了，洞彻内外，令一身与日月共交合。

又存左目为日，右目为月，共合神庭之中，却上入于明堂，化生黄英之体，下流口中，九咽之以哺太一。常以生气时存之。……存日月既毕，因动舌，觉有黄泉如紫金色从舌上出，上流却入明堂，为黄英之醴也。[2]

本经称这种法术需要绝念专心，闭目施之，可以日月之气，培固根基，制御形神，避免鬼气侵扰，可得长生不死。除此之外，还有将日月画在青纸上吞服，想象光芒入心的法术。

---

1 《云笈七签》，第 2 册第 533—534 页。
2 《云笈七签》，第 2 册第 536—537 页。

不过服食日月之气的道术，功效可能因人而异，对绝大多数人而言并没有显现出实际作用。真正助道士修行精进的，是在内丹修炼中对日月意象的借鉴。《性命圭旨·元集》"日乌月兔"条云：

> 日者，阳也。阳内含阴，象砂中有汞也。阳无阴，则不能自耀其魂，故名曰雌火，乃阳中含阴也。日中有乌，卦属南方，谓之离女。故曰：日居高位反为女。
>
> 月者，阴也。阴内含阳，象铅中有银也。阴无阳，则不能自莹其魄，故名曰雄金，乃阴中含阳也。月中有兔，卦属北方，谓之坎男。故曰：坎配蟾宫却是男。[1]

结合《黄帝内经》和《悟真篇》以及五代后蜀道士彭晓等的相关论述来看，这段材料应该是说：日为阳为乾，阳中有阴，即坤中一爻入乾，变卦为离；离居南方，南方热，热生火，离火即赤汞，离火中又有坤土，故谓"砂中汞"；离代表中女，外阳内阴，为离中阴，即日中乌，位置在头部，聚之如颅内悬丹，光灿耀目，故曰"日居高位"。月为阴为坤，阴中含阳，乾中一爻入坤，变卦为坎，九二、九五原为阴爻，变阳爻，故谓"坎男"；坎中之阳是太阳真气，坎属水，坎水中有乾金，故谓"水中金"或"铅中银"；坎水居北方，水生咸、咸生肾，方位在下方，为生命之源。不过，内丹中所讲的上、下、头、肾等，并不意味人身实体的位置，而是指对身体的感知，大概相当于那个区域所产生的某种变化或功能，只是借用了原有的名词，而这些词的能指和所指与我们的经验习惯有所出入。

日乌月兔，精气感合，强以"铅""汞"来解释，大概可以理解为：铅为命，是天地之灵气，阴阳之根基，汞为性，是人身之元神；汞属火，其性好飞，铅属水，唯铅可伏，汞必须遇铅才能结丹，成母子恋。也就是说，元神和元气合二为一才成"胎"，胎化为"婴"而飞升。因此，从丹道的角度来讲，道士法服载日月纹饰，盖因象而制器，借天气阴阳五行之气，襄助修炼金丹大道。

---

[1] （明）尹真人高弟：《性命圭旨》，北京：中央编译出版社，2013年1月第1版，第36页。

法服饰日月，取乾坤、阴阳之象，寓意天道的寒暑往替，周行不殆；道士修行，依天地灵根，采日月精华，炼形亦炼神。因此，法服上饰以日月，除凭借日月意象，助行丹道，道士还通过存思日月，以意念辟邪消灾。当然，存思的对象不仅只日月，星宿、神灵、吉物等皆可。《云笈七签》载有"存思日月法"，曰：

> 凡入山，思日在面前，月在脑后。凡暮卧，思日在面上，月在足后，赤气在内，白气在外。凡欲从人，各思日月覆身而往，当无所畏。[1]

道教认为日月代表光明，耀芒万丈能照破一切黑暗，扫除百鬼千魔之恶气，而且日月中有众多神灵，能制伏各种魑魅魍魉。此法与《抱朴子·登涉》中所记载的以"炁"和"意念"辟蛇之法同出一辙。道教有许多类似的法术，其本质都是通过修行来锻炼精神意志，调控身心达到专心致志，以使心念能够集中在某一事物上，唤发出人的潜能。

修炼存想中的日月和法服上纹饰的日月，功用应是一致，对道士来讲，取象日月照临，与日月交通感应，意念中的神灵与自己身心合一，相辅相成，相得益彰。

二、星斗纹样

除日、月外，道士法服上还饰有三台星君、四灵和二十八宿以及南斗六星、北斗七星的星斗纹样，推测意在得漫天神灵护佑，吸收整个天界的能量，助其修行。

"三台星君"在道士法服后背、衣领下方的位置，通常与"日""月"构成一组。如图 4-2-2 所示，后领正中"☯"之下，三个圆形相连便是"三台星君"，左为代表"月"的玉兔，右为代表"日"的金乌。这一组纹样，包括后身正中围着"郁罗萧台"一圈的"二十八宿"，以及北斗七星等，从礼制渊源上讲，吻合十二章纹中"肩挑日月""背负星辰"的规制，日、月所处的位置在法服的后肩部，星辰均在其后身。

---

[1] 《云笈七签》，第 2 册第 542 页。

第四章 纹　样

图4-2-2　法服后身的"三台星君"纹样
（清）19世纪末道士法服，现藏圣路易斯艺术博物馆

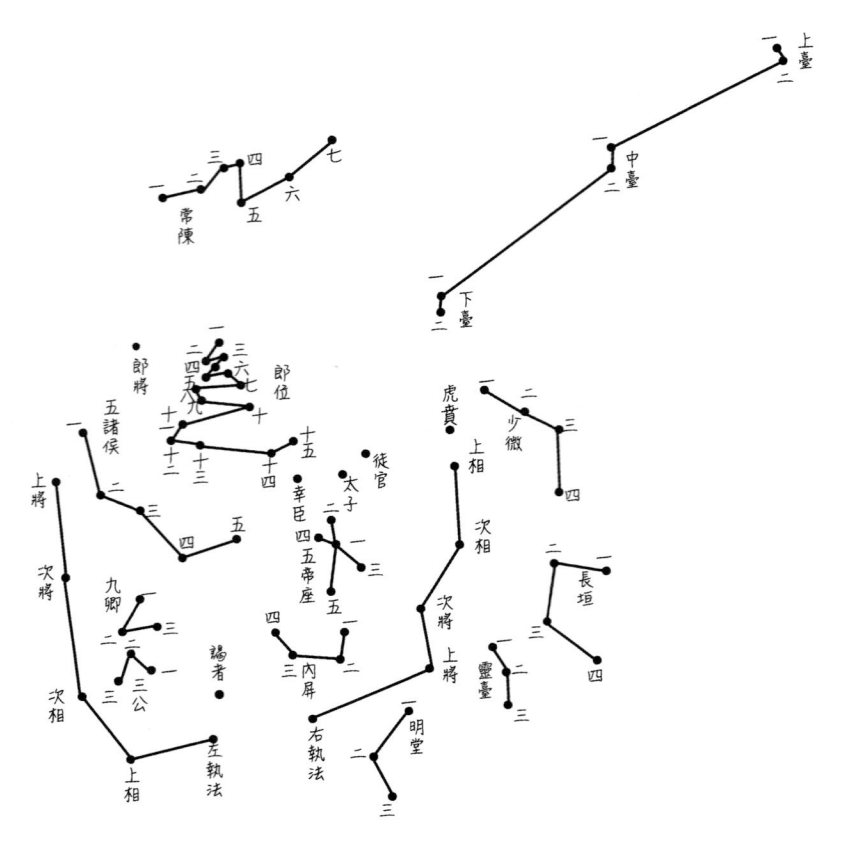

图4-2-3　三台星在太微垣中的位置
吴延军绘

　　三台星君纹样饰于道士法服,从目前资料来看,有三层内涵:其一,星象,这是直接的表达;其二,人事,这是象征性表达;其三,修炼,这是隐喻性表达。

　　首先,毋庸置疑,这是一座星官(宫)。《史记·天官书》曰:"魁下六星,两两相比者,名曰三能。"[1]"集解"指出,"能"的音即"台"。这几颗星的位置,按星区的讲法比较复杂,打个比方,中国古代天人同构,在天上也构建了一个"朝廷",将天空分为三个星区,称之"三垣":象征帝王宫廷的,称为"紫微垣",也称"中宫",由以北极星为中心的周围317颗正星、增星构成;象征行政机构的,

---

1　《史记》,第4册第1293页。

称为"太微垣",在北斗九星南面,由170颗正星、增星构成;象征繁华街市的,称为"天市垣",位于紫微垣之下的东南方向,由260颗正星、增星构成。三垣的若干"星",命名也大致依据此三类象征。

"三台星"便位于"太微垣"这个区域(图4-2-3),是这个星区的二十座星官之一,由六颗星组成,在北斗九星之南,如同阶梯状两两排列。《云笈七签·日月星辰部》称三台均有神灵司治:

> 上台神君字显真,上台名虚精,主金玉;中台神君字章明,中台名六淳,主禄位,中台两星小阔,晋张华为司空,死,其星开;下台神君字际生,下台名曲生,主土田。[1]

这就是通常所称的"上台虚精开德星君""中台六淳司空星君""下台曲生司禄星君"。[2]将这些神灵绣饰于法服,除了和阴阳、理万物,还表达了道士在信仰追求和内丹修炼中的象征意义。道士在"志心皈命礼"中诵念:

> 三台虚精,六淳曲生,生我养我,护我身形。[3]

也许是有了三台星君护佑,修行之人得以愿心精诚,无所挂碍。

法国学者戴思博(Catherine Despeux,1946—)在其专著《〈修真图〉——道教与人体》中写道:

> 出现在《修真图》额部的三个一线相连的小圆点代表的通常是"三台"星。……三台象征着世界的顶盖,其作用是确保所有事物各就其位,互不紊乱。[4]

---

1 《云笈七签》,第2册第548页。
2 (清)陈仲远:《广成仪制》,第97页。
3 (清)陈仲远:《广成仪制》,第200页。
4 [法]戴思博著,李国强译:《〈修真图〉——道教与人体》,济南:齐鲁书社,2012年8月第1版,第155页。

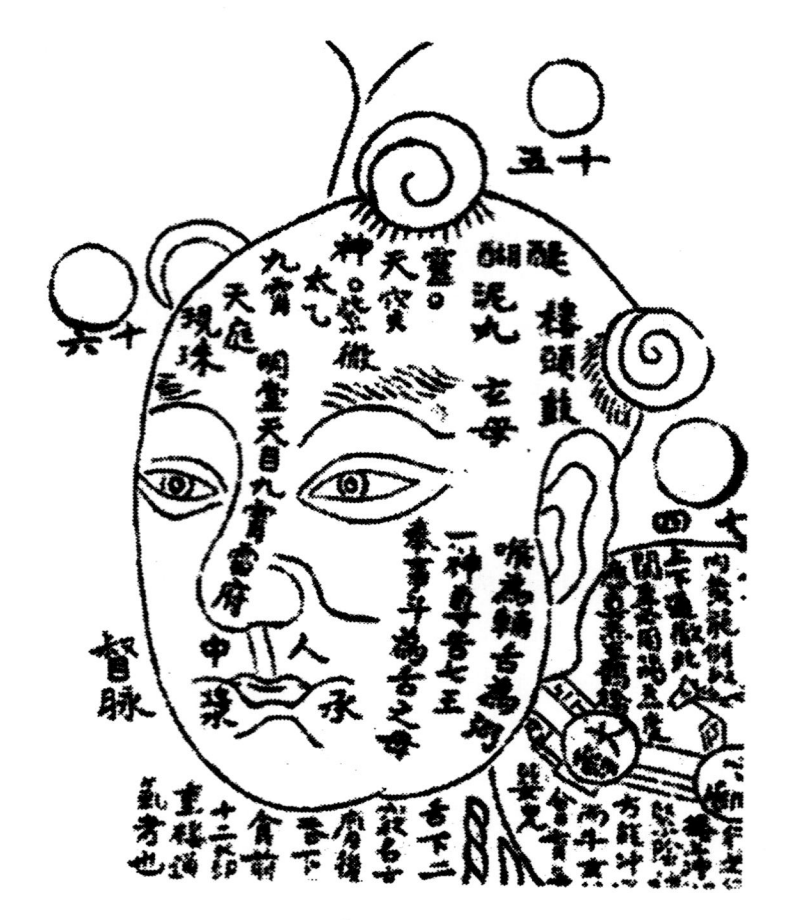

图4-2-4 《修真图》中的三台星

并指出这三个螺旋形的圆环，象征天心正法的"三宝之光"——天宝、灵宝、神宝：

> 从最早的内丹文献开始，或者至少在南派内丹中，三台之光就已经被引入内丹术了。早在张伯端的《悟真篇》中，就有"太乙在炉宜镇守，三田宝聚应三台"的诗句。[1]

---

[1] ［法］戴思博著，李国强译：《〈修真图〉——道教与人体》，第157页。

第四章　纹　样

图4-2-5　后身饰星宿的鹤氅
（明）16世纪道士法服，现藏乔治·华盛顿大学纺织博物馆。
"背胸"内小圆象征二十八宿，"背胸"外大圆象征二十四星

可以想象这样一幅庄严的法事场景：道士身披法服，旋步云罡，手掐指诀，诵念"上台一黄，驱除不祥；中台二白，护身镇宅；下台三清，斩鬼除精。台星到处，大赐威灵"[1]。借助满天星斗，神灵法力，驱妖伏魔，大展神威。

通常情况，在"三台星君"和日月纹样之下、法服后身的背部位置，一般还有若干实心圆形，大小不等，少则五六枚，多则五六十。这些代表星宿，其中占主体位置的，是四象、二十八宿（图4-2-5）。

"四象"与"二十八宿"所包括的星体是可以画等号的。四象是取四种灵兽象形，以此划分天上的星区，作为观测星象的参照。四灵有两种组合。对"四灵"

---

[1] （清）陈仲远：《广成仪制》，第1333页。

最早的记录出自《礼记·礼运》："麟、凤、龟、龙，谓之四灵。"[1]这与我们所熟悉的组合差别较大；"四灵"中的麒麟，孔疏引石渠阁奏议中所言，称"麟为周亡天下之异，则不得为瑞"[2]。故在汉代以后，麒麟被山中百兽之王——虎所取代。《三辅黄图·汉宫·未央宫》曰："苍龙、白虎、朱雀、玄武，天之四灵，以正四方星宿。"[3]

而至于"二十八宿"，是因为中国古代天学[4]将日、月经过的天区称为"黄道"，将黄道区域内的恒星分为二十八组，即若干恒星连成一组；每一组以一事物命名，成"一官"，故也称"星官"，唐宋以后也称"一座"，但与西方天文学黄道十二星座的划分不同，故不能相提并论。二十八星宿又各七组分属规模更大的"四象"。按太阳的"视运动"[5]方向，自西向东排列为：东方的角、亢、氐、房、心、尾、箕七星宿，状如飞龙，故称东宫为"青龙"或"苍龙"；南方的井、鬼、柳、星、张、翼、轸，联为鸟形，故称南宫为"朱雀"；西方七星有奎、娄、胃、昴、毕、觜、参，似猛虎下山，故称西宫为"白虎"；北方七星谓斗、牛、女、虚、危、室、壁，形如龟蛇，故称北宫为"玄武"。

道教取这四者所象，为攘灾辟邪之功用，故将其充作护卫之神，以壮神仙威仪。《抱朴子·杂应》中引《仙经》，以"四象"来描绘道祖太上浩浩荡荡、威风凛凛的"四象"禁卫军：

左有十二青龙，右有二十六白虎，前有二十四朱雀，后有七十二玄武。[6]

---

1 《十三经注疏》，第3册第3085页。
2 《十三经注疏》，第3册第3086页。
3 何清谷：《三辅黄图校释》，北京：中华书局，2005年6月第1版，第160页。
4 江晓原在《天学真原》中指出：中国古代关于"天"的解说，包含的内容较现代"天文学"要广，应该是指关于天上事物的理论和学问（应称为 theory of heaven），而非仅指研究星体的物理现象（astronomy）；故以"天学"称之比较准确。
5 太阳视运动：由于地球的自转，使位于地球上的人觉得太阳每天都是从东方升起、从西方落下。太阳视运动只是以观测者为参考系，假定观测者保持相对静止，太阳相对于观测者是运动的。
6 王明：《抱朴子内篇校释》，第273页。

并且，还有神兽"穷奇"开道，龙太子"辟邪"压后，天上电闪雷鸣，晃晃昱昱，惊天动地。需要说明的是，太上之"四象"卫队，与古时征战时军队配置一样：前军作先锋，需行动敏捷，所以用飞行迅速之"朱雀"；后军需抵御追兵，掩护中军，故取自带甲胄的"玄武"；左为阳，阳主发生，配用善于变化之"青龙"；右为阴，阴沉能杀，因而取威猛肃杀之"白虎"。如此看来，太上之卫队，不单是鲜衣怒马的仪仗军，还是骁勇善战的作战部队，大约神仙打起仗来也是威武之师。

据唐代羽客王悬河所辑《三洞珠囊》、北宋道士李思聪所编《洞渊集》等道经的记载，二十八宿也各有一位神灵执掌，并且各有职司。例如东方青龙之"角宿"，施掌神君字"君帝"[1]，主星"天门星君"，"上应太焕极瑶天，照临郑国分野"[2]以及海外的九个小国[3]，管辖人间的将军兵甲，当然还有"龙王爷"分内之事——行云布雨以及农田耕稼。诸如此类，二十八宿皆有对应。

在道士法服中，"二十八宿"通常分布于"郁罗萧台"周围。如图 4-2-6 所示，这领出自晚明的法服，现收藏于美国乔治·华盛顿大学纺织博物馆。后身绣饰以"郁罗萧台"为中心的"背胸"，在"背胸"内圈，以盘金钉线绣分布"二十八宿"——《雪宦绣谱》称："盘金"是苏绣传统针法，也用于京绣。此法服用料不惜工本，绣线除蚕丝制成，"还将黄金、白银锤箔，加工成金、银线大量用于服饰绣品中，金银线既可用来勾勒图案边缘，又可将图案全部填满，所绣图案金丝笼络"[4]。从放大的细节图可以看出，"背胸"内的"二十八宿"和"背胸"外的"二十四星"均是以"双金线"回旋铺扎而成，立体感强，富丽堂皇；在明清时期，帝后龙袍的龙头及须等处，较多采用盘金绣。从两组星辰纹样的布局上

---

1 《道藏》，第 25 册第 338 页。
2 古代天学以"天垂象"为理论基础，在天为"分星"，在地为"分野"，天上星宿都对应地上的位置，相互参照，以天上某星的变化，推测人间所对应的"分野"之地的吉凶。郑国分野西周初在今陕西凤翔一带，后迁陕西华县，东周时迁河南新郑一带。
3 《道藏》，第 23 册第 850 页。
4 （清）沈寿口述，（清）张謇整理，耿纪朋译注：《雪宦绣谱》，重庆：重庆出版社，2010 年 10 月第 1 版，第 140 页。

图4-2-6　法服后身的星宿纹样

看，应是象征诸仙众真，群星荟萃，聚于"玉京"极地，天庭枢机，神仙云集，一片祥和。

这样神仙聚集的表达，最明显的来自另一领17世纪的法服。如图4-2-7，这领法服俨然将整个天庭都搬到了道士身上：丹犀宝台，众神庄严，琉璃霄汉，群仙妙曼，宫阙嵯峨，琪树瑶花，灵兽腾跃，披鳞耀日，仙禽飘飖，彩羽凌空。原衣长130厘米、宽206厘米，后身中央天帝趺坐，众神群仙皆不对称构图。法服中"海水江牙"与众不同，山峰垂直矗立，两边线笔直，与明代万历时期风格极似，但云纹又不似万历时规整的"四合如意"，其布局自由、结构灵巧，有清代神韵。属晚明还是清初作品，尚有争议。这是一件私人藏品，这类天庭神仙云集的大场景在如今的法服上已然鲜见。

除此之外，道教亦有存思二十四星之法。修行此法，当于农历初一的月朔之夜，在阳气开始生发的子时，闭目安卧，"向上心存二十四星，星大一寸，如连结之状"[1]。静思星光化为二十四真人，并行气导引，以真气入守命门。《云笈七签》

---

[1] 《云笈七签》，第2册第580页。

图4-2-7 法服上的神仙世界
(明/清)刺绣法服,现藏贺祈思藏品基金

称此法能消灾避祸，强筋健骨，安魂宁魄，长生不死。图 4-2-6 的"背胸"外以盘金法绣饰"二十四星"，其依据应是来自于此。

道教在内丹修炼中，还取"四象"与五行相合，并对应的人体五脏，称为"合和四象"。《性命圭旨》对此的解释是：

> 龙木生火，同瞩乎心。心者，象帝之先灵妙，本有中之真无也。心若不动，则龙吟云起。朱雀敛翼，而元气聚矣。虎金生水，同系乎身。身者，历劫以来清静，自无中之妙有也。身若不动，则虎啸风生。玄龟潜伏，而元精凝矣。
>
> 精凝气聚，则金木水火混融于真土之中，而精神魂魄攒簇于真意之内。真意者，乾元也。乃天地之母，阴阳之根，水火之本，日月之宗，三才之源，五行之祖，万物赖之以生成，千灵承之以舒惨。意若不动，则二物交、三宝结、四象和合、五行攒簇，俱会八中宫而大丹成矣。故紫阳云：五行全要八中央。盖此之谓也。[1]

从这段材料可以看出，内丹修行体现了道教天人同构的思想。道教认为，天地与"我"禀一气而资生，天地大宇宙和人体小宇宙彼此交通，互映互动，五行生克，此消彼长。青龙居东位，东方五行属木，木应于人体在肝，肝木代表先天元神，肝木生心火，心火代表后天之神；朱雀收敛气息，象征心火元气聚合；白虎居西位，西方属金，金应于人体在肺，肺金代表先天元炁；五行中金生水，水属北方，为玄武所居，水应人体之肾，肾水代表后天之精。修丹道则须将"神"和"炁"会合于中宫，五行中央属土，土应于人体在脾，如此方能使神炁聚合为"一"，而凝结成丹。

除了四象、二十八宿，道教还尤其崇奉北斗。道教北斗崇拜的确立时间应不晚于魏晋，有学者认为，张陵在东汉末年创建五斗米道时，五斗米道的得名，便与五方星斗和北斗姆崇拜有关，五斗米即五斗姆。[2]

---

[1] （明）尹真人高弟撰：《性命圭旨》，第 57 页。
[2] 卿希泰、唐大潮：《道教史》，第 37 页。

第四章 纹　样

《云笈七签》称"北斗九星，七见二隐"，尤其隐不得见的第八、第九星，谓其"帝皇、太尊精神"。位于北斗第三星旁的辅星，"见之长生，成神圣也"；位于北斗第六星下的弼星，"若惊恐厌魅，起视之吉"[1]。常于空中显现之七星，其名号、职司，《云笈七签》引《黄老经》曰：

> 第一天枢星，则阳明星之魂神也。……天之太尉，司政主非。
> 第二天璇星，则阴精星之魂神也。……天之上宰，主禄位。
> 第三天机星，则真人星之魄精也。……天之司空，主神仙。
> 第四天权星，则玄冥星之魄精也。……天之游击，主伐逆。
> 第五玉衡星，则丹元星之魄灵也。……天之斗君，主命籙籍。
> 第六阊阳星，则北极星之魄灵也。……天之太常，主升进。
> 第七摇光星，则天关星之魂大明也。……天之上帝，主天地机运。[2]

据称是张天师得自太上传授的《太上玄灵北斗本命延生真经》，将其一一神格化，皆称"星君"：天枢谓"贪狼太星君"，天璇号"巨门元星君"，天玑称"禄存贞星君"，天权曰"文曲纽星君"，玉衡云"廉贞罡星君"，开阳为"武曲纪星君"，瑶光则是"破军关星君"。[3] 北斗九星被道教尊为"九皇"，除以上七星君，还有二隐星之"洞明外辅星君"和"隐光内弼星君"。道教认为北斗众星掌管四时运行、人间祸福、万物生死、神鬼是非。因此，道教朝真拜斗，尤重北斗，以礼拜北斗消灾散祸、扶衰解厄。

当代全真高功任宗权道长在其所著《道教科仪概览》"斗日朝真科"中称：

> 道教认为每月阴历初三、二十七是北斗下降之日，称之为"月斗"，庚申、甲子日是北斗巡凡之时，称之为"日斗"，日斗、月斗是最吉利的祈祷之

1　《云笈七签》，第 2 册第 547 页。
2　《云笈七签》，第 2 册第 552—554 页。
3　《道藏》，第 11 册第 347 页。

时，所以道教徒在这四日晚上均需朝礼。[1]

在本书中，任宗权道长还强调除戊日均需朝拜，自己的本命年、生辰也应祭拜，可见其繁。

当然，有北斗自然就有南斗，道教的南斗信仰应该产生于北斗信仰之后。五代道士杜光庭所撰《马尚书南斗醮词》两篇，其中之一云：

> 伏闻清浊分形，高卑定位，南北御死生之籍，阴阳有舒惨之殊。由是南斗尊神、六宫众圣，纪功举善，克扬不死之文，主箓定年，惟启长生之本，欲使物皆归道，人尽登真，副天尊广济之慈，遵大道好生之理。[2]

除了此篇，杜氏所著《广成集》还收入了《川主令公南斗醮词》等近十篇以南斗为主题的醮词，可以判断，南斗崇拜至晚在唐末五代进入道教斋醮体系。

出于东晋的古灵宝经《度人经》曰"北斗落死""南斗上生"。[3] 老君尚且称"南斗延寿"[4]，故道教以南斗为司命主寿之星。《通占大象历星经》亦云："南斗六星，主天子寿命，亦云宰相爵禄之位。"[5] 帝得寿延则天下安定，臣得升迁则上下同心，王道和平则国泰民安；故礼拜南斗，得祈寿延年，享祚元吉，能度厄消灾，远祸得福。而且，除此职司，南斗还掌管登科、益算等事。南斗即四象、二十八宿中的北方玄武之"斗宿"。斗宿主星为"天府星君"，"上应太极濛翳天，照临吴国分野"[6] 以及海外九小国，"下管人间进士登科爵禄，微风细雨，斛斗升合秤尺之司"[7]。

---

[1] 任宗权：《道教科仪概览》，第 31 页。
[2] （唐）杜光庭撰，董恩林点校：《广成集》，北京：中华书局，2011 年 5 月第 1 版，第 82 页。
[3] 《道藏》，第 2 册第 492 页。
[4] 《道藏》，第 2 册第 492 页。
[5] 《道藏》，第 5 册第 15 页。
[6] 依西周分封，吴国分野约为今江苏、安徽的长江以南和环太湖流域的浙江北部。
[7] 《道藏》，第 23 册第 850 页。

图4-2-8 法服后身的"北斗七星"纹样

法服局部,吴延军摄。"北斗七星"位于"三台星君"和"郁罗萧台"之间

南斗与北斗形状类似,是六颗恒星在南天排成斗杓状,与西北天空的北斗七星遥相呼应。道教将南斗六星皆奉为神灵,《太上说南斗六司延寿度人妙经》分别记载了各自的名号和职司:"第一天府,司命上将镇国真君";"第二天相,司禄上相镇岳真君";"第三天梁,延寿保命真君";"第四天同,益筭保生真君";"第五天枢,为度厄文昌炼魂真君";"第六天机,上生监薄大理真君"。总称为"六司真君"。[1]

《太上说南斗六司延寿度人妙经》还指出,南斗与北斗取象阴阳,分掌生死:

> 北斗位处坎宫,名同月曜。降神于人,名之为魄也,主司阴府,宰御水源,将济生聚,功莫大焉。南斗位处离宫,名同日曜,降神于人,名之为魂也。主司阳官,宰御火帝,将济动用,德莫大焉。[2]

---

[1] 《道藏》,第11册第352页。
[2] 《道藏》,第11册第351页。

"北斗"处坎宫,降人魄、主阴府、宰水源,与"南斗"处离宫,降人魂、主阳官、宰火帝相对应,南北二司,阴阳两极,故老君谓张天师:"南斗火官除毒害,北斗水神灭凶灾。一切所求皆称遂,万般滞闷悉通开。"[1]

道教朝真拜斗,借亘古以来的日月星辰存思冥想,调动元神,降真致圣,以达到禳灾祈福的目的。在法事中,道士身披法服,服饰星宿,步罡踏斗,持咒掐诀,陈词进表,请降天恩。

除了借助法服所饰的满天星斗,禹步罡法也模拟星位。依星区布局,有北斗七元罡、南斗火铃罡、二十八宿罡等九十余种,人法于天,星光真炁,随方应化,神驰九霄。如图4-2-9所示,二十八宿罡步法繁复,每宿皆有若干颗星,按星走位,步完二十八宿总计一百七十八步,道士以星步迹,旋斗历箕,蹑行周天。

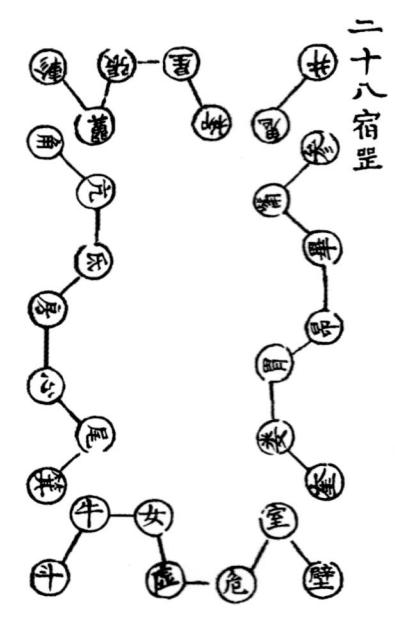

图4-2-9 二十八宿罡
(明)周思得:《上清灵宝济度大成金书》,《藏外道书》,第17册第4页

三、山川纹样

道士法服中取自大地的自然景物纹饰,主要有山岳和川海两种。山岳纹样采自"五岳真形符",多饰于后背;川海纹样亦称海水江牙,饰于下摆或袖边。

《说文》释"山"为:"宣也。谓能宣散气,生万物也。有石而高。"[2]认为山能够使地气宣畅,通散四方,生养万物。在道教世界观里,山同样具有由虚而实的特性:"夫道本虚无,因恍惚而有物;气元冲始,乘运化而分形;精象玄著,列宫

---

[1]《道藏》,第11册第351页。
[2]《说文解字注》,第437页。

阙于清景；幽质潜凝，开洞府于名山。"¹ 如此看来，天地万物皆为阴阳冲和，元气化生，因此，山结水凝，乃一气所分，聚气而成，彼此同气连枝，交通感应。之所以形态有所差别，是因为万物之气清浊有异，故上下相分：

> 乾坤既辟，清浊肇分，融为江河，结为山岳，或上配辰宿，或下藏洞天。皆大圣上真主宰其事，则有灵宫闳府，玉宇金台。或结气所成，凝云虚构；或瑶池翠沼，注于四隅；或珠树琼林，疏于其上。神凤飞虬之所产，天骥泽马之所栖。或日驭所经，或星缠所属；含藏风雨，蕴蓄云雷，为天地之关枢，为阴阳之机轴。²

根据杜光庭在《洞天福地岳渎名山记序》中的这段描述，不论天上仙境、琼楼玉宇，世间仙山、行风流水，还是海中仙岛、层峦叠嶂，皆是无中生有，化而成形，动静之间，变化生动，形神皆妙，与道合真。道士借助天地灵枢，滋养形神，洗炼百骸，含养正身。因此，在道教语境下，对山岳的崇拜，还因为"山"和"仙"具有的内在联系："老而不死曰仙。仙，迁也，迁入山也，故其制字人傍作山也。"³ 修仙者，入山修行之人也，所以造字是"人"在"山"旁或"山"上（"仙"异体字为"仚"）。根据记载有天界神山——人鸟山及其真形图的功用、醮祭和修炼方法的《玄览人鸟山经图》称："学者由山，缘山至道，永保长存，自非至精，勿妄叩也。"⁴ 由此可知，因为山为神仙居所，入山修行能得到修养保精的高深奥妙之至理，这是一种精微神妙而不见形迹的存在，长此以往，方能"诚志攸勤，则神仙应而可接；修炼克著，则龙鹤升而有期"⁵。正是这种对长生和成仙的孜孜以求，成为道士不辞辛苦、跋山涉水、栖隐林泉的内在动力。

魏晋时期，道士不论避乱隐修还是合药炼丹，大多需要进入深山，葛洪所著

---

1 （唐）司马承祯：《天地宫府图并序》，《道藏》，第22册第198页。
2 《道藏》，第11册第55页。
3 《释名疏证补》，第96页。
4 《道藏》，第6册第696页。
5 （唐）司马承祯：《天地宫府图并序》，《道藏》，第22册第198页。

《抱朴子内篇》中，有一则名为《登涉》，专记爬山涉水之法。其中特别交代，入山道士须执《三皇内文》和《五岳真形图》，佩"老子玉策"，谓此可召唤山神，则木石精怪、山川妖祟、鸟兽邪魅，皆不敢为害。[1] 从这个记载来看，《五岳真形图》于道士而言，就不仅是引导行路的地图，尤其重要的，这是交通神灵的凭信。确如是，道教认为万物有灵，山川皆有真圣，五岳自有仙真。因此，《遐览》篇更指出："道书之重者，莫不过《三皇文》《五岳真形图》也。"[2]

葛氏在其所撰的另一部道经《枕中书》中还一一详述："太昊氏为青帝，治岱宗山；颛顼氏为黑帝，治太恒山；祝融氏为赤帝，治衡霍山；轩辕氏为黄帝，治嵩高山；金天氏为白帝，治华阴山。"[3] 五岳皆有帝君司职，并与五方、五色相提并论，这仍然依据的是传统五行思想。在神话中，太昊伏羲氏为东方大帝，东方色"青"，生发之气东来，故山东泰山（即岱宗山），为五岳之首；颛顼氏为北方大帝，北方色"黑"，所治河北恒山；祝融氏为南方大帝，南方色"红"，所治安徽霍山[4]；人祖轩辕氏为中央大帝，中央色"黄"，所治中原腹地的嵩山；少昊金天氏为西方大帝，金天也意指西方之天，其色"白"，治陕西华山。

十二章纹中以"山"为纹，取其威重，仰之弥高，信仰来源为远古的山神崇拜。古代帝王，热衷封禅之礼，"封"为祭天，"禅"即祀地，以此昭告天下：人间帝王受命于天，道继正统，传续合法，并且祈愿天降祥瑞，庇佑国祚延永，永享太平。封禅需登临离天更近的绝高之地，帝王的虔诚方可上达天听。五岳信仰便是远古山神崇拜、皇家封禅之礼以及传统五行观念的融合，并被道教所继承。但道教的五岳信仰并不仅限于此。

除了世间可寻的五岳，还有凡人难见之五岳。杜光庭在《洞天福地岳渎名山记》中对其的描述是：

---

[1] 王明：《抱朴子内篇校释》，第299页。
[2] 王明：《抱朴子内篇校释》，第299页。
[3] 《元始上真众仙记·葛洪枕中书》，《道藏》，第3册第270页。
[4] 葛氏所言"五岳"具体位置，部分与今有异：北岳恒山，并非今山西大同境内的恒山，而是指河北保定以西的大茂山，如今当地仍称其为神仙山，盖因其曾是佛道圣地，神仙聚居；至于南岳衡山，也非指湖南衡阳的衡山，而是安徽安庆以西的天柱山，古时亦称霍山。

东岳广桑山在东海中，青帝所都。南岳长离山在南海中，赤帝所都。西岳丽农山在西海中，白帝所都。北岳广野山在北海中，黑帝所都。中岳昆仑山在九海中，千辰星为天地心。[1]

此五岳诸山，皆处茫茫巨海中，故称"海外五岳"，为"神仙所居，五帝所理，非世人之所到也"[2]。世人之所以不能至，除言其仙踪飘缈、神迹难寻，更指其超出凡人的知觉，存在于修行者的意念中，具有神仙信仰的符号化性质。因此，虽然仙凡地隔，帝乡难及，但道士在存想中携境入形，化境自如，与天地山川相共鸣，融万物风景于胸臆，胸中丘壑，袖里乾坤，融炼河山，境界自至；存思中层叠如嶂平地起高楼，于山中望气，吞吐江湖，无形之物化为意念中实景，方寸之间，气象千万。

由此可见，《五岳真形图》对道士修行的重要意义不言而喻，葛洪甚至称"家有《五岳真形图》，能辟兵凶逆人欲害之者，皆还反受其殃"[3]。道士法服所饰之纹样，是演变与此同源的"五岳真形符"而来。

从图 4-2-10 的图形来看，饰于法服的"五岳真形符"有"四象"的影子：东岳泰山符"🜚"，似龙行威仪，西岳华山符"🜚"，如虎踞勇猛，南岳衡山符"🜚"，如飞鸟高翔，北岳恒山符"🜚"，如龟蛇缠绕，而中岳嵩山符"🜚"，如黄土堆叠。据此可以推论，"五岳真形"已全然符号化，至于是"图"还是"符"，对道士来讲，大概不是问题，其功用并无差别：

子有《东岳真形》，令人神安命延，存身长久，入山履川，百芝自聚。子有《南岳真形》，五瘟不加，辟除火光，谋恶我者，反还自伤。子有《中岳真形》，所向唯利，致财巨亿，愿愿克合，不劳身力。子有《西岳真形》，消辟五兵，入阵刀刃不伤，山川名神，尊奉伺迎。子有《北岳真形》，入水却灾，

---

[1]《道藏》，第 11 册第 56 页。
[2]《道藏》，第 11 册第 56 页。
[3] 王明：《抱朴子内篇校释》，第 337 页。

图4-2-10　法服后身的"五岳真形"纹样
（清）19世纪道士法服，现藏波士顿美术馆

百毒灭伏，役使蛟龙，长享福禄。子尽有《五岳真形》，横天纵地，弥纶四方，见我欢悦，人神攸同。[1]

不难理解，对道士而言，这个入山修炼、寻仙访真的地图，即是交通人神的凭信、护身的灵符，道士执有此图，"诸山百川神皆出境迎拜子也"[2]，动静之中，山川有灵，天真相随，进退之间，万物生动，仙圣护持。五岳治五方，五方安五行，木、火、土、金、水皆不成灾，咸来相助。同时，又能辅助修行：存想此符，境由心生，胸罗宇宙，掌握乾坤，神仙世界，壶里洞天，一念所及，天涯咫尺。可以揣测，这是道士法服上饰以"五岳真形符"的根本原因。道士云游四海，行走红尘，三山五岳，尽收胸怀，经历尘世江湖，见证沧桑轮回，更加敬畏山川。

道士法服中的"山"纹，除了"五岳真形"，还有山水合体的"海水江牙"纹（图4-2-11、图4-2-12）。诚然，有山自当有水，山，昂头仰观天文，水，屈身伏察地理。古代堪舆理论言之凿凿："水无山则气散而不附，山无水则气寒而不理。"[3]

---

[1]《云笈七签》，第4册第1790—1791页。
[2]《云笈七签》，第4册第1791页。
[3]（魏）管辂撰，程子和校注：《管氏地理指蒙》，北京：华龄出版社，2009年6月第1版，第399页。

图4-2-11 洒线绣"海水江牙"纹样
（明）袍料局部，现藏北京故宫博物院

图4-2-12 织绣"海水江牙"纹样
（清）袍料局部，现藏北京故宫博物院

山势磅礴，是"气"凝而成，为实气；水流萦迂，是"气"融而为，是虚气。水随山行，虚实融汇，方能聚生气。山水共生，构成一组：斜纹和波纹状水面之上，矗立的山石犬牙交错，取意象形故称为"江牙"。还有一层意思，"海水江牙"作为服装纹样，多饰于袖口或下摆底边，那个位置常被称作"牙边"。在文献中也有写作"海水江崖"，盖取其山崖嶙峋之义，还有写作"海水疆崖"，大约是寓意一统江山，无论海岛还是边疆；水面潮涌升腾，象征万世升平。此纹样在明清两代

图4-2-13 青城山月牙湖
余跃海摄,2014年7月

图4-2-14 都江堰
余跃海摄,2014年7月

颇为流行,上至帝王龙袍、百官补服,下到民间戏剧服饰,当然,还有道士法服。

除了流行元素的原因,道士法服采用"海水江牙",也有其信仰渊源。关于山,前文已述。对水的崇拜,其实并不独道教所有,甚至不单是中华民族,实际上在世界范围内,水都具有创造文明的特性。不夸张地说,水是流动的权力,左右着人类的进程。道教发源地之一的青城山(图4-2-13),就是一个山清水秀的洞天福地。

而与之毗邻的都江堰(图4-2-14),则拥有人类文明史上最伟大的生态水利工程——修建于公元前250年的无坝引水系统,完美协调人、地、水,两千多年,沧海桑田,至今仍在造福万民。

第四章 纹 样

水光潋滟，山色空蒙。这片土壤似乎是被烟雨波光浸透了，这方水土孕育产生的道教也浸润着水的灵动和明澈。太上曰："上善若水，水，利万物而不争。"[1] 水柔顺谦下，具上善品性：虽利天下而不争物先，滋养万物而处之如常，源远流长而平心静气，绵绵不竭而生机律动。

美国学者艾兰（Sarah Allan，1945— ）在其专著《水之道与德之端》一书中讲道：

> "道"的原始意象是通道或水道，利万物的水与河系，永不枯竭的溪流，沉淀杂质自我澄清的池水。它环绕并养育着我们人类，但我们未意识到它的存在。儒家文献强调它的自然秩序；道家则偏重它的变化无常与难以名状，但二者对这一概念的解读都根植于水的属性特征。[2]

诚如斯言，在《道德经》中，"水"几乎就是"道"的同义词："道冲，而用之或不盈；渊兮似万物之宗。"[3] "譬道之在天下，犹川谷之于江海也。"[4] 诸如此类。由此可见，对水的崇拜，是道法自然的渊源之一。

汉末时疫流行，民间疾患深重。道教创立伊始，张陵、张角等首领化"符箓"入水，制成"符水"给信徒治病，据说此法颇有功效，故从者数十万。从宗教具有心理消解的功能来看，与其说是"符水"祛病，不如看成是信徒对"道"的信仰激发了身体的自我修复，水在其中，便是激发信徒自身潜能的"灵引"。其道法虽有巫术成分，却也隐含着人们朴素的生存愿望——人与水的和谐相依。

五斗米道时期，张陵承袭了古代流传下来的"三官信仰"——古时有天官赐福、地官赦罪、水官解厄的传说，通过祭祀天帝、地祇、水神三种神灵，达成人

---

[1] （清）黄元吉撰，蒋门马校注：《道德经注释》，第33页。
[2] ［美］艾兰著，张海晏译：《水之道与德之端——中国早期哲学思想的本喻》，北京：商务印书馆，2010年11月第1版，第93页。
[3] （清）黄元吉撰，蒋门马校注：《道德经注释》，第17页。
[4] （清）黄元吉撰，蒋门马校注：《道德经注释》，第138页。

们消灾祈福的愿望；并制"三官手书"——写有病者姓名、服罪、悔过之意的信徒自书的文书，一式三份，分别投置山上、埋入地下、沉入水中。[1] "三官手书"既是道教徒请祷治病的法术，也是对自然力量的膜拜——天、地、水皆是主宰人类命运的至高神灵。

从"三官信仰"还发展出名为"投龙简"的斋醮科仪。此科仪在魏晋时是作为求仙必需的凭信：

> 用金龙、金钮各三枚，投山、水、土，为学仙之信。不投此三官，拘人命籍，求乞不达。有违，考属九都曹。[2]

唐宋时更加盛行，拜见三官帝君，酬答山水神灵，"国家保安宗社，金箓籍文，设罗天之醮，投金龙玉简于天下名山洞府"[3]。人们将写有消罪祈福愿望的丹书玉札投入名山大川，祈求岳渎威灵、水府仙官保佑寿元无量、国祚天长。在当时，无论官方还是民间，都趋之若鹜，帝后百官、市井百姓修仙登真，度厄解难，研朱墨，书玉简，配金龙，纨金钮，投诸灵山水府，求祈达成心愿。历史典籍和近年的出土实物，都说明作为金箓、黄箓斋会一部分的"投龙简"，在当时是非常流行的。

山水灵境的信仰，在道士法服上变化为海水江牙纹样，体现道教延续了两千多年的对山川自然的崇拜。伴随着道士的每一次法坛行仪，心念所及，眼前世界淹沸于玄虚，在香烟缭绕中微妙玄通，交感三界。

除此之外，道士法服所饰的水中景物，还有"鲤鱼龙跃"纹，以及其他一些水族，如虾、蟹等。联系民间信仰来看，推测应是在模拟水府龙宫的景象，抑或是三官（水官）崇拜的延伸。如图 4-2-15、4-2-16 所示，这一类的纹饰，较多作为饰边出现在法服的底边或袖边处，亦有与"海水江牙"纹配合一处者。

---

1 卿希泰、唐大潮：《道教史》，第 37 页。
2 （南朝宋）陆修静：《太上洞玄灵宝授度仪》，《道藏》，第 9 册第 840 页。
3 （唐）杜光庭：《天坛王屋山圣迹叙》，《道藏》，第 19 册第 700 页。

第四章 纹　样

图4-2-15　法服中的海水江牙纹饰
（清）缂丝法服，现藏贺祈思收藏基金

图4-2-16　法服中水族纹饰边
（清）法服，现藏明尼阿波利斯艺术博物馆

山水弦音，浅唱低吟，浮光掠影，虚实相映；仙家景象，法华世界，时空不二，山水真如。在道士法服的纹饰中，山和水相互依存：山，宽容，有福；水，绵长，有寿。福山寿水寄托了道士长生久视的理想。山水灵境染化人心，道士在修行中，感应行风流水的绝妙变化，来龙去脉之无限生动，与山川物性相交融，在无声无息中坐忘，释放形神与天地一体，破碎虚实得身心自由。

　　万物有灵，自然为宗。道士法服纹样，寄托了道教敬畏天地、取法自然，与众生和谐共处的生态伦理思想。无论日月星辰、洞天福地，还是神兽灵禽、琼枝仙草，都必须遵循自然之道。天风地流，亘古而存，道之本源，生机不绝。道士的修行，亦在绵绵生机中，得意而忘形，体察万物之精微，与天地合一，内外交融。归根到底，这是道教宇宙观在法服上的体现，是道教对自身和万物的理解。

第三节　教义图像

　　遵循天地之序，道法自然，还贯穿在道教的教理教义中。作为宗教特殊用途的法服，是根据自身需要而设计的，自然也就必须表达道教的宇宙观。尤其，道教是一种具有偶像崇拜特征的宗教，无论宇宙天地、神仙人物，还是走兽飞禽、异树佳木，都具灵性，皆可成仙；道教认为膜拜这些"神灵"的图像，能够辅助修行。因此，毫无例外地，在道士法服上，也自然有表达教理教义图案的一席之地。

一、郁罗萧台

　　在当代道士法服的后身正中，常出现一形似塔楼的图案，是为"郁罗萧台"。此纹样在明清两代法服中非常普遍，不仅后身饰有，也有见于前襟者，左右分列，对称布局。如图4-3-1所示，后背者饰九层萧台，前襟者饰五层萧台。

　　郁罗萧台是道教的"宇宙模型"，和佛教的"须弥山"（梵文Sumeru）、密宗的"曼荼罗"（梵文Mandala）有相似的内涵，都表达了对宇宙终极本质的探索，也都是指宇宙中的最高处或最中心处，为本教的最高神灵所居住。如果说"五岳

第四章 纹 样

图4-3-1 法服前、后身的"郁罗萧台"纹饰
（清）法服，（上）现藏印第安纳波利斯艺术博物馆；
（下）现藏明尼阿波利斯艺术博物馆

真形"代表了道教对"地"的认识,那么"郁罗萧台"就表达了道教对"天"的理解,就像图 4-3-1 这领法服,后身围绕郁罗萧台,四周布局五岳真形,形象地表达了法天象地的旨趣。

不过,道教的"天"并不仅指我们头顶的苍穹,而是网罗宇宙万象,穷极上下尊卑,是诸天的投影。在道教的宇宙建构中,"天"有三十六重:欲界六天、色界十八天、无色界四天、四种民天(四梵天),最高者为"三清天"和"大罗天"。

《云笈七签·天地部》将其称为三界、四梵,合为三十二天,一并论之:

由下而上,层层累进。第一为"欲界",谓其"有色有欲,交接阴阳,人民胎生"[1]。可见,欲界是没有摆脱世俗欲望的众生所处之境界,类同佛教中的六道轮回。道教欲界也有六重天,分别名之为"太皇黄曾天""太明玉完天""清明何童天""玄胎平育天""元明文举天""七曜摩夷天"。[2]

第二为"色界",云其"有色无情欲,不交阴阳,人民化生,但嗷香无复便止之患"[3]。"色"即指物理形质,这是来自物质世界的障碍,也正因为有这种阻隔,才有不同的物质形式。色界次第有名为"虚无越衡天""太极濛翳天""赤明和阳天""玄明恭华天""曜明宗飘天""竺落皇笳天""虚明堂曜天""观明端静天""玄明恭庆天""太焕极瑶天""元载孔升天""太安皇崖天""显定极风天""始黄孝芒天""太黄翁重天""无思江由天""上揲阮乐天""无极昙誓天"的十八重天。[4]

第三为"无色界",此界"微妙无色,想乃有形,长数百里,而人不自觉,唯有真人能见"[5],这处境地似乎是无形无质,宛如虚空,不仅没有情欲,甚至不具形色,摆脱了物质世界的束缚,得到自由状态,因此彼此不可见,只有"真人"才能洞见,故名。无色界亦有四天:"皓庭霄度天""渊通元洞天""翰宠妙成天""秀乐禁上天"。[6]

---

1 《云笈七签》,第 2 册第 499 页。
2 《云笈七签》,第 2 册第 498—499 页。
3 《云笈七签》,第 2 册第 499 页。
4 《云笈七签》,第 2 册第 499 页。
5 《云笈七签》,第 2 册第 499 页。
6 《云笈七签》,第 2 册第 499 页。

第四章 纹　样

　　三界之上便为"四梵天",亦称"四种民天"。"种民"是道教特有的术语。根据《太平经》的解释,种民是"圣贤长生之类也"[1]。可见,种民是修执道法有成之人,具有圣贤的品格,也超脱了生死轮回。四梵天亦有四重天,元始天尊将其称为"常融天""玉隆天""梵度天"和"贾奕天"。[2]

　　实际上,"四梵天"为上下分界。四梵天之下的这三界二十八天,每一重天均有一帝君为治,居于其中的,虽然"皆是在世受持智慧上品之人,从善功所得,自然衣食,飞行来去,逍遥欢乐",却仍未能长生。即使是下第一天之人享寿九万岁,依次往上的各天之人寿皆有增,但也不过"死生之限不断,犹有寿命,自有长短"[3]。所以,常言"跳出三界外,不在五行中",也就是说只有超凌三界,逍遥上清,才能获得身心的自由,长生久视。而四梵天则已在三界之上,种民亦是"三灾所不及"[4],摆脱了寿元所限,天年无尽。

　　四梵天之上,便是通常所说的"圣境四天",《云笈七签》谓其是清净尊贵之所在：

　　　　四天之上则为梵行。梵行之上则是上清之天,玉京玄都紫微宫也。乃太上道君所治,真人所登也。[5]

　　其实,"圣境四天"亦有上下,其下为三清天,其上为大罗天。

　　在道教早期经典中,神位最高者为九天真王和元始天王,俱禀自然之气,生于万物之前,由"气"凝结而成形。《云笈七签》引上清派早期道经《三天正法经》称：

　　　　九气玄凝,日月星辰于是而明,便有九真之帝：上之三真生于极上清微

1　王明：《太平经合校》,第2页。
2　《云笈七签》,第2册第499页。
3　《云笈七签》,第1册第33页。
4　《云笈七签》,第1册第33页。
5　《云笈七签》,第2册第500页。

之天，次中三真生于禹余之天，下有三真生于大赤之天。[1]

而唐初上清派经书《道门经法相承次序》从道生妙一、妙一分三元、三元变三气、三气生三才，而后万物备的角度，更详细地阐释了早期道经中"三洞尊神"及其治所三清天之渊源、关联：

其三元者，第一混洞太无元，第二赤混太无元，第三冥寂玄通元。从混洞太无元化生天宝君，从赤混大无元化生灵宝君，从冥寂玄通元化生神宝君。大洞迹别出为化主，治在三清境。其三清境者，玉清、上清、太清是也，亦名三天。其三天者，清微天、禹余天、大赤天是也。天宝君治在玉清境，即清微天也，其气青始。灵宝君治在上清境，即禹余天也，其气白元。神宝君治在太清境，即大赤天也，其气黄玄。[2]

关于"三洞尊神"和"三清尊神"的关系，据元代华阳复所称是可以画等号的。《洞玄灵宝自然九天生神章经注》云：

天宝君，玉清元始天尊也，本玄一之炁，凝结至高。……灵宝君，上清天尊也，自一生二，为元一之炁；……神宝君，太清天尊也，由二生三，为始一之炁。[3]

简而言之，三清天分别是指玉清境（清微天），为天宝君即元始天尊治所；上清境（禹余天），为灵宝天尊治所；太清境（大赤天），为神宝君即道德天尊治所。在三清天之上，便是道教三十六天中之位极者："三天最上，号曰大罗，是道境极地。"[4]并且，大罗天生玄、元、始三炁，化为三清天，玉清天为始气所成，上

---

[1] 《云笈七签》，第 2 册第 485—486 页。
[2] 《道藏》，第 24 册第 782 页。
[3] 《道藏》，第 6 册第 465 页。
[4] 《道教义枢》，《道藏》，第 24 册第 829 页。

清天为元气所成，太清天为玄气所成。《云笈七签》引《元始经》亦云："三界之上，渺大罗，上无色根，云层峨峨。"[1] 大罗天不仅绝冠诸天，还统辖诸天，故《云笈七签》称其"大罗之境，无复真宰，惟大梵之气，包罗诸天"[2]。

法服所饰之"郁罗萧台"，便在这大罗天中："萧台是七宝玄台，有九层映郁大罗之上。"[3] 此语出自古灵宝经系的《度人经》。本经被后世道教奉为万法之宗、群经之首，因自题为"天尊自说"，故"以元始为题"[4]，亦名《元始无量度人上品经法》。在本经中，明申法源，敷衍大道，造化万象，奉元始天尊为至上神，曰："太玄都玉山上京，祖师元始天尊治玄都玉京。"[5] 玉京上山亦处大罗天之中。《正统道藏》"洞真部玉诀类"，收入本经的若干义、注。北宋道士陈景元所撰《四注》释"郁罗萧台，玉山上京"，南齐严东，唐人薛幽栖、李少微、成玄英四家注，描绘了元始天尊所治的这处仙境盛景：

东曰：郁，盛也。罗，大罗也。大罗之天上有玉京之山，山有七宝玄台，台在七宝城，城中有玉清之殿，高上玉皇治乎其中也。

幽栖曰：言玉清之上有九层之台，穷于高际，参于太无，故映郁大罗之上，萧然九层之台。太无，即大罗也。以玉为山，故云玉山。山上有京，故云上京；亦有名玉京，亦名玉清，皆因玉以得名也。此即通谓玄都玉京也。

少微曰：自此十句，皆说玄都境中宫殿壮丽。玉京山在诸境之上，故曰上京。山有玉城，城中有台号曰萧台。城阙山林郁然罗布，皆高上玉皇所理之处也。

玄英曰：郁罗者，谓萧台四面城阙山林，郁茂光华，罗落其处，故云郁罗。[6]

---

1 《云笈七签》，第 2 册第 486 页。
2 《云笈七签》，第 2 册第 486 页。
3 《太上洞玄灵宝无量度人上品经法》，《道藏》，第 2 册第 483 页。
4 《太上洞玄灵宝无量度人上品经法》，《道藏》，第 2 册第 481 页。
5 《太上洞玄灵宝无量度人上品经法》，《道藏》，第 2 册第 483 页。
6 《道藏》，第 2 册第 202 页。

据此四家之言，可以看出"大罗天"是一处仙气充盈的净土灵境。诸天次递，大罗绝凌，玉京巍峨，萧台九层，城阙环绕，林木掩映。这和《云笈七签》引《玉京山经》所释大同小异：大罗天为宇宙八方之中枢，玉京山冠于大罗天上，位处天地世界之中央；在玉京山上有七宝城阙，城里有七宝宫殿，宫中有七宝玄台；玉京山有生长着七宝树，一株树足以完满覆盖一天，八株树即能覆盖八方大罗天；这是"太上无极虚皇大道君之所治也"[1]。

只是，从这些道经所描述的景物风光来看，大罗天上的那座天庭，与人间的帝王宫殿并无二致，同样的金阙玉阶、亭台馆阁。若仅如此，道士法服饰以"郁罗萧台"，只是表达对仙境的向往？似乎不止于此。作为专用于道教法事的法服，其所涉及之种种，应该都有宗教特殊的意涵。

所幸，另一卷道书解开了笔者的疑惑。生活在明洪武、永乐时期的第四十三代天师张宇初（1359—1410）所撰的本经《通义》释"郁罗萧台，玉山上京，上极无上，大罗玉清，渺渺劫仞，若亡若存"，从"天人一致"的观点立足，感天应人，构建了宇宙诸天和内丹修习之间的关系：

大罗天之上有玉京山，以玉为京，故曰玉山上京。郁罗之台，又居玉京之上，穷高极远，无上之上也。是为大罗之天。玉清金阙居于其中，其大无际，包罗万界，故渺渺劫仞，不可穷极。而梵炁结空，本非色象可求，是曰若亡若存，凡天地一成一坏，为一劫。大罗之境，兆于旷劫之先，历劫而不坏。仞者，不可以限量测也。其渺漠恍惚，与太虚同体，无形无名，非可以迹求也。郁罗萧台在身，则脑际也。玉山上京者，泥丸也。泥丸为天门，乃万神之府，是为大罗之景，玉清居其中，渺渺劫仞，若亡若存。己之真性，渺漠无朕，恍惚中之有物，历浩劫以长存，所谓不坏之元神，故居于三界之上矣。[2]

---

1 《云笈七签》，第 2 册第 486 页。
2 《道藏》，第 2 册第 305 页。

依张氏所言，诸天皆可比拟内丹修习之关窍，大罗天、玉京山、郁罗萧台，如同人身的泥丸宫——上丹田，在印堂、百会、玉枕附近，是道士修炼的核心部位。《黄庭内景玉经》称之为"脑神"，谓其是人体之主、众神之宗；唐人梁丘子注"脑神精根字泥丸"，亦指其为"丹田之宫，黄庭之舍，洞房之主，阴阳之根"。[1] 人体之形骸百脉，是宇宙天地间生机运转的完美造作，不仅适合孕育灵智——从猿进化到人，而且适合突破虚实——从人修炼成仙。因此，道教将"气"在人体内运行一周，称为"小周天"，即是比拟地球在宇宙中自转一周。"心同宇宙广，体合云霞轻。"[2] 人的生命形骸有限，而宇宙时空无限。行走百脉，贯通周天，明彻天人，无分内外。人的"有限"与宇宙的"无限"道体合一，内外相融，突破小周天的"有限"而归于大宇宙的"无限"。正如唐代道士吴筠的《游仙诗》所言："百龄宠辱尽，万事皆为虚。"[3] 修行成仙的终极归宿，便是如大罗仙境般无形无名、太虚幻景状渺漠恍惚，返虚合道，与道冥一。

此说在《度人经》中得到印证。本经中有一幅《体象阴阳升降图》（图 4-3-2），以山形象征人体修行路径，"郁罗萧台"位于高处，大抵相当于人体中的脑神位置。

另一幅来自北京白云观的《内经图》（图 4-3-3），则直接将其命名为"郁罗灵台"。这幅

图4-3-2　体象阴阳升降图
《无始无量度人上品妙经内义》，《道藏》，第2册第334页

1　《修真十书·黄庭内景玉经注》，《道藏》，第 4 册第 848 页。
2　《宗玄先生文集》，《道藏》，第 23 册第 665 页。
3　《宗玄先生文集》，《道藏》，第 23 册第 665 页。

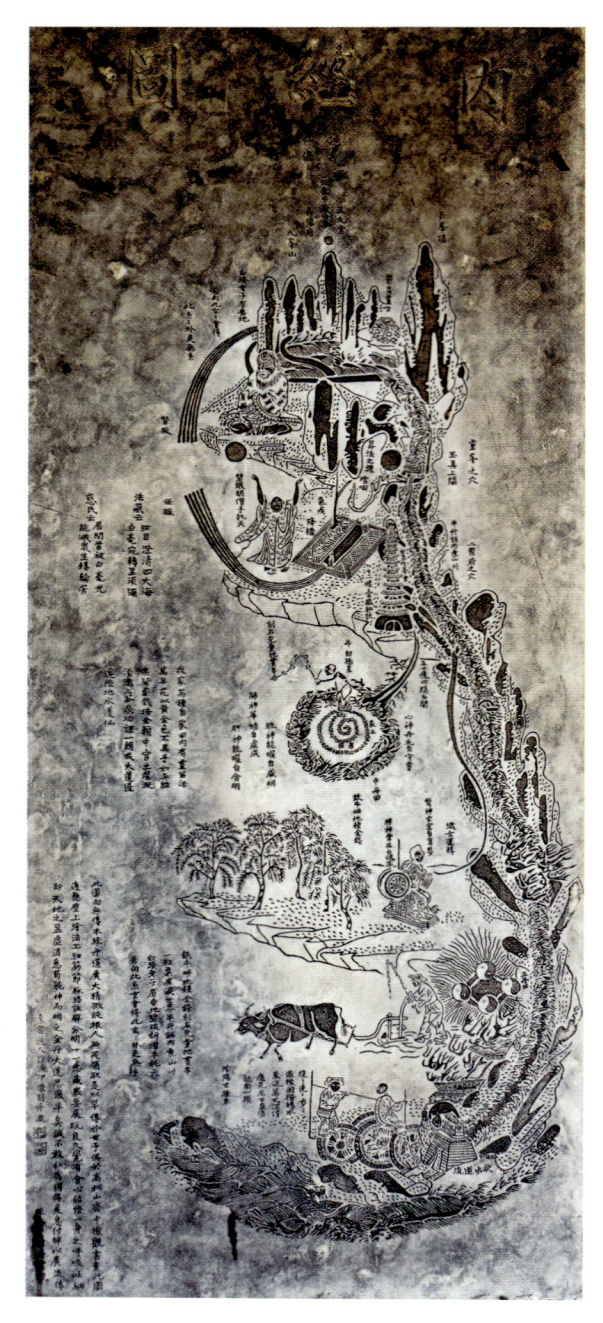

图4-3-3　内经图

第四章 纹　样

图4-3-4　饰五层"郁罗萧台"的鹤氅
（清）白缎地鹤氅，现藏维多利亚与艾尔伯特博物馆

图流传甚广，描绘的是人体修真路径。此"灵台"非指位于人体后心的灵台穴，道士修行需要明晰天、地、人三者关系，从天人合一的角度讲，大脑属天，小脑属地，灵台位于第三脑室中，控制大脑的神经线，它们与宇宙的能量相连。道士修行，打通灵台，运行天规，就可以吸收诸天的能量。从修行的角度讲，凡身是无法进入"郁罗灵台"的，只有元神可以，也就是说，道士修行的最高境界是脱离肉身凡体，成为另一种存在形式——仙，这是道士修行的终极追求。

综上所述，《度人经》所称郁罗萧台为九层，应该有两方面意涵。其一，是道教一化为三、三复归一的表达。"九"为极数，象征位于极处，郁罗萧台是大罗天的符号化形象，象征宇宙诸天统属于大罗天，诸法归宗，万物合一。其二，郁罗萧台饰于法服，也表达道士成仙的追求，象征修行须层层累进，最终反本还原，复命归根。从明清时期的法服来看，"郁罗萧台"的层数有三、五、七、九之数。道士依修行和箓位高低而递进，穿着九层萧台衣，当为道行最高者；而在外人眼中，道士复杂的层层修行和位阶，也可通过法服上萧台层数的不同而分别。不过，在当代法服上，九层萧台者比比皆是，盖因未明所以，僭制越礼，所服非服。

顺理成章，也便能够理解元始天尊既治清微天（玉清境），又治大罗天的层级矛盾。实际上，大罗天总摄诸天，包罗万象。在纪念三清祖师圣诞的"三清朝科"

斋醮仪式中，主高功所起《三宝词》便有"皈命礼道宝，郁罗萧台上，太极涵三，包罗森万象"[1]之句。

《道教义枢》引《太真科》之言，亦谓诸天皆出于大罗天：

> 大罗生玄元始三气，化为三清天也：一曰清微天玉清境，始气所成；二曰禹余天上清境，元气所成；三曰大赤天太清境，玄气所成。[2]

一化为三，三又生九，层层推进，敷衍增添。三十六天，其本为"一"。一而三，三而一，"道"之统摄自上而下，道士修炼从低往高，都是纵向布局，垂直建构；这似乎和道教的另一组表达"道"的运行的符号——太极，有所差异。

二、太极八卦

太极和八卦，在中国文化系统中是一组非常重要的概念，是古人用以解释世界本源和流变的哲学范畴。

从现有材料来看，"八卦"的出现较"太极"早，最迟不晚于西周。司马迁称"[西伯]囚羑里，盖益《易》之八卦为六十四卦"[3]，认为是周文王演八卦为六十四卦，那么八卦至少应出于文王之前；考古界也通过对一些商代甚至更早的陶文、甲骨文等材料的辨识，认为八卦和六十四卦的符号应上推至殷商；还有更远推至传说时代的上古伏羲氏。其实，可以确定的是，八卦是一组符号系统，是古人"观物取象"的成果，古人观察自然现象，并用符号来表达这些现象以及由此而产生的生活中其他事物。八卦包括乾☰、坤☷、震☳、艮☶、离☲、坎☵、兑☱、巽☴，意指天、地、雷、山、火、水、泽、风八种自然现象，古人认为这是构成世界的基本物质。

而关于"太极"，目前所见最早的材料来自《庄子·大宗师》：

---

1 任宗权：《道教科仪概览》，第69页。
2 《道教义枢》，《道藏》，第4册第829页。
3 《史记》，第1册第119页。

(夫道)在太极之上而不为高,在六极之下而不为深,先天地而不为久,长于上古而不为老。[1]

依庄子此言,"太极"源出于"道",而"道"无为无形,自本自根,先天地生,甚至无名,这是先秦道家对世界本源的解释。

《周易》将"太极"和"八卦"作为一组范畴,来解释世界的源头和派生关系。《易·系辞上》曰:"易有太极,是生两仪,两仪生四象,四象生八卦。"[2]很明显,《周易》将"太极"看作是世界的本源,而不是先秦道家所说的"道"。《周易》认为"太极"是天地未分之时的混沌状态,是为"一";由一而二——阴阳或者天地,由二而四——少阳、老阳、少阴、老阴或者春、夏、秋、冬,由四而八——天、地以及雷、风、水、火、山、泽,而后生万物,定吉凶。并用八个符号来描绘这八种自然现象——如前所述。

而☯这个图形,传说出自北宋陈抟(?—989),为其《无极图》所演变,并授于钟离权、吕洞宾一系,又经钟吕门徒种放等人辗转传至周敦颐;周子据此进行演绎。但研究道教历史的学者认为,这个传承关系扑朔迷离,"不足凭信"[3]。也有说出自上古河图洛书;还有从图形比较的角度,认为与彝族或苗族等有渊源。[4] 众说纷纭,莫衷一是。不过,不管这个图形源自何处,似乎都不影响它的广泛流传。"☯"已经成为华夏文明和中国智慧的标志性图腾。因其黑白两色象征阴阳,阴阳缠绕互动似鱼形,故俗称"阴阳鱼"。

由太极运动而生两仪——阴阳,自身也在运动中,阴中含阳,阳中包阴,阴阳互动,互为其根。周子引"无极"概念对《周易》的世界本源说加以改造,并纳入五行观念:

---

1 (明)郭庆藩撰,王孝鱼点校:《庄子集释》,第 247 页。
2 《十三经注疏》,第 1 册第 169—170 页。
3 卿希泰:《中国道教史·第二卷》,第 683 页。
4 阿城:《洛书河图——文明的造型探源》,北京:中华书局,2014 年 6 月第 1 版,第 1—68 页。

衣画云霞：道教服饰与符号

图4-3-5　前身饰"太极"的鹤氅
（清）道士法服，现藏明尼阿波利斯艺术博物馆

阳变阴合，而生水、火、木、金、土。五气顺布，四时行焉。五行，一阴阳也，阴阳，一太极也；太极，本无极也。[1]

阴阳的运动，产生了五行——组成物质的基本元素，五行运五运之气，而生万物，因而天地有风行水流，四时有春夏秋冬，而这一切，都源自那个引发这些的开始——太极，以及那个最初的源头——道。这就更符合道教对世界本源的认识。

道士法服饰以☯纹样，应渊源于此。从目前所见的清代法服来看，☯多数用较小图案饰于后领正中，少数大面积绣于后背正中——通常绣在"郁罗萧台"的位置；当代法服中还有的与"八卦"或"暗八仙"组成"补子"，绣于后背正中，其制来源不明，许是明清官服中"补服"的遗留，抑或戏剧服装"八卦衣"的混同。

---

[1]《太极图说》，《道藏辑要》，第9册第392页。

288

在清代法服中"背补"饰☯并不多见。如图 4-3-5 所示,"☯"和"☯"一顺一逆施于前身,并由祥云图案托举,大概是想表达顺而为人、逆而成仙的修炼思想。

道教内丹修炼的最高境界是"复归于无极"[1]——回到"道"的起点、世界的本源,人与自然,和光同尘。

道教将内丹修炼的高妙境界比喻为"婴儿"。《性命圭旨》"婴儿现形图"称其为:

> 行住坐卧,抱雄守雌。绵绵若存,念兹在兹。神水溶液,溉灌根株。内外无尘,长养圣躯。[2]

这和《道德经》所言内涵一致:

> 知其雄,守其雌,为天下谿。为天下谿,常德不离,复归于婴儿。[3]

太上认为柔弱胜刚强,主张贵柔守雌,道教修习也以此为据。依太上之言:

> 含德之厚,比于赤子。毒虫不螫,猛兽不据,攫鸟不搏。骨弱筋柔而握固,未知牝牡之合而朘作,精之至也。[4]

婴儿无知无识,无欲无念,一团天真;刚离母腹,离天地本源最近,"静与化俱,动与天随"[5];筋骨柔弱之极,外物侵害无从着力,也就不会遭到觊觎;未知人事,便不会消耗心神真元。因此,回到人之初的"婴儿""赤子"状态,甚至回到"未孩"[6]之时——未离母腹之"胎"的状态,是道教徒在修行上,秉承太上思想做出的选择。

---

1 (清)黄元吉撰,蒋门马校注:《道德经注释》,第 119 页。
2 (明)尹真人高弟撰:《性命圭旨》,第 204 页。
3 (清)黄元吉撰,蒋门马校注:《道德经注释》,第 119 页。
4 (清)黄元吉撰,蒋门马校注:《道德经注释》,第 234 页。
5 (清)黄元吉撰,蒋门马校注:《道德经注释》,第 234 页。
6 (清)黄元吉撰,蒋门马校注:《道德经注释》,第 83 页。

从我们的常识来理解，这就需要"逆转时间"。所以从这个角度来讲，道教的内丹修行，不仅逆转人身体所经历生、老、病、死的规律，同时也是逆"天"而行，逆反天道自然的运行规律。仙凡二路，由此分别，故有"顺则成人，逆则成仙"[1]之说。这点和佛教的"时间"概念有很大差别。佛教认为时间不可逆，纵使修得"五眼六通"，看破一切真如本相，堪破前世今生因缘，亦不能逆转生死、改变因果；也许正是因为发生过的事情无法回头，所以，佛教的修行更多指向"彼岸"和"来生"。

对"时间"的抽象化，应该说是道教前身——先秦道家，富有先见的创造。《庄子·齐物论》"奚旁日月，挟宇宙"，疏云"天地四方曰宇，往来古今曰宙"[2]。据文献学家考证，在中国"宇""宙"合称始于庄子此文。显而易见，庄子的宇宙观是四维的，由空间和时间构成，甚至是五维的，不仅有"现在"，也包括"过去"和"未来"。从其他道家诸子对时间和空间的论述来看，也认为二者不可分离。如《淮南子·齐俗训》所云："往古来今谓之宙，四方上下谓之宇。"[3]亦指出宇宙是时间和空间的合一。

从时空关系出发，对世界的发端做出解释，老、庄和现代科学不谋而合：由"道"（或"无极"）而有"宇""宙"。那个世界的本源——老子称为"道"、成玄英称为"无极"、英国物理学家霍金（Stephen Hawking，1942—2018）称为"奇点"（singularity/singular point）[4]的存在，是空间和时间的同一。从二者的同一性上来理解汉代张衡所言"宇之表无极，宙之端无穷"[5]，即是说"宇""宙"没有边界——这也和量子物理学的观点一致。量子物理学认为，宇宙在空间上没有边界，强大的引力造成空间弯曲，"将空间折弯使之再绕回到自身"，如果有人在其表面沿一定方向行走，那么"最终回到他出发的那一点"。[6]

---

1 徐兆仁：《太极道诀》，北京：中国人民大学出版社，1990年10月第1版，第33页。
2 （明）郭庆藩撰，王孝鱼点校：《庄子集释》，第100—101页。
3 何宁：《淮南子集释》，第798页。
4 ［英］史蒂芬·霍金著，许明贤、吴忠超译：《时间简史》，长沙：湖南科学技术出版社，2010年7月第1版，第144页。
5 《后汉书》，第11册第3216页。
6 ［英］史蒂芬·霍金著，许明贤、吴忠超译：《时间简史》，第58页。

由此，可以理解☯在道教修炼思想上的另一层含义：空间的超越。中国古代讲"六合"——庄子称之为"六极"：上、下、左、右、前、后（或者上、下、东、西、南、北），这是基于三维的空间关系。空间关系是一种相互参照的关系。佛教的修行，一定程度上是通过空间关系的变化来体证：修行之初会感觉到三维空间——长、宽、高，以及由三维空间所带来的上和下、内和外、表和里的分别，但到了一定程度就会豁然开朗，会感觉到四周充满光明，身体无比温暖，并且会打破这种对立和差别，无所谓头顶和脚底、体表和内脏、手心和手背。[1]所以，佛教所讲的"破我执"也许可以通过道教的修证来实践，而不仅仅是心理上的调适。换句话说，佛教的空间概念是"球形"的，没有上下之别、前后之差、左右之分，而道教修行的长生和成仙，却可以在同一平面上"运动"，如同☯的阴、阳之间，可以循环往复。这似乎很像拓扑学里的"莫比斯环"（Möbius strip，图4-3-6）：通过"旋转"造成处于一个平面的"表面"在视觉上有阳面和阴面，但如果"人"行走其上，不用翻越任何障碍就可以无限循环。可以理解为，从道教的角度来讲，仙人是离开人世、飞升仙界；而从数学的角度来看，从"人"到"仙"是在同一平面上"行走"，只是因为平面弯曲，"人"看似旋转到了另一面，变成另一种存在形式——"仙"。

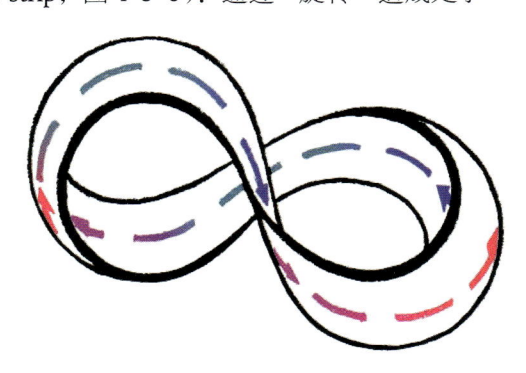

图4-3-6　莫比斯环示意图
吴延军绘

那么，由此看来，"仙"只是"人"的另一种存在形式，道教所说的"仙人实有""修仙可学"似乎是有"科学"基础的，"仙"与"凡"之间的过渡并非不可逾越；更何况，道教所说的"仙"，更多的是指一种人生的境界抑或生命的状态。不可否认，☯形象地表达了道教对空间超越的理解，以此证明"仙""凡"虽然异路，而实则同"道"——起点同源，只是处在不同的区域或阶段。

---

[1] 此说，是根据有过修证经验的人描述而整理。

据此可以推测，道教正是因为时间可逆，长生有望，才更重视此生的生命体验；也正因为空间可超越，成仙有径，甚至都不需要去到"彼岸"，仙和人可以处于同一空间，才在人世间设计出洞天福地、十洲三岛。

回过头再来解读"郁罗萧台"和"☯"看似矛盾的建构方式。或许可以这样理解：尽管成仙的修炼次第需要步步为营，方能登峰造极——如同"郁罗萧台"所表达的宇宙诸天的层层累进；但成仙之后所处的是一片混沌世界，自得自由自在，无分高低先后，如同☯的起始开阖，首尾相顾，周而复始，无止无息。二者虽然建构方式上有所差异，但所表达的成仙思想是一致的：修行止，证本源，悟大道，求超脱。

沿这个思路来解读道士法服上的"八卦"，内丹修炼似乎是通过"逆天而行"的修行，来求得"天人合一"的证悟。

"☯"阴阳互照，乾坤同构，两仪生四象，四象演八卦。阴阳互含，周行不殆，又生成五行。所谓"五行"，是被古人认为构成自然界的五种物质——水、火、木、金、土之间的运动，"行"即运行，是指这些物质之间的相互关系。这和用"八卦"——天、地、雷、山、火、水、泽、风表示自然物质同出一辙。而且"五行"和"八卦"具有同样的源头——阴、阳以及"道"，因此，这两类基本物质元素之间就有了相互的关联：根据五行属性，与八卦方位一一匹配，构成更广泛的类型划分——这是古人解读世界的方法和依据。比如认为南方为"离卦"，属性为"火"，北方为"坎卦"，属性为"水"，以此类推，如图4-3-7所示。

图4-3-7 五行八卦示意图
吴延军 绘

需要说明的是，八卦方位有先天、后天之分。实际上从清代法服来看，八卦纹样的出现，多数分散布局于袖边、门襟、下摆底边或者前后身（图4-3-8），无关方位；而当代法服有将太极八卦一组用为"补子"，先天、后天皆有，亦未区分。八卦方位问题不影响本书之研究，故不做详论。

依周子所言，阴阳生五行，而"五气

图4-3-8 前、后身饰"八卦"的法服

（清）法服，现藏纽约大都会艺术博物馆

顺布，四时行焉"[1]。金、火、木、土、水在天成五气，在地成四时，四时运行，五气通畅。天人同构。道有五行，天有五气，人亦有五气。《周礼·天官·疾医》曰："以五气、五声、五色眡其死生。"郑玄注云：

---

[1] 《太极图说》，《道藏辑要》，第9册第392页。

五气，五藏所出气也。肺气热，心气次之，肝气凉，脾气温，肾气寒。[1]

从中医藏象学来讲，人体五脏有五行之象：肺属金、心属火、肝属木、脾属土、肾属水。皆依据五行，取象类比，构建了人体内外——小宇宙和大宇宙彼此联系、交通感应的天人关系。

《黄帝八十一难经》称五脏藏七神，将人体的物质性与精神性相统一：

藏者，人之神气所含藏也。……故肝藏魂……肺藏魄……心藏神……脾藏意与智……肾藏精与志也。[2]

图4-3-9 法服后身的"太极""八卦"纹饰
（清）法服，现藏维多利亚与艾尔伯特博物馆

由物质而精神，表现在内丹修炼上，就是由"形"而炼精、化气、聚神、合虚。因此，如图4-3-9中道士法服的"太极"与"八卦"之组合，实际上蕴藏着道生阴阳、阴阳生五行和五气的寓意，象征道士修炼的一个重要阶段——五气朝元。

《中国道教史》指出：《无极图》无论是否传自陈抟，可以确知的是应源自道教，与《周易参同契》等金丹修炼之法有关联[3]；并对清人黄宗羲、朱彝尊等关于

---

1 《十三经注疏》，第2册第1437页。
2 《道藏》，第21册第635—636页。
3 卿希泰：《中国道教史·第二卷》，第683页。

此图的考辨，做了分析，认为其所见为"逆而成丹"的道士修炼之图。

从图4-3-10可见，道士修炼自"玄牝之门"始，提升"祖气"，运转周天，"形化精，精化气，气化神"[1]，精、气、神"贯彻于五脏六腑"，为"左木火、右金水、中土相联络之一圈"[2]，至"五气朝元"之境，而后，"神化虚"[3]，结圣胎，出阳神，归无极，成仙道。

能不能脱胎换骨成就仙道暂且不论，而"五气朝元"从医学理论上来理解，应该是人身体所能达到的最佳状态——五脏六腑气血充盈，五官感觉清晰敏锐，经络巡行细致微妙，与天道运行相吻合，所有潜能都被激发，天赋生机得以发挥，可以自然舒泰尽享天年。道士修行，炼形退病，锻炼炉鼎，聚精会神，洗炼心性，达五气朝元，入修行门径。依《性命圭旨》所言：

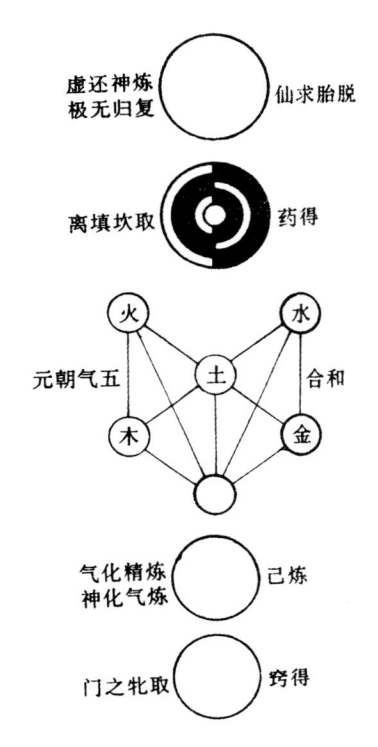

图4-3-10 清人黄宗羲、朱彝尊所见"无极图"

> 惟圣人知回机之道，得还元之理。身不动则精固而水朝元，心不动则气固而火朝元，真性寂则魂藏而木朝元，妄情忘则魄伏而金朝元，四大安和则意定而土朝元。此谓五气朝元，皆聚于顶也。[4]

"五气朝元"就意味着人体达到的巅峰和极致，精、气、神"三花聚顶"。五行济伐，"形""神"皆备，继续修炼，可出神入化，证道成真。

---

1 （明）尹真人高弟撰：《性命圭旨》，第42页。
2 《易学辨惑·太极图说辨》，转引自《中国道教史·第二卷》，第685页。
3 （明）尹真人高弟撰：《性命圭旨》，第42页。
4 （明）尹真人高弟撰：《性命圭旨》，第68页。

在法服上象征世界本源的 ☯ 与蕴含五行五气之"八卦"的组合，表达了宇宙运行和人体周天的相互偕行。依太上之言，便是"反者道之动"[1]。反，返矣，"道"的运动产生了万物，而万物——包括五行、八卦，也包括人，又以自身的运动——"修炼"，回到本源——道。不过从清代法服的材料来看（图 4-3-11），"八卦"纹样也有单独饰于袖边或领襟、底边等处的，而且没有固定方位，其象征意义也相对简单：调动所有自然能量为"我"所用，助道其修行。

从中医运气学说来讲，金、火、木、土、水的运行构成"五运"，与之对应的寒、暑、湿、燥、风、火称为"六气"，按《黄帝内经》的观点，"四经应四时"，"十二月应十二脉"[2]，并且人体的十二正经还与每天的十二时辰相互匹配。也就是说，五运六气的运行与经脉气血的走向偕同一致。詹石窗先生在一篇早期论文中指出：《周易参同契》运用"纳甲法"，将八卦、天干、地支、阴阳、五行等与人体经络相互应证，来解释道士炼丹时的"火候"问题，并例举《参同契》以屯蒙二卦纳十二时辰，以子、午、卯、酉为炼丹时刻"[3]。

唐代道士张果（生卒年不详）在其所撰《太上九要心印妙经》中"八卦朝元统要"条，更详细论述了八卦与内丹修炼的关系：

> 夫八卦者，以心肾为坎离。坎离为阴阳，阳即魂也，阴即魄也。魂者，以应东方甲乙木，谓之青龙。魄者，以应西方庚辛金，谓之白虎。因坎离生龙虎，乃成四象，内分八卦。八卦者，东方甲乙木。甲主乾，乙主坤，木生丙丁。丙主艮，丁主兑，艮兑合序，为一气者，火也。火生戊己，戊己无形，分于四季，内生庚辛。庚主震，辛主巽，合而为一者，金也。金生壬癸，壬主离，癸主坎。坎离者，阴阳也。阴阳者，内外也。内气为阳，外气为阴。阴阳升降，动静自然，非神所作，乃天地冲和之气，常在坎离之间，绵绵昼夜，息息无穷。此乃八卦还元归根之道也。[4]

---

1 （清）黄元吉撰，蒋门马校注：《道德经注释》，第 169 页。
2 《道藏》，第 21 册第 39 页。
3 詹石窗：《试论〈参同契〉对"纳甲法"的应用》，《四川大学学报丛刊》，1984 年 12 月第 2 辑，第 72 页。
4 《道藏》，第 4 册第 313 页。

图4-3-11 底边饰八卦的鹤氅
（上）民国法服，现藏武当博物馆；
（下）清代法服，现藏纽约大都会艺术博物馆

依张果所论，以阴阳、四象、八卦寓指内外、五行、五脏，天人相符，同归于道。

总而言之，☯和八卦，不论合还是分，在道士法服上，皆象征内丹修炼的关窍和境界。不过依笔者的揣测，可能还有另一层隐义。从自然规律来讲，万物荣枯自有定数，生老病死亦是天道，而内丹修炼却是追求长生久视，从根本上就与自然规律相悖。从这个角度来理解太上所言"反者道之动"[1]，"反"者，"逆"也。法服上的这两个纹样，倒可能是"逆天而行"的修行者，跟"天"客客气气打个招呼，表达最终希望达到超凡脱俗的"天人合一"境界，只是没有按照"天"设计好的"道"走路；换句话说，希望"天"认同目标一致，而忽略"逆"的过程。

其实，在法服上的纹样，很多是从修真的角度，表达对天地自然的尊崇，这是道教"法自然"的潜意识，也是古人传统观念中对"天"心存敬畏的表现。

三、三清纹样

在道教法服中，有两个纹样极易混淆：三台星君和三清尊神。二者在法服上的位置一样，都位于后身衣领之下、日月纹样中间，所以多数时候不会出现在同一领法服上，这给解读带来困难，到底是哪一个？颇费思量。

经过对比观察，笔者大致寻出规律：三个实心圆形，有带状条纹连接者，应为"三台星君"；在法服上，表示星辰的纹样也多用实心圆，比如二十八宿和北斗七星等。而三尊神仙或三座建筑，有云纹萦绕者，应为"三清"，神仙形象不言而喻，建筑则是象征其所治的"三清天"（图 4-3-12）。

"三清"之谓，最初仅指"三清天"，即玉清清微天、上清禹余天、太清大赤天。"三清"成为神仙尊号，与道教三洞经书的整合有关，"三洞"即洞真、洞玄、洞神，是道教经书的分类系统。王承文教授在《敦煌古灵宝经与晋唐道教》一书中指出，"三洞"一词与"三洞尊神"——大洞天宝君、洞玄灵宝君、洞神神宝

---

[1] （清）黄元吉撰，蒋门马校注：《道德经注释》，第169页。

图4-3-12　以"三清天"象征"三清"的法服
（明）16世纪道士法服（局部），现藏乔治·华盛顿大学纺织博物馆

君——有关[1]，"其宗教哲学的渊源，即在于汉代气化宇宙论以及道教创始以来的'三一'理论的发展"[2]。"'三洞尊神'与'三清''三炁''三天'的结合，并具有了'一炁化三清'的实质意义。"[3]《道教义枢》则将"三洞尊神"和"三清天"进行了合并："洞真法天宝君住玉清境，洞玄法灵宝君住上清境，洞神法神宝君住太清境。"[4]

王承文教授在其专著中指出，"三清尊神"的排列出自古灵宝经，并强调：

> 元始天尊是灵宝派的最高神，太上大道君原是上清派的最高神，太上老君是天师道的最高神灵。而早期灵宝经已将它们有序地排列在一起，其以灵宝经为基础整合道教各派的意图是相当明显的。而这也正是后来道教将"三洞尊神"与"三清尊神"加以整合的基础。[5]

1　王承文：《敦煌古灵宝经与晋唐道教》，北京：中华书局，2002年11月第1版，第162页。
2　王承文：《敦煌古灵宝经与晋唐道教》，第169页。
3　王承文：《敦煌古灵宝经与晋唐道教》，第177页。
4　《道藏》，第24册第812页。
5　王承文：《敦煌古灵宝经与晋唐道教》，第181—182页。

将"三洞尊神"和"三清尊神"视为一体，目前笔者所见为元代华阳复所作《洞玄灵宝自然九天生神章经注》，经云：天宝君为玉清元始天尊，灵宝君为上清天尊，神宝君为太清天尊。[1]但根据卿希泰先生的研究，则认为："《九天生神章经》所讲的天宝君、灵宝君、神宝君，与后来流行的元始天尊、灵宝天尊、道德天尊三清尊神的名称，还略有差异，当时三个主要道派对三清尊神的具体说法也还略有不同。"[2]

古代有以出生地或籍贯指代某人的传统，这个传统可能在神仙身上也适用。三清圣境，后来成为道教最高尊神的治所，二者合二为一，皆称"三清"。至于此"三清"是哪几位，随着道教的发展，时有变化。

关于道教最高神位，历代道经各执一词，而"三清"的来历，也是云山雾罩。张陵于东汉末年在蜀中鹤鸣山创立"五斗米道"时，以老子为道祖，尊为"太上老君"，自称得受"三天正法"，命其为"天师"，并作《老子想尔注》注释《道德经》，作为教徒习修之经典。当时并无"三清"之谓。

"三清"作为神仙尊号，出于何时尚待考定。目前所见，元始、上清、太清三位尊神，在古灵宝经中便已现身。约出于东晋的道书《洞玄灵宝长夜之府九幽玉匮明真科》中，便有"元始天尊""太上道君""灵宝天尊"的尊神名号，某三洞法师在对神灵的上启中，其对象为"虚无自然元始天尊、无极大道太上道君、太上老君、高上玉皇"[3]等众圣尊位。差不多同时期的道书《元始五老赤书五篇真文天书经》中，亦有"元始灵宝诸天大圣众至真尊神""太清玄元上三天无极大道""无上玄老太上老君"[4]等众神名号。

有学者称"三清尊神"最早同时出现，是在上清宗师南朝陶弘景所撰《真灵位业图》。该书是第一部系统地为道教神仙分级定序的著作，将神仙分为七层位阶，每一层设一中位主神，另置左、右及女真位若干配神。其中，在第一层中位

---

1 《道藏》，第 6 册第 465 页。
2 卿希泰：《道与三清关系刍议》，载《道教思想与中国社会发展进步研讨会第二次会议论文集》，2003 年。
3 《道藏》，第 34 册第 388 页。
4 《道藏》，第 1 册第 794 页。

者，为"上合虚皇道君，应号元始天尊"[1]，不过亦有学者指出，元始天尊是否也被早期上清派尊奉为第一大神，而这是否亦为陶氏《位业图》之原貌尚存疑[2]；居第二层中位者，为"上清高圣太上玉晨元皇大道君"，注"为万道之主"[3]；至第四中位，方为"太清太上老君"，注"为太清道主，下临万民"[4]。但此时"三清"次序并未确定，而且《位业图》所列神仙谱系又有诸多颠倒重沓的地方，例如，第三中位者，"太极金阙帝君，姓李"，注"壬辰下教，太平主"[5]，疑是指创教之主老子，但又有名为"老聃"者，列于第三右位、并居最末[6]；在第四左位又列"元始天王"，注"西王母之师"[7]，尚居于正一真人张天师之后，为该位序第四神。

卿希泰先生在《道与三清关系刍议》中指出，三位尊神是"通过彼此交融逐步形成共识，明确地把三清尊神固定为元始天尊、灵宝天尊、道德天尊，其时间可能略晚一些"[8]。

关于三清尊神的内涵，历代道经倒是有大体一致的说法。南宋道士东海青元真人注《度人经》，释"元始"为：

> 元者，玄也，玄一不二，玄之又玄，为众妙之门。始者，初也，元始禀玄一之道，于元始之初，先天先地，为众妙之宗，出生之始，故曰元始。天者，一气之最上。尊者，万法之极深。当其氤氲未朕之时，湛然独立，天地凭之而处尊大者，故号元始天尊。[9]

---

1 《道藏》，第 3 册第 272 页。
2 （梁）陶弘景撰，（唐）闾丘方远校定，王家葵校理：《真灵位业图校理》，北京：中华书局，2013 年 6 月第 1 版，第 7 页。
3 《道藏》，第 3 册第 273 页。
4 《道藏》，第 3 册第 276 页。
5 《道藏》，第 3 册第 275 页。
6 《道藏》，第 3 册第 276 页。
7 《道藏》，第 3 册第 276 页。
8 卿希泰：《道与三清关系刍议》，载《道教思想与中国社会发展进步研讨会第二次会议论文集》，2003 年。
9 《道藏》，第 2 册第 252 页。

衣画云霞：道教服饰与符号

图4-3-13 明代水陆画中的"三清"

302

唐代开元、天宝年间著名道士薛幽栖亦云：

> 元者，初也。始者，首也。言元始天尊建万化之初，为众道之首，居玉清上元之境，统大罗玄都之域，植天地之根，生万物之母。[1]

图4-3-14 法服后身的"三清"纹饰
法服局部，吴延军摄。"三清"位于法服后领之下、"郁罗萧台"之上

两段文献皆言"一炁化三清"，三清为先天元气化生，而又生万物。元始天尊居于大罗天玄都玉京山，《道教义枢》引《太真科》曰：大罗天"妙气本一"，"生玄元始三炁，化为三清天"，"从此三炁各生三炁，合为九炁，以成九天"……衍至"天地之数无量"。[2]至于三清尊神之间，有道经称其为师徒关系。化生也罢，授受亦可，无论如何，万法归宗，殊途同一，皆源于道教万物化生的教理。

如卿希泰先生所言，"三清尊神"固定为元始天尊、灵宝天尊和道德天尊是道教教派融合交流的结果。"三清"神名，发展流变，至唐方定，后成次序：左为上清，玉清居中，右为太清。在道教水陆画和塑像中（图4-3-13），"三清"的形象通常是：元始天尊，"头罩神光，手执红色丹丸，或者左手虚拓，右手虚捧，象征'天地未形，混沌未开，万物未生'时的'无极状态'和'混沌之时，阴阳未判'的第一大世纪"[3]；灵宝天尊，"手执太极图或玉如意，象征'混沌始清，阴阳初分'的第二大世纪"[4]；道德天尊，"额有三理，足有八卦，身长九尺，耳垂齐肩，穿五

---

[1] 《道藏》，第2册第189页。
[2] 《道教义枢》，《道藏》，第24册第829页。
[3] 高淳县文化局：《明清道教神像画》，南京：南京出版社，2006年3月第1版，第2页。
[4] 高淳县文化局：《明清道教神像画》，第3页。

衣画云霞：道教服饰与符号

图4-3-15 法服后身的"三清"讳字纹饰
法服局部，吴延军摄。"三清"讳字位于法服后领之下、"郁罗萧台"之上

色云衣，手摇太极神扇"[1]，象征太极分两仪、乾坤初定时的世界状态。

道士法服上的"三清"形象（图4-3-14），也据此而来。

"三清"在法服上还有一种形式，是用其"讳字"——䰠、䰠、䰠来表示，如图4-3-15所示。讳字和"符"具有相似的内涵，是道教特有的一种符号性文字，是神仙的"代号"或者"私章"，用于法印、令牌、服饰等法物上，也就象征神仙本身。三清讳字的意涵，按《广成仪制》的释义：

"䰠"此乃玉清隐讳。按中央一炁，而化生成十二炁。以应阴阳名。名泓字。"䰠"此乃上清隐讳。按东方九炁，南方三炁，而化生成十二炁。名澄字。"䰠"此乃太清隐讳。按西方七炁，北方五炁，而生化成十二炁。名明字。[2]

综上所述，"三清"纹样在法服上别有深意。其一，指三清尊神，皆为先天元气所化，既为"道"之发端，又是修行之归宿；其二，指三清圣境，修行次第层层进阶，三十二至道高妙；其三，指三洞经书，三元八会，妙气凌空成天书，四辅七签，三洞宗元集道藏。因此，道士修行，当知来处去处——源自根宗，垂迹应感，一分为三，三元归一；遂得来处去处——皈依三宝，精诚愿心，习经受箓，持戒修德；终合来处去处——无疑无虑，无挂无碍，超凡登极，与道合真。

---

1 高淳县文化局：《明清道教神像画》，第4页。
2 （清）陈仲远：《广成仪制》，第1417页。

除了上述种种，在法服上，神仙形象出现较多的是"八仙"。作为纹样，八仙又分为"明八仙"和"暗八仙"。

明八仙，是八位仙人的形象。八仙，究竟是哪些仙人，明代以前历朝各有说法，明人吴元泰所著通俗小说《八仙出处东游记》，所确定的八仙为铁拐李、钟离权、吕洞宾、张果老、曹国舅、韩湘子、蓝采和、何仙姑。这组"八仙"流传广泛，现在人们常讲的"八仙"，就是指这八位。

暗八仙，亦称"八宝"，是以这八位仙人之独门法器所构成的装饰性纹样，即铁拐李的"葫芦"、钟离权的"芭蕉扇"、张果老的"鱼鼓"、何仙姑的"荷花"、蓝采和的"花篮"、吕洞宾的"宝剑"、韩湘子的"横笛"、曹国舅的"阴阳板"。

八仙纹样在明清法服上饰用普遍，一直延续到现在。除了在当时八仙信仰非常流行的原因，还因为这八位仙人涵盖了男、女、老、幼、富、贵、贫、贱之人生种种，世间百态。"八仙"成仙的过程都历经曲折，最终因为奉道虔诚而得立仙班。法服上饰以"八仙"，其意在于导人向善、潜心向道。作为"暗八仙"的这些宝物，也非寻常之物："葫芦"装满灵丹妙药，有济世救人之功；"芭蕉扇"携仙风甘霖，有起死回生之能；"鱼鼓"是唱道情的乐器，弹拨古今，占知未来；"荷花"冰肌玉骨，涤尽俗尘，修养心神；"宝剑"能镇邪驱障，斩妖除魔；"花篮"装满奇花异果，广通神明；"横笛"吹奏仙乐，焕发万物生机；"阴阳板"调和世间阴阳，润物无声。可见，八仙与他们的法器，表达了人们对美好幸福生活的理解，而道士穿着饰有八仙纹样的法服，也向世人表达了道教能够达成人们的这些愿望，因而奉道践道、潜心修习，是可以长生成仙的。

如图4-3-16，这领缂丝鹤氅，通长134厘米，连袖横阔163厘米，不缝袖。后身大梅花形"背胸"中为明八仙形象，按逆时针方向依次为张果老、汉钟离、铁拐李、吕洞宾和何仙姑、蓝采和、曹国舅、韩湘子。散布其中的有暗八仙纹样，上面一排，从左袖边起，依次为葫芦、阴阳板、宝剑、芭蕉扇、横笛；下面一排，依次为花篮、鱼鼓，以及右袖边的荷花。前身左右对称布局，各有宝剑和芭蕉扇一组。

归根结底，道士法服上的纹样具有世俗和宗教两方面意义。一方面，作为服装上的必要装饰，延续了世俗礼制功能的特征，其渊源来自诸如十二章纹等礼仪

图4-3-16 红地缂丝"八仙"鹤氅
(清)缂丝法服,现藏香港贺祈思收藏基金会

制度的规定;道士法服亦依此来确定修持次第和箓位高低等。这和陆修静制定道教服仪的初衷相吻合:"道家法服,犹世朝服,公侯士庶,各有品秩。"[1] 法服在这个层面,体现了道教作为制度宗教的体统和传承。另一方面,作为宗教特殊用途的"法服",这些图像具有交通神灵、辟邪祈福等功能。尤其重要的是,作为偶像崇拜的多神教,道教历来重视对图像的运用,将其作为辅助修习的手段:存思日月星斗,可以得到天神的护佑,心念山川林木,可以得到地祇的襄助,诸如此类。法服在这个层面,植根于天人感应、道法自然的信仰基础。

---

[1] 《道藏》,第 24 册第 781 页。

第五章　服　　色

　　服饰中的色彩变化，来自染采工艺的发展。但人类最初的染色，并不是在纺织品上。从出土实物结合文献来看，最早的染色出现于旧石器时代晚期：20世纪30年代开始发掘的北京周口店山顶洞文化遗址，在洞穴里出现有红色的赤铁矿粉末，以及涂成赤红色的石珠、贝壳、兽牙等装饰品。之所以判断它们是装饰品，是因为它们大多有凿穿的孔洞或沟槽，可以用线绳系成串珠，而且其穿孔也呈赤红，可以推断线绳也是染过色的。[1] 不仅装饰品，洞穴里的人骨化石周围，也散布有这种赤铁矿粉末。

　　古人最早认识的颜色，应该是黑、白和赤。他们通过烧煮食物认识了烧炭的"黑"和动物油脂的"白"，还有燃烧之火产生的"赤"。尤其，"赤"和他们经常所见的山石矿物颜色接近。"赤"，后来我们通常称之为"红"；其实，赤的色相是红中微微偏黄（　　PANTONE 18-1564TPG，Poinciana）[2]，相当于现在的凤凰木色，而不是色谱里的大红或正红。古文字学家高明先生指出，"红"字的最早记载出现在战国时期楚墓中出土的竹简上[3]，而"赤"在殷商甲骨文里已有多处出现。能呈现这种色相的原料，除了赤铁（Fe_2O_3）还有朱砂（HgS），这种色彩鲜艳、性状稳定的硫化汞成分矿物，不仅用于着色，后来也成为医家施药和道士炼丹、制

1　贾兰坡：《中国大陆上的远古居民》，天津：天津人民出版社，1978年9月第1版，第125页。
2　这个色标，是综合赤铁矿和朱砂的颜色；实际上，朱砂还要鲜艳一些，而赤铁矿却暗一些。赤铁矿，亦称"赫石"，成分是氧化铁；大概是因为其色发暗，赫石色的衣服后来作为囚衣，从"赭（赫）衣塞路"这个成语来看，赭衣和囚犯已是同义词。商周以后的织物，朱砂使用的情况要多得多，其色稳定性强，所以在墓葬中埋藏千年，出土时仍然明艳可鉴。
3　高明：《古文字类编》，北京：中华书局，1980年11月第1版，第236页。

符的重要原料；以及铅丹（Pb_3O_4），这种四氧化三铅成分的矿物，在染料和绘画中至今仍在使用，不仅如此，它和朱砂一样也可入药，道医称其为"黄铅"，将之外用，有拔毒生肌、杀虫止痒等疗效。

不仅山顶洞人在去世的族人遗体周围撒赤色矿物粉末，青海乐都柳湾新石器时代中期的墓葬中，一具男性遗骸下也撒有朱砂。很多学者认为，这些向逝者身体旁撒赤色砂物粉的行为，表明原始人类已有灵魂观念。赤色，象征血液、太阳、火等，有血液才会有生命，生者希望逝者能够重生，有太阳才有光明和万物的生长，有火才有温暖和安全。诸如此类。色彩便从审美需求，升华出神秘的信仰力量。像黑和白，人们赋予这对组合以阴和阳的意涵，黑白阴阳逐渐演变为大千世界、宇宙万物的源头象征。

纺织技术的发展，来自原始人类保暖蔽体的物质需要，而染色的出现，则是人们审美和信仰的精神追求的结果；只有当人们对服饰有超过实用功能的需求时，染色才与纺织发生关联，成为"染采"——将织物染成彩色。《周礼·天官》中记载有"染人"的职位，其职司是"掌染丝帛"[1]，说明至晚在西周时，染采已成规模，需要设置官署进行专门管理；不仅如此，《周礼·地宫》中还记载有官员"掌染草"，职责是"掌以春秋敛染草之物"[2]，也就是负责给"染人"提供染色原料。除此之外，还有负责提供基础织物的六个职署：掌管葛类纤维的"掌葛"，征集麻类纤维的"典枲"，征集蚕丝的"典丝"，掌管征集动物皮毛的"掌皮"，负责征集羽毛的"羽人"，以及负责管理妇女纺织作业的"典妇功"。可见当时的工艺流程划分已经非常精细。

所谓色彩，古代文献写作"色采"；有的字典释"彩"和"采"为通假字，认为二者义同，可以互换。但从古文献的记载来看，二者似是而非。《尚书·益稷》曰："以五采彰施于五色，作服，汝明。"郑注云："性曰'采'，施曰'色'。以本性施于缯帛，故云'以五采施于五色'也。"[3]《礼记·月令》称郑注"采，五色"

---

[1] 《十三经注疏》，第2册第1491页。

[2] 《十三经注疏》，第2册第1613页。

[3] 《十三经注疏》，第1册第299页。

亦云："采施曰'色'；未用谓之'采'，已用谓之'色。'"[1] 从郑玄这两处释义可以看出，"采"是指没有经过人为加工的天然本有颜色，人类早期应该是从自然界直接获得这类染色材料的，不需要经过复杂加工就可以得到，简单处理就能够用于着色，这些"采"既有矿物也有植物；写作"采"，即是"採"，指用手採摘或採拾、选取，而非"彩"——指色彩的复合和变化。通过加工提炼所得的人造复合颜色，称作"色"，即"彩"，是颜色通过人为加工，呈现出更丰富的色相，以及更高的纯度和明度。如此说来，"色彩"非"色采"，"色"和"彩"可以互换，而"彩"和"采"却不能替代。

色，千变万化，其种类从理论上是无限的。色的首要特征，也就是不同颜色所呈现的本质面貌，用以相互区别的核心标准，称为"色相（亦作色象）"。按色相来进行分类，有几种方式。

物理学分"有彩色"和"无彩色"两大类。有彩色，即牛顿通过三棱镜将太阳光分解所得到的，并被人类肉眼可见的七个基本色——赤、橙、黄、绿、青、蓝、紫，以及它们之间叠加、混合所产生的无数颜色；这类色有清晰的色相倾向性。无彩色，亦称非彩色，即彩色以外的颜色，通常指黑、白、灰、金、银，因色相不包括在可见光谱的色系中，所以称为"无"彩色。无彩色和有彩色混合而产生的颜色，属于有彩色，比如微偏蓝的"月白"。

美术学将色彩分为"原色""间色"和"复色"三大类。原色，是指色彩中最基本的三色"红""黄""蓝"，它们不能通过别的颜色组合而得到，但可以和其他颜色叠加产生新色。间色，就是由两种原色相互调合而成的"二次色"，比如红、黄合成"橙"，黄、蓝调出"绿"，蓝、红混成"紫"。复色，即在间色或原色之间任意混合而产生出的颜色，复色在数量上无限。

从中国古代礼制的角度上讲，有"正色"和"间色"的区别。郑玄注《尚书·益稷》曰："五正者，五采。中朱，次白，次苍，次黄，玄居外。三正者，去玄、黄。二正者，去白、苍，而画以朱、绿。"[2] 谓朱、白、苍、黄、玄为五正色，

---

[1] 《十三经注疏》，第3册第2968页。
[2] 《十三经注疏》，第1册第300页。

并给它们之间也还设置了等级。在后来的五行学说兴起之后，它们和五方、五行逐一对应，五色便成为内涵深刻的象征符号：赤（或朱），象征火，居南方；白，象征金，居西方；青（或苍），象征木，居东方；黄，象征土，居中央；玄（或黑），象征水，居北方。只是色名有所变化，人们普遍认为新色名和原有名称所指的色相是一致的，可以互用。"赤"替换了"朱"，这一组歧义较多，一种说法是"朱"比"赤"要深，"赤"是染三次而得，而"朱"需染四次，另一种说法恰恰相反，但也有认为二者一样；其实都有可能，古代的染料来源不一，染色不均，常常造成色相不稳定。"青"代替了"苍"，实际上"青"的色相范围比"苍"要宽，"苍"大概相当于"青"在色环上色相偏深的那部分。"黑"取代了"玄"，但"玄"并不是纯黑，是在黑色中加入了微量的"赤"。而间色，是指颜色的纯度和明度比较低，色相不够纯正，因而显得晦暗或浅淡；通俗点说，就是正色染得不够标准而形成的新色。间色也有五种，但其色名在文献记载中却有不同。其一指为绀——青赤色，紫——赤青色，这两种是来自很深苍青色和赤色的混合比例不同；红——浅赤色，缥——淡青色，这两种是因为两正色染得不够、色相偏淡；骝黄——褐黄色，应该是黄色染过了，发黑形成的。另一称作绿——赤蓝相合，碧——青白相合，繻——黄黑相合，以及红和紫。其中，绀、紫、红、缥、绿、繻这些间色有一个共同字根：纟。可见这些色相的形成多与染采工艺相关。

而实际上，色彩的分类受时间、地域、流派、科技等因素的影响，远非如此简单。比如，所谓正色、间色之分，来自古代传统崇尚纯正的观念，正色颜色鲜明，而实际上，由于受工艺所限，这些"正色"在今天看来不够饱和，明度和纯度也趋于中间色；随着电子技术的发展，产生了电视机、电脑等，在这些电子产品的显示屏上，"三原色"则是指红、绿、蓝，称为光学三原色。从化学、生物学以及心理学上，色彩又会有不同的阐释。色彩感情和色彩象征等等，是色彩物理性质之外更广泛的内容。如前文所述，人类对色彩最初的感知和萌动，也是来自心理的需要。中国古代赋予了色彩明分贵贱、辨识等级的功能，以及上感天文察星象、下知地理识山川，甚至人事吉凶、物类生克等极其丰富的内涵。

华裔学者汪涛教授通过对晚商甲骨刻辞中颜色词的研究，分析了颜色在商代祭祀中的象征意义及其与后世"五行"说的关联,指出从商代祭祀的颜色分类系统来看,"五行说"与商代的思想一脉相承,虽然在殷人的观念里,这种象征意义还比较模糊,但经过后继者周人的发展,其象征的内涵和外延被固定下来,并被后世的"五行说"加以完善:

> 甲骨文证据表明殷人有不同的颜色范畴,它们互相对立:白和黑,赤和勿,黄和幽。这与"五行说"的结构相似。从这种颜色分类中,很容易衍生出颜色/方位的系统。
>
> 在商代颜色象征中,不同颜色有不同的涵义,而且在使用上已经有了区分。例如白色是祭祖仪式中最高贵的颜色。……这就暗示了祖先和神灵或者已经有了等级划分。[1]

五方、五行、五色的观念,经过西周礼乐制度的强化,并与阴阳学说合流,以天命喻人事,评古论今,比配人之五德,占卜王朝兴衰,复杂深刻的社会变革,似乎成了一场颜色之间的轮回流转,中国历史也因此变得色彩斑斓。

人类从文身发展出来的服饰章纹,从祭祀演变出来的色彩信仰,在古代中国传承千年,影响深远。"黼黻文章,必以法故,无或差忒。黑黄苍赤,莫不质良,勿敢伪诈。以给郊庙祭祀之服,以为旗章,以别贵贱等级之度。"[2]文章服色,相互备也。不仅世俗社会,玄门威仪亦如是。据《上清灵宝大法》所称,在斋法中"请命祈灵",需使用五色纹缯,意指"五行之色,象十方之气"[3],表达对五帝的虔诚。依五方五行之象,五色纹缯各有不同:

> 东方青纹九,南方绛纹三,西方白纹七,北方皂纹五,上方碧纹三十二,

---

1 [英]汪涛著,郅晓娜译:《颜色与祭祀——中国古代文化中颜色涵义探幽》,上海:上海古籍出版社,2013年3月第1版,第200—201页。
2 《帝王世纪·世本·逸周书·古本竹书纪年》,济南:齐鲁书社,2010年1月第1版,《逸周书》,第62页。
3 《道藏》,第30册第935页。

下方黄纹三十二四，维黄纹各一十二十，方数合一百三十六。天子匹数，诸侯丈数，士庶尺数。本命纹缯，天子诸侯紫色，士庶以本命纳音色。匹丈尺数，各随本命，外加一，以表延生之信。[1]

天子、诸侯以及士庶，亦有等差。依此使用，不可或缺，否则，获罪于天官，必招来灾异。

不仅斋醮供奉如此，据《清规玄妙》的记载，清代全真的"朝参公服"，也是依五行而制："顶黄冠，戴玄巾，服青袍，系黄绦，穿鹤氅，足缠白袜，脚纳云霞朱履，取五行俱备之故耳。"[2]一身服饰，法天象天，具足五行，这是《太平经》思想的延续。《太平经》曰："衣者，随五行色也。"以衣拟象，取法天地，因循自然，与"道"相合，受道之身"皆随天法，无随俗事"[3]。可见当时道教已经有意识地将信仰追求与制度仪轨结合，贯穿于修行始终。

第一节　天玄地黄

从《太平道》关于"神衣"的设计，可以看出当时着衣"皆随天法"的礼制考量。"神衣"依天地之象，一一取之：五层衣称为"大重"，取象"五行气相合"；中重衣分四层，象征"四时转相生"；三层衣是世俗中比较普遍的衣着层数，称为"小重"，比拟"父母子阴阳相合"；还有穿两层的"微重衣"，此"象王相气相及"；六重衣则"象六方之彩杂"。[4]汉代世俗社会着衣层层重叠，重缘衣袍，领袖镶边，色阶分明。由此可见，尽管《太平经》所指是"神衣"的制式，也可看作当时道教服饰，已经参照世俗礼制而定立服饰仪轨。

---

[1]《道藏》，第 30 册第 935 页。
[2]《藏外道书》，第 10 册第 599 页。
[3] 王明：《太平经合校》，第 460 页。
[4] 王明：《太平经合校》，第 460 页。

《太平经》称制衣"随五行色",五行色也是取法天地。天玄或水幽、地黄、木青、金白、火赤,皆属五方正色。玄和幽,都可以统称为黑色。《周易·坤卦》云:"天玄而地黄。"孔疏曰:"天色玄。"[1]《诗经·豳风·七月》云:"载玄载黄。"郑注云:"玄,黑而有赤也。"[2]孔疏云:"黑而有赤,谓色有赤黑杂者。"[3]从这些释义来看,玄色,黑中扬赤,象天,与"苍"有类似的意象,从色相上讲,苍偏蓝一点,玄偏赤一点。而《说文》的释义,除了解释色相,也指向了象征:"玄,幽远也。象幽。而一覆之也。黑而有赤色者为玄。"[4]许慎将"玄"和"幽"视为同义,事实上,不论古代汉语还是现代汉语,"玄"都可用来比喻幽远、深奥、难解之义,如太上言"道"为"玄之又玄"[5]。在道家和道教的语境里,"玄"的这个喻义都是随处可见。

在道教服饰中,很多首服采用玄色,也包括皂、墨等黑色系的颜色(图5-1-1)。如陆修静所言,"旧法服"为"男赍单衣墨帻"。[6]《洞玄灵宝道学科仪·巾冠品》中有"玄冠",并云"玄即天也,亦言天有七星"[7]。明代朱权称,道士冬季保暖所戴之"雪巾"为"玄色纻丝为之"[8]。当代道士亦戴混元巾、庄子巾、九梁巾等玄色冠巾,以象苍天,居于头顶。

取法玄天的象征意涵,除首服外,还体现在法衣服色上。在道教科仪中,黑色系法服不常出现,据称为斗部所着;道教将天庭分为若干"部",斗部是其中之一,执掌诸天星斗,供奉斗姆元君、紫微大帝、二十八宿星君等。"朝真礼斗"是道教最常用的解厄祈安、转运延寿的科仪,礼斗之法应是源自上古祭日祀月仪式,据道经记载,汉永寿元年张道陵天师得太上传授《太上玄灵北斗本命延生真经》和《南斗星君延寿真经》,令其"广宣要法,普济众生"[9]。道教认为人的魂魄皈于

---

[1] 《十三经注疏》,第1册第34页。
[2] 《十三经注疏》,第1册第832页。
[3] 《十三经注疏》,第1册第833页。
[4] 《说文解字注》,第159页。
[5] (清)黄元吉撰,蒋门马校注:《道德经注释》,第1页。
[6] 《道藏》,第24册第781页。
[7] 《道藏》,第24册第768页。
[8] 《道藏》,第36册第414页。
[9] 《道藏》,第11册第346页。

衣画云霞：道教服饰与符号

图5-1-1　玄色首服
［德］赫达·莫里逊摄，选自《华山1935》，哈佛燕京图书馆收藏

"斗府"，"斗"是人的本命元辰，上乘斗法具有移星转斗、移凶化劫之功。

除了象天，道教法服中采用黑色系作为服色则与五行配德的象征思想有关。据明《天皇至道太清玉册》的记载，黑色系法服为有德者服饰："鹤氅，凡道士皆用，其色不拘，有道德者，以皂为之，其寻常道士不敢用。"[1] 图 5-1-2 的清代皂色法服，为武当博物馆藏品；道教认为武当山是玄天真武上帝的修炼圣地，玄武主北，五行属水，五色尚黑，彼时武当高功朝真拜斗、祭祀玄武，服用皂色。

法服中黑白二色均不常有，常见服色为黄、红、紫等。黄色服饰在道教中集中出现，毫无疑问是在东汉末年正式创教时。无论太平道还是五斗米道，皆着黄衣。联系当时的历史背景，教徒服黄应该有信仰、礼制、习俗等多方面的象征意涵。

从信仰上讲，道教自称创自上古黄帝，按五行配德的观念，黄帝土德，因而尚黄。依《天皇至道太清玉册》所载："古者衣冠，皆黄帝之时衣冠也。自后赵武灵王改为胡服，而中国稍有变者，至隋炀帝东巡便为败猎，尽为胡服。独道士之

---

[1]《道藏》，第36册第414页。

314

衣冠尚存，故曰有黄冠之称。"[1]言之凿凿道教服黄来自黄帝衣冠的传承。除此之外，道教徒穿着黄衣，潜意识中应有对土地的眷恋。太平道和五斗米道的教徒成分一致，多数为下层平民。中国从西周便进入农耕文明，是农业大国，下层平民多数是农人，以土地为生存基础。《太平经》云："地者，万物之母也，乐爱养之。"[2]人们敬畏上苍，尊奉土地，"人法地，地法天"[3]。天，运行四时，行风布雨；地，风行水流，生养万物。对黄帝以及以黄帝为代表的农耕文明和土地信仰，应是当时道教徒选择黄衣的原因之一。而且，受当时的染黄原料以及提纯工艺的限制，教徒的黄衣

图5-1-2　皂色法服

应该更接近土色，土黄也更具有土地崇拜的内涵，而不是像某些影视作品中道具服装的"黄巾""黄衣"那样明艳。

收于《太平御览》的汉代佚书《四民月令》释"柘染"曰："色黄赤，人君所服。"注云："黄者中尊，赤色南方，人君之所向也。"[4]也就是说，帝王的服色为"赤黄"，是由柘树所染，色相黄中带赤，象征了帝王居中央，中央土德、色黄，

---

[1]《道藏》，第36册第413页。
[2]　王明：《太平经合校》，第120页。
[3]（清）黄元吉撰，蒋门马校注：《道德经注释》，第1页。
[4]《太平御览》，第4册第4251页。

赤色则象征帝王面南而治。其实从舆服文献来看，西汉时帝王和官吏的服色规范并不严明。大致说来，立国之初，高祖服色有"赤"，以象其为赤帝之子，也有着"玄"，盖袭秦制；汉武帝元封七年（前104），改正朔易服色，以黄为上色，象汉之土德，克制秦之水德，但也有文献记载汉武帝祭祀时服色为"紫"。东汉光武起高庙，建社稷，正火德，色尚赤；汉明帝"永平改制"，也主要是以冠冕、旗章区分等级。"赤黄"或者"赤"和"黄"，在汉代是作为"上"色，"人君"时有穿着这种颜色的礼服。这种黄中带赤的色相，冥冥中倒也吻合了华夏族的来源——黄帝和炎帝的子孙，血脉基因中混合着黄帝的"黄"和炎帝的"赤"；尽管上古时代并无五行配德的观念。

从这个角度来理解，除了源自黄帝信仰的原因，黄巾军所着之土黄色衣，与赤黄接近；他们选择"人君"服色，其意涵不言而喻。尤其依据当时的礼制规定，道教徒（庶民）穿着黄衣与制不符。董仲舒在《春秋繁露》中记载了西汉的"服制"："散民不敢服杂采。"[1] 依据汉制，庶民只能穿着本色葛、麻布衣，不允许服饰杂色或彩色衣，故谓其"白衣"或"布衣"。这个禁制直到西汉末年才有所松动，据《汉书》记载，汉成帝在永始四年（前13）诏："青绿民所常服，且勿止。"颜师古谓其是"禁红紫之属"[2]。东汉庶民服色规制与前类同。太平道、五斗米道教徒裹黄巾、穿黄衣，与世俗平民服饰相区别，也表达了不屑体制、推翻政权的抗争。之所以没有选择紫、青等在当时更高贵的颜色，应该有制衣成本的考量，因为黄色织物的染采原料并不稀缺，工艺上也易染；汉制布帛幅宽二尺二寸，一匹布长四丈，对于成年男女，一匹布足够制作一件不絮里的深衣或者袴褶，平民尚可负担。

秦汉以前，应用最普遍的染黄原料来自栀子，这种茜草科植物的果实中含有"藏花酸"，可直接染色，染成的织物黄色中微现红。而且，栀子分布广泛，容易栽培，因为是单色染，工序简单，成本应该低于其他染法。南北朝之后，地黄、黄檗、姜黄、拓黄、黄栌等植物培植增多，也成为染黄的原料。尤其黄栌，这种漆树科植物，入秋后树叶变红，色彩艳丽，著名的"香山红叶"便出自黄栌树，

---

[1] （清）苏舆撰，钟哲点校：《春秋繁露义证》，第224页。
[2] 《汉书》，第1册第325页。

用于染色的部分，取自此树木材，染成的织物色相黄中偏红。从原料和工艺来看，黄色织物并非贵重难得，因此，隋唐以前，庶民服黄并不鲜见。

道教因为信仰和历史的原因选择穿着黄衣，到南北朝时期，道教徒，尤其灵宝一系，仍保留这种颜色的服饰，并随着当时道教的规范成为威仪制度，以服色区分道派和箓位高低。

约出于南北朝中期的道经《玄都律文·制度律》记载：

> 道士、女官、箓生身年十八已上，得受大法，若外法自受百五十将军箓已上，堪著黄色法服衣冠，内法自然。[1]

稍晚出的《洞玄灵宝三洞奉道科戒营始》"法服图仪"中，除属于上清系的洞真法师穿着"青""紫"，其余各阶法师皆有服饰着"黄"：高玄法师，着黄裙、黄褐、黄帔，制二十八条；正一法师，着黄裙；洞神法师，着黄裙、披黄帔、帔为三十二条；洞玄法师，着黄裙、披黄褐；大洞法师，着黄裙；三洞讲法师，披黄褐；"山居法师"法服，上下着黄裙，帔制三十六条；"凡常道士"法服，上下着黄裙，帔制二十四条；"凡常女冠"法服，上下着黄裙，帔制十八条。[2]

而在世俗社会，以服色区分贵贱尊卑，起自北周。道教与世俗之间，在以服色分别等级的问题上是否有渊源，史籍尚未见明确记载。北周大象二年（580）三月庚子，已经禅位于其子的太上皇宇文赟（578—579年在位）颁诏定立"品色衣"[3]制度，官吏公服按品级确定服色。虽然周宣帝宇文赟在位仅一年，且史籍大多记其荒唐之事，但在他去世前两个月所创建的"品色衣"制度，却为后来历朝所采用。这是一个创举，因为在此之前，官吏礼服主要以冠、章、绶、佩等来区分职位等级。这个变化，可能和染采工艺的发展也有一定关联：这个时期，织物颜色的提纯技术更高，色相更加清晰易辨。

---

1 《道藏》，第3册第461页。
2 《道藏》，第24册第760—761页。
3 （唐）令狐德棻：《周书》，北京：中华书局，1971年11月第1版，第1册第123页。

图5-1-3　着拓黄朝服的唐太宗

将帝王服色礼制定为制度，应起自隋文帝杨坚（581—604年在位）。《隋书·礼仪志》云："百官常服，同于匹庶，皆着黄袍，出入殿省。高祖朝服亦如之，唯带加十三环，以为差异。"[1]据清人王夫之的考证亦是如此："开皇元年，隋主服黄，定黄为上服之尊，建为永制。"[2]但当时并未完全禁止官员和庶民服黄，隋文帝与众人的差异，是以佩饰来区别，文帝佩戴十三环蹀躞玉带——装饰十三个环形带扣的腰带，可以收纳随身之物；隋大业六年（610）隋炀帝杨广所规定的服中，亦称"士卒以黄"[3]。军中服用黄色的定制，起至隋初，杨坚即位之时，便定"今之戎服，皆可尚黄，在外常所著者，通用杂色"[4]。隋火板荡，唐土龙兴。唐武德初年，沿隋旧制，皇帝服黄，并限制了其他官吏和百姓服以黄色。唐总章元年（668）完全禁止所有官吏及百姓服黄，不得穿戴一切黄色服饰；至此，黄色专属皇家。

隋唐时的帝王所服之黄色，依据当时的文献、结合出土文物来看，色相是黄中带赤，亦称赤黄、赭黄、拓黄，在现代色名中称为"橙黄"。黄色专属帝王家以后，具有了符号功能，皇帝服黄成为广泛共识，从宋太祖"黄袍加身"革故鼎新，可见一斑。元代亦明确规定庶人不得服以"赭黄"。从明代帝王画像来看，亦穿着这种略偏红的黄色礼服。明弘治十七年（1504），将黄色服饰禁忌扩大化，柳黄、

---

1 （唐）魏征，（唐）令狐德棻：《隋书》，第1册第262页。
2 （清）王夫之著，舒士彦点校：《读通鉴论》，北京：中华书局，1975年7月第1版，第539页。
3 （唐）魏征，（唐）令狐德棻：《隋书》，第1册第279页。
4 （唐）魏征，（唐）令狐德棻：《隋书》，第1册第253页。

第五章 服　色

图5-1-4　黄缎地法服
（清）黄缎地鹤氅，现藏明尼阿波利斯艺术博物馆

姜黄、明黄等皆在禁忌之列。此制清代尤甚，并以黄色的不同色阶区别帝王和皇室其他成员，规定黄色中明度最高的"明黄"为帝、后专属，而贵妃、皇子等，皆服黄中略带赤的"金黄"，制度严苛，不得僭越。不过在清代杏黄色并不在禁忌之列，尤其对僧道服饰的约束，相对松泛。如图5-1-4所示，这一类明度较低的黄色，在道教服饰中，亦可使用。

时至今日，随着帝制消亡，黄色的禁忌亦随之不存。如图5-1-5所示，当代道服中，道士经衣、戒衣，多为色相明亮的中黄色。

虽然历代道教法服都有施用黄色，但最集中推崇黄衣的仍属汉末至西晋。黄巾起义之后，太平道遭瓦解；张鲁北迁之后，五斗米道也被分化。此后，有的道教徒甚至回避穿着黄衣，但服色未有定规，因此常出现比照官服、服饰朱衣者。[1] 道教在南北朝时，虽然还有服黄者，但服色逐渐发生变化。尤其经过士族知识分子的改造，道教徒极力摆脱"反叛"色彩，更加向往长生成仙的内外修炼，其服色也转化为更具生命象征的"青"。

图5-1-5　着黄色戒衣的道士
吴延军摄

第二节　东方青木

"青"是中国特有的颜色名称。织物中的青色的来源广泛，既有石染，也有草染。不论空青（青䐃）、石青（蓝铜矿）、石绿（孔雀石）等矿物，还是靛蓝、蓼蓝、菘蓝等植物，皆可染青。

"青"字在甲骨文中出现极少，并且是否是颜色词尚有争议；春秋战国后频现

---

[1]《华阳国志·大同志》记载，西晋犍为郡人陈瑞斋仪时的服饰是"朱衣、素带、朱帻、进贤冠"。《华阳国志校补图注》，上海：上海古籍出版社，1987年7月第1版，第439页。

于世。"青"开始作为颜色词使用，确切的证明来自春秋时期的金文，金文中"青吕（铝）""青金"是形容金属的颜色[1]，现在人们仍用"青铜"来称呼铜锡合金的器物。

但是，"青"究竟是绿、蓝还是黑，却没法讲清楚。狭义的青色，通常指蓝和绿；而广义的"青"则不太容易准确定义，按北宋画家郭熙在《林泉高致·画诀》中所概括的，青色系可用于一年四季："水色春绿，夏碧，秋青，冬黑。天色春晃，夏苍，秋净，冬黯。"[2]深浅浓淡，随应变化。从初春烟柳新芽的鲜翠，到深秋霜枝孤立的枯苍，甚至盛夏天空中清宵月半的幽远，冬日晓晴后残雪凝辉的清冷，都可以称为青色。能够称作"青"的颜色，在色相环上的跨度，差不多是一个半径。如图5-2-1所示，根据孟赛尔系统色彩分类法，从"黄绿（5GY9/12）"到"紫蓝（5PB1/2）"，皆可谓"青"；甚至二十四色环上并未涵盖的，"青"与不同色阶的"黑"混合而成的苍青一系，也属于青色的范围。

日本学者清水茂先生在其论文《说"青"》中，专门讨论了青色的复杂性，他从"青"字所形容的事物推断，认为"青"可以表现绿、蓝甚至是黑等颜色；尤其指出，"用'青'字的时候，常常含有'生'的意味"[3]。而"绿"却"有时可以含有枯黄的意味。这一点和'青'有'生'义很不一样"[4]。汪涛教授的研究同样认为，蓝、绿、青都是从黑

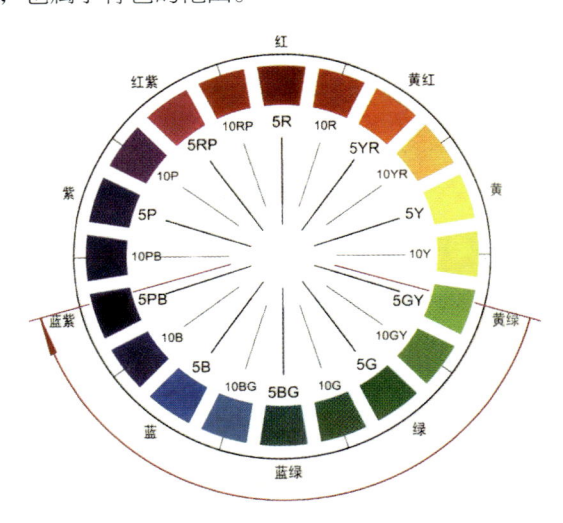

图5-2-1 孟赛尔色相环

---

1 ［英］汪涛著，郅晓娜译：《颜色与祭祀——中国古代文化中颜色涵义探幽》，第238页。
2 转引自王世襄：《中国画论研究》，桂林：广西师范大学出版社，2010年1月第1版，第202页。
3 ［日］清水茂著，蔡毅译：《清水茂汉学论集》，北京：中华书局，2003年10月第1版，第433页。
4 ［日］清水茂著，蔡毅译：《清水茂汉学论集》，第433页。

色（幽、玄）中逐渐分化出来的，"这种视觉分类上的特殊性，也是它们有时可以通用的原因"[1]。

随着染色和提纯工艺的发展，"青"又分化出苍、黛、靛、蓝、缥、绿、碧、翠、柳、葱甚至玉色等庞大的色彩系统，它们之间的构色元素接近，色相上的差别来自色彩的纯度和明度，即色彩间的相互关系。

色彩相互关系所带来的不同色相，道家诸子很早就注意到了，并上升到哲学的高度。庄子仰望苍穹，发出疑问："天之苍苍，其正色邪？"[2]当他还在困惑眼睛所见到的是否是"天"之本色时，葛稚川却从时空无限中捕捉到了"天"之色变化的原因：

> 天穹无质，仰而瞻之，高远无极，苍苍然也。譬旁望远道，黄山而皆青；俯察千仞之谷而黝黑，天青冥色黑，非有体也。[3]

葛氏称这个说法来源，是东汉郄萌传自先师的"宣夜说"。从庄子"宇宙"学说开始，道家诸子便认为天空是无限辽阔的，时间是永恒流转的，宇和宙无极也无限。葛氏借宣夜说表达了同样的观点：因为"天"没有形体的局限，无穷的高远才显出苍茫之色，就像极远处的青色山脉，视线所及其色黛青，壁立千仞的深谷，眼见之处其色黝黑，"天"之所以深邃幽玄，也是它无形所限，无穷高远。而且很明显，除了哲学意义上的对比关系，葛氏也注意到了外界环境的变化会对人的视觉感知带来微妙影响，这实际上是来自色彩的特性——相互关系，色彩必须在相互关系中才能限定清楚，无论冷暖、深浅乃至强度和面积，都是在色与色之间的比较中才能定义，用来形容颜色的概念"明度"和"纯度"，也是界定它们在相互关系中的"度"。

因为青色所包含色阶宽泛，"青"既可以形容天空的深邃苍茫或者一碧如洗，

---

[1] [英]汪涛著，郅晓娜译：《颜色与祭祀——中国古代文化中颜色涵义探幽》，第239页。
[2] （明）郭庆藩撰，王孝鱼点校：《庄子集释》，第4页。
[3] （清）严可均：《全晋文》，第1251页。

也可以形容树叶的浓翠荫荫或者新绿点点。虽然庄子在思考"天"所呈现的表象和本质是否一致，但在他的观念里，"青天"和"苍天"也是同义词，对天不同的称谓出现在《逍遥游》《田子方》等篇目中。

作为五正色之一的"青"，在古代社会是很重要的颜色，可以适用的范围很广。但"青"在世俗礼制中地位却不高。古代传统以五色比配王朝运势，比如周王朝尚赤、火德，服赤红，秦王朝尚黑、水德，服袀玄，因此水克火，秦并天下。细看下来，历代王朝尚青者屈指可数：传说时代的少昊金天氏、太昊伏羲氏、帝喾高辛氏尚青，不过这是在阴阳五行学兴起之后的记载，可否凭信尚且存疑；之后的王朝，除了禹夏究竟是尚青还是尚黑有争议，只有南北朝萧齐、五代时后晋等极少数偏安朝廷尚青，大一统王朝竟无一例。不仅如此，在官员的服色中，"青"至少在秦、汉、晋、唐、宋、明等朝代，都不属于高贵的颜色。如隋炀帝时，"青"为胥吏之服；唐太宗时，八、九品官员方服"青"。在士庶百姓中，周王朝时读书人服青色，《毛诗正义》释"青青子衿"为"学子之所服"[1]，给青衫增添了温文尔雅的书卷气质。除此之外，秦以后的朝代，青色多为卑者服：秦汉时，官奴、农人服"青"；汉末，农者服"青"；时至两晋，贵族仆役亦服"青"，故谓仆者"苍头"。

与世俗社会所不同的是，道教与青色却颇有渊源。《度人经》称东方六天"碧落之炁起角宿，一度一杪一虚渐次北行"[2]。后以"碧落"泛指天空。道祖太上的坐骑是"青牛"，传说它就是《山海经》记载的上古神兽"夔"——色苍黑，一角[3]，而《太平御览》引《嵩高记》称青牛为千年木精所化。[4]在斋醮仪式上奉献给诸天圣真的表章，称为"青词"，是奉道之人用朱砂为墨写在青藤笺上。以及以"青""碧""苍"等为名号的神仙圣真多不胜数。

道教与青色结缘，究其因由，主要应该来自两方面。其一，来自青色的视觉

1　《十三经注疏》，第 1 册第 729 页。
2　《道藏》，第 1 册第 133 页。
3　袁珂：《山海经校注》，第 219 页。
4　《太平御览》，第 4 册第 3993 页。

心理，青色色相素雅恬淡、宁静安详，与道教崇尚简素的审美倾向相契合；其二，来自青色的色彩感情，青色象征春意盎然、生机律动，与道教重视生命的信仰主旨相一致。

太上所言"五色令人目盲"[1]，既表达了对摛文铺彩浮华风气的无比厌恶，也揭示了色彩对人心理造成的影响。从色彩适应性来讲，人骤然置身明亮的环境，眼睛会出现短暂盲视；看久了明亮的颜色，会产生眩目的感觉。与明亮的红、黄等暖色带给人的迫近和膨胀感相反，作为冷色的"青"有后退和收缩感，人眼久视也感觉平静、舒适。从这个角度来理解，太上恶五色，提倡质朴的自然之美，这种审美取向与"道"之深邃玄妙的本质非常吻合。

虽然基于礼仪和法事的需要，法服也是青黄黼黻，五色具足，但道士常服却很素朴。"素"，很多资料解释为白色，其实，素是一种无纹饰的丝织品，质地密实，素色既包括"白"，也包含"黑""青"等色；"素"体现"道"之冲虚、含藏的特性。"朴"，与道家所提倡的"大巧若拙"[2]意涵一致，象征返璞归真、返元归根。不过从染色工艺来讲，当时染青的原料易得，且种类繁多，因此青色布帛成本低廉，普通大众也能购置，并且固色性好，颜色耐久。这和佛教僧衣选择碎布缝的"百衲衣"、坏色布制的"袈裟"，以及涅黑色的"缁衣"初衷一样，只是这些由于条件所限的"不得已"，被赋予了宗教的象征意义之后，便具有了信仰的深刻内涵。如图5-2-2所示，道士日常着装，多为青色道袍或长、短大褂。

从《上清大洞戒》等道经中，可见对早期上清道士着装的规戒：

> 不得衣五色衣裳，敷好华服，则真灵去身，淫邪内发，驰心猖獗潜逸，赤子飞飏，长离玄宫，破形解骸，身死名灭。若衣服勿杂色，兰布之服，可以终日，咏诵洞章，奚求不得？乘云驾龙，逍遥太极。[3]

---

1 （清）黄元吉撰，蒋门马校注：《道德经注释》，第50页。
2 （清）黄元吉撰，蒋门马校注：《道德经注释》，第191页。
3 《云笈七签》，第2册第885页。

图5-2-2　道士常服
吴延军摄

本经将着衣色彩与道士修行相提并论，从中可以看出道教崇尚寡欲简素，提倡保真修善的信仰主旨。虽然色彩本身只是物理现象，并无精神情感；但人处于色彩的世界里，情绪会受到左右，产生色彩的"感情"倾向。尤其在道教信仰体系中，色彩绝不是孤立存在，它与长生久视、成仙了道紧密相连。道教思想家们将五色与四季物候、天地五行、人体五脏等进行关联，构建起一套结构复杂、逻辑严密的信仰系统，以此来表达道教对自然和人类的理解，传播其信仰追求。

"青"为东方正色，代表人体的肝脏，象征五行中的木气。《云笈七签》称："肝位东方，东方木主春，生气之本也。"[1] 东风解冻，冰雪消融，春天来临，万物生发。本经还称：

东方、青、卯、木，道之本宗，阴阳父母，万物各为禀一气，皆同此祖。[2]

1　《云笈七签》，第1册第268页。
2　《云笈七签》，第3册第1402页。

春天寅卯当令，勾芒应值，阴阳始气，草木萌发；万物由气化生，生物之气称为"祖气"，由此衍生世界，构成天地。春在东方，卦象为震☳，惊雷震动，启蛰虫鸣，清明桐华，雨生百谷。"万物生而青色也。"[1]古时用青色形容春天，谓之"青春"或"青阳"，由"立春"到"谷雨"，大自然是青青郁郁、生机蓬勃：春水绿波，风摇细柳，芽卷缥茸，新蒲玉柔；雨过天青，氤氲碧洗，千峰叠翠，林木葱茏。

《释名》谓："青，生也，象物生时色也。"[2]由青色的郁郁葱葱，象征生命的蓬蓬勃勃，生命便有了"青"的色彩。《周易·系辞下》曰："天地之大德曰'生'。"[3]天地的最大功德是化生万物，"生"为万物之根本。对于道教来说，修炼的目的唯愿长生，逍遥成仙。早期道经，无论对修行门径、炼养方法执何主张，对"生"的看法出奇一致。《太平经》主张乐生、重生，认为天地广大，有生乃大，人无分贵贱，生命平等。《想尔注》称："道大，天大，地大，生大。"[4]指出"生"为"道之别体"[5]，强调"道意贱死贵仙"[6]。《度人经》以阴阳、五行理论，解释宇宙生成、人物生长，宣扬"仙道贵生""无量度人"。[7]道教认为"我命在我不在天"[8]，以人体为鼎炉进行的修炼，通过物质和精神的双重作用，使肉体生命得以延续，继而成就仙道。

道教把对生命的重视转化为修行的体验，反映在道士服饰上，是对"青"衣的偏好。凡身皈止三宝，成为受道之身，需易"法服"，与俗区别。《洞神三皇经》中论及"三皇道士法服"时称：

---

[1] 《云笈七签》，第1册第277页。
[2] 《释名疏证补》，第147页。
[3] 《十三经注疏》，第1册第179页。
[4] 饶宗颐：《老子想尔注校证》，上海：上海古籍出版社，2008年6月第1版，第32页。
[5] 饶宗颐：《老子想尔注校证》，第33页。
[6] 饶宗颐：《老子想尔注校证》，第23页。
[7] 《道藏》，第1册第5页。
[8] 王明：《抱朴子内篇校释》，第287页。

> 受道之身，改易世衣者，身之章，号为法服。人或有衣玄、青及白，三色为科，存甲子、甲寅、甲申之炁，固身形也。玄冠乌巾，青缥单衣，白芒草屩，谓为法服。得道升天，文衣自至。[1]

这种天人相应、寓天道于己身的修行思想，在青衣法服上，便成为道法自然的体现，并且一直延续。到清代，全真宗师闵一得在其所撰《清规玄妙》中，仍以"青"为全真服色，并称其来自全真始祖东华帝君：

> 凡全真服色，惟青为主，青为东方甲乙木，泰卦之位，又为青龙生旺之气，是以东华帝君之后脉。有木青泰之喻言，隐藏全真性命双修之义也。[2]

东华帝君居东方，主阴阳之气，传说创立全真，为全真"北五祖"之首。重卦为"泰"☷☰，象征天地交感，乾坤安定。东方生旺之气，如青龙腾跃，寓于全真性、命双修，就是人内在的精神、心性与外在的身体、气血相统一，身心和谐，按《性命圭旨》所言，就是："神不离气，气不离神。""性不离命，命不离性。"[3]如图 5-2-3 所示，在清代法服中，青色大概是被赋予了这种神圣的内涵，出现频率非常高，细分可见苍青、草绿、缥白、月白等。

前文已述，汉末至曹魏，道教的服色以"黄"为主。魏晋以后新道派频出，法服的色彩和质料变化，也间接反映了道教往上层发展和往民间渗透的两大分野。

在道教各派中，最重青色的应为上清一系，成书于南北朝时《洞玄灵宝三洞奉道科戒营始》所载十一位法师冠服，大半服"黄"，仅洞真法师着"青裙"，帔为"紫帔、青里"。[4]而成书于北周的《无上秘要》，其中《洞真四级明科》的一段文献记载了上清女真法服，反映出道士修炼和道教历史的双重变化：

---

1 《无上秘要》，《道藏》，第 25 册第 144 页。
2 《藏外道书》，第 10 册第 599 页。
3 （明）尹真人高弟撰：《性命圭旨》，第 10 页。
4 《道藏》，第 24 册第 761 页。

图5-2-3 青缎地法服
（清）青缎地鹤氅，现藏明尼阿波利斯艺术博物馆

> 凡女子，学上清白日升天之法……入室之日，当冠元君之服……又作青纱之裙，令用四十五尺，作八幅，幅长四尺九寸，余作襻腰，分八幅，作三十二条。此作飞青之裙，元君之服也。[1]

女真身着此服，譬如元君夫人，"青纱之裙""飞青之裙"便如元君附身，故得神灵护佑。上清派虽出于天师道，但摒弃了诸如符水、合气等法术，而以存思、服气为主要方法，以取法自然为其修行根基，医道结合，从宇宙天地推及修道者自身，固精炼炁，含养胎息。由此推测，重视象征生命和自然的青色，以"青"为服，应是合理的选择。而且，这段材料所描写的上清女真法服极其"奢侈"：当时女子的"裙"通常为六幅；八幅裙也有，但很少。周至魏晋，布帛幅宽均为二尺二寸；八幅裙周长超过四米，且长度达一米五，应为及胸高腰曳地长裙，如此肥大累赘的裙，却称"飞青"，其质料应该是"纱"一类的疏薄、纤细的丝织物。作为上层士族为主体的上清派，尤其在魏晋至唐奢风盛行的社会背景下，汉末民间道教的着装显然难入法眼。服饰色彩和质料的改变，不仅更具仪式性特征，有利于道教在上层的传播，而且在修炼者潜意识里，也许认为这个改变，离地（黄）更远、离天（青）更近，成仙有望。

青色与道教结缘也沾染了仙灵之气，不仅上清女真，神仙尤其女仙服饰，着"青"者比比皆是。如五代道经《墉城集仙录》中之女仙，"形容明逸，多服青衣"[2]。南极王夫人、昭灵李夫人等一众女仙，服饰为"青羽裙""青绫衣""青玉绶带"等等，以及西王母的两位侍女王子登、董双成，皆青鸟所化，碧玉年华，"服青绫之袿"[3]。青衣，似乎更能体现这些女仙玉骨雪肌不染尘俗，蕙质兰心冰雪聪明。

并且，从文献所记载的上清派法服来看，"青"和"紫"经常联袂出现。《洞玄灵宝三洞奉道科戒营始》"法服图仪"中，洞真法师的服饰为"元始冠，青裙，

---

[1]《道藏》，第 25 册第 145 页。
[2]《道藏》，第 18 册第 172 页。
[3]《道藏》，第 4 册第 48 页。

紫褐，紫帔青裹"[1]。《三洞法服科戒文》的记载一致：洞真法师服饰为"帔用紫纱……以青为里……飞青华裙"[2]。《四极明科》亦称："帔……裹青表紫。"[3] 窃以为，紫表、青里可能是上清法服中"帔"的定式；似乎还可以推测，隋唐五代道教服饰，不仅重"青"，而且贵"紫"。

第三节　紫气东来

"五行说"兴盛之后，"正色""间色"之间泾渭分明，不可逾越。实际上，从染采工艺来讲，间色很大程度上是由于当时工艺所限，染色不够纯正形成的，而所谓"正色"也是偶然得之。从"紫"字从"糸"部，亦可看出紫色与染采工艺的渊源。但当其上升到礼制的高度，具备了符号象征的特性，这些偶然因素便成了必然结果，"间色"在这种情况下，便成为"奸色"，意指不正，甚至国家律令不允许上市销售："奸色乱正色，不粥于市。"[4] 明代那位因"大礼议"之争被嘉靖帝谪戍云南的大才子杨慎（1488—1559），在其所著《丹铅续录》中释"奸色"曰：

> 《礼》注：红，南方之奸色；紫，北方之奸色。五方皆有奸色，盖正色之外，杂互而成者曰"奸色"，犹正声之外，繁手而淫者曰"奸声"也。奸色即间色。[5]

升庵先生是否心有所感，弦外有音，不得而知。但从中可以看出，正色、间色之间，已具备别贵贱、定等分的礼制属性。《礼记·玉藻》称："衣正色，裳间色。"[6] 上下相异，不得混同。

---

[1] 《道藏》，第 24 册第 761 页。
[2] 《道藏》，第 18 册第 229 页。
[3] 《道藏》，第 25 册第 144 页。
[4] 《十三经注疏》，第 3 册第 2909 页。
[5] （明）杨慎：《丹铅杂录·丹铅续录·俗言》，上海：商务印书馆，1936 年 6 月初版，第 88 页。
[6] 《十三经注疏》，第 3 册第 3200 页。

在秦之前，紫色作为间色，本为是卑微之色，难登大雅之堂。"紫，疵也，非正色，五色之疵瑕，以惑人者也。"[1]《释名》如是说。"恶紫之夺朱"[2]甚至让孔子很愤怒，将其等同于郑声之浸雅乐，谓二者皆为僭越礼制、混乱等级的行为。

有个著名的故事，可以看作紫色在先秦的一次意外际遇。据《韩非子》的记载，春秋首霸齐桓公（前685—前643年在位）偏好紫色，不仅服色，甚至系冠之垂缨亦用紫带，这是违反周制的。周礼诸侯应为"缁布冠，缋緌"[3]，系带花纹的冠缨，方合制。齐国上行下效，致使全国尽服紫。是时，紫帛奇货可居，五匹素绢尚无法买到一匹紫帛；公因此甚忧，齐相管仲劝谏："谓左右曰：'吾甚恶紫之臭（嗅）。'"[4]公采纳此议。于是，凡有穿着紫衣者觐见，公必云："少却！吾恶紫臭。"[5]如是，人们答应着退出去了。其结果，《韩非子》里的描述比较夸张：这天之后，近侍中没人穿紫衣了；到第二天，国都中也没人穿紫衣了；三日后，齐国境内的紫衣也消失了。这个故事是否确有其事，姑且不论，但所透露的信息里，有两个却是事实：紫色衣料昂贵，紫衣有气味。

早期染紫的原料，主要来自两种：茈草和贝紫。茈草亦称紫草、紫丹、紫芙等。《尔雅·释草》云："藐，茈草。"[6]注曰："可以染紫。"[7]茈草为多年生草本植物，入秋茎叶枯萎时采掘其根，紫草根呈圆锥或圆柱形，多分歧，表皮紫赭、断面紫红，有浓烈的特殊气味；可入药，有凉血、解毒、滑肠的功效。[8]染色亦取自紫草根，色素主要成分来自奈琨衍生物类的紫草醌和乙酰紫草醌，因其水溶性差，染色时需以椿木灰、明矾作媒染剂，二者皆含金属离子，可以助染固色，"不加媒染剂，丝毛麻纤维均不着色"[9]。媒染法较单色染、套色染等，工艺都更为复杂，且媒染剂

1　《释名疏证补》，第148页。
2　《十三经注疏》，第5册第5487页。
3　《十三经注疏》，第3册第3199页。
4　（清）王先慎撰，钟哲点校：《韩非子集解》，北京：中华书局，2013年7月第2版，第304页。
5　（清）王先慎撰，钟哲点校：《韩非子集解》，第304页。
6　《十三经注疏》，第5册第5717页。
7　《十三经注疏》，第5册第5717页。
8　南京中医学院：《中药学概论》，北京：人民卫生出版社，1958年10月第1版，第101页。
9　陈维稷：《中国纺织科学技术史（古代部分）》，北京：科学出版社，1984年4月第1版，第81页。

不易控制，稍有不当，成品色泽就会偏离原来设想，也很难改染。因此，染紫的工艺繁复，织物的色相不稳定，这可能是"紫"在早期沦为间色的主要原因。

贝紫，产于一种名叫骨螺的海生物。骨螺的鳃下腺会分泌黄色的黏液，这种黏液染于丝、帛或毛、麻等织物上，与空气接触，经过日晒，呈现黄、绿、青，最后变成紫色。贝紫染料的固色性好，染成的织物色泽明艳沉厚，远非植物染料可比。贝紫染色的媒染剂，来自发酵的蜂蜜或童子尿，染成的织物会有特殊的气味，这种气味不仅来自海生物本身，也来自这些媒染剂，并且经久不散。贝紫取自骨螺的一滴滴"眼泪"，染成足够做一件衣服的丝帛，需要上万个骨螺，其价格可想而知。从色相、气味和价格，大概可以判断出，齐桓公所穿着的"齐紫"，应该来自贝紫所染。

无论茈草，还是紫贝，地处山东的齐国，都占尽地利之便。《管子·重轻丁》中记载了一段管仲与齐桓公的对话："昔莱人善染练。茈之于莱纯锱……其周中十金。"[1] 管子向国君提出需要国家平准物价，莱地人擅长染色和捣练的技术，但当地紫绢一纯只卖一锱金，到王都就是十倍之价。"莱"即今之莱州，位于山东东北部。不仅出产茈草，还出产贝紫。《荀子·王制》云："东海则有紫、紶、鱼、盐焉。然而中国得而衣食之。"杨倞注曰："紫，紫贝也。"[2] 贝紫所染的丝帛，岸边高潮线下崖壁上的石蚨，以及滨海所产的鱼和盐，都是东临大海的齐国的特产，中原的人们也向其求购。尤其据服饰史专家王㐨先生称，在胶东半岛的莱州湾采到过活体骨螺，证明这个地区是出产此物的。因此，在别处不易得的紫色丝帛，齐鲁之地并不稀缺；尽管如此，在齐桓公个人喜好的影响下，紫色成为流行色，紫色织物也是供不应求，价高难企。战国时纵横家苏代为燕王说齐时，便称"齐紫，败素也，而价十倍"[3]，寓言了齐国虽是东方大国，一方霸主，但国内民生困弊。因此当紫帛价格奇高，跟从者趋炎附势，齐桓公也知其弊，不得不放弃个人爱好。

---

1 黎翔凤撰，梁运华整理：《管子校注》北京：中华书局，2004 年 6 月第 1 版，第 1481 页。
2 （清）王先谦撰，沈啸寰、王星贤点校：《荀子集解》，北京：中华书局，2013 年 4 月第 2 版，第 191 页。
3 《史记》，第 7 册第 2270 页。

第五章 服　色

这算是紫色在先秦的一段插曲，它真正成为官方认可的主流服色，是在西汉以后。

紫色从"间色"遭受偏见到显贵专享尊荣，道教，或者说神仙信仰在其中起到了不可替代的作用。

汉武帝希望长生不死，热衷寻仙访道、酬神祭祖。西汉元光二年（前133）亳人谬忌奏请武帝祭祀"太一"，奏牍云："天神贵泰一，太一佐曰五帝。"[1]依据其议，帝令太祝在长安东南郊立祠，祭祀"泰一神"。元鼎四年（前113），又有人奏议："五帝，泰一之佐也，宜立泰一而上亲郊之。"[2]帝迟疑未决。至元鼎五年（前112）冬十月，汉武驾幸甘泉宫，建坛亲祭"泰一"。《史记》和《汉书》对于此事的记载一致：

> 令祠官宽舒等具泰一祠坛，坛放薄忌泰一坛，坛三垓。五帝坛环居其下，各如其方，黄帝西南，除八通鬼道。……泰一祝宰则衣紫及绣。五帝各如其色，日赤，月白。[3]

这段文献关于服色的内容值得注意。汉武居中为泰一祝宰，穿着紫服，服有章饰；五帝祭坛居其下，环侍周围，五帝服应为青、赤、黄、白、黑五方正色。作为间色的紫衣，却居于五正色衣之上，这显然与周制相悖。如此礼遇紫色，大概很难用"个人喜好"来解释。从信仰角度，也许可窥端倪。

泰一，亦名太一、太乙等。从历代文献来看，"太一"的意涵很丰富，大致可以归纳为三类：其一，指宇宙本源；其二，指最高神灵；其三，指星宿。

"太一"，与"道""一""无极"等哲学范畴的内涵一致，几可互换。《吕氏春秋·大乐》将"太一"完全等同于"道"，指其变化阴阳，化生万物：

---

[1] 《史记》，第2册第456页。
[2] 《史记》，第2册第467页。
[3] 《史记》，第2册第469页。

> 道也者，至精也，不可为形，不可为名，强为之名，谓之太一。[1]
> 万物所出，造于太一，化于阴阳。[2]
> 生于度量，本于太一。太一出两仪，两仪出阴阳。[3]

道家诸子对"太一"的解释，其义相类。《庄子·天下》曰："建之以常无有，主之以太一。"[4]《淮南子·诠言》曰："洞同天地，浑沌为朴，未造而成物，谓之太一。"[5]《老子中经上》谓之"第一神仙"，云："上上太一者，道之父也，天地之先也。"[6]从这些文献可以看出，道家诸子是把"太一"看作宇宙本源，天地始终，万物发端；万千世界本出太一，分而各异，殊途同归。

武帝祭祀"太一"神，在当时具有划时代的意义，尽管"太一"神在上三代便已出现。《淮南子·本经训》曰：

> 帝者体太一，王者法阴阳，霸者则四时，君者用六律。秉太一者，牢笼天地，弹压山川，含吐阴阳，伸曳四时，纪纲八极，经纬六合。[7]

从政治意义上讲，五帝崇拜并无至上神。周分诸侯，封邦建国；秦立郡县，中央集权；汉初封建和郡县并存。至汉武帝，推恩削藩，统一货币，专卖盐铁，加强集权，甚至"罢黜百家，表彰六经"[8]，垄断文化，统一思想。在这种时代背景下，五帝并立，各治一方，显然不合时宜；五帝之上出现至上神"太一"，五帝只是"太一"之僚佐，是大一统时代的信仰投射，当然，也表达了武帝意在招神仙降临的自身诉求。

---

[1] 许维遹、梁运华：《吕氏春秋集释》，北京：中华书局，2009年9月第1版，第111页。
[2] 许维遹、梁运华：《吕氏春秋集释》，第109页。
[3] 许维遹、梁运华：《吕氏春秋集释》，第108页。
[4] （明）郭庆藩撰，王孝鱼点校：《庄子集释》，第1093页。
[5] 何宁：《淮南子集释》，第991页。
[6] 《云笈七签》，第1册第418页。
[7] 何宁：《淮南子集释》，第582页。
[8] 《汉书》，第12册第3916页。

随着汉王朝的覆灭，中国开始了三百多年的乱世，"太一"神崇拜也随之起起落落；过了六百年，"太一神"再次闪现辉煌：金代卫州（今河南卫辉）人萧抱珍（？—1166）在金熙宗天眷初年（1138）创立"太一道"，奉"太一"神为最高天尊。太一道在元末绝嗣。

据《史记·孝武本纪》记载，有人建言皇帝祭祀"太一"神："古者天子三年一用太牢具祠神'三一'：天一，地一，泰一。"索隐云："紫微宫北极天一太一。……天一、太一，北极之别名。"[1] 许多古代文献和当代研究，也将"太一""天一"视为"北极"；但从一些天文记录来看，又似有异。按古代星图的位置来讲，这两种说法都对，但要分时间。商周之际，太一星位于北极星的位置，而到了汉代，太一星去极度20.7°，天一星去极度20.21°，同属于紫微垣亢宿，而北极星去极度14.78°，位属心宿。[2] 汉代的天文专著《甘石星经》亦记载了两星的位置：

天一星，在紫微宫门外右曰南，为天帝之神。主战斗，知吉凶。[3]

太一星，在天一南半度。天帝神，主十六神。[4]

《淮南子·天文训》云："太微者，太一之庭，紫微宫者，太一之居。"[5] 清人俞樾却认为"紫微宫，太一之居"实为"天子之居"[6]之误，帝星在紫微，紫微垣是象征帝王的星区，由此来理解"太一"神的祭祀，既是对最高天尊的礼拜，也是对承天命、治天下的人间帝王的神化，并因此产生一系列的紫色崇拜：吉祥云气称"紫气"，是神仙踪迹、圣贤现世的征兆；神仙居处曰"紫府"，是十洲三岛、昆仑瑶池那样的所在；祭天之地名"紫坛"，是帝王大典、道士斋醮的法坛。

1　《史记》，第 2 册第 456 页。
2　《紫微垣表》，[日]桥本敬造著，王仲涛译：《中国占星术的世界》，第 82 页。
3　《通占大象历星经》，《道藏》，第 5 册第 7 页。
4　《通占大象历星经》，《道藏》，第 5 册第 7 页。
5　何宁：《淮南子集释》，第 200 页。
6　何宁：《淮南子集释》，第 200 页。

图5-3-1 染"汉紫"的秦兵马俑
（秦）陶俑，陕西西安临潼出土，现藏秦始皇帝陵博物馆

紫色和神仙信仰的关联，考古材料提供了直接的实物证据。专家从秦兵马俑所穿的彩绘衣服上（图5-3-1），发现了一种紫色颜料，经技术分析，其成分为硅酸铜钡（$BaCuSi_2O_6$），外国专家称之为"汉紫"，因为这种人工合成的紫色颜料曾出现在很多汉代的器物上。[1]有研究认为，这种颜料的产生来自道教对"玉"的崇拜。

道教对玉的崇拜，其实质是神仙信仰和成仙追求。《说文》称："玉，石之美，有五德者。"[2]玉是山岳精华的凝炼，新石器时期古人便将其用作礼器祭祀天地和祖宗；认为玉具有温润坚贞的特性，和人中君子的德行相得益彰，"君子无故，玉不去身"[3]。除有丧事，君子必须佩玉。而在道士眼中，玉是成就仙道的外丹铒药。《抱朴子内篇·仙药》有"食玉"可以辅助修仙的记载：

> 玄真者，玉之别名也，令人身飞轻举，不但地仙而已。然其道迟成，服

---

[1] ［美］Elisabeth West Fitz Hugh and Lynda A·Zycherman 著，张志军译，［美］Lily Chia-Jen Kecskes 校：《中国早期紫色硅酸铜钡颜料》，载《文博》，1997年第4期，第81页。
[2] 《说文解字注》，第10页。
[3] 《十三经注疏》，第1册第204页。

第五章 服　　色

一二百斤，乃可知耳。[1]

虽然见效慢，而且用量大，但食玉一年以上，则水火不浸、百毒无犯；并言需用璞玉，已成之器无益，且以新疆的和田玉（青白）和南阳的独山玉（深绿）为上品。可以想象，在先秦时，方士纷纷服玉修仙，使玉的需求量猛增，天然璞玉供不应求。因此，方士们尝试人工炼制"玉"——一种外表像玉，实际上是玻璃（玻黎）的假玉。方士在当时通常用来仿制假玉的石英、铅、钡中加入了含铜的孔雀石，希望成品的玉质感更逼真，能够透出温润的幽幽青色；但很不幸的是，这似乎并没成功，却意外得到了"汉紫"。尽管这是个意外而得的"副产品"，但这种在自然界中至今仍未发现有天然存在的人工合成颜色，其性质稳定，不易脱色，因此受到人们追捧，被广泛上色于青铜器、陶器、墓室门楣、八面棒[2]等器物上，著名者如秦兵马俑。究其原因，应该是来自当时盛行的神仙思想对这种神秘紫色的接纳。

虽自汉以后，"太一"信仰式微，但对紫色的尊崇，却延续下来。由神仙信仰缘起的对紫色的崇拜，在此后的岁月里与国家礼制相互交织，紫色也成为世俗社会的尊贵色彩。

紫色正式进入官服序列，始于北周，定制于隋，完善于唐。据《周书·宣帝纪》记载，北周大象二年（580），宣帝宇文赟颁布诏令："天台侍卫之官，皆著五色及红紫绿衣，以杂色为缘，名曰'品色衣'。有大事，与公服间服之。"[3]不过这个制度在当时的适用范围比较含混，似乎服制主体仍是五正色，紫色等间色尚不是重点。

隋炀帝杨广可能对紫色有个人偏好，《隋书》记载他穿着紫色袴褶，皇后和太后的车驾也用紫帷。[4]大业六年（610），炀帝诏令"从驾涉远者，文武官等皆戎衣。

---

[1] 王明：《抱朴子内篇校释》，第52页。
[2] ［美］Elisabeth West Fitz Hugh and Lynda A・Zycherman 著，张志军译，［美］Lily Chia-Jen Kecskes 校：《中国早期紫色硅酸铜钡颜料》，载《文博》，1997年第4期，第74—75页。
[3] （唐）令狐德棻：《周书》，第1册第123页。
[4] （唐）魏征，（唐）令狐德棻：《隋书》，第1册第168页。

贵贱异等，杂用五色。五品已上，通着紫袍，六品已下，兼用绯绿，胥吏以青，庶人以白，屠商以皂，士卒以黄"[1]，至此，紫色袍服作为中上层官吏的公服，进入国家礼制系统。

唐初武德年间，粗略规定三品以上服紫、五品以上服朱、六品以上服黄；至太宗贞观年间，才逐步完善唐代的礼仪制度，在官员品服用色上，也更细微。贞观四年（630）八月制："三品已上服紫，四品、五品已下服绯，六品、七品服绿，八品、九品服以青。"[2]越明年，七月敕："七品以上，服龟甲双巨十花绫，其色绿。九品以上，服丝布及杂小绫，其色青。"[3]唐代的三品官员，相当于今天的正部级，可见紫色已经成为高级官员的公服用色。并且，还有个小插曲，据《旧唐书·舆服志》的记载：龙朔二年（662），司礼少常伯孙茂道奏请高宗李治，称"旧令六品、七品着绿，八品、九品着青，深青乱紫，非卑品所服。望请改八品、九品着碧"[4]。染青的原料是蓼蓝等植物发酵后制成的"靛蓝"，不同色阶的青色是复染而成，经多次浸染后，深青色织物常泛红光，易同"上品"的紫色混淆；故主管礼仪的孙侍郎有此议。辗转至公元684年，这是唐睿宗李旦的"文明"元年，九月初五武周立朝，改元"光宅"，遂改官制及服色，将八、九品的青色改为"碧"，更加固定紫色的"上品"地位。

此后，变化不大，紫色一直是中高级官员服色，直至朱明。宋沿袭唐制，三品以上服紫；宋神宗时，礼优文官，四品以上皆服紫。辽、金、元民族政权，亦随汉制，五品以上服紫。至明洪武，太祖深恶异俗变易中国传统，旨意恢复华夏文明，取法三代之制，以五正色定官员服色，故而，废"紫"升"朱"。

紫色用于道教服饰，应不晚于汉代。《陆先生道门科略》称："旧法服……男赍单衣墨帻，女则绀衣。"[5]紫色织物在染采过程中，是先染青，再以茈草、苏木等植物复染，会呈现出绀、紫、緅等不同层次的色调，皆介于青、赤之间。绀色，

---

1 （唐）魏征，（唐）令狐德棻：《隋书》，第1册第279页。
2 （后晋）刘昫：《旧唐书》，北京：中华书局，1975年5月第1版，第6册1952页。
3 （后晋）刘昫：《旧唐书》，第6册第1952页。
4 （后晋）刘昫：《旧唐书》，第6册第1952页。
5 《道藏》，第24册第781页。

《说文》释为"帛深青扬赤色"[1]。《论语·乡党》："君子不以绀緅饰。"疏曰："绀緅紫玄之类。"[2] 由此可见，"绀"大概相当于今天所说的龙胆紫（ PANTONE19-3730TPG，Gentian Violet）。从"女则绀衣"可以推测在陆修静修定法服制度之前，紫色便用于道教服饰。

《礼记正义》从五行角度对紫色进行的解释，透露出先秦紫色的色相特征："紫是北方间，北方水，水色黑，水刻火，火赤，故紫色，赤、黑也。"[3] 可能当时合成紫色是用黑色、赤色矿物，所得之"紫"色相深沉，偏向枣红、赭红一类，所以释为"赤黑"。从织物染采工艺和生产成本来看，被命名为"汉紫"的硅酸铜钡是稳态化合物，不易溶于水，亦不易溶于酸和碱，应该无法用于丝帛染色；贝紫原料来源稀缺，除了地处海滨的齐鲁等地，中原其他地区并不出产骨螺，而且成本太过高昂。随着茈草、苏木、紫米等植物的培植形成规模，加之染料的提炼水平提高，尤其加入铝、铜、亚铁作媒染剂后，染成的紫帛颜色轻灵，颇有仙风。

如前所述，紫色崇拜来自神仙信仰，而草木染所得到的紫帛又轻盈飘逸，因此，道教上仙着紫衣者不在少数，尤其女仙中，紫衣更能体现女子的仙姿绰约和雍容气度。例如居于金墉城的女仙昭灵李夫人，便是身着"紫锦衣"的。[4] 而从另一些文献分析，"紫衣"不仅仅只是法服，它还象征神仙的身份认同或者功能性转变。例如，西王母下降道士茅盈之室，先是天皇大帝遣使赐盈"神玺玉章"，次而太微帝君遣使赐盈"八龙锦舆、紫羽华衣"，而后太上大道君遣使赐"金虎真符流金之铃"[5] 等等；茅盈（前145—?），西汉咸阳人，为茅山派创始人。擅长服气、辟谷，以医术活人，后其弟茅固、茅衷放弃仕途，皆从其修道，世称"三茅真君"。联系另一则成仙的记录：唐末女真薛玄同羽化登真时，"形质柔媛，状若生人，额中炅然白光一点，良久化为紫气"[6]。据此可以推测，"紫"由神仙信仰而

---

1 《说文解字注》，第 651 页。
2 《十三经注疏》，第 5 册第 5418 页。
3 《十三经注疏》，第 3 册第 3201 页。
4 《墉城集仙录》，《道藏》，第 18 册第 176 页。
5 《墉城集仙录》，《道藏》，第 18 册第 171 页。
6 《云笈七签》，第 5 册第 2570 页。

成为神仙的象征，道士着紫衣或化紫气，都可看作是成仙的标志。

因此，与世俗礼制对"紫"的接纳一样，在道教法服中，紫色亦成为资历较深、箓位较高的道士服制。《洞玄灵宝道学科仪》"制法服品"云："若行上法，听著紫。年法小，为下座者，勿著紫。"[1] 可见紫色法服，既是高道大德的一种身份象征，也是认可其修行有成，与天相通，能够洞察天意，交通神灵。

因为紫色的尊贵，唐代还产生了两项制度，一曰"借紫"，是针对职位较低的官员，执行朝廷委派的特殊任务，需要抬高身份，而临时穿着紫服；一曰"赐紫"，这是对有特殊贡献者给予的推恩尊宠，即"褒有功，劝能者"[2]，是一种荣誉身份。对道士赐紫，不少服装史的研究认为源自中唐时宰相李泌；可能是根据专记事物起源的宋代类书《事物纪原》所载："代宗时，李泌立大功，李辅国将不利。泌乞为道士，许之，又赐紫衣。其后道士赐紫自李泌始也。"[3] 实际上，在初唐时便有一位得到"赐紫"荣耀的高道：唐武德七年（624）"高祖诏玉清观道士王远知授朝散大夫，赐金缕冠、紫丝霞帔"[4]。不过，赐紫制度并没有严格的规章可循，很多时候取决于帝王个人的看法，越往后，被赐紫者越来越多，以致浮滥。经五代沿袭至两宋，获此殊荣的高道大德成百上千，甚至如东京福唐观天师邓紫阳，被唐玄宗先后数次赐紫[5]；后晋天福五年至七年（940—942），三年间赐紫三百二十四人[6]；宋徽宗不仅赐林灵素等人紫服，本人亦着紫道袍，即使被俘金国仍不肯放弃。

总之，紫色在国家礼制中的地位，源自神仙信仰的影响；官方意志的主导，将其推上色彩崇拜的巅峰，不夸张地说，紫色的荣耀与帝王的尊崇息息相关。帝王以"紫"赐修道之高士，除了礼制意义，也回到信仰的原点；紫色，便在帝王和道士之间完成了轮回。

---

1 《道藏》，第 24 册第 767 页。
2 （北宋）王钦若：《册府元龟》，北京：中华书局，1960 年 6 月第 1 版，第 2 册第 1518 页。
3 （宋）高承撰，（明）李果订：《事物纪原》，第 664 页。
4 《混元圣纪》，《道藏》，第 17 册第 856 页。
5 （清）董皓等编：《全唐文》，上海：上海古籍出版社，1990 年 12 月第 1 版，第 2694—2695 页。
6 （北宋）王钦若：《册府元龟》，第 1 册第 583 页。

图5-3-2 紫缎地法服

（清）紫缎地盘金彩绣八仙人物鹤氅，北京保利2017年十二周年秋季拍卖会拍品

综上所述，道教法服的色彩，蕴含了长生成仙的信仰追求，也交织着世俗等级的礼制影响。如果从服色角度来看道教的历史，大致可以这样划分：

黄色阶段，代表民间道教时期。汉末，天下纷争，群雄并起；张陵、张角等登高一呼，啸聚山林。当时的道教表达了对不公平社会的抗争：既然天道不公，苍天已死，那么就重置日月，别构天地，以天下为己任，自立自强。五斗米道、太平道时期的教徒多数来自平民，他们的生活理想是需要土地，能耕能种，有食有衣，所以以象征土地的"黄"作为标识；这些穷苦的人聚集一起，共济共生，有饭同吃，有难同担。这时的道教以追求天下太平、社会公平为理想，但当权者却需要民众安于现状才便于管理。所以，彼此水火不容，继而剑拔弩张，最后鱼死网破。

青色阶段，代表士族道教时期。经过了前一个阶段的流血冲突，领袖殒身，平民教徒积聚起来的力量土崩瓦解。面对当时四分五裂的局面，有道教信仰的士族知识分子加入其中，他们总结了前期发展的经验教训，选择了与当权者妥协的道路。这个阶段，道教有往社会上层发展的意愿，但并没有成为主流，双方的互动也不紧密。很多教徒仍然隐遁山野，栖身林泉，一方面躲避乱世纷争，一方面追求理想中神仙。因此，富有山水气息、色相低调的"青"成为合适的选择。天苍苍高远，云澹澹无心，山青青灵逸，水寂寂透彻，天地神游，溪山清远，归去来兮，化蝶入梦。这是受伤之后的自我修复甚至催眠，对道教来讲如此，对去国离乡、仕途无望，以致郁郁终日、肝气不舒的东晋士子亦是如此。这个阶段，道教与官方相安无事，在局部也得到一些统治者的支持。这个阶段外部环境相对安宁，道教进行了全面系统的制度建设，尤其在历史、经籍、科仪、炼养等方面，达到了前所未有的新高度。蓄势待发，为隋唐鼎兴、两宋高涨做了充分准备。

紫色阶段，不能说是帝王道教，却和皇家有着紧密关系。道教与当权者，走过了激烈对抗、若即若离的几百年，彼此终于找到契合点，这个"点"就是神仙信仰和长生追求。应该说，所有帝王都希望江山永固、千秋万代，在史籍中还没发现主动盼着自己短寿、鼎祚势衰的帝王，尽管他们的行为经常造成这样的结果。帝王发现道教对人自身的研究已经登峰造极，能够运用各种方法延长寿命，并有许多让人体验到神仙境界的"法术"，更重要的是，经过魏晋士子整理过的道教，去除了不少为命运抗争的底层百姓的烟火气。对于当权者来说，把反对者变成支持者，有助于维护社会稳定，这是他们乐于与之共谋的基础。于是，道教和官方彼此默契，道教既帮助当权者达成长生久视的个人愿望——虽然这是不可能实现的愿望，也安抚民众，消解对抗情绪，辅助当权者进行社会统治。得到了皇家的支持，道教走出山林，在世俗社会中积极进行信仰传播。在中国古代文明最辉煌的千年中，道教完成了制度建设，也达到社会信仰的巅峰。这个阶段，道教选择色相明艳、具有华贵气息的"紫"，与国家礼仪服色一致，达成世俗和宗教之间的默契；帝王甚至以"赐紫"的方式，表达对做出了重要贡献的高道的特殊恩宠。对"紫"的共同尊崇，彰显出宗教信仰和官方意愿相互交织、彼此共建，一虚一实、一暗一明进行着社会的管理。

结　语

　　道教，体系庞杂，来源多端，广泛吸收了神仙信仰、哲学思想、养生医道、巫蛊法术……时移世易，自成体统。这些都深刻影响到道教服饰的发展，使之成为道教信仰乃至中国文化的缩影。

　　道教服饰，除了具备世俗服饰的特征和功能，尤为重要的是，作为具有特殊用途的宗教法物所包含的象征意义，其中蕴藏了道教规戒、成仙追求、修行炼养等多方面的内涵。可以这么认为，从制度成因来理解，是礼仪规范和宗教理想的统一；从信仰角度来探究，是神灵观念和科教仪轨的统一；从文化品格来剖析，是精纯技艺和审美趣味的统一。

　　本书以道教服饰的形制、纹样、服色为研究对象，由微观角度切入，对其所表达的象征思想进行梳理，以此明晰道教外在形象及其信仰和宗教文化传播之间的关系。

　　在道教的文化传播问题上，以往的研究较多注重教理教义与信仰关系、历史发展与社会交互、炼养思想与生命哲学，以及从环境理论与生态关系等角度进行探求。本书尝试运用图像研究的方法，锁定"服饰"这个具体细节，分析道教服饰体系与世俗社会秩序的互动，以及作为符号系统在文化传播上的内在逻辑和规定性。尝试在先贤前辈研究成果的基础上，依据历史文献和道教典籍，厘清服饰发展的脉络，就其变化成因做出解读，从而剖析道教与世俗社会的依存关系，尝试回答道教在科技发达、网络无限的当代环境中，仍然生机蓬勃的内在原因。

　　服饰在中国礼乐制度中是直观生动的存在，法服在道教信仰传承中也是鲜活灵性的载体。独具特征的服饰系统对道教信仰理论起着强化作用，并推动着道教文化的传播和信仰的普及，在道教与其他宗教在争夺传播阵地和思想控制的斗争中，具有凝聚功能和教化意义。对古代服饰史的研究，以往的成果更多是对世俗服饰的梳理，专门的宗教服饰研究，佛教方面稍多一点，比如以佛教造像为对象研究佛衣样式，汉传佛教的佛衣和法器，藏传佛教的器物象征等，这些研究都有相当深度。道教服饰的研究，目前空白点相当多：立足服饰的历史发展，从道经中寻找依据，深入剖析其与当时社会在政治、经济、文化等方面的互动发展；从信仰内涵角度着力，解读宗教服饰特殊作用；尤其深入服饰细节，解读其与教内流派、等级制度，以及教徒在法事、修炼等方面的渊源等。诸如此类，都有待深入研究。

服饰是直观物，但鲜活的图像、细腻的质感，却被历史风干成了典籍中的只言片语，无法从典籍的字里行间，准确还原它们在当时的样貌，这是研究中遇到的最大的难点。因此，本书依据文献资料、传世文物，综合运用与之相关的不同学科理论作为参照，进行推理想象，从而组织结构，勉强草就此篇。

本书能有如今的面貌，由衷感谢积累这些材料的先贤，以及收藏这些精美作品的博物馆和收藏家。纺织品不易保存，没有他们的精心呵护，今人恐无缘见到这些鬼斧神工的衣饰。每每看到这些纹样繁复、气象宏阔、穿越数百年时光而来的法服，心中的震撼无法言说。在经纬纵横的密织、飞针穿花的锦绣、艳绝古今的丝缕中，触手可及的是古人对于道教文化的孜孜以求；在苍黄深玄的冠巾、上下俯仰的衣裳、飞龙舞凤的帔氅中，凝神感应的是古人对于道教信仰的虔诚。当代很多仿古宗教器物，无论建筑、服饰还是法器，总觉得缺点什么，是缺少人文内涵？艺术灵性？美学修养？可能最缺乏的还是信仰情怀。历史中的服饰，千丝万缕，纤毫毕现；服饰中的历史，独具灵性，神韵自然。创造它们的匠人，寄托了自己的情感，如同在虔诚修行，融炼心魂于手中之物，使之生命显现，惟妙惟肖。匠人饱含对神明的恭敬，细针密绣，计较毫厘之差，凝神观察，定格瞬间感悟。一衣一裳，传嬗赓续，蕴含着深厚的文化积累，冠巾帔褐，玄妙其中，表达了精诚的信仰根本。

除此之外，法服无论形制、纹样还是服色，皆可视为道教在信仰传播中的"符号"。道士从事法事活动，须冠戴法服，这是一种精神皈依与身份归属；道场庄严有序，也培养奉道之人的恭敬之心。道士规范着装，表示与俗有别，特定的服饰成为道士的形象符号，不仅具有辨识意义，也要求入道之人谨记自己的身份，遵律守戒，行为有度。道士依制穿着，以区别于世俗，而世俗对道教的认识，普遍也是从这样的外表开始。这些"符号"的象征内涵以道教信仰为依据，表达了道教在法脉传承上的延续。我们现在看到的道教服饰，基本上还是明代规制，而明制亦是在前代的积累上增修成型，其源头可溯于三代，信仰基因千年未变。

行文至此，意犹未尽。道教服饰内容丰富而充实，但素材零散而庞杂。面对千年传承的丰厚积累，深感力不从心，难免挂一漏万，借此抛砖引玉，恳请方家指正。

参考文献

（一）工具书

1. 《说文解字注》，汉·许慎撰，清·段玉裁注，上海古籍出版社，1988年2月第2版。
2. 《释名疏证补》，汉·刘熙撰，清·毕沅疏证，王先谦补，中华书局，2008年6月第1版。
3. 《急就篇》，汉·史游撰，唐·颜师古注，南宋·王应麟补注，清·钱保塘补音，商务印书馆，1936年12月初版。
4. 《大广益会玉篇》，梁·顾野王，中华书局，1987年7月第1版。
5. 《尔雅翼》，宋·罗愿撰，石云孙校点，黄山书社，2013年5月第2版。
6. 《澄衷蒙学堂字课图说》，清·刘树屏编，吴子城绘，新星出版社，2013年1月第1版。
7. 《康熙字典（标点整理本）》，上海辞书出版社，2008年8月第1版。
8. 《辞海（第六版彩图本）》，上海辞书出版社，2009年9月第1版。
9. 《辞源》，商务印书馆，2015年10月第3版。
10. 《道藏提要（第三次修订本）》，任继愈主编，钟肇鹏副主编，中国社会科学出版社，1991年7月第1版。
11. 《道藏辑要》，巴蜀书社，1995年12月第1版。

（二）古籍文献

12. 《道藏》，文物出版社、上海书店出版社、天津古籍出版社，1988年3月第1版。
13. 《藏外道书》，巴蜀书社，1994年版。

14. 《太平经合校》，王明，中华书局，1960 年 2 月第 1 版。

15. 《抱朴子内篇校释》，王明，中华书局，1985 年 3 月第 2 版。

16. 《抱朴子外篇校笺》，杨明照，中华书局，1997 年 10 月第 1 版。

17. 《神仙传校释》，晋·葛洪撰，胡守为校释，中华书局，2010 年 9 月第 1 版。

18. 《真灵位业图校理》，梁·陶弘景纂，唐·闾丘方远校定，王家葵校理，中华书局，2013 年 6 月第 1 版。

19. 《真诰校注》，（日）吉川忠夫、（日）麦谷邦夫著，朱越利译，中国社会科学出版社，2006 年 12 月第 1 版。

20. 《广成集》，唐·杜光庭撰，董恩林点校，中华书局，2011 年 5 月第 1 版。

21. 《云笈七签》，宋·张君房编，李永晟点校，中华书局，2003 年 12 月第 1 版。

22. 《道德经注释》，清·黄元吉撰，蒋门马校注，中华书局，2012 年 11 月第 1 版。

23. 《老子想尔注校证》，饶宗颐，上海古籍出版社，1991 年 11 月第 1 版。

24. 《老子道德经河上公章句》，王卡点校，中华书局，1993 年 8 月第 1 版。

25. 《广成仪制》，清·陈仲远，二仙庵藏板，宣统三年。

26. 《弘明集》，梁·僧祐编撰，刘立夫、胡勇译注，中华书局，2011 年 1 月第 1 版。

27. 《广弘明集》，上海涵芬楼藏明刊本。

28. 《十三经注疏（清嘉庆刊本）》，清·阮元校刻，中华书局，2009 年 10 月第 1 版。

29. 《史记》，汉·司马迁撰，宋·裴骃集解，唐·司马贞索隐，张守节正义，中华书局，1982 年 11 月第 2 版。

30. 《汉书》，汉·班固撰，唐·颜师古注，中华书局，1962 年 6 月第 1 版。

31. 《后汉书》，宋·范晔撰，唐·李贤等注，中华书局，1965 年 5 月第 1 版。

32. 《三国志》，晋·陈寿撰，南朝宋·裴松之注，中华书局，1982 年 7 月第 2 版。

33. 《华阳国志校补图注》，晋·常璩著，任乃强校注，上海古籍出版社，1987 年 7 月第 1 版。

34. 《魏书》，北齐·魏收，中华书局，1974 年 6 月第 1 版。

35. 《晋书》，唐·房玄龄，中华书局，1974 年 11 月第 1 版。

36. 《全晋文》，清·严可均，商务印书馆，1999年10月第1版。

37. 《周书》，唐·令狐德棻，中华书局，1971年11月第1版。

38. 《隋书》，唐·魏征、唐·令狐德棻等，中华书局，1973年8月第1版。

39. 《旧唐书》，后晋·刘昫，中华书局，1975年5月第1版。

40. 《新唐书》，宋·欧阳修，中华书局，1975年2月第1版。

41. 《资治通鉴》，宋·司马光，中华书局，1956年6月第1版。

42. 《续资治通鉴》，清·毕沅，线装书局，2009年12月第1版。

43. 《宋史》，元·脱脱，中华书局，1985年6月第1版。

44. 《元史》，明·宋濂，中华书局，1976年4月第1版。

45. 《明史》，清·张廷玉，中华书局，1974年4月第1版。

46. 《明实录》，北京大学图书馆藏本。

47. 《清史稿》，清·赵尔巽，中华书局，1977年8月第1版。

48. 《清实录》，中华书局，2008年11月第2版。

49. 《帝王世纪·世本·逸周书·古本竹书纪年》，晋·皇甫谧等撰，陆吉等点校，齐鲁书社，2010年1月第1版。

50. 《世本八种》，汉·宋衷注，清·秦嘉谟等辑，中华书局，2008年8月第1版。

51. 《博物志校正》，晋·张华撰，范宁校正，中华书局，1980年1月第1版。

52. 《搜神记》，晋·干宝著，马银琴、周广荣译注，中华书局，2009年10月第1版。

53. 《神仙传校释》，晋·葛洪撰，胡守为校释，中华书局，2010年9月第1版。

54. 《艺文类聚》，唐·欧阳询，上海古籍出版社，1999年5月第2版。

55. 《太平御览》，宋·李昉等，中华书局，1960年2月第1版。

56. 《太平广记》，宋·李昉等，中华书局，1961年9月第1版。

57. 《册府元龟》，宋·王钦若等，中华书局，1960年6月第1版。

58. 《古今图书集成图集》，齐鲁书社，2006年12月第1版。

59. 《拾遗记（三种）》，前秦·王嘉等撰，王根林等点校，上海古籍出版社，2012年8月第1版。

60. 《新书校注》，汉·贾谊撰，阎振益、钟夏校注，中华书局，2000年7月第1版。

61. 《世说兴语笺疏》，南朝宋·刘义庆著，南朝梁·刘孝标注，余嘉锡笺疏，中华书局，1983 年 8 月第 1 版。
62. 《庄子集释》，明·郭庆藩撰，王孝鱼点校，中华书局，2004 年 1 月第 2 版。
63. 《白虎通疏证》，清·陈立撰，吴则虞点校，中华书局，1994 年 8 月第 1 版。
64. 《礼记集解》，清·孙希旦，中华书局，2012 年 11 月第 1 版。
65. 《淮南子集释》，何宁，中华书局，1998 年 10 月第 1 版。
66. 《吕氏春秋集释》，许维遹撰，梁运华整理，中华书局，2009 年 9 月第 1 版。
67. 《甄正论（民国刻本）》，唐·释玄嶷，北京刻经处，1920 年 10 月。
68. 《楚辞补注》，宋·洪祖兴，中华书局，1983 年 3 月第 1 版。
69. 《新定三礼图》，宋·聂崇义，清华大学出版社，2006 年 11 月第 1 版。
70. 《三才图会》，明·王圻，明·王思义，上海古籍出版社，1988 年 6 月第 1 版。
71. 《夷坚志》，宋·洪迈撰，何卓点校，中华书局，1981 年 10 月第 1 版。
72. 《学斋占毕》，宋·史绳祖，商务印书馆，1939 年 12 月初版。
73. 《说郛三种》，明·陶宗仪，上海古籍出版社，1988 年 10 月第 1 版。
74. 《明宫史·金鳌退食笔记》，明·刘若愚，清·高士奇，北京古籍出版社，1982 年 4 月第 1 版。
75. 《酌中志》，明·刘若愚，商务印书馆，1935 年 12 月初版。
76. 《丹铅杂录（其他二种）》，明·杨慎，商务印书馆，1936 年 6 月初版。
77. 《本草纲目》，明·李时珍，线装书局，2009 年 9 月第 1 版。
78. 《林泉高致》，宋·郭熙著，周远斌点校，山东画报出版社，2010 年 8 月第 1 版。

（三）学术专著

79. 任继愈：《中国哲学史》，人民出版社，1963 年 12 月第 1 版。
80. 任继愈：《中国道教史》，中国社会科学出版社，2001 年 9 月第 1 版。
81. 陈国符：《道藏源流考》，中华书局，1963 年 12 月第 1 版。
82. 陈垣编撰，陈智超、曾庆瑛校补：《道家金石略》，文物出版社，1988 年 6 月第 1 版。
83. 李养正：《道教概说》，中华书局，1989 年 2 月第 1 版。

84. 李养正：《当代道教》，中国社会科学出版社，1993 年版。
85. 卿希泰：《中国道教》，东方出版中心，1994 年 1 月第 1 版。
86. 卿希泰：《中国道教史》，四川人民出版社，1996 年 12 月第 2 版。
87. 卿希泰、唐大潮：《道教史》，江苏人民出版社，2006 年 1 月第 1 版。
88. 卿希泰主编，詹石窗副主编：《中国道教思想史》，人民出版社，2009 年 12 月第 1 版。
89. 许地山著，詹石窗讲评：《道教史》，凤凰出版社，2010 年 11 月第 1 版。
90. 詹石窗：《道教文学史》，上海文艺出版社，1992 年 5 月第 1 版。
91. 詹石窗：《易学与道教符号揭秘》，中国书店，2001 年 2 月第 1 版。
92. 詹石窗：《道教与女性》，宗教文化出版社，2010 年 8 月第 1 版。
93. 詹石窗：《中国宗教思想通论》，人民出版社，2011 年 3 月第 1 版。
94. 陈耀庭：《道教礼仪》，宗教文化出版社，2003 年 12 月第 1 版。
95. 胡文和：《中国道教石刻艺术史》，高等教育出版社，2004 年 8 月第 1 版。
96. 张勋燎、白彬：《中国道教考古》，线装书局，2006 年 1 月第 1 版。
97. 高淳县文化局：《明清道教神像画》，南京出版社，2006 年 3 月第 1 版。
98. 刘昭瑞：《考古发现与早期道教研究》，文物出版社，2007 年 6 月第 1 版。
99. 李淞：《中国道教美术史》，湖南美术出版社，2012 年 11 月第 1 版。
100. 汪小洋、李彧、张婷婷：《中国道教造像研究》，上海大学出版社，2010 年 5 月第 1 版。
101. 汪小洋、吕少卿：《神祇的脚印：中国符号文化》，花城出版社，2009 年 5 月第 1 版。
102. 刘屹：《神格与地域——汉唐间道教信仰世界研究》，上海人民出版社，2011 年 3 月第 1 版。
103. 霍明琨：《唐人的神仙世界——〈太平广记〉唐五代神仙小说的文化研究》，黑龙江大学出版社，2007 年 12 月第 1 版。
104. 李丰楙：《忧与游：六朝隋唐仙道文学》，中华书局，2010 年 10 月第 1 版。
105. 李丰楙：《仙境与游历——神仙世界的想象》，中华书局，2010 年 10 月第 1 版。

106. 张倩仪：《魏晋南北朝升天图研究》，商务印书馆，2010 年 2 月第 1 版。

107. 袁珂：《山海经校译》，上海古籍出版社，1985 年 7 月第 1 版。

108. 袁珂：《中国古代神话》，华夏出版社，2004 年 1 月第 1 版。

109. 袁珂：《中国神话史》，重庆出版社，2007 年 5 月第 1 版。

110. 迟文杰：《西王母神话研究集成》，广西师范大学出版社，2008 年 1 月—2011 年 6 月第 1 版。

111. 丁山：《中国古代宗教与神话考》，上海书店出版社，2011 年 1 月第 1 版。

112. 叶舒宪：《中国古代神话哲学》，中国社会科学出版社，1992 年 1 月第 1 版。

113. 李远国、刘仲宇、许尚枢：《道教与民间信仰》，上海人民出版社，2011 年 12 月第 1 版。

114. 王承文：《敦煌古灵宝经与晋唐道教》，中华书局，2002 年 11 月第 1 版。

115. 任宗权：《道教科仪概览》，宗教文化出版社，2012 年 3 月第 1 版。

116. 苏雪林：《屈赋论丛》，武汉大学出版社，2007 年 12 月第 1 版。

117. 姜亮夫：《姜亮夫全集·楚辞通故》，云南人民出版社，2002 年 10 月第 1 版。

118. 陈寅恪：《金明馆丛稿二编》，生活·读书·新知三联书店，2009 年 9 月第 2 版。

119. 沈从文：《中国古代服饰研究》，商务印书馆，2011 年 12 月第 1 版。

120. 沈从文、王㐨：《中国服饰史》，陕西师范大学出版社，2004 年 5 月第 1 版。

121. 沈从文：《龙凤艺术》，北京十月文艺出版社，2010 年 2 月第 1 版。

122. 周锡保：《中国古代服饰史》，中国戏剧出版社，1984 年 9 月第 1 版。

123. 黄能馥、陈娟娟、黄钢：《服饰中华——中华服饰七千年》，清华大学出版社，2011 年 9 月第 1 版。

124. 周汛、高春明：《中国传统服饰形制史》，台湾南天出版社，1999 年 1 月第 1 版。

125. 金维诺：《中国美术全集·纺织品卷》，黄山书社，2010 年 12 月第 1 版。

126. 陈维稷：《中国纺织科学技术史（古代部分）》，科学出版社，1984 年 4 月第 1 版。

127. 吴淑生、田自秉：《中国染织史》，上海人民出版社，1986 年 9 月第 1 版。

128. 王越平：《回归自然——植物染料染色设计与工艺》，中国纺织出版社，2013 年 4 月第 1 版。
129. 阎步克：《品位与职位——秦汉魏晋南北朝官阶制度研究》，中华书局，2009 年 7 月第 1 版。
130. 阎步克：《服周之冕——〈周礼〉六冕礼制的兴衰变异》，中华书局，2009 年 11 月第 1 版。
131. 阎步克：《官阶与服等》，复旦大学出版社，2010 年 8 月第 1 版。
132. 孙英刚：《神文时代：谶纬、术数与中古代政治研究》，上海古籍出版社，2015 年 6 月第 1 版。
133. 黄辉：《中国历代服制服式》，江西美术出版社，2011 年 1 月第 1 版。
134. 孙机：《华夏衣冠——中国古代服饰文化》，上海古籍出版社，2016 年 8 月第 1 版。
135. （英）汪涛著，郅晓娜译：《颜色与祭祀——中国古代文化中颜色涵义探幽》，上海古籍出版社，2013 年 3 月第 1 版。
136. 彭德：《中华五色》，江苏美术出版社，2008 年 8 月第 1 版。
137. 刑义田：《画为心声：画像石、画像砖与壁画》，中华书局，2011 年 1 月第 1 版。

（四）期刊论文

138. 丁常云：《道教与四灵崇拜》，《中国道教》，1994 年第 4 期。
139. 田诚阳：《道教的服饰》一、二，《中国道教》，1994 年第 1、2 期。
140. 姜生：《道教法服的伦理符号价值》，《中国典籍与文化》，1995 年第 4 期。
141. 李幼蒸：《从符号学看中国传统文化》，《史学理论研究》，1995 年第 3 期。
142. 詹石窗：《符号学在宗教研究中的应用初探》，《宗教学研究》，1995 年第 8 期。
143. 詹石窗：《道教艺术的符号象征》，《中国社会科学》，1997 年第 5 期。
144. 詹石窗：《论道教神仙形象与易学符号的关系》，《宗教学研究》，1999 年第 1 期。
145. 詹石窗：《道教符号刍议》，《厦门大学学报》，2000 年第 2 期。

146. 詹石窗：《论道教神仙形象的符号功能及其与易学的关系》，《易学纵横录》，1999 年第 2 期。

147. 詹石窗：《长生之道的符号隐喻》，《道韵》，2002 年第 10 辑。

148. 詹石窗：《医家明堂论与道教的明堂符号养生法》，《泉州师范学院学报》，2004 年第 1 期。

149. 詹石窗：《从符号养生看罗浮山道教诗词的内容与价值》，《香港及华南道教研究》，2005 年 4 月。

（五）译著及外文资料

150. （日）小林正美著，李庆译：《六朝道教史研究》，四川人民出版社，2001 年 1 月第 1 版。

151. （日）小林正美著，王皓月译：《中国的道教》，齐鲁书社，2010 年 1 月第 1 版。

152. （日）伊藤清司著，刘晔原译：《〈山海经〉中的鬼神世界》，中国民间文艺出版社，1990 年 3 月第 1 版。

153. （日）窪德忠著，萧坤华译：《道教史》，上海译文出版社，1987 年 7 月第 1 版。

154. （日）清水茂著，蔡毅译：《清水茂汉学论集》，中华书局，2003 年 10 月第 1 版。

155. （日）金子修一著，肖圣中、吴思思、王曹杰译：《古代中国与皇帝祭祀》，复旦大学出版社，2017 年 8 月第 1 版。

156. 《アジア文化の思想と儀禮：福井文雅博士古稀記念論集》，春秋社，2005 年。

157. 斎藤龙一、铃木健郎、土屋昌明编：《道教美术の可能性》，勉誠出版，2010。

158. 大阪市立美术馆：《道教の美术》，読売新闻大阪本社，2009。

159. Livia Kohn, *Monastic Life in Medieval Daoism: A Cross-Cultural Perspective*, Honolulu: University of Hawai'i Press, 2003.

160. Stephen R. Bokenkamp, *The Early Lingbao Scriptures and The Origins of Daoist Monasticism*, Cahiers d'Extrême-Asie, vol. 20, 2011.

161. （美）艾兰著，张海晏译：《水之道与德之端——中国早期哲学思想的本喻》，商务印书馆，2010年11月第1版。

162. （德）薛凤著，吴秀杰、白岚玲译：《工开万物：17世纪中国的知识与技术》，江苏人民出版社，2015年11月第1版。

163. （法）戴思博著，李国强译：《修真图——道教与人体》，齐鲁书社，2012年8月第1版。

164. （法）劳格文著，蔡林波译，白照杰校释：《中国社会和历史中的道教仪式》，齐鲁书社，2017年6月第1版。

165. Ferdinand de Saussure, *Course in General Linguistics*, Foreign Language Teaching and Research Press, Gerald Duckworth & Co.Ltd, 2001.

166. （法）罗兰·巴尔特著，李幼蒸译：《符号学原理》，中国人民大学出版社，2008年1月第1版。

167. （英）米兰达·布鲁斯-米特福德、菲利普·威尔金森著，周继岚译：《符号与象征》，生活·读书·新知三联书店，2012年5月第2版。

后　　记

本研究从我读博开始，至博后完成，历时八年，其间得到了诸多前辈、专家的指导。首先要感谢我的博士导师詹石窗教授、唐大潮教授，二位先生学养深厚，经验丰富，从确定选题，资料的收集、整理和研究，到篇章结构、文法风格的确立，先生煞费精神，悉心指导。同时，要感谢我在博后期间的合作导师刘复生教授，由于该选题成果极少，在研究上有相当难度，先生对我论文的研究方向提出了指导性意见，并以丰富的学识和经验，提供了非常宝贵的修改建议。几位先生严谨的学风使我受益终身。

此外，本书涉及图片较多，要感谢我的同事吴延军老师，承担了全部图片的处理工作。

尤其感谢给我提供学习和研究机会的四川大学道教与宗教文化研究所、历史文化学院中国史博士后流动站，提供出版机会的四川大学生命哲学（学派）研究中心、商务印书馆，以及众多前辈、专家，不一一列举，谨表谢意。

最后想说的是，先生们心血铺就，我深愧浅资陋质，学识经验皆有不济，书中难免存在疏漏甚至错误，殷切希望同行学者和读者批评指正。

周睿
2022 年 8 月